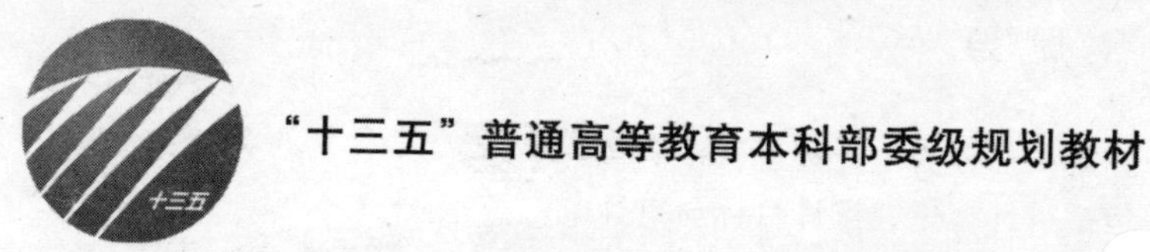

“十三五”普通高等教育本科部委级规划教材

审 计 学

李 瑛 闫淑芬◎主编

国家一级出版社 中国纺织出版社 全国百佳图书出版单位

内 容 提 要

本书内容分为两部分：第一部分为审计理论，主要包括：一是审计基本原理，包括审计概论、审计目标与审计风险、审计计划、审计证据、审计工作底稿、审计抽样方法；二是注册会计师职业道德和会计师事务所业务质量控制；三是风险导向审计流程，包括风险评估和风险应对。第二部分为审计实务，主要包括：一是按业务循环进行的财务报表审计，包括销售与收款循环的审计、采购与付款循环的审计、生产与存货循环的审计、货币资金的审计、其他特殊项目的审计、完成审计工作和出具审计报告；二是企业内部控制审计。

本书结合最新与审计相关的法律法规，将最新注册会计师审计准则运用到全书的写作中。本书适用于高等院校会计专业、财务管理专业、审计专业和工商管理专业的审计学课程教学，也可作为会计人员、审计人员和管理人员自学和参考用书。

图书在版编目（CIP）数据

审计学 / 李瑛，闫淑芬主编. —北京：中国纺织出版社，2018. 3

“十三五”普通高等教育本科部委级规划教材

ISBN 978-7-5180-4811-3

Ⅰ. ①审… Ⅱ. ①李… ②闫… Ⅲ. ①审计学—高等学校—教材 Ⅳ. ① F239. 0

中国版本图书馆 CIP 数据核字（2018）第 049988 号

策划编辑：曹炳镝　　责任印制：储志伟

中国纺织出版社出版发行

地址：北京市朝阳区百子湾东里 A407 号楼　邮政编码：100124

销售电话：010—67004422　传真：010—87155801

http: //www.c-textilep.com

E-mail: faxing@c-textilep.com

中国纺织出版社天猫旗舰店

官方微博 http: //weibo.com/2119887771

三河市宏盛印务有限公司印刷　各地新华书店经销

2018 年 3 月第 1 版第 1 次印刷

开本：710 × 1000　1/16　印张：29

字数：441 千字　定价：58.00 元

石　涛：山西大学经济与工商管理学院副院长、教授、博导

王核成：杭州电子科技大学管理学院院长、教授、博导

王进富：西安工程大学管理学院院长、教授、硕导

王若军：北京经济管理职业学院院长、教授

乌丹星：国家开放大学社会工作学院执行院长、教授

吴中元：天津工业大学科研处处长、教授

夏火松：武汉纺织大学管理学院院长、教授、博导

张健东：大连工业大学管理学院院长、教授、硕导

张科静：东华大学旭日工商管理学院副院长、教授、硕导

张芝萍：浙江纺织服装职业技术学院商学院院长、教授

赵开华：北京吉利学院副校长、教授

赵志泉：中原工学院经济管理学院院长、教授、硕导

朱春红：天津工业大学经济学院院长、教授、硕导

前言

改革开放以来，我国社会主义市场经济建设取得了巨大成就，审计事业（包括国家审计、注册会计师审计和内部审计）发展迅猛。审计作为市场经济重要的一环，在现代社会经济中发挥着重要作用，社会主义市场经济和资本市场的发展，迫切需要以注册会计师审计为主体的审计学，本书着重阐述了注册会计师审计理论和审计实务，同时对国家审计和内部审计进行了简要的介绍。

《审计学》作为会计学、财务管理类专业的必修课程，是其学科体系的重要组成部分。本书以突出培养学生实践能力为主线，既考虑了经济发展对审计专业人才的能力要求，又考虑了应用型人才培养的特点，本书主要特色体现在以下几个方面：

一是采用先审计理论后审计实务的结构，其中第一章至第十章为审计理论部分，阐述了审计的基本原理、注册会计师职业道德和质量控制、风险导向审计流程。第十一章至第十七章为审计实务部分，阐述了财务报表审计和企业内部控制审计。本书结合具体的审计流程编写，符合学习者对知识的认知过程，有利于审计教学工作的开展。

二是内容全面新颖。2013 年 10 月，国务院部署推进公司注册资本登记制度改革，要求“将注册资本实缴登记制改为认缴登记制，并放宽工商登记其他条件”，公司实收资本不再作为工商登记事项，作为鉴证业务的验资业务就失去了存在的法律基础。2014 年 1 月，中国证监会与财政部联合发布了《公开发行证券的公司信息披露编报规则第 21 号——年度内部控制评价报告的一般规定》。2010~2014年，财政部修订并颁布多项企业会计准则，中国注册会计师协会修订并颁布多项注册会计师执业准则。2016年12月，中国注册会计师协会颁布《中国注册会计师审计准则第1504号——在审计报告中沟通关键审计事项》等12项准则，2017年，财政部陆续颁布新增或修订的多项《企业会计准则》，这些与审计执业环境密切相关的法律法规修改与完善的内容，在本书中都得到了充分体现。

三是适当的练习题体现了本书的应用性。审计学是一门应用性很强的课程，但审计理论和实务大都是枯燥的条文，为了缩小审计学课程与审计实践的差距，加深学习者对学习内容的理解，本书在每章后都附有练习题，通过大量练习使学习者能更好地做到审计理论与审计实践的衔接。

本书由天津工业大学李瑛、闫淑芬担任主编，天津商业大学宝德学院杨艳琴、赵宏伟担任副主编。本书共17章，其中第一、二、十一、十二、十三、十四、十六、十七章由李瑛编写，第三、四、六、七、九、十、十五章由闫淑芬编写，第八章由杨艳琴编写，第五章由赵宏伟编写。由李瑛对本书进行全面规划和总纂定稿。本书在编写过程中借鉴了许多审计理论、实践与教学成果，参阅了大量文献资料，在此对有关单位和作者表示衷心的感谢！由于编者水平有限，书中不足之处恳请广大读者及专家批评指正。

编者

2017年12月

第一编 审计理论

第一章 审计概论

第二章 审计目标和审计风险

第三章 审计计划

第四章 审计证据

第五章 审计工作底稿

第六章 审计抽样

第七章 注册会计师职业道德

第八章 会计师事务所业务质量控制

第九章 风险评估

第十章 风险应对

第二编 审计实务

第十一章 销售与收款循环的审计

第十二章 采购与付款循环的审计

第十三章 生产与存货循环的审计

第十四章 货币资金的审计

第十五章 其他特殊项目的审计

第十六章 完成审计工作和出具审计报告

第十七章 企业内部控制审计

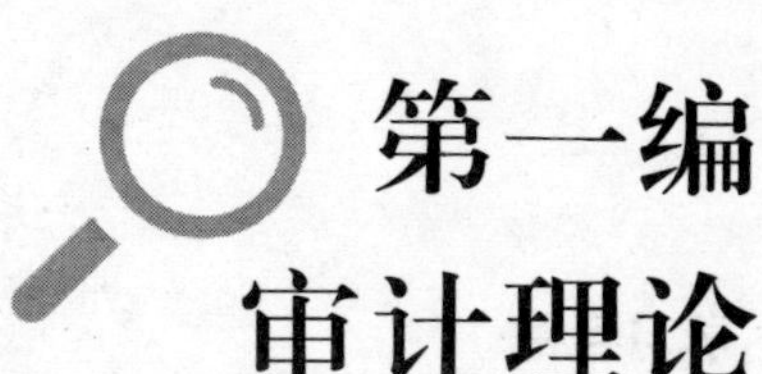

第一编 审计理论

本编审计理论部分，第一章至第六章是审计的基本原理，第七、八章分别是注册会计师职业道德和会计师事务所业务质量控制，第九、十章是风险导向审计流程即风险评估和风险应对。

第一章 审计概论

学习目的

通过本章学习，使学生了解中外国家审计、注册会计师审计和内部审计的产生与发展；重点掌握审计的概念和基本分类；掌握注册会计师审计的业务范围；掌握审计的五要素和审计的基本要求。

第一节 审计的产生与发展

审计是社会经济发展到一定阶段的产物。审计按主体不同可以分为国家审计、注册会计师审计和内部审计三种，下面分别阐述其产生与发展过程。

一、国家审计的产生与发展

世界各国审计的最初形态是国家审计，国家审计的产生早于注册会计师审计和内部审计，经历了漫长的发展历程。

（一）我国国家审计的产生与发展

我国国家审计的历史源远流长，经历了不同的发展时期。

我国国家审计最早产生于西周，其主要标志是“宰夫”官职的出现。据《周礼》记载，宰夫执行国家审计的职责，每逢年终、月终、旬终，由宰夫命令各部门官吏对财政收支情况予以上报，宰夫就地考核，根据财政收支审查的优劣情况进行赏罚。按期考核并定期向周王报告，周王也可以亲自听审，这种做法当时称为“受计”，后来逐渐形成“上计”制度，这一制度对后来历代王朝产生了深远的影响，是国家审计制度的形成时期，在世界上具有领

先地位。

秦汉时期是我国国家审计的确立阶段，主要表现在三个方面：一是形成了统一的审计模式，秦汉中央设置“三公”“九卿”辅佐政务，“三公”之一的御史大夫监察全国的民政、财政以及财物审计事项，执掌审计监督大权。二是“上计”制度日趋完善。“上计”是皇帝亲自听取和审核各级官吏的财政会计报告，以决定赏罚的制度，这一制度始于周朝，到秦汉日趋完善。三是审计地位提高，职权扩大，秦汉时期审计由御史大夫掌管，御史大夫行使政治、军事和经济监督权，国家审计地位进一步提高。

隋唐宋是我国国家审计完善阶段，隋唐宋时期官僚系统进一步完善，隋唐设立专门的审计机构“比部”，其独立于财计部门——户部，而且隶属于三省六部之一的“刑部”，国家审计的独立性和权威性都大大加强。宋朝设立专门的审计机构“审计司”（后改为“审计院”），这是我国“审计”一词的正式出现，从此，“审计”一词便成为财政监督的专有名词，对后世审计建制具有深远影响。

元明清是国家审计停滞不前的阶段，元明清各朝代君主专制日益强化，审计工作未设专门审计机构和专职人员管理，审计监督与其他监督一揽子管理，审计有所削弱。

北洋政府和中华民国政府都先后设立了专门的审计机构并颁布《审计法》，民国政府设立了审计院，后改为审计部隶属监察院。

中华人民共和国成立后，从1949年到1982年34年间，一直未设置独立的国家审计机构，经济监督由不同的经济管理部门结合各自的业务进行。1982年12月，我国修改《宪法》，修订后的《宪法》中关于审计监督的有关条款是：第九十一条，国务院设立审计机关，对国务院各部门和地方各级政府的财政收支，对国家的财政金融机构和企业事业组织的财务收支，进行审计监督。审计机关在国务院总理领导下，依照法律规定独立行使审计监督权，不受其他行政机关、社会团体和个人的干涉。第一百零九条，县级以上的地方各级人民政府设立审计机关。地方各级审计机关依照法律规定独立行使审计监督权，对本级人民政府和上一级审计机关负责。根据《宪法》规定，1983年，我国组建了国家审计机关。自1995年1月1日起开始实施《中华人民共和国审计法》（以下简称《审计法》），1996年年底，国家审计署颁

布了《中华人民共和国国家审计基本准则》并于1997年1月1日起实施。2006年，对《审计法》进行修订实施。国家审计机关的成立和国家审计相关法规的颁布为我国国家审计的振兴发展奠定了良好的基础。

（二）国外国家审计的产生与发展

国外国家审计的产生和发展同样有着悠久的历史，据考证，早在奴隶制度下的古罗马、古埃及和古希腊时代，就已经有官厅审计机构，审计人员采用“听证”（audit）方式，对掌管国家财物和赋税的官吏进行审查和考核，是具有审计性质的经济监督活动。在历代封建王朝中，也设有审计机构和审计人员，对国家的财政收支进行监督，但当时的审计无论是审计机构设置还是审计方法都处于不完善阶段。

在资本主义时期，随着国家政权组织形式的完善和社会经济的高度发展，国家审计得到进一步发展。现代资本主义国家大多实行立法、司法、行政三权分立的国家政权组织形式，议会为国家的最高立法机关，对政府行使包括财政监督在内的监督权。在宪法或特别法令中规定了国家审计的法律地位，授予其对政府、公营企业、事业单位的财政财务收支进行独立的审计监督权。目前，世界上已有160多个国家建立了适应本国国情的国家审计体制。按国家审计机关归谁领导、对谁负责以及最高审计机关与地方审计机关之间的关系形成的国家审计体制可分为四种模式，依次为立法型审计模式、司法型审计模式、独立型审计模式和行政型审计模式。

立法型审计模式是指最高审计机关隶属于立法机关，即议会。审计部门依据法律赋予的权力独立行使审计权，对议会负责并向议会报告工作。审计部门只有调查权，没有处理权，审计部门的报告对议会的决策产生一定影响。英国是这一类型审计模式的先驱，美国、加拿大、澳大利亚等国家也采用这一模式，这是一种在世界上被最广泛采用的国家审计体制。司法型审计模式是指国家最高审计机关隶属于司法部门，审计机关以审计法院的形式存在，并拥有司法权，国家审计机关具有很高的权威性。这一类型的审计体制起源于法国，意大利等国家的审计体制均属于这一模式。独立型审计模式是指国家审计机关独立于立法、司法和行政部门之外，按照法律所赋予的职责独立地开展工作，只对法律负责，其组织形式是会计检查院或审计院，此类审计

体制下的审计机关的独立性最强。这一模式的典型国家是德国和日本等。国外多数国家的中央审计机关与地方审计机关没有领导与被领导关系，特别是在联邦制国家里更是如此。行政型审计模式是指国家最高审计机关隶属于政府行政部门，是政府的一个职能部门，由政府直接授权领导，并对政府负责。国家审计机关主要是围绕政府部门的中心工作开展工作。行政型审计模式的审计体制有一定的独立性和权威性，属于这一审计模式的国家主要有泰国、菲律宾等国家。我国国家审计就属于行政型审计模式。

二、注册会计师审计的产生与发展

（一）西方注册会计师审计的产生与发展

西方注册会计师审计起源于16世纪意大利的合伙企业，形成于1844年至20世纪初英国的股份制公司，发展完善于20世纪后美国的资本市场。

16世纪的意大利的合伙企业中，部分企业的合伙人不参与企业经营管理，其财产的所有权和经营权发生分离，那些参与经营管理的合伙人有责任向不参与经营管理的合伙人证明合伙契约得到认真履行，利润的计算和分配是正确的，以保障全体合伙人的权益。这就在客观上需要熟悉会计专业的独立的第三方对合伙企业的经济活动进行鉴证，很多会计专家被聘用来担任查账和公证工作，在16世纪意大利的商业城市中出现了一批具有良好会计知识、专门从事查账和公证工作的专业人员，他们于1581年在威尼斯创立了威尼斯会计协会，这是注册会计师审计的起源。

18世纪下半叶，产业革命使英国生产的社会化程度大大提高，股份有限公司大量涌现，企业的所有权和经营权处于普遍分离状态。在股份制公司中不参与经营管理的股东很想知道公司的经营情况，而经营管理者也有责任向股东证明自己认真履行受托经营责任，而最能反映公司经营情况的是公司的会计账目，经营者通过提供自己编制的会计账目证明其认真履行受托经营责任，但会计账目存在假账的可能，这就在客观上要求独立的会计师对公司的会计账目进行审计，以保证会计账目的真实可靠。注册会计师审计产生的“催产剂”是1721年英国的“南海公司事件”。南海公司是股份有限公司，从事殖民地贸易。南海公司以虚假的会计信息使其股票价格一路上升，但最

终破产倒闭，使股东和债权人蒙受巨大损失。英国议会聘请查尔斯·斯耐尔（Charles Snell）对南海公司会计账目进行审计，提出了查账报告书，从而宣告注册会计师的诞生。

为监督公司管理者的经营管理活动，保护投资者的利益，避免“南海公司事件”重演，1844 年，英国政府颁布了《公司法》，规定股份公司必须设监察人，负责审计公司账目；从事独立查账的人越来越多，英国政府对其进行资格认证。1853 年创办了爱丁堡会计师协会，该协会的成立标志着注册会计师职业的诞生。

这一时期，英国注册会计师审计（称为英国式审计或详细审计）的主要特点：注册会计师的地位得到了法律确认；审计的目的是查错防弊，保护企业资产的安全与完整；审计的方法是对会计账目进行详细审计；审计报告的使用人主要是企业股东。

从 20 世纪初开始，全球经济发展重心逐步由欧洲转向美国，因此，美国的注册会计师审计得到了迅速发展，对注册会计师职业在全球的迅速发展发挥了重要作用。注册会计师审计在美国经历了资产负债表审计阶段（美国式审计、信用审计）和会计报表审计阶段。20 世纪早期，美国金融资本对产业资本渗透更为广泛，银行把资产负债表作为了解企业信用的主要依据，资产负债表审计发展起来，其主要特点是审计对象由会计账目扩大到资产负债表；审计的目的是通过对资产负债表数据的检查，判断企业信用状况；审计方法开始采用抽样审计。报告使用人除企业股东外，扩大到债权人。1929~1933 年，资本主义世界经历了历史上最严重的经济危机，大批企业倒闭，投资者和债权人蒙受巨大的经济损失，这在客观上促使企业利益相关者从只关心企业财务状况转变到更关心企业的盈利水平，产生对企业利润表进行审计的客观需要。美国 1933 年《证券法》规定，在证券交易所上市的企业财务报表必须接受注册会计师审计，向公众公布注册会计师出具的审计报告，注册会计师审计进入会计报表审计阶段。会计报表审计阶段的特点是：审计对象转为以资产负债表和利润表为中心的全部会计报表及相关会计资料；审计的目的主要是对会计报表发表审计意见，鉴证会计报表的可信性。审计广泛采用抽样审计，审计报告使用人是扩大到股东、债权人、证券交易机构、税务、金融机构及潜在投资者（社会公众）。

第二次世界大战后，资本主义经济得到空前发展，跨国公司大量涌现，国际资本的流动带动了注册会计师职业的跨国界发展，形成了一批国际会计师事务所。随着会计师事务所规模的扩大，形成了著名的“八大”国际会计师事务所，20 世纪 80 年代末合并为“六大”，之后又合并为“五大”。2001 年，美国爆发了安然公司会计造假丑闻，对安然公司出具审计报告的安达信会计师事务所因涉嫌舞弊和销毁证据受到美国司法部门的调查宣布关闭，世界各地的安达信成员所也纷纷与其他国际会计师事务所合并。目前，有著名的“四大”国际会计师事务所，即普华永道（PricewaterhouseCoopers）、安永（Ernst & Young）、毕马威（KPMG）和德勤（Deloitte Touche Tohmatsu），与此同时，审计技术得到不断发展，抽样审计方法得到普遍运用，风险导向审计方法得到推广，计算机辅助技术得到广泛采用，注册会计师业务从财务报表审计扩大到代理纳税、会计服务、管理咨询等领域，这些都为国际投资的发展提供了有力的保证。

（二）中国注册会计师审计的产生与发展

中国注册会计师审计的产生比西方国家注册会计师审计产生得晚，1918 年我国第一部注册会计师法规——《会计师暂行章程》颁布，并于同年批准著名的会计学家谢霖先生为中国第一位注册会计师，谢霖先生创办了中国第一家会计师事务所——正则会计师事务所，此后又逐步出现了一批注册会计师，建立了一批会计师事务所。谢霖的正则会计师事务所、潘序伦的潘序伦会计师事务所（后改为立信会计师事务所）、奚玉书的公信会计师事务所及徐永祚的徐永祚会计师事务所被誉为当时的四大会计师事务所。截至 1947 年，全国有注册会计师 2619 人，建立了一批会计师事务所，主要集中在上海、天津、广州等沿海城市，对我国早期注册会计师事业发展起到了推进作用。

中华人民共和国成立之初，注册会计师审计在经济恢复工作中发挥了积极作用。但后来由于推行苏联的高度集中的计划经济模式，中国注册会计师审计便悄然退出舞台。1978 年，党的十一届三中全会以后，党和政府把工作重点转移到经济建设上来，商品经济得到迅速发展，外商对华投资增多，为注册会计师审计制度的恢复创造了客观条件。1980 年，我国财政部发布《关于成立会计顾问处的暂行规定》，标志着我国注册会计师审计职业开始恢复。

1981年1月1日，中华人民共和国第一家会计师事务所——上海会计师事务所成立，1986年7月3日，国务院颁布新中国第一部注册会计师法规——《中华人民共和国注册会计师条例》。1988年年底，中国注册会计师协会成立。1991年，举办第一次全国注册会计师考试。1994年1月1日，正式实施《中华人民共和国注册会计师法》（以下简称《注册会计师法》）。一批与国际接轨的注册会计师审计准则先后颁布，在国家法律法规规范下，随着我国经济的迅猛发展，我国注册会计师行业快速发展起来。

在西方国家，注册会计师的工作机构会计师事务所有独资、合伙、有限责任公司、有限责任合伙等组织形式。目前，根据我国《注册会计师法》的规定，我国会计师事务所有普通合伙制、有限责任公司两种组织形式，在我国注册会计师审计实践中，会计师事务所有普通合伙制、有限责任制、独资、普通特殊合伙制等组织形式。

三、内部审计的产生与发展

（一）我国内部审计的产生与发展

据史料记载，我国西周时期的天官所属的中大夫司会，总司审计监督大权，进行财政收支的审核和监督，是我国最早的官厅内部审计。我国现在的内部审计是伴随着国家审计的恢复和重建而产生与发展的。1978年，党的十一届三中全会以后，为强化各部门各单位内部控制及管理，完善审计监督体系，中华人民共和国审计署于1984年提出在各部门各单位内部成立专门审计机构、配备专职审计人员实施内部审计，内部审计的相关法规相继颁布，我国内部审计得到发展。

（二）国外内部审计的产生与发展

国外奴隶社会是内部审计的萌芽时期，进入中世纪之后，内部审计较为完整，如史料记载的庄园审计、宫廷审计、行会审计和寺院审计等均属于内部审计范畴。19世纪末20世纪初，资本主义发展进入垄断阶段，垄断使得公司规模变大，管理层次增多，分支机构遍及各地，公司内部只能采取分级、分散管理体制，为了使总公司能够更好地控制其下属，从前所采用的一年一次聘请注册会计师审计已经不能满足企业发展的需求，于是企业管理者提出，

从员工中选拔具有经营管理知识和能力的特殊人才，让其从企业利益出发，对总公司下属（分公司）进行经常性监督，对所发生的事情，进行调查和报告，这些人被称为“内部审计人员”，他们组成的机构被称为“内部审计机构”。1941 年，在美国纽约成立了内部审计师协会，随之出版了一系列内部审计的专著，揭开了现代内部审计的序幕。第二次世界大战后，资本主义经济得到空前的发展，现代内部审计也得到迅速发展。

从内部审计机构的设置和隶属关系来看，国际上常采用以下几种模式：一是内部审计隶属于董事会，直接由董事会领导，向董事会报告工作，这种设置方式下的内部审计具有很高的独立性和权威性；二是内部审计隶属于董事会下属监事会或审计委员会领导，通过监事会或审计委员会向董事会或股东代表大会汇报工作，这种设置方式下的内部审计具有较高的独立性和权威性；三是内部审计隶属于总经理，接受总经理领导，向总经理汇报工作，这种设置方式下的内部审计具有一定的独立性和权威性；四是内部审计隶属于财会部门，由财会部门负责人领导，向财会部门负责人报告工作，这种设置方式下的内部审计有助于对财务核算进行监督，但其独立性和权威性较弱。

四、审计产生与发展的客观原因

从中外审计产生与发展的过程可以看出，审计产生的根本原因是财产所有权和经营权的分离，维系委托受托责任关系是审计产生和发展的基础。财产所有者将财产委托给经营者管理，如国家审计中的最高统治者委托给各级官员管理，注册会计师审计中股东委托管理层经营，这样就形成一个委托受托经济责任，财产的经营者必须对财产的所有者承担一定的受托经济责任。经营者受托经济责任完成情况必须受到监督，为体现监督的客观公正性，财产所有者和经营者都希望有一个与财产所有者和财产经营者均无利益关系的第三方对经营者受托经济责任履行情况进行监督，这个独立的第三方就是审计方，审计最重要的特征是独立性。

第二节　审计的概念与基本分类

一、审计的概念

（一）国内外有关审计的概念

审计概念中具有代表性的是1973年美国会计学会（AAA）审计基本概念委员会发表的《审计基本概念的说明》中将审计定义为："审计是一个系统化过程，即通过客观地获取和评价有关经济活动与经济事项认定的证据，以证实这些认定与既定标准的相符程度，并将结果传达给有关使用者。"这一概念包含下列要点：审计是一个系统化过程，需要精心设计和认真实施；审计对象是经济活动与经济事项的认定；审计的主要工作是获取和评价有关经济活动与经济事项认定与既定标准（如会计准则）是否相符的证据，证实认定与既定标准的相符程度，形成审计结论；审计的目标是将审计结论传达给有关使用者。

在我国三十多年的审计实践中，国内审计界学者纷纷各抒己见，对审计进行定义，都各有可取之处。1989年，中国审计学会对审计定义为："审计是由专职的机构或人员依法对被审计单位的财政、财务收支活动及其有关经济活动的真实性、合法性和效益性进行审查，评价经济责任，用以维护财经法纪、提高经济效益、促进宏观控制的独立性经济监督活动。"这一概念包含下列要点：审计的主体是专职的机构或人员，包括国家审计、注册会计师审计和内部审计；审计对象是被审计单位的财政、财务收支活动及其有关经济活动；审计的主要工作是审查和评价；审计的目标是维护财经法纪、提高经济效益、促进宏观控制；审计的性质是独立的经济监督活动。

本书中我们对审计的概念可以表述为："审计是资源财产的拥有者或主管者，授权或委托专职机构或人员，对被审计单位特定时期的财务报表和其他资料及经济活动进行审查，与既定标准进行比较后得出结论，向授权人或委托人提出结论报告的具有独立性的经济监督、鉴证和评价业务。"这一概

念包含下列要点：审计的主体是接受授权或委托专职的机构或人员，包括国家审计、注册会计师审计和内部审计；审计对象是被审计单位特定时期的财务报表和其他资料及经济活动；审计的主要工作是审查、得出结论并向授权人或委托人报告；审计的性质是具有独立性的经济监督、鉴证和评价业务。

（二）审计的职能

审计的职能是审计本身所固有的、体现审计本质属性的内在功能，审计职能不是一成不变的，它随着客观环境的变化而变化。审计职能包括经济监督职能、经济鉴证职能和经济评价职能三种职能。

1. 经济监督职能

经济监督职能是审计最基本的职能，是指通过审计、监察和督促被审计单位的经济活动规定的范围内，在正常的轨道上运行。检查被审计单位经济活动，借以揭露违法违纪、制止损失浪费、查明错误弊端，督促被审计单位遵守国家法律法规，履行经济责任，使经济活动更加合法、有效。在审计实践中，国家审计依法进行审计，依法作出审计处理决定并督促处理决定的执行，最能体现审计的监督职能。

2. 经济鉴证职能

经济鉴证职能是指通过对被审计单位的财务报表及其他经济资料进行检查，确定其财务状况和经营成果的公允性、合法性，并作出书面证明，以提高信息使用者对信息的信任程度。在审计实践中，经济鉴证职能是注册会计师审计的主要职能。一般情况下，公司的财务报表只有经过注册会计师审计并出具审计报告后，才能得到社会的承认。

3. 经济评价职能

经济评价职能是指通过审核检查被审计单位的经济资料及其经济活动，评定被审计单位财政、财务收支及其经济活动是否合法；评价被审计单位的计划、预算、决策、方案是否先进可行；内部控制是否健全有效；经济活动是否高效等，在此基础上有针对性地提出意见和建议，促使其改善经营管理，提高经济效益。经济评价职能因功能的建设性，是国家审计、内部审计和注册会计师审计共同要实现的功能，在现代审计中，绩效审计（又称经济效益审计）最能体现审计的经济评价职能。

二、审计的基本分类

审计的基本分类如表 1–1 所示。

表 1–1 审计的基本分类

划分标准	审计类别
按审计主体分类	国家审计、注册会计师审计、内部审计
按审计内容和目的分类	财务报表审计、经营审计、合规性审计
按审计所依据的基础和使用的技术分类	账项基础审计、制度基础审计、风险导向审计

（一）按审计主体分类

审计主体是审计活动的组织者和执行者。审计按主体不同，可以分为国家审计（政府审计）、注册会计师审计（民间审计、社会审计、独立审计）和内部审计三种。综观世界各国的审计监督体系都是由国家审计、注册会计师审计和内部审计共同组成。

1. 国家审计

国家审计（government audit）又称为政府审计，是由国家审计机关依法实施的审计。

我国国家审计机关属于国家行政机关，国家审计机关分为中央和地方两级，中央审计机关是中华人民共和国审计署（简称国家审计署），是我国最高审计机关，在国务院总理领导下主管全国的审计工作；地方审计机关是县级及以上地方各级人民政府下设立的审计厅局，在本级人民政府和上级审计机关双重领导下负责本行政区域内的审计工作，对本级人民政府和上一级审计机关负责并报告工作，审计业务以上级审计机关领导为主。

我国国家审计机关对国务院各部门和地方各级人民政府的财政收支，国有金融机构、国有企事业单位的财务收支以及《审计法》规定的其他应当接受国家审计机关审计的单位和个人进行审计监督。

与注册会计师审计和内部审计相比，国家审计的主要特征是法定性、强制性和无偿性。法定性是指按《宪法》规定，我国国家审计机关依照法律规定独立行使审计监督权，不受其他行政机关、社会团体和个人的干涉；强制性是指国家审计机关对审计对象进行审计监督时，被审计单位和个人不得拒

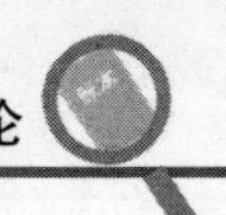

绝和阻挠，国家审计机关作出的审计决定被审计单位和个人可以申诉但必须执行；无偿性是指国家审计机关对被审计单位审计后不向被审计单位收取审计费用，国家审计机关履行职责所必需的经费，列入财政预算，由本级人民政府予以保证。

2. 注册会计师审计

注册会计师审计又称CPA审计、民间审计、社会审计、独立审计，是依法设立的会计师事务所的注册会计师实施的审计。

会计师事务所不附属任何机构，是独立核算、自负盈亏、依法纳税的具有法人资格的社会中介组织。会计师事务所包括注册会计师和其他审计人员。在我国注册会计师必须加入会计师事务所才能接受客户委托办理业务。

与政府审计和内部审计相比，注册会计师审计的主要特征是独立性、受托性和有偿性。独立性是指注册会计师审计时既独立于审计业务的委托人又独立于被审计单位，具有双向独立性；受托性是指会计师事务所只有收到客户委托并与客户签订书面的业务约定书后才能提供服务，服务的具体目的和具体内容取决于委托人的要求，会计师事务所可以接受政府审计机关、国家行政机关、企事业单位和个人等有关方面的委托；有偿性是指会计师事务所提供合格的约定服务后，按规定和约定向客户收取审计费用。

3. 内部审计

内部审计（internal audit）是指部门或单位内部设置的专职审计机构或审计人员实施的审计。我国内部审计可以分为部门内部审计和单位内部审计两类，部门内部审计是指国务院和地方各级政府下设的业务主管部门内部设置的审计机构实施的审计；单位内部审计是指单位专职审计机构或专职审计人员实施的审计。内部审计在本部门或本单位负责人的领导下，对本部门、本单位的财政财务收支、各项经济活动的真实性、合法性和效益性进行审查和评价，提出审计报告、意见和建议。

由于内部审计机构或内部审计人员归本部门或本单位负责人领导又对本部门或本单位进行审计，相对于政府审计和注册会计师审计，内部审计的独立性不强。

与政府审计和注册会计师审计相比，内部审计的主要特征是内向性、广泛性和及时性。内向性是指审计服务的内向性，内部审计机构或人员是根据本部门本单位自身需要而建立的，内部审计人员是本部门本单位的员工，受本部门本单位负责人的领导，为本部门本单位服务；广泛性是指审计范围的广泛性，内部审计作为对本部门本单位的经济监督，审计范围广泛，不仅对财政财务收支进行审计监督，还对整个经济活动过程、内部控制等进行全面的检查监督和评价；及时性是指审计时间上的及时，内部审计作为本部门本单位的专职审计机构，可以对本部门本单位的经济活动进行经常性的监督和检查，本部门本单位只要出现问题内部审计机构就可以根据需要随时开展审计，及时发现问题，提出改进措施，并督促改进。

国家审计、注册会计师审计、内部审计的区别如表 1-2 所示。

表 1-2 国家审计、注册会计师审计、内部审计的区别

区 别	国家审计	注册会计师审计	内部审计
主体	国家审计机关	会计师事务所的注册会计师	内部审计机构或人员
审计方式	强制审计	受托审计	根据需要自行安排
审计目标	对各级政府及其部门的财政收支及其他被审计单位财务收支运用情况的真实性、合法性和效益性进行审计	对被审计单位的财务报表的合法性和公允性发表审计意见	对组织内部的经营活动和内部控制的适当性、合法性和有效性进行审计
审计标准	《审计法》和国家审计准则	《注册会计师法》和注册会计师审计准则	内部审计准则
经费或收入来源	审计经费来源于财政预算，由同级人民政府予以保证	审计收入来源于审计客户，与审计客户协商确定	审计经费来源于本部门本单位予以保证
审计独立性	隶属于国务院和各级人民政府，单项独立，仅独立于被审计单位	双向独立，既独立于审计委托人又独立于被审计单位	受本部门本单位直接领导，仅强调与所审计的职能部门相对独立
审计职责和作用	对社会公众负责，审计报告具有监督作用	需要对投资者、债权人、相关机构等社会公众负责，审计报告具有鉴证作用	只对本部门本单位负责，对外不起鉴证作用

续表

区 别	国家审计	注册会计师审计	内部审计
发现问题的处理方式	对审计过程中发现的错弊，写入审计报告，出具审计意见书，对违规行为作出审计处理决定	对审计过程中发现的重大错弊，提请被审计单位调整，没有行政强制力；如果财务报表存在重大错弊或审计范围受到重大限制，注册会计师应视情况出具保留、否定或无法表示意见的审计报告	对审计过程中发现的错弊，提出改进建议，作为本部门本单位改进管理的参考

国家审计、注册会计师审计、内部审计三种体系之间既相互联系，又各自独立，在不同领域实施审计。他们各有特点，相互不可替代，不存在主导和从属关系，共同构成审计监督体系。

国家审计、注册会计师审计、内部审计三种审计中，国家审计和注册会计师审计是外部审计，具有很强的独立性，审计结果得到社会公众的承认；内部审计具有相对独立性，审计结果得不到社会公众的承认。

（二）按审计内容和目的分类

按审计内容和目的分，审计分为财务报表审计、经营审计和合规性审计（表 1–3）三种。

表 1–3 按审计内容和目的分类

类 别	内容（对象）	目 的
财务报表审计	财务报表	对财务报表是否按照规定的标准编制发表审计意见
经营审计	经营活动	评价被审计单位经营活动的效率和效果
合规性审计	经营活动	确定被审计单位是否遵循了特定的程序、规则或条例

（三）按审计所依据的基础和所使用的技术分类

按审计所依据的基础和所使用的技术分类，审计分为账项基础审计、制度基础审计和风险导向审计三种。

1. 账项基础审计

账项基础审计是以会计凭证和账簿为基础的详细审计，是在被审计单位规模较小、业务较少、账目数量不多以及审计技术和方法不发达的特定审计环境下产生的，在审计发展的早期运用非常普遍。

2. 制度基础审计

制度基础审计是以测试内部控制（制度）为基础的抽样审计，是以对被审计单位内部控制（制度）的健全性有效性为基础，确定审计抽样的重点和规模的方法。审计抽样的重点和规模取决于内部控制（制度）的测试结果，内部控制（制度）健全有效，审计测试范围缩小、抽查样本减少；内部控制（制度）不健全或无效，审计测试范围扩大、抽查样本增加。

20世纪40年代后，企业财产所有者增加，其对财务信息的依赖程度提高，审计目标从查错防弊发展到对财务报表发表意见；企业规模扩大，经济活动和交易事项的内容不断丰富、复杂，审计工作量增加，使得详细审计难以继续实施；为加强对企业的管理，增强企业的竞争力，企业内部控制（制度）产生；审计人员在长期的审计实践中发现内部控制（制度）与财务信息质量具有很大的相关性，如果内部控制（制度）健全有效，财务报表发生错误和舞弊的可能性就小，财务信息质量就好，反之，财务报表发生错误和舞弊的可能性就大，财务信息质量就差。为顺应审计发展的需要，提高审计工作效率，账项基础审计逐渐发展成制度基础审计，20世纪50年代以后，制度基础审计在西方国家得到广泛应用。

3. 风险导向审计

风险导向审计又称风险基础审计，是以审计风险模型为基础的抽样审计，是以对被审计单位的重大错报风险的识别、评估为基础，以控制审计检查风险水平为导向，设计和实施进一步审计程序以应对评估的重大错报风险的审计。与制度基础审计相比，风险导向审计要求审计人员将审计资源分配到容易出现重大错报风险的领域，并自觉地将审计风险控制在可接受的低水平，更好地解决了抽样审计的随意性和审计资源的分配问题。

随着经济环境的变化，社会公众对审计人员的期望越来越高，要求审计人员承担更大的责任。20世纪70年代以后，审计诉讼案件逐步增加，深入研究、防范和降低审计风险成为审计职业界研究的主要问题，审计风险模型的出现为风险导向审计提供了基础。20世纪90年代后，风险导向审计在审计实务中广泛使用，到现在风险导向审计已成为审计的主要方法。

本书主要阐述注册会计师在风险导向审计模式下的财务报表审计。

第三节 注册会计师审计

注册会计师（CPA）是依法取得注册会计师证书，并接受委托从事注册会计师业务的执业人员。注册会计师是从事注册会计师业务的专业人士，即拥有充分的职业道德，掌握一定的职业技能，具有较高职业判断能力的人士；随着社会公众对财务报表和审计报告需求增加，注册会计师承担的责任越来越大，为了加强对注册会计师的管理，保证注册会计师的服务质量，世界范围内各国都对注册会计师资格的获得进行管理。

一、注册会计师资格的获得——考试与注册登记

在我国要获得注册会计师资格，需要经过两道程序，即参加注册会计师全国考试合格（自 1991 年起我国注册会计师实行全国统考制度）；申请注册登记获得批准。

（一）注册会计师考试

（1）报考条件（符合其中之一者）：具有高等专科以上学校毕业的学历、或者具有会计或者相关专业中级以上技术职称的中国公民，可以申请参加注册会计师全国统一考试；具有会计或者相关专业高级技术职称的人员，可以免予部分科目的考试。

（2）考试科目（表 1–4）与成绩认定：注册会计师考试制度现在采用闭卷、笔试（机考）、考试每科实行百分制，60 分为成绩合格分数线。

表 1–4 注册会计师考试科目

阶段	考试科目（6+1）	证书	有效期
专业阶段（一）	会计、审计、财务成本管理、公司战略与风险管理、经济法、税法 6 科	专科合格证	5 年
综合阶段（二）	综合 1 科	全科合格证	5 年

考生在通过第一阶段的全部考试科目后，才能参加第二阶段的考试。两个阶段的考试，每年各举行 1 次。

（二）注册登记

通过注册会计师考试全科成绩合格的，并从事审计业务工作两年以上的，可以向省、自治区、直辖市注册会计师协会申请注册。注册会计师协会应当将准予注册的人员名单报国务院财政部门备案。经批准注册的注册会计师，由注册会计师协会发给国务院财政部门统一制定的注册会计师证书。

二、注册会计师业务范围

我国注册会计师的业务包括鉴证业务和相关服务（非鉴证业务）。

（一）鉴证业务

鉴证业务是指注册会计师对鉴证对象信息提出结论，以增强除责任方之外的预期使用者对鉴证对象信息信任程度的业务。

1. 鉴证业务的内容

鉴证业务的内容包括审计业务、审阅业务和其他鉴证业务。如表 1–5 所示。

2. 鉴证业务的保证程度

鉴证业务的保证程度分为合理（积极）保证和有限（消极）保证。其主要区别如表 1–6 所示。

表 1–5 注册会计师的鉴证业务

种类	对　象	保证程度
审计业务	1. 审查企业财务报表，出具审计报告 2. 验证企业资本，出具验资报告 3. 办理企业合并、分立、清算事宜中的审计业务，出具有关报告 4. 法律、行政法规规定的其他审计业务，出具审计报告	合理保证
审阅业务	审阅财务报表，出具审阅报告	有限保证（消极）
其他鉴证业务	除审计审阅外的其他信息鉴证，包括：预测性财务信息审核，内部控制审核，网域认证和系统鉴证等审核报告	合理或有限（积极或消极）

表 1-6　鉴证业务合理保证和有限保证的区别

	合理保证	有限保证
适用范围	财务报表审计	财务报表审阅
保证水平	高水平的保证，审计风险降至可接受的低水平	低于财务报表保证水平，审计风险降至可接受的水平
证据收集程序	通过一个不断修正的、系统化的执业过程，证据收集程序包括检查记录或文件、检查有形资产、观察、询问、函证、重新计算、重新执行、分析程序等（比较详细）	通过一个不断修正的、系统化的执业过程，获取充分、适当的证据，证据收集程序主要是询问和分析程序（比较简略）
所需证据数量	较多	较少
检查风险	较低	较高
财务报表的可信性	较高	较低
提出结论方式	以积极（肯定）方式提出，如我们认为合法，公允	以消极（否定 + 否定）方式提出，如我们没有注意到任何事项使我们相信，不合法，不公允

注册会计师鉴证业务有两个特征，一是对鉴证对象信息提出结论，是以书面形式即报告形式提出结论；二是提出结论的目的是增强预期使用者对鉴证对象信息的信任程度。

注册会计师主要的鉴证业务是审计业务，审计业务是注册会计师的法定业务，注册会计师依法执行审计业务后出具的报告，具有法定证明效力。注册会计师审计业务中最传统最核心的业务是审查企业财务报表，出具审计报告。

3. 注册会计师财务报表审计的含义

注册会计师财务报表审计是指注册会计师对财务报表是否不存在重大错报提供合理保证，以积极方式提出意见，增强除管理层之外的预期使用者对财务报表信赖的程度。

本概念包括以下方面的内容：

（1）审计主体：注册会计师（接受委托），注册会计师应具备的条件是独立性（身份条件，注册会计师应独立于被审计单位和预期使用者）和专业性（技能条件，注册会计师应具有专业胜任能力）。

（2）审计对象：财务报表，包括资产负债表、利润表、现金流量表、股东权益变动表及相关财务报表附注。

（3）审计结果：审计报告，即注册会计师以积极的方式对财务报表的合法性、公允性发表审计意见，并以审计报告的形式予以传达。

（4）审计目的：改善财务报表的质量或内涵，增强预期使用者对财务报表信赖的程度，即注册会计师以其专业水平对财务报表作出合理保证，从而提高财务报表的可信性，而不涉及为如何利用信息提供建议。

（5）审计报告的用户：除管理层之外的财务报表的预期使用者。

（二）相关服务（非鉴证业务）

相关服务又称为非鉴证业务，包括对财务信息执行商定程序，代编财务信息，税务服务，管理咨询以及会计服务等。相关服务没有保证程度。

第四节　审计要素与审计基本要求

一、审计要素

鉴证业务要素是指鉴证业务的三方关系人、鉴证对象信息、标准、证据和报告五要素。审计是最典型的鉴证业务，审计业务要素包括审计业务的三方关系人、财务报表（鉴证对象信息）、财务报表编制基础（标准）、审计证据和审计报告五要素。

（一）审计业务的三方关系人

审计业务的三方关系人，分别是注册会计师、被审计单位管理层（责任方）和财务报表预期使用者。三方之间的关系是，注册会计师对由被审计单位管理层（责任方）负责的财务报表（鉴证对象信息）发表审计意见（提出结论），以增强除管理层（责任方）之外的预期使用者对财务报表的信任程度。应注意的是：管理层（责任方）与预期使用者有时可能是同一方，或是预期使用者之一，但不是唯一的预期使用者；如果某项业务不存在除责任方

之外的其他预期使用者，那么该业务不构成一项鉴证业务。

1. 注册会计师

注册会计师通常指项目合伙人或项目组其他人员，有时也指其所在的会计师事务所。在三方关系中注册会计师是审计业务的执行者，注册会计师的责任是按照中国注册会计师审计准则的规定对财务报表进行审计并发表审计意见。为履行这一职责，注册会计师应遵守注册会计师职业道德，按照审计准则的规定计划和实施审计工作，获取充分、适当的审计证据，得出合理的审计结论，发表恰当的审计意见。注册会计师通过签署审计报告确认其责任。如果审计业务涉及的知识和技能超出了注册会计师的能力，注册会计师可以利用专家协助其执行审计业务，确保项目组整体具有胜任能力，注册会计师要对专家的工作结果承担责任。

2. 被审计单位管理层（责任方）

被审计单位管理层是指对被审计单位经营活动的执行负有经营管理责任的人员，其对财务报表的形成负有责任。治理层是指对被审计单位战略方向以及管理层履行经营管理责任负有监督责任的人员或组织，治理层的责任包括监督财务报表。在某些被审计单位，管理层包括部分或全部的治理层成员，治理层可能包括管理层。管理层和治理层（如适用）认可与财务报表相关的责任，是注册会计师执行审计工作的前提，构成注册会计师按照审计准则的规定执行审计工作的基础。管理层和治理层应承担的责任包括：①按照适用的财务报告编制基础编制财务报表，并使其实现公允反映（如适用）；②设计、执行和维护必要的内部控制，以使财务报表不存在由于舞弊或错误导致的重大错报；③向注册会计师提供必要的工作条件，包括：允许接触与编制财务报表相关的所有信息，提供审计所需的其他信息，允许在获取审计证据时不受限制地接触其认为必要的内部人员和其他相关人员。

在三方关系中，管理层和治理层理负责编制和监督财务报表的形成，注册会计师负责审计财务报表并发表审计意见，二者各司其责，双方责任不能互相替代。财务报表审计不能减轻被审计单位管理层和治理层的责任。如果财务报表存在重大错报，而注册会计师通过审计没有发现，管理层和治理层对财务报表的编制中存在的重大错报承担编制责任，注册会计师对财务报表审计中未能查出重大错报承担审计责任。

3. 预期使用者

预期使用者是指预期使用审计报告和财务报表的组织和人员。在实务中注册会计师可能无法识别所有的预期使用者，尤其是各种可能的预期使用者对财务报表（鉴证对象信息）存在不同的利益需求时，此时预期使用者应考虑与财务报表有重要和共同利益的主要利益相关者。注册会计师应根据法律法规的规定或与委托人签订的协议识别预期使用者，审计报告的收件人应尽可能地明确为所有的预期使用者。

（二）财务报表（鉴证对象信息）

鉴证对象是否适当是注册会计师能否承接业务的前提条件。适当的鉴证对象应同时具备下列条件：①鉴证对象可以识别；②不同的组织或人员对鉴证对象按既定标准进行评价或计量的结果一致；③注册会计师能够收集与鉴证对象有关的信息，获取充分、适当的证据，以支持其提出适当的鉴证结论。在财务报表审计中，鉴证对象是历史的财务状况、经营成果和现金流量，鉴证对象信息是财务报表（通常为整套财务报表）。

（三）财务报表编制基础（标准）

标准是指用于评价或计量鉴证对象的基准，当涉及列报时，还包括列报的基准。对鉴证对象作出评价离不开适当的标准。适当的标准应当具备下列所有特征：相关性、完整性、可靠性、中立性和可理解性。注册会计师基于自身的预期、判断和个人经验对鉴证对象进行的评价和计量，不构成适当的标准。

适用的财务报告编制基础，是指法律法规要求采用的财务报告编制基础；或者管理层和治理层（如适用）在编制财务报表时，就被审计单位性质和财务报表目标而言，采用的可接受的财务报告编制基础。财务报告编制基础分为通用目的编制基础和特殊目的编制基础。通用目的编制基础，是指旨在满足广大财务报表使用者共同的财务信息需求的财务报告编制基础，主要是指会计准则和会计制度。特殊目的编制基础，是指旨在满足财务报表特定使用者对财务信息需求的财务报告编制基础，包括计税核算基础、监管机构的报告要求和合同的约定等。

（四）审计证据

审计证据是指注册会计师为了得出审计结论和形成审计意见而使用的必要信息；包括会计记录中含有的信息和其他信息。审计证据的基本特性是充分性和适当性，两者相互关联。在评价审计证据的充分性和适当性以支持鉴证报告时，注册会计师应当运用职业判断，并保持职业怀疑态度。

（五）审计报告

审计报告是注册会计师根据审计准则的规定，在执行审计工作的基础上，对财务报表发表审计意见的书面文件。注册会计师应当针对财务报表在所有重大方面是否符合适当的财务报表编制基础，以书面报告的形式发表能够提供合理保证程度的意见。

二、审计基本要求

（一）遵守审计准则

注册会计师审计准则是衡量注册会计师执行财务报表审计业务的权威性标准，涵盖从接受业务委托到出具审计报告的整个审计过程，注册会计师在执业过程中应当遵守注册会计师审计准则的要求。

（二）遵守职业道德守则

职业道德守则是指注册会计师财务报表审计中必须遵守的职业道德，包括注册会计师执行财务报表审计相关的职业道德基本原则和应用这些原则的概念框架，这些相关的具体内容在后面专门分章阐述。

（三）保持职业怀疑

职业怀疑，是指注册会计师执行审计业务的一种态度，包括采取质疑的思维方式，对可能表明由于错误或舞弊导致错报的迹象保持警觉，以及对审计证据进行审慎评价。

（四）合理运用职业判断

职业判断是指在审计准则、财务报告编制基础和职业道德要求的框架下，注册会计师综合运用相关知识、技能和经验，作出适合审计业务具体情况、有根据的行动决策。职业判断设计注册会计师执业的各个环节，职业判断贯穿于注册会计师执业的始终，也涉及注册会计师执业中的各类决策。

◆课后练习◆

一、本章复习思考题

1. 简述注册会计师审计的产生与发展。

2. 简述审计的概念和基本职能。

3. 审计的基本分类有哪些，分别是什么?

4. 我国注册会计师的业务范围是什么?

5. 简述审计业务的五要素。

二、本章练习题

（一）单项选择题

1. 审计产生的根本原因是（　）。

A. 财产所有权和经营权的分离　　B. 商品经济的发展

C. 股份公司的出现　　D. 资本市场的发展与完善

2. 秦汉时期，日趋完善的具有审计性质的制度是（　）。

A. 监察　　B. 御史　　C. 上计制　　D. 下计制

3. 在西方，最具有代表性的国家审计机关隶属于（　）。

A. 立法系统　　B. 司法系统　　C. 行政系统　　D. 管理系统

4. 注册会计师审计最早产生在（　）。

A. 意大利　　B. 英国　　C. 美国　　D. 中国

5. 我国第一个注册会计师和会计师事务所是（　）。

A. 谢霖先生和正则会计师事务所

B. 潘序伦和潘序伦会计师事务所（后改为立信会计师事务所）

C. 奚玉书的公信会计师事务所

D. 徐永祚的徐永祚会计师事务所

6. 国家审计又被称为（　）。

A. 民间审计　　B. 政府审计　　C. 合规性审计　　D. 社会审计

7. 注册会计师执行的下列业务中，保证程度最高的是（　）。

A. 财务报表审计　　B. 代编财务信息

C. 财务报表审阅　　D. 对财务信息执行的商定程序

8. 注册会计师的相关服务不包括（　）。

A. 审阅财务报表　B. 管理咨询　C. 代理记账　D. 税务代理

9. 下列业务中必须由注册会计师承接的业务是（　）。

A. 代编财务信息　B. 财务报表审计　C. 内部控制设计　D. 会计培训

10. 关于注册会计师财务报表审计中下列说法错误的是（　）。

A. 审计可以有效满足财务报表预期使用者的要求

B. 审计目的是增加报表预期使用者对财务报表的信任程度

C. 注册会计师应具有的独立性和专业性

D. 审计涉及为财务报表预期使用者的所有相关信息提供建议

（二）多项选择题

1. 审计的职能有（　）。

A. 经济监督　B. 经济评价　C. 经济鉴证　D. 经济管理

2. 我国审计监督体系包括（　）。

A. 财务报表审计　B. 内部审计　C. 民间审计　D. 政府审计

3. 按审计所依据的基础和所使用的技术，审计分为（　）。

A. 账项基础审计　　B. 制度基础审计

C. 全面基础审计　　D. 风险导向审计

4. 注册会计师的服务业务包括（　）。

A. 代理记账　B. 税务代理　C. 内部控制审计　D. 管理咨询

5. 以下鉴证业务说法中，不正确的有（　）。

A. 签证业务是一种合理保证

B. 合理保证的保证程度高于有限保证的保证程度

C. 审计业务是有限保证，审阅业务是合理保证

D. 鉴证业务是指注册会计师对鉴证对象信息提出结论，以增强责任方对鉴证对象信息信任程度的业务

6. 下列关于合理保证业务的提法中，恰当的有（　）。

A. 合理保证业务要将业务风险降至可接受的低水平

B. 合理保证业务要将业务风险降至可接受的水平

C. 合理保证业务是以积极方式提出结论

D. 合理保证业务是以消极方式提出结论

7. 审计要素包括（ ）。

A. 财务报表（鉴证对象信息）
B. 财务报表编制基础（标准）
C. 审计证据
D. 审计报告

8. 审计业务三方关系人是（ ）。

A. 委托人
B. 注册会计师
C. 被审计单位管理层
D. 预期使用者

9. 下列有关被审计单位管理层责任的说法中，恰当的有（ ）。

A. 被审计单位管理层应当允许注册会计师查阅与编制财务报表相关的所有文件

B. 被审计单位管理层应当负责按照适用的财务报告编制

C. 被审计单位管理层应当允许注册会计师接触所有必要的相关人员

D. 被审计单位管理层应当负责设计、执行和维护必要的内部控制

10. 下列有关职业怀疑的提法中，表述恰当的有（ ）。

A. 保持独立性可以增强注册会计师的职业怀疑能力

B. 职业怀疑要求注册会计师审慎评价审计证据

C. 职业怀疑要求注册会计师假设被审计单位管理层不诚信，且存在舞弊

D. 职业怀疑要求注册会计师对引起疑虑的情形应保持警觉

第二章　审计目标和审计风险

学习目的

通过本章学习，使学生掌握注册会计师财务报表审计的总体目标，重点掌握管理层认定和具体审计目标及其二者之间的对应关系；理解注册会计师财务报表审计目标实现的全过程；重点掌握注册会计师审计风险的概念、要素，审计风险模型的组成及应用。

第一节　审计目标

审计目标是审计主体通过审计工作期望达到的最终结果。明确审计目标有助于审计人员有针对性地计划审计工作。注册会计师执行财务报表审计工作时，审计目标分为两个层次，即财务报表审计的总体目标和与各类交易、账户余额、披露相关的审计具体目标。

一、财务报表审计的总体目标

注册会计师对财务报表的总体审计目标是：①对财务报表整体是否不存在由于舞弊或错误导致的重大错报获取合理保证，使得注册会计师能够对财务报表是否在所有重大方面按照适用的财务报告编制基础编制发表审计意见；②按照审计准则的规定，根据审计结果对财务报表出具审计报告，并与管理层和治理层沟通。

财务报表审计的总体目标对注册会计师的审计工作发挥着导向作用，其界定了注册会计师的责任范围，直接影响注册会计师审计计划和实施审计程序的性质、时间安排和范围，决定了注册会计师如何发表审计意见。

二、认定

认定是指管理层在财务报表中作出的明确或隐含的表达，注册会计师将其用于考虑可能发生的不同类型的潜在错报。

注册会计师的基本职责就是确定被审计单位管理层对财务报表的认定是否恰当，即注册会计师是对管理当局对财务报表认定的再认定，当管理层声明财务报表已按照适用的财务报告编制基础编制，在所有重大方面作出公允反映时，就意味着管理层对财务报表各组成要素的确认、计量、列报以及相关的披露作出了认定。注册会计师根据管理当局的认定确定财务报表的具体审计目标。

（一）与所审计期间各类交易和事项相关的认定（与利润表项目相关的认定）

（1）发生：记录的交易或事项已发生，且与被审计单位有关。

即被审计单位记录的交易或事项，在实际中都已发生，没有多记录交易或事项（发生的次数）。例如，被审计单位 2017 年 12 月销售 A 产品实际发生 10 次，但销售账簿记录销售 A 产品 12 次，就多记了 2 次没有发生的销售，则被审计单位违反了发生的认定。发生认定所要表示的是被审计单位管理层没有将不曾发生的交易或事项列入财务报表，它主要与财务报表组成要素的高估有关。

（2）完整性：所有应当记录的交易和事项均已记录。

即被审计单位在实际经济活动中已经发生的交易或事项，被审计单位都完整地进行了记录，没有少记录交易或事项（发生的次数）。例如，被审计单位 2017 年 12 月采购甲材料实际发生了 10 次，但采购账簿记录了采购甲材料 8 次，就少记录了 2 次已经发生的采购，则被审计单位违反了完整性的认定。完整性认定所要表示的是被审计单位管理层没有将那些已经发生的交易或事项列入财务报表，它主要与财务报表要素的低估（漏记交易或事项）有关。发生和完整性二者强调的是相反的关注点。

（3）准确性：与交易和事项有关的金额及其他数据已恰当记录。

即被审计单位经济业务中实际发生的交易或事项，都以正确的金额和其他数据予以记录，即记录的金额和其他数据正确。例如，被审计单位 2017 年 12 月实际销售 A 产品 1 笔销售收入金额共计 10 万元，但销售及相关账簿上记录的 A 产品销售收入不是 10 万元而是 15 万元，则被审计单位违反了准确性的认定。

准确性认定与发生认定、完整性认定之间存在区别，准确性认定与发生认定、完整性认定出现错误都可能导致账簿记录的金额不正确，但其原因不同。例如，被审计单位 2017 年 12 月实际发生产品销售 1 笔销售收入 10 万元，如果销售账簿记录了 2 笔销售分别都是 10 万元共计 20 万元，虽然 1 笔销售金额正确，但多记了 1 笔销售，则违反了发生认定；如果销售账簿记录了 1 笔销售金额为 20 万元，虽然记录的销售发生次数正确，但记录金额与实际金额不符，违反了准确性认定；如果实际销售发生后，销售账簿未予以记录，则违反了完整性认定。

（4）截止：交易和事项已记录于正确的会计期间。

即被审计单位经济业务中实际发生的交易或事项，在正确的会计期间予以记录，即记录的会计期间正确。被审计单位将本期发生的交易或事项推迟到下期进行记录，或将下期发生的交易或事项提前到本期记录，都违反了截止的认定。一般容易出现截止错误的是资产负债表日前后若干天的交易或事项，被审计单位通过截止错误即在账簿记录上人为地改变交易或事项发生的会计期间，可以调节本期利润。例如，被审计单位 2017 年 12 月实际销售 A 产品 1 笔销售收入金额共计 10 万元，账簿记录上将其记录在 2018 年 1 月销售 A 产品 1 笔销售收入金额共计 10 万元，则被审计单位违反了截止认定。

（5）分类：交易和事项已记录于恰当的账户。

即被审计单位经济业务中实际发生的交易或事项，在正确的会计账户予以记录，即记录的会计账户正确。例如，被审计单位 2017 年 12 月实际销售 A 产品 1 笔销售收入金额共计 10 万元，应记入主营业务收入会计账户，但被审计单位将其记录在 2017 年 12 月营业外收入会计账户金额共计 10 万元，则被审计单位违反了分类认定。

与所审计期间各类交易和事项相关的认定是会计没有多记（交易或事项发生的次数）是发生认定，没有少记（交易或事项发生的次数）是完整性认

定，会计记录的金额和数据正确是准确性认定，会计记录的会计期间正确是截止认定，会计记录的会计账户正确是分类认定。

（二）与期末账户余额相关的认定（与资产负债表项目相关的认定）

（1）存在：记录的资产、负债、所有者权益是存在的。

即被审计单位账簿中记录的资产、负债、所有者权益，在实际中都存在，没有多记录资产、负债和所有者权益。例如，如果被审计单位应收账款明细账中列示的欠款名单中有A客户，但实际上A客户不欠被审计单位的钱，不是被审计单位的债务人，则被审计单位违反了存在认定。

（2）完整性：所有应当记录的资产、负债、所有者权益均已记录。

即被审计单位实际中存在的资产、负债、所有者权益都已记录，没有少记资产、负债和所有者权益。例如，如果被审计单位实际欠B供应商的应付账款，在被审计单位应付账款明细账中却没有记录所欠B供应商的应付账款，则被审计单位违反了完整性认定。

（3）权利和义务：记录的资产由被审单位拥有或控制；记录的负债是被审计单位应当履行的偿还义务。

即记录的资产是被审计单位的权利，记录的负债是被审计单位必须履行的义务，记录的资产和负债都归被审计单位所有。该认定只涉及资产负债表中的资产和负债项目，不涉及所有者权益项目。

（4）计价和分摊：资产、负债、所有者权益以恰当的金额包括在财务报表中，与之相关的计价或分摊调整已恰当记录。

即被审计单位对资产、负债、所有者权益都以正确的金额予以记录。

与期末账户余额相关的认定是没有多记是存在认定，没有少记是完整性认定，记录的资产和负债归被审计单位所有是权利和义务认定，记录的金额正确是计价和分摊认定。

（三）与列报和披露相关的认定

各类交易和事项、账户余额认定的正确只是为列报正确打下了必要的基础，如果被审计单位误解有关列报的规定或舞弊，被审计单位没有遵守一些专门的披露要求等都可能导致财务报表产生错报。因此，即使注册会计师审计了各类交易和事项、期末账户余额的认定，实现了各类交易和事项、期末

账户余额的审计目标，也不意味着获取了对财务报表发表意见的充分适当的审计证据，注册会计师还应当对各类交易和事项、期末账户余额在财务报表中列报的正确性进行审计。与列报和披露相关的认定通常分为下列几种：

（1）发生及权利和义务：披露的交易、事项和其他情况已发生，且与被审计单位有关。即在被审计单位财务报表中列报和披露的交易和事项，实际都已发生，且与被审计单位有关。

（2）完整性：所有应当包括在财务报表中的披露均已包括。即实际已发生交易和事项都在被审计单位财务报表中列报和披露。

（3）准确性和计价：财务信息和其他信息已公允披露，且金额恰当。即财务信息在财务报表中金额正确。

（4）分类和可理解性：财务信息已被恰当地列报和描述，且披露内容表述清楚。即财务信息在财务报表中分类正确。

与列报和披露相关的认定为没有多记且归其所有，没有少记，金额正确，分类正确。

被审计单位管理层对财务报表各组成要素作出的认定如表 2–1 所示。

表 2–1　被审计单位管理层的认定

与所审计期间各类交易和事项相关的认定	与期末账户余额相关的认定	与列报和披露相关的认定
1. 发生 2. 完整性 3. 准确性 4. 截止 5. 分类	1. 存在 2. 完整性 3. 权利和义务 4. 计价和分摊	1. 发生及权利和义务 2. 完整性 3. 准确性和计价 4. 分类和可理解性

三、具体审计目标

根据管理当局的认定，注册会计师确定具体审计目标。

（一）与所审计期间各类交易和事项相关的具体审计目标

根据被审计单位管理层与所审计期间各类交易和事项相关的认定，注册会计师推导的具体审计目标的含义和具体表述如表 2–2 所示。

表 2-2 与所审计期间各类交易和事项相关的认定及对应的具体审计目标

与所审计期间各类交易和事项的认定	利润表项目的具体审计目标	
	含义	具体表述
发生	确认已记录的交易是真实的	确定利润表中记录的 ××（×× 是会计报表项目或会计账户，下同）是否已发生，且与被审计单位有关
完整性	确认发生的交易确实已经记录	确定所有应当记录的 ×× 是否均已记录
准确性	确认已记录的交易是按正确金额反映的	确定与 ×× 有关的金额及其他数据是否已恰当记录
截止	确认接近于资产负债表日的交易记录于恰当的会计期间	确定 ×× 是否记录于正确的会计期间
分类	确认被审计单位记录的交易经过适当分类	确定 ×× 是否记录于恰当的会计账户

根据被审计单位管理层与所审计期间各类交易和事项相关的认定，注册会计师以主营业务收入账户和销售费用账户为例，列出其具体审计目标如表 2-3 所示。

表 2-3 与所审计期间各类交易和事项相关的认定及对应的具体审计目标举例

与所审计期间各类交易和事项相关的认定	主营业务收入的具体审计目标	销售费用的具体审计目标
发生	确定利润表中记录的主营业务收入是否已发生，且与被审单位有关	确定利润表中记录的销售费用是否已发生，且与被审单位有关
完整性	确定应当记录的主营业务收入是否均已记录	确定应当记录的销售费用是否均已记录
准确性	确定主营业务收入有关的金额及其他数据是否恰当记录；销售退回、折扣折让的处理是否恰当	确定销售费用有关的金额及其他数据是否已恰当记录
截止	确定主营业务收入是否记录于正确的会计期间	确定销售费用是否记录于正确的会计期间
分类	确定主营业务收入是否记录于恰当的会计账户	确定销售费用是否记录于恰当的会计账户
列报	确定主营业务收入是否按照企业会计准则的规定在财务报表中作出恰当的列报	确定销售费用是否按照企业企业会计准则的规定在财务报表中作出的恰当列报

（二）与期末账户余额相关的具体审计目标

根据被审计单位管理层与期末余额相关的认定，注册会计师推导的具体审计目标的含义和具体表述如表 2-4 所示。

表 2-4　与期末账户余额相关的认定及对应的具体审计目标

与期末账户余额相关的认定	资产负债表项目的审计目标	
	含义	具体表述
存在	确认记录的金额确实存在	确定资产负债表中记录的 ××（×× 是会计报表项目或会计账户，下同）是否存在
完整性	确认已存在的金额均已完整记录	确定所有应当记录的 ×× 是否均已记录
权利和义务	确认资产属于被审计单位的权利，负债属于被审计单位的义务	确定记录的 ×× 是否由被审计单位拥有或控制；或 ×× 是否为被审计单位应当履行的现实义务
计价和分摊	确认以恰当的金额包括在财务报表中，与之相关的计价或分摊调整已恰当记录	确定 ×× 是否以恰当的金额包括在财务报表中，与之相关的计价或分摊调整已恰当记录

根据被审计单位管理层与期末余额相关的认定，注册会计师以库存现金账户和应付账款为例，列出其具体审计目标如表 2-5 所示。

表 2-5　与期末账户余额相关的认定及对应的具体审计目标举例

与期末账户余额相关的认定	库存现金的具体审计目标	应付账款的具体审计目标
存在	确定资产负债表中记录的库存现金是否存在	确定资产负债表中记录的应付账款是否存在
完整性	确定所有应当记录的库存现金是否均已记录	确定所有应当记录的应付账款是否均已记录
权利和义务	确定记录的库存现金是否由被审单位拥有或控制	确定资产负债表中记录的应付账款是否为被审计单位应当履行的现实义务
计价和分摊	确定库存现金是否以恰当金额包括在财务报表中，与之相关的计价调整已恰当记录	确定应付账款是否以恰当金额包括在财务报表中，与之相关的计价调整已恰当记录
列报	确定库存现金是否按照企业会计准则的规定在财务报表中作出恰当的列报	确定应付账款是否按照企业会计准则的规定在财务报表中作出恰当的列报

（三）与列报和披露相关的具体审计目标

（1）发生以及权利和义务：将没有发生的交易、事项，或与被审计单位无关的交易和事项包括在财务报表中，则违反该目标。例如，复核董事会会议记录中是否记载了固定资产抵押等事项，询问管理层固定资产是否被抵押，即是对列报的权利认定的运用。如果被审计单位拥有被抵押的固定资产，则需要将其在财务报表中列报，并说明与之相关的权利受到限制。

（2）完整性：如果应当披露的事项没有包括在财务报表中，则违反了该目标。例如，检查关联方和关联交易，以验证其在财务报表中是否得到充分披露，即是对列报的完整性认定的运用。

（3）准确性和计价：财务信息和其他信息已公允披露，且金额恰当。例如，检查财务报表附注是否分别对原材料、在产品和产成品等存货成本核算方法作了恰当说明，即是对列报的准确性和计价认定的运用。

（4）分类和可理解性：财务信息已被恰当地列报和描述，且披露内容表述清楚。例如，检查存货的主要类别是否已披露，是否将一年内到期的长期负债列为流动负债，即是对列报的分类和可理解性认定的运用。

以上与列报和披露相关的四项认定在会计报表项目的认定中合称“列报”认定，其对应的具体审计目标是“确定 ×× 是否按照企业会计准则的规定在财务报表中作出恰当的列报”。

通过上面介绍可知，认定是确定具体审计目标的基础。注册会计师根据一项管理层认定确定一项对应的具体审计目标（列报和披露的认定除外），然后根据每一项具体审计目标执行一项或多项的审计程序，以获取充分、适当的审计证据。认定、具体审计目标和审计程序之间的关系举例如表 2-6 所示。

表 2-6　认定、具体审计目标和审计程序之间的关系

管理当局的认定	具体审计目标	审计程序
存在	确定资产负债表中记录的应收账款是否存在	函证应收账款 从应收账款明细账追查至销售发票
完整性	确定所有应当记录的应收账款是否均已记录	从发运凭证追查至应收账款明细账 从销售发票追查至应收账款明细账

续表

管理当局的认定	具体审计目标	审计程序
权利和义务	确定资产负债表中记录的固定资产是否由被审单位拥有或控制	查阅所有权证书、购货合同、购货发票和保险单； 向银行函证抵押、担保的固定资产
计价和分摊	确定应收账款是否以恰当金额包括在财务报表中，与之相关的计价调整已恰当记录	检查应收账款账龄分析表； 计提的坏账准备是否正确
准确性	确定利润表中记录的营业收入金额是否正确	比较价格清单与发票上的价格、发运凭证与销售发票的数量是否一致； 重新计算发票上的金额
截止	确定利润表中记录的主营业务收入是否记入正确的会计期间	比较资产负债表日前后若干天发货单日期与记账日期

实现具体审计目标的审计程序在本书第二编审计实务中阐述。

第二节 审计目标的实现过程

现代审计采用的是风险导向审计，风险导向审计要求注册会计师在审计目标的实现过程中以重大错报风险的识别、评估、应对为主线。审计目标的实现过程包括接受业务委托、计划审计工作、重大错报风险的识别和评估、重大错报风险的应对、完成审计工作并出具审计报告五个阶段。

一、接受业务委托

注册会计师审计的特点是受托审计，在客户进行审计委托时，会计师事务所应当按照执业准则的规定，谨慎决策是否接受或保持某客户的审计业务。在接受新客户的业务或决定是否保持现有业务时，会计师事务所应当执行有关客户接受和保持的程序，以充分识别和评估会计师事务所面临的风险。

执行有关客户接受和保持的程序从客户和会计师事务所两个方面开展。第一，考虑客户的诚信，如果注册会计师发现客户正面临着财务困难，或发现客户曾作出虚假陈述，客户缺乏诚信，可以认为接受或保持该客户的风险非常高，甚至是不可接受的；第二，考虑会计师事务所的职业道德和胜任能

力，职业道德方面，会计师事务所应考虑能否遵守相关职业道德要求，特别是考虑会计师事务所与客户是否存在利益冲突，会计师事务所能否对客户保持独立性等。胜任能力方面，会计师事务所要考虑会计师事务所是否具有接受该项业务相应资格的员工、是否具有必要的素质、专业胜任能力、执行该业务的时间和资源等。在接受委托阶段，会计师事务所应获得以下信息：客户是否诚信，没有信息表明客户缺乏诚信；会计师事务所能够遵守相应的职业道德要求；会计师事务所具有执行该项业务的胜任能力。

会计师事务所需要作出的最重要决策之一是是否接受和保持客户，不正确的决策不仅会使会计师事务所收入受到影响，还可能给会计师事务所的声誉造成损失，或涉及潜在的诉讼。一旦决定接受业务委托，注册会计师应当与客户就审计约定条款达成一致意见。对于连续审计，注册会计师应当根据具体情况确定是否需要修改业务约定条款，以及是否需要提醒客户注意现有的业务约定书。接受业务委托的详细内容将在本书第三章阐述。

二、计划审计工作

对于任何一项审计业务，注册会计师在执行具体审计程序之前，都必须根据具体情况制订科学、合理的计划，使审计业务得到有效执行。计划审计工作主要包括：初步业务活动；制定总体审计策略；制订具体审计计划等。计划审计工作不是审计业务的一个孤立阶段，而是一个持续的、不断修正的过程，贯穿于审计过程的始终。计划审计工作的详细内容将在本书第三章阐述。

三、重大错报风险的识别和评估

重大错报风险的识别和评估是必需的审计程序，其主要包括了解被审计单位及其环境；识别和评估财务报表层次及认定层次的重大错报风险，包括确定需要特别考虑的重大错报风险（即特别风险）以及仅通过实施实质性程序无法应对的重大错报风险等。风险评估的详细内容将在本书第九章阐述。

四、重大错报风险的应对

重大错报风险的应对是必需的审计程序，注册会计师在评估重大错报风

险后，应当运用职业判断，针对评估的财务报表层次重大错报风险采取总体应对措施，针对评估的认定层次重大错报风险设计和实施进一步审计程序，进一步审计程序包括实施控制测试（必要时或决定测试时）和实质性程序。风险应对的详细内容将在本书第十章阐述。

五、完成审计工作并出具审计报告

注册会计师在完成进一步审计程序后，还应当按照有关审计准则的规定做好审计完成阶段的工作，并根据所获取的审计证据，合理运用职业判断，形成适当的审计意见，出具审计报告。完成审计工作并出具审计报告的详细内容将在本书第十六章阐述。

第三节 审计风险

审计风险，是指当财务报表存在重大错报时，注册会计师发表不恰当审计意见的可能性。

注册会计师发表不恰当审计意见有两种情况：一种是被审计单位的财务报表不存在重大错报，注册会计师认为其存在重大错报，财务报表未公允反映；另一种是被审计单位的财务报表存在重大错报，注册会计师认为其不存在重大错报，财务报表已公允反映。在审计实务中，如果出现第一种情况，被审计单位会提出异议，注册会计师为避免错误，通常会扩大审计程序增加审计数量，纠正不当意见，所以审计风险并不包括第一种情况。我们定义的审计风险指的是第二种情况，这种风险在审计实务中出现的可能性较大且不易发现。

合理保证与审计风险之和等于100%，注册会计师审计过程就是将审计风险降至可接受的低水平的过程，使注册会计师能够合理保证所审计财务报表不存在重大错报。审计风险在于重大错报风险和检查风险。

一、重大错报风险

重大错报风险是指财务报表在审计前存在重大错报的可能性。

重大错报风险的特征是：重大错报风险与被审计单位的风险有关，独立于财务报表审计而客观存在；重大错报风险的产生与注册会计师无关，注册会计师不能通过自己的工作控制和降低重大错报风险，只能对重大错报风险进行正确的评估，评估的目的是应对重大错报风险。

在设计审计程序以确定财务报表整体是否存在重大错报时，注册会计师应该从财务报表层次以及各类交易、账户余额和披露认定层次两个层次考虑重大错报风险。

（一）财务报表层次重大错报风险

财务报表层次重大错报风险是与财务报表整体存在广泛联系，可能影响多项认定的风险。

财务报表层次重大错报风险难以界定于某类交易、账户余额和披露的具体认定，增加了不同认定发生重大错报的可能性，与由舞弊引起的风险特别相关。财务报表层次重大错报风险的形成通常与控制环境有关，也可能与其他因素如经济萧条、企业处于夕阳产业等有关。

针对评估的财务报表层次的重大错报风险注册会计师应采取总体应对措施。

（二）各类交易、账户余额、披露认定层次的重大错报风险

注册会计师同时应考虑各类交易、账户余额和披露认定层次的重大错报风险，针对认定层次的重大错报风险注册会计师采取进一步审计程序，根据评估的认定层次的重大错报风险确定进一步审计程序的性质、时间和范围。注册会计师在各类交易、账户余额和披露认定层次获取审计证据，以便在完成审计工作时，以可接受的审计风险水平对财务报表整体发表审计意见。

认定层次的重大错报风险又可以进一步细分为固有风险和控制风险。

1. 固有风险

固有风险是指在考虑相关的内部控制之前，某类交易、账户余额或披露的某一认定易于发生错报（该错报单独或连同其他错报可能是重大的）的可能性。

不同的交易、账户余额或披露认定本身所具有的风险即固有风险，不同认定其固有风险是不同的，如复杂的计算比简单的计算更容易出错，其固有

风险更高，受重大计量不确定性影响的会计估计比非常客观的会计计量的固有风险更高。

2. 控制风险

控制风险是指某类交易、账户余额或披露的某一认定发生错报，该错报单独或连同其他错报是重大的，但没有被内部控制及时防止或发现并纠正的可能性。

控制风险是被审计单位内部控制失效带来的风险，其与被审计单位的内部控制有关，如果被审计单位的内部控制设计不合理或内部控制未有效执行，被审计单位财务报表就会存在错误或舞弊，由此产生控制风险。被审计单位有效的内部控制会降低控制风险，而无效的内部控制将增加控制风险。由于内部控制的固有局限性，某种程度的控制风险始终存在，即控制风险永远大于零。

重大错报风险与被审计单位有关，被审计单位可以通过降低控制风险来降低重大错报风险。

重大错报风险在财务报表审计前已经客观存在，注册会计师不能降低它、改变它，但能对其进行正确的评估。注册会计师对重大错报风险的评估既可以对固有风险和控制风险进行单独评估，有时固有风险和控制风险不可分割地交织在一起，无法单独评估时，可以将两者合并在一起评估，称为“重大错报风险”。注册会计师对重大错报风险的评估方法取决于会计师事务所偏好的技术和方法及实务上的综合考虑。

二、检查风险

检查风险是指如果存在某一错报，该错报单独或连同其他错报可能是重大的，注册会计师为将审计风险降至可接受的低水平而实施程序后没有发现这种错报的风险。

检查风险的特征是：检查风险是注册会计师可以控制的风险，注册会计师通过提高审计程序设计的合理性和执行的有效性来降低检查风险；检查风险永远大于零，由于现代审计是抽样审计，注册会计师通常并不对所有的交易、账户余额和披露进行检查，注册会计师还有可能选择了不恰当的审计程序、审计过程执行不当或错误解读了审计结论等，所以检查风险不可能降为零。

三、审计风险模型及其相互关系

（一）审计风险模型

审计风险模型是：审计风险 = 重大错报风险 × 检查风险。

审计风险模型中各要素之间的关系是：在审计风险水平一定的情况下，评估的重大错报风险越高，检查风险越低；评估的重大错报风险越低，检查风险越高。即在审计风险水平一定的情况下，检查风险与评估的重大错报风险呈反向关系。

注册会计师要降低审计风险，可以通过降低（认定层次）重大错报风险评估值和降低检查风险来完成。

（二）从定量和定性角度分析重大错报风险与检查风险之间的关系

根据审计风险模型的变化，检查风险 = 审计风险 ÷ 重大错报风险。

检查风险定量计算举例如下：假设针对某一认定，注册会计师将审计风险水平设定为3%，注册会计师实施风险评估程序后将重大错报风险评估为10%，根据这一公式，检查风险 = 审计风险 ÷ 重大错报风险 =3% ÷ 10%=30%。在审计风险水平不变仍设定为3%，注册会计师实施风险评估程序后将重大错报风险评估为60%，根据这一公式，检查风险 = 审计风险 ÷ 重大错报风险 =3% ÷ 60%=5%，由此可以看出在既定的审计风险水平下，检查风险是由评估的重大错报风险确定的。

以上是从定量角度分析重大错报风险与检查风险之间的关系，审计实务中注册会计师除了用定量分析外，还可以选用定性描述如下，在审计风险一定的情况下，重大错报风险与检查风险的关系如表2–7所示。

表2–7 在审计风险一定的情况下重大错报风险与检查风险的定性分析

重大错报风险	高	中	低
检查风险	低	中	高

注册会计师在审计风险一定的情况下，根据评估的某一认定重大错报风险，计算或评估出可接受的检查风险，再根据确定的可接受的检查风险设计

审计程序的性质、时间和范围。

评估的重大错报风险与所收集的审计证据的数量存在正向关系，即评估的重大错报风险越高，需要收集的审计证据就越多；评估的重大错报风险越低，需要收集的审计证据就越少。可接受的检查风险与所收集的审计证据的数量存在反向关系，即可接受的检查风险越高，需要收集的审计证据就越少；可接受的检查风险越低，需要收集的审计证据就越多。注册会计师应当获得充分、适当的审计证据，以将审计风险降至可接受的低水平，从而得出合理的结论作为形成审计意见的基础。

四、审计的固有限制

注册会计师不可能将审计风险降低为零，因此不能对财务报表不存在由于舞弊或错误导致的重大错报获取绝对保证。这是由于审计存在固有限制，导致注册会计师据以得出结论和形成审计意见的大多数审计证据是说服性而非结论性的，因此，审计只能提供合理保证，不能提供绝对保证。

审计的固有限制源于财务报告的性质，审计程序的性质，在合理的时间内以合理的成本完成审计的需要等。

（1）财务报告的性质。管理层编制财务报表，需要作出判断。此外，许多财务报表项目涉及主观决策、评估或一定程度的不确定性，并且可能存在一系列可接受的解释或判断。因此，某些财务报表项目的金额本身就存在一定的变动幅度，这种变动幅度不能通过实施追加的审计程序来消除。

（2）审计程序的性质。注册会计师获取审计证据的能力受到实务和法律的限制。例如，管理层或其他人员可能有意或无意地不提供与财务报表编制相关的或注册会计师要求的全部信息。因此，即使实施了旨在保证获取所有相关信息的审计程序，注册会计师也不能保证信息的完整性；舞弊可能涉及精心策划和蓄意实施以进行隐瞒。因此，用以收集审计证据的审计程序可能对于发现舞弊是无效的。注册会计师审计不是对涉嫌违法行为的官方调查，注册会计师没有被授予特定的法律权力（如搜查权），而这种权力是调查所必需的。

（3）财务报告的及时性和成本效益的权衡。要求注册会计师处理所有信息和追查每一事项是不切合实际的。为了在合理的时间内以合理的成本对财务报表形成审计意见，注册会计师有必要：计划审计工作；将审计资源投向最可能存在重大错报风险的领域，并相应地在其他领域减少审计资源；运用测试和其他方法检查总体中存在的错报。

◆课后练习◆

一、本章复习思考题

1. 财务报表审计的总目标是什么？

2. 管理层对审计期间各类交易和事项和期末账户余额的认定分别有哪些？其含义分别是什么？其对应的具体审计目标分别是什么？

3. 什么是审计风险？审计风险的构成要素、含义分别是什么？其定性和定量的分析如何进行？

4. 简述审计风险模型及各要素的关系。

二、本章练习题

（一）填空题

1. 如果注册会计师发现被审计单位虚构主营业务收入，则被审计单位管理层违反了（　）认定；被审计单位少记费用，则被审计单位管理层违反了（　）认定；被审计单位将应记入下年的收入提前记入本年，则被审计单位管理层违反了（　）认定；被审计单位将其他业务收入记入主营业务收入中，则被审计单位管理层违反了（　）认定。

2. 如果注册会计师发现被审计单位多记一笔应收账款，则被审计单位管理层违反了（　）认定；被审计单位少记一笔应付账款，则被审计单位管理层违反了（　）认定。应付账款金额记录错误，则被审计单位管理层违反了（　）认定。

（二）单项选择题

1. 下列认定中，与利润表项目无关的认定是（　）。

A. 发生　　B. 权利和义务　　C. 准确性　　D. 完整性

2. 将下年度的主营业务收入列入本年度的财务报表，则错误的认定是（　）。

A. 截止　　B. 计价和分摊　　C. 发生　　D. 完整性

3. 账上记录“借：应收账款——A公司100万元，贷：主营业务收入

100 万元”，通过函证 A 公司，检查该笔销货确实存在，但 A 公司实际欠款 50 万元。注册会计师认为管理层对主营业务收入的（　）认定存在错误。

A. 发生　　B. 完整性　　C. 准确性　　D. 权利和义务

4. 账上记录“借：应收账款——A 公司 100 万元，贷：主营业务收入 100 万元”，通过函证 A 公司，检查销货记录等证实，根本未发生该笔销售业务。注册会计师认为管理层对主营业务收入账户的（　）认定存在问题。

A. 发生　　B. 完整性　　C. 准确性　　D. 权利和义务

5. 注册会计师确定“存货跌价准备”余额的正确性时，该审计目标对应的管理层认定是（　）。

A. 存在　　B. 完整性　　C. 准确性　　D. 计价和分摊

6. 注册会计师对下列各项目提出的具体审计目标中，（　）是完整性目标。

A. 有价证券的金额是否予以适当列示

B. 关联交易类型、金额是否在附注中恰当披露

C. 实现的销售是否登记入账

D. 购货引起的借贷双方会计科目是否在同期入账

7. 下列各项中，（　）是为了实现截止目标。

A. 期后开出的支票是否未记入报告期报表中

B. 存货的跌价损失是否已抵减

C. 应收账款是否已经按照规定计提坏账准备

D. 固定资产是否有用作抵押的

8. 下列各项中，（　）是注册会计师应主要审查与收入截止有关的目标。

A. 将未曾发生的销售登记入账　　B. 将已发生的销售业务不登记入账

C. 将下期收入记入本期　　D. 将利息收入列入营业收入

9. 与被审计单位财务报表层次重大错报风险评估最相关的是（　）。

A. 应收账款周转率呈明显下降趋势

B. 持有大量高价值且易被盗窃的资产

C. 生产成本计算过程相当复杂　　D. 控制环境薄弱

10. 在控制检查风险时，注册会计师应当采取的有效措施是（　）。

A. 调高重要性水平　　B. 实施审计程序以降低控制风险

C. 穿行测试以降低固有风险　　D. 合理设计和有效实施审计程序

（三）多项选择题

1. 关于注册会计师执行财务报表审计工作的总体目标中正确的有（　）。

A. 对被审计单位的持续经营能力提出合理保证

B. 合理保证财务报表整体是否不存在由于舞弊或错误导致的重大错报

C. 合理保证财务报表是否在所有重大方面按照适用的财务报告编制基础编制

D. 对被审计单位内部控制是否值得关注的缺陷提供合理保证

2. 被审计单位管理层对资产负债表项目的认定有（　）。

A. 发生　　B. 权利和义务　　C. 准确性　　D. 完整性

3. 下列有关审计风险的表述中，不恰当的有（　）。

A. 注册会计师发表不当审计的意见是审计风险

B. 注册会计师合理设计审计程序，以控制重大错报风险

C. 注册会计师有效执行审计程序，以消除检查风险

D. 注册会计师合理设计并有效执行审计程序，将重大错报风险降至可接受的低水平

4. 下列与重大错报风险相关的表述中，不正确的是（　）。

A. 重大错报风险是因错误使用审计程序产生的

B. 重大错报风险是假定不存在相关内部控制，某一认定发生重大错报的可能性

C. 重大错报风险独立于财务报表审计而存在

D. 重大错报风险可以通过合理实施审计程序予以控制

5. 以下关于重大错报风险的说法中，正确的是（　）。

A. 重大错报风险与注册会计师的学识、技术和能力有关

B. 财务报表层次重大错报风险通常与控制环境有关，但也可能与其他因素有关

C. 重大错报风险包括财务报表层次和认定层次的重大错报风险

D. 认定层次的重大错报风险可以进一步细分为固有风险和控制风险

（四）简答题

1. 注册会计师依据管理当局的认定确定具体审计目标，下表给出了应收

账款的相关认定，请写出其对应的具体审计目标。

管理当局的认定	应收账款的具体审计目标
存在	
完整性	
权利和义务	
计价和分摊	

2. 注册会计师依据管理当局的认定确定具体审计目标，下表给出了其他业务收入的具体审计目标，请写出其对应的相关认定。

管理当局的认定	审计目标
	确定利润表中记录其他业务收入已发生，且与被审计单位有关。
	所有应当记录的其他业务收入均已记录。
	与其他业务收入有关的金额及其他数据已恰当记录。
	其他业务收入已记录于恰当的会计账户
	其他业务收入已记录于正确的会计期间。

3. 写出相关财务报表项目及对应的认定。

可能存在重大错报的问题	财务报表项目	认定
主营业务收入可能存在虚构		
可能存在漏记的应付账款		
可能存在已经处置的设备未作会计记录		

4. 注册会计师评估被审计单位审计风险时，分别设计了以下四种情况：

风险类型	一	二	三	四
审计风险	4%	4%	4%	4%
重大错报风险	100%	80%	50%	40%
检查风险				

要求：

（1）上述四种情况下，表中的检查风险分别是多少？

（2）上述哪种情况下，需要的审计证据量最多？为什么？

第三章　审计计划

学习目的

通过本章学习，使学生理解初步业务活动的目的、内容，理解审计业务约定书和具体审计计划的基本内容；熟悉在制定总体审计策略时应考虑的主要事项；掌握重要性的概念、重要性水平的确定、重要性水平的修正、错报影响的评价。

第一节　初步业务活动

一、初步业务活动的目的和内容

（一）初步业务活动的目的

在审计业务开始时，注册会计师要开展初步业务活动，达到以下三个目的：

（1）具备执行业务所需要的独立性和专业胜任能力；

（2）不存在因管理层诚信问题而可能影响注册会计师保持该项业务意愿的事项；

（3）与被审计单位之间不存在对业务约定条款的误解。

（二）初步业务活动的内容

注册会计师开展的初步业务活动的内容包括：

（1）针对保持客户关系和具体审计业务实施相应的质量控制程序。

（2）评价遵守职业道德规范的情况。针对保持客户关系和具体审计业务实施相应的质量控制程序和评价遵守职业道德的工作贯穿审计业务的全过程，这两项活动应该安排在其他工作之前，以确保注册会计师具备执行业务所需要的独立性和专业胜任能力。

（3）就审计业务条款达成一致意见，以及时签订或者修改审计业务约定书。在审计业务开始前，与被审计单位就审计业务条款达成一致意见，签订或修改审计业务约定书，以避免双方对审计业务的理解产生分歧。

二、审计的前提条件

审计的前提条件，是指管理层在编制财务报表时，采用可接受的财务报告编制基础以及管理层对注册会计师执行审计工作的前提的认可。

（一）适用的财务报告编制基础

适用的财务报告编制基础为注册会计师提供了用以审计财务报表的标准。如果不存在可接受的财务报告编制基础，管理层就不具有编制财务报表的恰当基础，注册会计师也就不具有对财务报表进行审计的适当标准。

1. 确定财务报告编制基础的可接受性

注册会计师需要考虑下列相关因素：被审计单位的性质（是商业企业、公共部门还是非营利组织），财务报表的目的（是用于满足广大财务报表使用者共同的财务信息需求还是用于满足特定使用者的财务信息需求），财务报表的性质（是整套财务报表还是单一财务报表），法律法规是否规定了适用的财务报告编制基础。

2. 通用目的编制基础

通用目的财务报告编制基础有：国际准则理事会发布的国际财务报告准则、国际公共部门会计准则理事会发布的国际公共部门会计准则和某一国家或地区授权或获得认可的准则制定机构，在遵循一套透明和既定的程序的基础上发布的会计准则。

（二）就管理层的责任达成一致意见

按照审计准则的规定，执行审计工作的前提是管理层已认可并理解其承担的责任。管理层的责任包括：按照适用的财务报告基础编制财务报表；设

计、执行和维护必要的内部控制，以使财务报表不存在由于舞弊或错误导致的重大错报；向注册会计师提供必要的工作条件（允许接触与编制财务报表相关的所有信息；不受限制地接触必要的内部人员和其他相关人员等）。

（三）确认的形式

注册会计师要求管理层确认其责任的形式，是要求管理层就其已履行的某些责任提供书面声明等。如果管理层不认可其责任，或不同意提供书面声明，注册会计师承接此类审计业务就是不恰当的。

三、审计业务约定书

（一）审计业务约定书的含义

是指会计师事务所与被审计单位签订的，用以记录和确认审计业务的委托与受托关系、审计目标和范围、双方的责任以及报告的格式等事项的书面协议。

（二）审计业务约定书的基本内容

审计业务约定书的具体内容和格式可能因本身及单位的不同而不同，但应当包括以下主要内容：

（1）财务报表的审计目标和业务范围；

（2）注册会计师的责任；

（3）管理层的责任；

（4）提出用于编制财务报表所适用的财务报告编制基础；

（5）提及注册会计师拟出具的审计报告的预期形式和内容。

（三）审计业务约定条款的修改和变更

1. 审计业务约定条款的修改

对于连续审计业务，注册会计师应当根据具体情况评估是否需要对审计业务约定条款作出修改，以及提醒被审计单位注意现有的条款。注册会计师可以决定不在每期都致送新的审计业务约定书或其他书面协议。然而，下列协议可能导致注册会计师修改审计业务约定书或提醒被审计单位注意现有的约定条款：

（1）有迹象表明被审计单位误解审计目标和范围；

（2）需要修改约定条款或增加特别条款；

（3）被审计单位高级管理人员近期发生变动；

（4）被审计单位所有权发生重大变动；

（5）被审计单位业务的性质或规模发生重大变化；

（6）法律法规的规定发生重大变化；

（7）编制财务报表采用的财务报告编制基础发生变更；

（8）其他报告要求发生变更。

2. 审计业务约定条款的变更

在完成审计业务前，如果被审计单位或委托人要求将审计业务变更为保证程度较低的业务，注册会计师应当确定是否存在合理理由予以变更。

下列原因可能导致被审计单位要求变更业务：①环境变化对审计服务的需求产生影响；②对原来要求的审计业务的性质存在误解；③无论是管理层施加的还是其他情况引起的审计范围受到限制。上述第①和②项通常被认为是变更业务的合理理由，但如果有迹象表明该变更要求与错误的、不完整的或者不能令人满意的信息有关，注册会计师不应认为该变更是合理的。如果注册会计师不同意变更审计业务约定条款，而管理层又不允许继续执行原审计业务，注册会计师应当在适用的法律法规允许的情况下，解除审计业务约定，并确定是否有约定义务或其他义务向治理层、所有者或监管机构报告该事项。

第二节　审计计划

审计计划分为总体审计策略和具体审计计划两个层次，下面分别介绍。

一、总体审计策略

总体审计策略是注册会计师作出关键决策的记录，用以确定审计范围、时间安排和方向，是对审计工作预期范围和实施方式所做的规划，是审计人员接受审计委托到出具审计报告整个过程基本工作内容的综合计划，并指导

制订具体审计计划。总体审计策略包括以下内容：

（一）审计范围

在确定审计范围时，需要考虑下列具体事项：

（1）财务信息所依据的财务报告编制基础；

（2）特定行业的报告要求，如某些行业监管机构要求提交的报告；

（3）对利用在以前审计工作中获取的审计证据（如获取的与风险评估程序和控制测试相关的审计证据）的预期；

（4）预期审计工作涵盖的范围，包括应涵盖的组成部分的数量及所在地点；

（5）母公司和集团组成部分之间存在的控制关系的性质，以确定如何编制合并财务报表；

（6）由组成部分注册会计师审计组成部分的范围；

（7）拟审计的经营分部的性质，包括是否需要具备专门知识；

（8）除为合并目的执行的审计工作之外，对个别财务报表进行法定审计的需求；

（9）外币折算，包括外币交易的会计处理、外币财务报表的折算和相关信息的披露；

（10）内部审计工作的可获得性及注册会计师拟信赖内部审计工作的程度；

（11）被审计单位使用服务机构的情况及注册会计师如何取得有关服务机构内部控制设计和运行有效性的证据；

（12）信息技术对审计程序的影响，包括数据的可获得性和对使用计算机辅助审计技术的预期；

（13）协调审计工作与中期财务信息审阅的预期涵盖范围和时间安排，以及中期审阅所获取的信息对审计工作的影响；

（14）与被审计单位人员的时间协调和相关数据的可获得性。

（二）报告目标、时间安排及所需沟通的性质

（1）被审计单位对外报告的时间表，包括中间阶段和最终阶段；

（2）与管理层和治理层举行会谈，讨论审计工作的性质、时间安排和范围；

（3）与管理层和治理层讨论注册会计师拟出具的报告的类型和时间安排以及沟通的其他事项，包括审计报告、管理建议书和向治理层通报的其他事项；

（4）与管理层讨论预期就整个审计业务中对审计工作的进展进行的沟通；

（5）与组成部分注册会计师沟通拟出具的报告的类型和时间安排，以及与组成部分审计相关的其他事项；

（6）项目组成员之间沟通的预期性质和时间安排，包括项目组会议的性质和时间安排，以及复核已执行工作的时间安排；

（7）预期是否需要和第三方进行其他沟通，包括与审计相关的法定或约定的报告责任。

（三）审计方向

在确定审计方向时，注册会计师需要考虑下列事项：

（1）重要性方面。

具体包括：

①为计划目的确定重要性；

②为组成部分确定重要性且与组成部分的注册会计师沟通；

③在审计过程中重新考虑重要性；

④识别重要的组成部分和账户余额（基于谨慎性，余额超过实际执行的重要性的都重要）。

（2）重大错报风险较高的审计领域。

（3）评估的财务报表层次的重大错报风险对指导、监督及复核的影响。

（4）项目组人员的选择（在必要时包括项目质量控制复核人员）和工作分工，包括向重大错报风险较高的审计领域分派具备适当经验的人员。

（5）项目预算，包括考虑为重大错报风险可能较高的审计领域分配适当的工作时间。

（6）如何向项目组成员强调在收集和评价审计证据过程中保持职业怀疑的必要性。

（7）以往审计中对内部控制运行有效性评价的结果，包括所识别的控制缺陷的性质及应对措施（如未改进，列为本次重点）。

（8）管理层重视设计和实施健全的内部控制的相关证据，包括这些内部控制得以适当记录的证据（如有，可适当少审）。

（9）业务交易量规模，以基于审计效率的考虑确定是否依赖内部控制（交易量小，直接实施实质性程序效率更高）。

（10）对内部控制重要性的重视程度。

（11）影响被审计单位经营的重大发展变化，包括信息技术和业务流程的变化，关键管理人员变化，以及收购、兼并和分立。

（12）重大的行业发展情况，如行业法规变化和新的报告规定。

（13）会计准则及会计制度的变化。

（14）其他重大变化，如影响被审计单位的法律环境的变化。

（四）审计资源

在总体审计策略中明确说明审计资源的规划和调配，包括确定执行审计业务所必需的审计资源的性质、时间和范围。

（五）对专家或有关人士工作的利用（如果需要）

总体审计策略范例参见本章后的附录 1。

二、具体审计计划

具体审计计划是依据总体审计策略制定的，比总体审计策略更详细的，为获取充分、适当的审计证据以将审计风险降至可接受的低水平，项目组成员拟实施的审计程序的性质、时间和范围。确定审计程序的性质、时间安排和范围是具体审计计划的核心。

具体审计计划包括：风险评估程序、计划实施的进一步审计程序和其他审计程序。

（一）风险评估程序

为了足够识别和评估财务报表重大错报风险，注册会计师实施的风险评估程序的性质、时间安排和范围。

（二）计划实施的进一步审计程序

注册会计师在完成风险评估程序后，依据风险评估程序的结果计划实

施进一步审计程序。计划实施的进一步审计程序包括针对评估的认定层次的重大错报风险，注册会计师计划实施的进一步审计程序的性质、时间安排和范围，包括控制测试和实质性程序。进一步审计程序可以分为进一步审计程序的总体方案和拟实施的具体审计程序（进一步审计程序的具体性质、时间安排和范围）两个层次。进一步审计程序的总体方案是指注册会计师针对各类交易、账户余额和披露决定采用的总体方案（包括实质性方案和综合性方案）。具体审计程序则是对进一步审计程序的总体方案的延伸和细化，通常包括控制测试和实质性程序的性质、时间安排和范围。

（三）计划其他审计程序

可以包括上述进一步审计程序中没有涵盖的、根据其他审计准则的要求注册会计师应当执行的既定审计程序。通常是针对特定项目，如舞弊、持续经营、关联方等需要实施的审计程序。

三、审计过程中对计划的修改

计划审计工作并非审计业务的一个孤立阶段，而是一个持续的、不断修正的过程，贯穿于审计业务的始终。以下事项的修改会直接导致修改审计计划，也会导致对审计工作作适时的调整：对重要性水平的修改，对某类交易账户余额和披露的重大错报风险评估的更新和修改，对进一步审计程序的更新和修改等。

第三节 重要性

一、重要性的概念及使用目的

（一）重要性的概念

重要性是指如果一项错报单独或连同其他错报可能影响财务报表使用者依据财务报表作出的经济决策，则该项错报是重大的。

重要性概念需要从以下几个方面来理解：

第一，重要性概念是针对财务报表使用者决策的信息需求而言的。判断一项错报重要与否，应视其对财务报表使用者依据财务报表作出经济决策的影响程度而定。

（1）编制和审计财务报表的目的是满足财务报表使用者的决策（从报表使用者角度），报表使用者是报表的最终消费者。

（2）错报是否影响报表使用者决策的关键点为重要性。错报不影响报表使用者决策，错报不重要，错报影响报表使用者决策，错报是重要的。

第二，对重要性的判断是在具体环境下作出的，并受错报金额或性质的影响，或受两者共同作用的影响。

（1）重要性的确定离不开具体环境，即重要性不是固定值，不是一成不变的，而是随环境变化而变化的。

（2）错报不仅仅是金额上的考虑，还包括性质，错报有时从数量上判断并不重要，但从性质上考虑是重要的，如舞弊事项，即使金额低于重要性水平，从性质上看也是重要的。

（3）对重要性的评估需要运用职业判断。重要性判断带有很强的主观性，不同注册会计师对同一企业进行重要性评估时，结果可能不一样。但实际中每个被审计单位都存在一个客观的重要性（实际的重要性），注册会计师要做的是让自己的判断（评估）尽量接近它，甚至等于它。

第三，判断某事项对财务报表使用者是否重大是在考虑报表使用者整体共同的财务信息需求的基础上作出的。这里的报表使用者是群体而不是个体。由于不同财务报表使用者对财务信息的需求可能差异很大，因此不考虑错报对个别财务报表使用者可能产生的影响。

（二）注册会计师使用整体重要性水平的目的

（1）决定风险评估程序的性质、时间安排和范围；

（2）识别和评估重大错报风险；

（3）确定进一步审计程序的性质、时间安排的范围；

（4）在审计意见形成阶段，要使用整体重要性水平和为了特定交易类别、账户余额和披露而确定的较低金额的认定（交易或账户）层次的重要性水平来评价已经识别的错报对财务报表的影响和对审计意见类型的影响。

二、计划阶段重要性水平的确定

注册会计师在计划审计工作时，应当确定一个合理的重要性水平，以发现在金额上的重大错报。注册会计师确定计划的重要性水平时需考虑：对被审单位及其环境的了解、审计的目标、财务报表各项目的性质及其相互关系、财务报表项目的金额及其波动幅度。

（一）确定财务报表整体的重要性水平

由于财务报表的审计目标是注册会计师通过执行审计工作对财务报表发表审计意见，因此，注册会计师应当考虑财务报表层次整体的重要性。只有这样，才能得出财务报表是否公允反映的结论。因此，在制定总体审计策略时，需要确定财务报表整体的重要性水平。

确定财务报表整体的重要性水平，是注册会计师职业判断的结果，很多注册会计师根据所在会计师事务所的惯例以及自己的经验，考虑重要性水平。

1. 评估方法

注册会计师通常先选择一个恰当的基准，再选用适当的百分比乘以该基准，从而得出财务报表层次的重要性水平。

财务报表层次重要性水平 = 基准 × 百分比

2. 评估基准

一般使用资产负债表、利润表中的汇总财务数据作为评估基准，如资产负债表中的总资产、净资产等；利润表中的如销售收入、费用总额、利润总额、净利润等。在选择基准时，需要考虑：

（1）应考虑被审计单位性质和环境。例如，对于以营利为目的的被审计单位而言，利润可能是一个适当的基准；非营利的利润不合适。对于收益不稳定的被审计单位或非营利组织来说，费用总额可能是一个适当的基准。

（2）相对稳定数据。确定基准时，选择能反映被审计单位正常规模的数据，波动较大时，可用平均数。如对于以营利为目的的实体，通常以税前净利润作为基准。如果税前净利润不稳定，可以采用过去 3~5 年经常性业务的平均税前利润，或选用其他基准，如毛利或者营业收入。

表 3-1 中举例说明了一些审计实务中较为常用的基准。

表 3–1 常用的基准

被审计单位的概况	可能选择的基准
企业的盈利水平保持稳定	经常性业务的税前利润
企业近年来经营状况大幅度波动，盈利和亏损交替发生，或者有正常盈利变成微利或微亏，或者本年度税前利润因情况变化而出现意外增加或减少	过去 3~5 年经常性业务的平均税前利润或亏损（取绝对值），或其他基准，如营业收入
企业为新设企业，处于开办期，尚未开始经营，目前正在建设厂房及购买机器设备	总资产
企业处于新兴行业，目前侧重于抢占市场份额，扩大企业知名度和影响力	营业收入
开放式基金，致力于优化投资组合，提高基金净值，为基金持有人创造投资价值	净资产
国际企业集团设立的研发中心，主要为集团下属各企业提供研发服务，并以成本加成的方式向相关企业收取费用	成本与营业费用总额
公益性质的基金会	捐赠收入或捐赠总额

3. 百分比（经验百分比）

在确定百分比时，除了考虑被审计单位是否为上市公司或公众利益实体外，其他因素也会影响注册会计师对百分比的选择，这些因素包括但不限于：

（1）财务报表使用者的范围。

（2）被审计单位是否由集团内部关联方提供融资或是否有大额对外融资（如债券或银行存款）。

（3）财务报表使用者是否对基准数据特别敏感（如具有特殊目的财务报表的使用者）。

例如，对于以营利为目的的制造行业企业，以税前利润的 5% 是适当的；对于非营利组织，以费用总额或总收入的 1% 是适当的；等等。

例如，某上市公司年税前利润为 2 亿元，报表层次重要性水平为 1000 万元（2 亿 ×5%）。

重要性有不同的数据时，取较（最）低的作为报表层次的重要性水平（谨慎性原则）。

（二）特定类别交易、账户余额或披露的重要性水平

由于财务报表提供的信息由各类交易、账户余额、列报认定层次的信息汇集加工而成，注册会计师只有通过对各类交易、账户余额、列报认定实施审计，才能得出财务报表是否公允反映的结论。

确定特定类别交易、账户余额或披露的重要性水平需要考虑以下因素：①法律法规或适用的财务报告编制基础是否影响财务报表使用者对特定项目、（如关联方交易、管理层和治理层的薪酬）计量或披露的预期；②与被审计单位所处的行业相关的关键性披露（如制药企业的研究与开发成本）；③财务报表使用者是否特别关注财务报表中单独披露的业务的特定方面（如新收购的业务）。

三、实际执行的重要性

实际执行的重要性，是指注册会计师确定的低于财务报表整体重要性的一个或者多个金额，旨在将未更正和未发现错报的汇总数超过财务报表整体的重要性的可能性降至适当的低水平。如果适用，实际执行的重要性，还是指注册会计师确定的低于特定类别的交易、账户余额和列报的重要性水平的一个或者多个金额（图 3–1）。

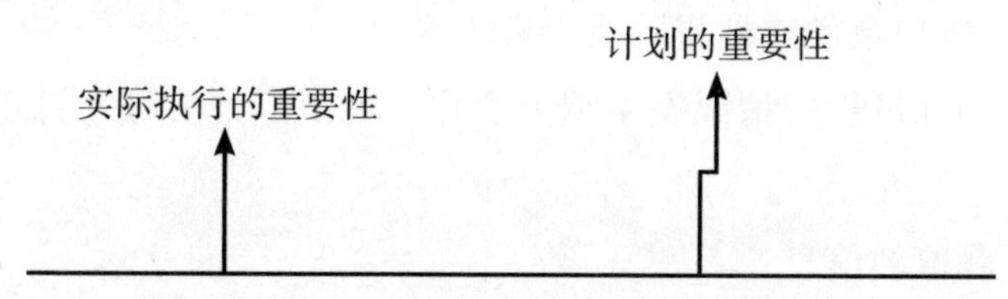

图 3–1　实际执行的重要性

确定实际执行的重要性并非简单机械的计算，需要注册会计师运用职业判断，考虑下列因素的影响：首先，考虑对被审计单位的了解；其次，考虑前期审计工作中识别出的错报的性质和范围；最后，考虑根据前期识别出的错报对本期错报作出的预期。

通常而言，实际执行的重要性为财务报表整体重要性的 50%~75%。存在下列情况时，注册会计师可能考虑选择较低的百分比来确定实际执行的重要性。

（1）非连续审计项目；

（2）经常性审计，以前年度审计调整较多；

（3）项目总体风险较高（如处于高风险行业，管理层能力欠缺，市场压力、业绩压力较大等）；

（4）存在或预期存在值得关注的内部控制缺陷。

存在下列情况，注册会计师可考虑选择较高的百分比来确定重要性水平，如按照财务报表整体重要性的75%来执行。

（1）连续审计项目，以前年度审计调整较少；

（2）项目总体风险为低到中等（例如，处于非高风险行业、管理层有足够能力、面临较低的市场压力、业绩压力等）；

（3）以前期间的审计经验表明内部控制运行有效。

四、重要性水平的调整

在审计执行阶段，注册会计师应当及时评价计划阶段确定的重要性水平是否仍然合理，并根据具体环境的变化或在审计执行过程中进一步获取的信息，修正计划的重要性水平，进而修改进一步审计程序的性质、时间和范围。

下列情况下，注册会计师可能需要修改财务报表整体的重要性和特定类别的交易、账户余额或披露的重要性水平：

（1）审计过程中情况发生重大变化（如决定处置被审计单位的一个重要组成部分）；

（2）获取新信息；

（3）通过实施进一步审计程序，注册会计师对被审计单位及其经营所了解的情况发生变化，例如注册会计师在审计过程中发现实际财务成果与最终确定财务报表整体的重要性时使用的预期本期财务成果相比存在较大差异，则需要修改其重要性。

五、错报

（一）错报的含义

错报，是指某一财务报表项目的金额、分类、列报或披露，与按照适用的财务报告编制基础应当列示的金额、分类、列报或披露之间存在的差异；

或根据注册会计师的判断，为使财务报表在所有重大方面实现公允反映，需要对金额、分类、列报或披露作出的必要调整。

形成错报的原因：

（1）收集或处理用以编制财务报表的数据时出现错误；

（2）遗漏某项金额或披露；

（3）由于疏忽或明显误解有关事实导致作出不正确的会计估计；

（4）注册会计师认为管理层对会计估计作出不合理的判断或对会计政策作出不恰当的选择或运用。

（二）累积识别出的错报

除非法律法规禁止，注册会计师应当及时就审计过程中累积的所有错报与适当层级的管理层沟通。除此之外，注册会计师还应要求管理层更正这些错报。

有些错报无论单独或汇总起来，无论从规模、性质或其发生的环境来看都是明显微不足道的。注册会计师将其定义为明显微小错报，注册会计师在制定总体审计策略和审计计划时，确定一个明显微小错报的临界值，低于该临界值的错报，可以不累积。因为注册会计师认为，这些错报的汇总数明显不会对财务报表产生重大影响。注册会计师应当在审计工作底稿中记录设定某一金额，低于该金额的错报为明显微小。注册会计师可能将明显微小错报的临界值确定为财务报表整体重要性的3%~5%，也可能低一些或高一些，但通常不超过财务报表层次的重要性的10%。“明显微小”不等同于“不重大”。

错报分为以下几类：

（1）事实错报。事实错报是毋庸置疑的错报，这类错报产生于被审计单位收集和处理数据的错误，对事实的忽略或误解，或故意舞弊行为；是已识别的对事实的具体错报。例如，注册会计师在对存货进行测试时，发现存货的实际价值为20000元，但账面记录的金额为2000元，因此，存货和应付账款分别被低估了18000元，这里被低估的18000元就是已识别的对事实的错报。

（2）判断错报。判断错报是由于注册会计师认为管理层对会计估计作出不合理的判断或不恰当的选择和运用会计政策而导致的差异。涉及主观决策

的错报。这类错报产生于两种情况：一是管理层和注册会计师对会计估计值的判断差异，例如，包含在财务报表中的管理层作出的会计估计值，超出了注册会计师确定的该会计估计的合理范围，导致出现判断差异。二是管理层和注册会计师对选择和运用会计政策的判断差异，由于注册会计师认为管理层选用会计政策造成错报，管理层却认为选用会计政策适当，导致出现判断差异。

（3）推断错报。是注册会计师对不能明确、具体地识别的其他错报的最佳估计数。涉及根据在审计样本中识别出的错报来推断总体的错报。推断错报 = 测试样本估计出的总体的错报 − 已经识别的具体错报。例如，存货年末余额为 5000 万元，注册会计师测试存货样本发现存货有 200 万元的高估，高估部分占样本账面金额 10%，因此，注册会计师推断总体错报金额为 500 万元（即 5000 × 10%），那么上述的 200 万元错报就为已识别的事实错报，其余的 300 万元就为推断错报。

（三）对审计过程识别出的错报的考虑

错报可能不会孤立发生，一项错报的发生还可能表明存在其他错报；抽样风险和非抽样风险可能导致某些错报未被发现；注册会计师可能要求管理层检查某类交易、账户余额或披露，以使管理层了解注册会计师识别出的错报发生的原因，并要求管理层采取措施以确定这些交易、账户余额或披露实际发生错报的金额，以及对财务报表作出适当的调整。

范例 1：总体审计策略

总体审计策略

<table>
<tr><td rowspan="2">被审计单位</td><td rowspan="2">甲股份有限公司</td><td>索引号</td><td>C45</td><td>页次</td><td></td></tr>
<tr><td>编制人</td><td>×××</td><td>日期</td><td>2017-12-18</td></tr>
<tr><td>财务报表截止日 / 期间</td><td>2017-1-1 至 2017-12-31</td><td>复核人</td><td>×××</td><td>日期</td><td>2017-12-18</td></tr>
</table>

一、审计工作范围

报告要求	证监会、财政部要求
适用的会计准则和相关会计制度	企业会计准则
适用的审计准则	中国注册会计师审计准则
与财务报告相关的行业特别规定	
需审计的集团内组成部分的数量及所在地点	
需要阅读的含有已审计财务报表的文件中的其他信息	上市公司年报
制定审计策略需考虑的其他事项	无

二、重要性

确定的重要性水平	确定方法	索引号
财务报表整体重要性		C44
特定类别的交易、账户余额或披露的一个或多个重要性水平（如需要）		
实际执行的重要性		
明显微小错报的临界值		

三、报告目标、时间安排及所需要的沟通

计划的报告报送及审计时间安排如下。

（一）计划的对外报告时间

对外报告	时间
提交审计报告草稿的日期	
签署正式审计报告的日期	2018-3-26
公布已审计报表和审计报告的日期	

（二）执行审计时间安排

安排执行审计时间	时间
制定总体审计策略的时间	
制订具体审计计划的时间	
预审时间	2017-12-21 至 2018-2-31

续表

安排执行审计时间	时间
年审时间	2017-12-2 至 2018-2-20
执行存货监盘时间	2018-2-5
固定资产盘点时间	2018-2-7

（三）沟通的时间安排

所需沟通	时间
与管理层及治理层的会议	2017-12-28
项目组会议（包括预备会和总结会）	预审前 2017-12-20、预审中、预审后总结、年度审计中和审计后总结

四、人员安排

（一）项目组主要成员的责任

项目组主要成员的职位、姓名及其主要职责如下：

职位	姓名	主要职责

（注：在分配职责时可以根据被审计单位的不同情况按会计科目划分，或按交易类别划分）

（二）评价项目组成员专业胜任能力

（三）与项目质量控制复核人员的沟通

复核的范围：

沟通内容	负责沟通的项目组成员	计划沟通时间
总体审计策略、各阶段审计计划的讨论	×××	2017-12-19
财务报表的复核	×××	2018-2-2
审计工作底稿	×××	2018-2-11
审计意见类型的复核	×××	2018-3-14
报表附注的复核	×××	2018-3-14

五、时间表和时间预算

审计步骤	时间安排
预审	2017-12-21 至 2018-12-31
年审	2018-2-2 至 2018-2-10
年审及审计报告编制	2018-2-20 至 2018-3-20

◆ 课后练习◆

一、本章复习思考题

1. 简述初步业务活动的目的和内容。

2. 审计业务约定书的内容有哪些？

3. 总体审计策略包括哪些内容？具体审计计划包括哪些内容？二者关系如何？

4. 如何理解审计重要性的概念？

5. 如何确定财务报表整体重要性水平？

6. 如何确定实际执行的重要性？

7. 错报的形成原因是什么？什么是明显微小错报？

二、本章练习题

（一）单项选择题

1. 下列各项中不属于初步业务活动的有（　　）。

A. 针对客户和具体审计业务实施相应的控制程序

B. 评价遵守职业道德要求的情况

C. 就审计业务的约定条款与被审计单位达成一致意见

D. 在执行首次审计业务时，查阅前任注册会计师的审计工作底稿

2. 关于审计的前提条件，下列说法中正确的是（　　）。

A. 审计的前提条件是指就管理层的责任达成一致意见

B. 是指管理层在编制财务报表时，采用可接受的财务报告编制基础以及管理层对注册会计师执行审计工作的前提的认可

C. 审计的前提条件是指管理层在编制财务报表时，采用可接受的财务报告编制基础

D. 审计的前提条件是指管理层向注册会计师提供了必要的工作条件

3. 在完成审计业务前，如果审计客户要求将财务报表审计业务变更为财务报表审阅业务，下列理由中，注册会计师认为合理的是（　）。

A. 注册会计师不能获取完整和令人满意的信息

B. 注册会计师不能获取充分、适当的审计证据

C. 被审计单位提出大幅度削减审计费用

D. 被审计单位对原来要求的审计业务的性质存在误解

4. 下列关于具体审计计划的说法中，正确的是（　）。

A. 具体审计计划的核心是确定审计范围和审计方案

B. 具体审计计划通常在编制总体审计策略之前

C. 具体审计计划包括风险评估程序、计划实施的进一步审计程序和其他审计程序

D. 具体审计计划是确定特殊事项审计程序的计划

5. 以下关于重要性的理解不正确的是（　）。

A. 重要性的确定离不开具体环境

B. 重要性包括对数量和性质两个方面的考虑

C. 重要性概念是针对管理层决策的信息需求而言的

D. 对重要性的评估需要运用职业判断

6. 下列有关重要性的说法中，错误的是（　）。

A. 注册会计师应当从定量和定性两方面考虑重要性

B. 注册会计师应当在制订具体审计计划时确定财务报表整体的重要性

C. 注册会计师应当在每个审计项目中确定财务报表整体的重要性、实际执行的重要性和明显微小错报的临界值

D. 注册会计师在确定实际执行的重要性时需要考虑重大错报风险

7. 注册会计师在确定财务报表整体的重要性时通常选定一个基准。下列各项因素中，在选择基准时不需要考虑的是（　）。

A. 被审计单位所处的生命周期阶段

B. 被审计单位的所有权结构和融资方式

C. 基准的相对波动性

D. 基准的重大错报风险

8. 在确定重要性水平时，下列各项中通常不宜作为计算重要性水平基准的是（ ）。

A. 持续经营产生的利润　　B. 非经常性收益

C. 资产总额　　D. 营业收入

9. 关于财务报表整体的重要性与实际执行的重要性之间的关系，下列说法中正确的是（ ）。

A. 实际执行的重要性总是小于财务报表整体的重要性

B. 实际执行的重要性可以等于财务报表整体的重要性

C. 实际执行的重要性应当等于财务报表整体的重要性的 50%

D. 实际执行的重要性应当等于财务报表整体的重要性的 75%

10. 随着审计过程的推进，注册会计师认为修改重要性水平的合理理由是（ ）。

A. 审计的时间预算重新调整　　B. 约定的审计收费发生变化

C. 被审计单位及其经营环境发生变化

D. 被审计单位在下一年度采用新的固定资产折旧政策

11. 下列关于错报的说法中，错误的是（ ）。

A. 明显微小的错报不需要累积

B. 错报可能是由于错误或舞弊导致的

C. 错报仅指某一财务报表项目金额与按照企业会计准则应当列示的金额之间的差异

D. 判断错报是指由于管理层对会计估计作出不合理的判断或不恰当地选择和运用会计政策而导致的差异

（二）多项选择题

1. 某会计师事务所首次接受委托对会计报表进行审计，在签订审计业务约定书前，需要在下列（ ）环节开展初步业务活动。

A. 了解被审计单位环境　　B. 评价遵守职业道德要求的情况

C. 就审计业务的约定条款与被审计单位达成一致意见

D. 针对财务报表审计业务实施质量控制程序

2. 注册会计师应当在审计业务开始时开展初步业务活动，下列各项中属于初步业务活动的是（ ）。

A. 就审计业务条款与被审计单位达成一致意见

B. 确定财务报表层次的重要性水平

C. 针对保持客户关系和具体审计业务实施相应的质量控制程序

D. 评价遵守职业道德规范的情况

3. 根据注册会计师审计准则的相关规定，会计师事务所在审计业务约定书中承诺的对被审计单位的主要义务有（　）。

A. 高效优质地为被审计单位服务

B. 按照约定时间完成审计业务，出具审计报告

C. 对在执业过程中获悉的商业秘密保密

D. 确保审计收费的合理性

4. 下列属于总体审计策略的活动是（　）。

A. 确定重要性

B. 确定需要审计的集团内组成部分的数量及所在地点等

C. 确定与管理层和治理层沟通时间

D. 确定进一步审计程序的性质、时间安排和范围

5. 下列各项中，属于注册会计师在确定计划的重要性水平时，需考虑的因素有（　）。

A. 对被审计单位及其环境了解　　B. 审计的目标

C. 财务报表项目的性质及其相互关系

D. 财务报表项目的金额及其波动幅度

6. 下列情形中，注册会计师可能认为需要在审计过程中修改财务报表整体的重要性的有（　）。

A. 甲公司情况发生重大变化　　B. 注册会计师获取新的信息

C. 通过实施进一步审计程序，注册会计师对甲公司及其经营情况的了解发生变化

D. 审计过程中累积错报的汇总数接近财务报表整体的重要性

7. 在运用重要性概念时，下列各项中，注册会计师认为应当考虑包括在内的有（　）。

A. 财务报表整体的重要性　　B. 实际执行的重要性

C. 特定类别的交易、账户余额或披露的重要性

D. 明显微小错报的临界值

8. 关于修改重要性水平的理由，以下情形中，不恰当的是（ ）。

A. 被审计单位在下一年度采用新的会计政策

B. 时间预算重新调整

C. 了解的被审计单位及其经营环境发生变化

D. 审计收费降低

9. 关于累积错报，以下说法中，正确的是（ ）。

A. 累积错报包括事实错报、判断错报和推断错报

B. 累积错报包括明显微小的错报

C. 判断错报指管理层、注册会计师对会计估计值的判断差异和对选择、运用会计政策的差异

D. 推断错报指通过测试样本估计出的总体错报减去在测试中发现的已经识别的具体错报

10. 下列有关在确定财务报表的重要性时选择基准的说法中，正确的是（ ）。

A. 基准一经确定需在各年度中保持一致

B. 基准一般使用资产负债表、利润表中的汇总财务数据作为评估基准

C. 选择基准时应考虑被审计单位性质和环境

D. 基准一般选择相对稳定数据

11. 下列关于实际执行重要性的说法中，正确的是（ ）。

A. 实际执行的重要性，是指注册会计师确定的低于财务报表整体重要性的一个或者多个金额，旨在将未更正和未发现错报的汇总数超过财务报表整体的重要性的可能性降至适当的低水平

B. 经常性审计，以前年度审计调整越多，实际执行的重要性越接近财务报表的整体重要性

C. 连续审计项目，以前年度审计调整越少，实际执行的重要性越接近财务报表的整体重要性

D. 管理层能力越欠缺，实际执行的重要性越接近财务报表的整体重要性

（三）简答题

1. A 和 B 注册会计师对甲股份有限公司 2017 年度会计报表进行审计，

其未经审计的有关会计报表项目金额如下（单位：人民币万元）：

项目	金额
资产	200000
股东权益	11000
主营业务收入	260000
利润	40000

要求：

（1）如果以资产总额、净资产（股东权益）、主营业务收入和利润作为判断基础，采用固定比率法，并假定资产总额、净资产、主营业务收入和利润的固定百分比数值分别为0.5%、1%、0.5%和5%，请代A和B注册会计师计算确定甲股份有限公司2017年度会计报表层次的重要性水平（请列示计算过程）。

（2）简要说明重要性水平与审计风险之间的关系。

2. 乙公司（上市公司）是ABC会计师事务所的常年审计客户，A注册会计师负责审计乙公司2017年度财务报表，审计工作底稿中与重要性和错报有关的部分内容摘录如下：

（1）乙公司近几年的盈利不稳定，时高时低，根据以前对被审计单位的审计结果，A注册会计师决定采用近几年中最高一年的盈利作为确定财务报表整体重要性的基准。

（2）A注册会计师将明显微小错报的临界值确定为15%。

（3）A注册会计师认为无须对金额低于实际重要性的财务报表项目实施进一步审计程序。

（4）在确定重要性水平时，考虑了G公司这个报表使用者的决策需要。

（5）A注册会计师仅发现一笔影响利润表的错报，即管理费用少计90万元（2017年度未审计利润为80万元），A注册会计师认为该错报小于财务报表的整体重要性，同意管理层不予调整。

要求：针对上述（1）至（5）项，逐项指出A注册会计师的做法是否恰当？如不恰当，简要说明理由。

第四章　审计证据

学习目的

通过本章学习，使学生掌握审计证据的含义和特征，掌握并理解审计证据的获取方法；熟悉函证对象、范围、时间、方式的确定；掌握制定函证政策应考虑的因素，掌握分析程序的要求、目的和使用。

第一节　审计证据的性质

一、审计证据的含义

审计证据，是指注册会计师为了得出审计结论、形成审计意见而使用的所有信息，包括财务报表依据的会计记录中含有的信息和其他信息。注册会计师应当获取充分、适当的审计证据，得出合理的审计结论，作为形成审计意见的基础。

（一）会计记录中含有的信息

根据会计记录编制财务报表是被审计单位管理层的责任，注册会计师应当测试会计记录以获取审计证据。会计记录主要包括原始凭证、记账凭证、总分类账和明细分类账、未在记账凭证中反映的对财务报表的其他调整，以及支持成本分配、计算、调节和披露的手工记录表和电子数据表。上述会计记录是编制财务报表的基础，构成注册会计师执行财务报表审计业务所需获取的审计证据的重要部分。这些会计记录通常是电子数据，因而要求注册会计师对生成这些信息的内部控制予以充分关注，以保证这些记录的真实性、准确性和完整性。

（二）其他信息

其他信息，是指从被审计单位内部或者外部获取的会计信息以外的信息。包括被审计单位会议纪要、内部控制手册、询证函的回函、分析师的报告、与竞争者的比较数据等；也包括通过实施询问、观察、检查获取的信息，如检查存货获取存货存在的审计证据等，以及自身编制或获取的可以合理推断得出结论的信息，如注册会计师编制的各种计算表、分析表等。

（三）会计记录中含有的信息和其他信息的关系

会计记录中含有的信息本身并不足以提供充分的审计证据作为对财务报表发表审计意见的基础，注册会计师还应获取用作审计证据的其他信息。会计记录中含有的信息和其他信息，二者共同构成审计证据，缺一不可。如果没有前者，审计工作将无法进行；如果没有后者，可能无法识别重大错报风险。只有将两者结合在一起，才能将审计风险降至可以接受的水平，为注册会计师发表审计意见提供合理基础。

二、审计证据的充分性与适当性

（一）审计证据的充分性

审计证据的充分性是对审计证据数量的衡量，主要与注册会计师确定的样本量有关。例如，从 200 个样本中获得的证据要比从 100 个样本中获得的证据更充分。注册会计师需要获取的审计证据的数量受其对重大错报风险评估的影响，评估的重大错报风险越高，需要获取的审计证据越多。具体来说，在审计风险水平一定的情况下，评估的重大错报风险越高，注册会计师应该实施的测试程序越多，获取的审计证据越多，将检查风险降至可接受的水平，以将审计风险控制在可接受的低水平范围内。

（二）审计证据的适当性

审计证据的适当性，是对审计证据质量的衡量，即审计证据在支持审计意见所依据的结论方面具有的相关性和可靠性。相关性是指审计证据应与审计目标相关联；可靠性是指审计证据应能如实反映客观现实，是指审计证据

的可信程度。

1. 审计证据的相关性

审计证据是否相关必须结合具体审计目标来考虑。例如，存货监盘结果只能证明存货是否存在，是否毁损及短缺，而不能证明存货的计价和所有权情况。

审计证据的相关性需要考虑以下因素：

（1）特定的审计程序可能只为某些认定提供相关的审计证据，而与其他认定无关。例如，检查期后应收账款的回收记录可以提供有关存在、计价认定的审计证据，但是不能提供截止测试的相关审计证据。

（2）不同来源（内外部）或者不同性质（实物证据、口头证据）的审计证据可能与同一认定相关。例如，应收账款的存在认定，可以采用函证程序、也可以采用替代审计程序。

（3）与某一特定认定相关的审计证据并不能替代与其他认定相关的审计证据。例如，存货的监盘审计证据不能代替存货计价审计程序。

2. 可靠性

审计证据的可靠性是指审计证据的可信程度。审计证据的可靠性受其来源和性质的影响，并取决于获取审计证据的具体环境。通常需要考虑以下因素：

（1）从外部独立来源获取的审计证据比从其他来源获取的审计证据更可靠。从外部独立来源获取的审计证据未经被审单位有关人员之手，从而减少了伪造、更改凭证或业务记录的可能性，因而其证明力最强，如银行询证函回函、应收账款询证函回函等；外部来源，但经过被审计单位人员之手，要考虑是否存在篡改的可能性。相反，从其他来源获取的审计证据由于证据提供者与被审计单位存在经济或行政关系等原因，其可靠性应受到质疑，如被审计单位的会议记录、会计记录等。

（2）内部控制有效时内部生成的审计证据比内部控制薄弱时内部生成的审计证据更可靠。如果被审计单位有着健全的内部控制且在日常管理中得到一贯的执行，会计记录的可信赖程度将会增加。

（3）直接获取的审计证据比间接获取或推论得出的审计证据更可靠。注册会计师观察内部控制运行得到的证据比询问被审计单位内部控制运行得到

的证据更可靠。推论得出的审计证据，其主观性较强，人为因素较多，可信赖程度也会受到影响。

（4）以文件、记录形式（无论是纸质、电子或其他介质）存在的审计证据（书面证据）比口头形式的审计证据（口头证据）更可靠。例如，会议的同步书面记录比对讨论事项后的口头表述更可靠。口头审计证据本身并不足以证明事实的真相，仅仅提供了一个重要线索，为进一步调查确认所用。例如，注册会计师对应收账款账龄进行分析后，可以向应收账款负责人询问逾期应收账款收回的可能性，如果负责人的意见与注册会计师的自行估计基本一致，则这一口头证据就成为证实注册会计师对有关坏账损失判断的重要证据。口头证据需要得到其他证据的支持。

（5）从原件获取的审计证据比从传真件或复印件获取的审计证据更可靠，可审查原件是否有被涂改和伪造的迹象，能排除伪证。

注意：审计证据从外部来源获得，但如果该证据是由不知情者或不具备资格者提供，审计证据也可能是不可靠的；同样，注册会计师不具备评价证据的专业胜任能力，那么即使是直接获取的审计证据，也可能不可靠。

（三）充分性和适当性的关系

总体来说，适当性影响充分性，但是充分性不影响适当性。

（1）审计证据的数量受审计证据质量的影响，审计证据质量越高，所需审计证据数量可以适当减少。例如，被审计单位内部控制健全时生成的审计证据更可靠（质量高），注册会计师只需获取适量的审计证据，就可以为发表审计意见提供合理的基础。

（2）审计证据的质量存在缺陷无法依靠获取更多的审计证据数量来弥补。缺乏与某认定相关性的审计证据，获取再多对该认定也于事无补（存在认定与完整性认定）。例如，注册会计师应当获取与销售收入完整性相关的审计证据，实际上获得的是有关销售收入真实性（发生）的审计证据，审计证据与完整性目标不相关，即使获取的证据再多也证明不了销售收入的完整性。同样地，如果证据不可靠，证据数量再多也难以起到证明作用。

（四）充分性和适当性的特殊考虑

1. 对文件记录真伪的考虑

审计工作通常不涉及鉴定文件记录的真伪，注册会计师也不是鉴定文件记录真伪的专家。但应当考虑用作审计证据的信息的可靠性，并考虑与这些信息生成与维护相关的控制的有效性。例如，如发现银行询证函回函有伪造或篡改的迹象，注册会计师应作进一步调查，考虑是否存在伪造的可能性，必要时请专家鉴定。

2. 证据相互矛盾时的考虑

反之，如果从不同来源获取的审计证据或获取的不同性质的审计证据不一致，则表明某项审计证据不可靠，注册会计师应当追加必要的审计程序。例如，若委托加工协议和询证函回函不一致，就需要追加必要的审计程序。

3. 获取审计证据时对成本的考虑

注册会计师可以考虑获取审计证据的成本，与所获取信息的有用性之间的关系，但不应以获取审计证据的困难和成本为由，减少不可替代的审计程序。如在某些情况下，存货监盘是证实存货存在认定的不可替代的审计程序，注册会计师在审计中不得以检查成本高和难以实施为由而不执行该程序。

4. 使用被审计单位生成信息时的考虑

如果在实施审计程序时使用被审计单位生成的信息，注册会计师应当“就这些信息的准确性和完整性获取审计证据”。例如，通过用标准价格乘以销售量来对收入进行审计时，其有效性受到价格信息准确性和销售量数据完整性和准确性的影响。

第二节 获取审计证据的审计程序

审计程序是指注册会计师在实际业务中的工作流程及具体所做的事情。在审计过程中，注册会计师可以运用下列审计程序获取审计证据。

（一）检查

1. 检查记录和文件

检查记录和文件，是指注册会计师对被审计单位内部或外部生成的，以纸质、电子或其他介质形式存在的记录或文件进行审查。某些文件是表明一项资产存在的直接证据，如构成金融工具的股票或债券。但不一定提供所有权和计价的审计证据。检查已执行的合同可以提供与被审计单位运用会计政策（如收入确认）相关的审计证据。

检查记录和文件的特点是，可提供可靠程度不同的审计证据，审计证据的可靠性取决于记录或文件的来源和性质。检查内部记录或文件时取决于内部控制的有效性。

2. 检查有形资产

检查有形资产，是指注册会计师对资产实物进行的审查。其特点是能为存在提供可靠的审计证据，但不一定能够为权利和义务或计价认定提供可靠的审计证据。检查有形资产有时可以和观察结合进行，如存货监盘。

（二）观察

观察，是指注册会计师察看相关人员正在从事的活动或执行的程序。例如，观察被审计单位人员执行的存货盘点等。其特点是，观察提供的审计证据仅限于观察发生的时点。因此，注册会计师有必要获取其他类型的佐证证据。

（三）询问

询问，是指注册会计师以书面或口头方式，向被审计单位内部或外部的知情人员获取财务信息和非财务信息，并对答复进行评价的过程。作为其他审计程序的补充，询问广泛应用于整个审计过程。其特点是，通过询问获取的审计证据可靠性较差，询问本身不足以发现认定层次存在的重大错报，也不足以测试内部控制运行的有效性。因此，注册会计师还需要实施其他审计程序以获取充分、适当的审计证据。

（四）函证

函证，是指注册会计师为了获取影响财务报表或相关披露认定的项目的信息，通过直接来自第三方的对有关信息和现存状况的声明，获取和评价审计证据的过程。其特点是，函证获取的审计证据可靠性较高。

（五）重新计算

重新计算，是指注册会计师以人工方式或使用计算机辅助审计技术，对记录或文件中的数据计算的准确性进行核对。其特点是，通常包括对销售发票金额的计算、检查折旧费用的计算、检查应纳税额的计算等。其主要针对的是计价与分摊认定。

（六）重新执行

重新执行，是指注册会计师以人工方式或使用计算机辅助审计技术，重新独立执行作为被审计单位内部控制组成部分的程序或控制。

（七）分析程序

分析程序，是指注册会计师通过研究不同财务数据之间以及财务数据与非财务数据之间的内在关系，对财务信息作出评价。分析程序还包括在必要时对识别出的、与其他相关信息不一致或与预期值差异重大的波动或关系进行调查。分析程序的使用需要存在有预期数据关系。

第三节 函证

一、函证决策

注册会计师应当确定是否有必要实施函证以获取认定层次的充分、适当的审计证据，在作出决策时，应考虑以下三个因素：

（一）评估的认定层次的重大错报风险

评估的认定层次重大错报风险水平越高，注册会计师对通过实质性程序获取的审计证据的相关性和可靠性的要求越高。在这种情况下，函证程序的运用对于提供充分、适当的审计证据可能是有效的。

（二）函证程序针对的认定

函证可以为某些认定提供审计证据，但是对不同的认定，函证的证明力是不同的。例如，函证应收账款时，函证可能为应收账款的存在认定、权利和义务认定提供相关可靠的审计证据，但是不能为应收账款的计价认定（应收账款涉及的坏账准备计提）提供证据。

（三）实施函证以外的其他审计程序

针对同一项认定可以获取不同性质和不同来源的审计证据。函证程序以外的其他程序如果同样能够将检查风险降至可接受的水平，考虑成本效益原则，可以适当减少函证的数量。例如，应收账款的存在认定，可以实施函证程序，也可以通过检查期后收款情况或者检查与赊销业务有关的原始凭证，如发运凭证、销售发票等来获取应收账款存在认定的审计证据。

除上述因素外，还可以考虑下列因素以决定是否选择函证程序：

（1）被询证者对事项的了解；

（2）预期被询证者回复询证函的意愿或能力；

（3）预期被询证者的客观性。

二、函证的内容

函证的内容包括函证对象、函证的范围和函证的时间三个方面。

（一）函证对象

审计准则针对银行账户、应收账款等事项函证作出了强制性的规定。

1. 银行存款、借款与金融机构往来的其他信息

注册会计师应当对银行存款（包括零余额账户和在本期内注销的账户）、借款及与金融机构往来的其他重要信息实施函证程序，除非有充分证据表明某一银行存款、借款及与金融机构往来的其他重要信息对财务报表不重要且与之相关的重大错报风险很低。函证银行存款是证实资产负债表所列银行存款是否存在的重要程序。通过向银行函证（包括零余额账户、在本期内已经注销的账户），注册会计师不仅可以了解企业资产的存在，还可以了解企业账面反映所欠银行债务的情况，并有助于发现企业未入账的银行借款和未披露的或有负债。

2. 应收账款

注册会计师应当对应收账款实施函证程序，除非有充分证据证明应收账款对财务报表不重要，或者函证很可能无效。如果认为函证很可能无效，注册会计师应当实施替代审计程序，获取充分、适当的审计证据。应收账款函证是证实应收账款存在的重要审计证据。

3. 由其他单位代为保管、加工或销售的存货

如果由第三方保管或控制的存货对财务报表是重要的，注册会计师应当实施下列一项或两项审计程序，以获取有关该存货存在和状况的充分、适当的审计证据：

（1）向持有被审计单位存货的第三方函证存货的数量和状况；

（2）实施检查或其他适合具体情况的审计程序。

4. 函证的其他内容

注册会计师可以根据具体情况和实际需要对下列内容（包括但不限于）实施函证：

（1）交易性金融资产；

（2）应收票据；

（3）其他应收款；

（4）预付账款；

（5）长期股权投资；

（6）应付账款；

（7）预收账款；

（8）保证、抵押或质押；

（9）或有事项；

（10）重大或异常交易。

由此可见，函证通常适用于账户余额及其组成部分（如应收账款明细账）。但是并不一定仅限于这些项目，例如，为了确认合同条款没有发生变动，可以函证被审计单位与第三方签订的合同条款。

（二）函证的范围

注册会计师可以采用审计抽样或其他方法选择函证样本，选择的样本应

当足以代表总体。注册会计师可以根据对被审计单位的了解、评估的重大错报风险以及所测试的总体的特征等，从总体中选取特定项目进行测试。选取的特定项目可能包括：

（1）金额较大的项目；

（2）账龄较长的项目；

（3）交易频繁但期末余额较小的项目；

（4）重大关联方交易；

（5）重大或异常的交易；

（6）可能存在争议以及产生重大舞弊或错误的交易。

（三）函证的时间

注册会计师通常以资产负债表日为截止日，在资产负债表日后适当时间内实施函证。

如果重大错报风险评估为低水平，注册会计师可选择资产负债表日前适当日期为截止日实施函证。例如，当审计工作将在资产负债表日之后很短时间内完成时，可能会这么做，并对所函证项目自该截止日起至资产负债表日止发生的变动实施实质性程序。

三、询证函的设计

（一）设计的总体要求

询证函的设计要服从于审计目标的需要。例如，对应付账款进行函证可以查找未入账的应付账款，发函的对象采用供应商明细表，比采用应付账款明细表更容易发现未入账的应付账款。在函证应收账款时，询证函中不列明金额，这样才能发现低估错报。

（二）选择被询证者

在选择被询证者时，既要考虑根据函证项目选择适当的被询证者，又要考虑被询证者对被函证信息是否知情、是否具有客观性、是否拥有回函的授权等（表 4–1）。

表 4-1　选择适当的被询证者

函证项目	适当的被询证者
短期投资	向保管或登记机构函证股票或债券
长期股权投资	向接受投资的一方函证股票或债券
预付账款、应付账款	向供货单位发函询证
委托贷款	向有关的金融机构发函询证
预收账款	向购货单位发函询证
保证、抵押或质押	向有关的金融机构发函询证
或有事项	向律师等发函询证

（三）设计询证函需要考虑的因素

1. 函证的方式

（1）积极式函证。积极式函证，是指注册会计师要求被询证者在所有情况下都必须回函，确认询证函所列示信息是否正确，或者填列询证函要求的信息（表 4-2）。

表 4-2　积极函证的两种方式及特点

积极函证的两种方式	特点
在询证函中列明拟函证的账户余额或其他信息，要求被询证者确认所函证的款项是否正确	询证函的回复能够提供可靠的审计证据，但被询证者可能对所列示信息根本不加以验证就予以回函确认
在询证函中不列明拟函证的账户余额或其他信息，而要求被询证者填写有关信息或提供进一步信息	由于要求被询证者作出更多努力，可能会导致回函率降低，进而导致注册会计师执行更多的替代程序

注册会计师可根据具体情况选择不同的积极函证方式。

（2）消极式函证。消极式函证，是指注册会计师只要求被询证者仅在不同意询证函列示信息的情况下才予以回函。对于消极式询证函而言，未收到回函并不能表明预期的被询证者已经收到询证函或者已经核实了询证函中包含的信息的准确性。因此，未收到消极式询证函的回函提供的审计证据，远不如积极式询证函的回函提供的审计证据有说服力。

当同时存在下列情况时，注册会计师可以考虑采用消极的函证方式：

①重大错报风险评估为低水平；

②涉及大量余额较小的账户；

③预期不存在大量的错误；

④没有理由相信被询证者不认真对待函证。

（3）两种方式的结合使用。以应收账款审计为例，当应收账款的余额是由少量的大额应收账款和大量的小额应收账款构成时，可以对所有的大额应收账款样本采用积极的函证方式，而对小额应收账款样本采用消极的函证方式。

2. 以往审计或类似业务的经验

在判断实施函证程序的可靠性时，注册会计师通常考虑来自以前年度审计或类似审计业务的经验，包括回函率、以前年度发现的错报以及回函所提供信息的准确程度等。

3. 拟函证信息的性质（信息的内容和特点）

注册会计师应当了解被审计单位与第三方之间交易的实质，以确定哪些信息需要函证。对那些非常规合同或交易，对合同条款或交易实施函证的同时，还要确定有无背后协议，特殊安排等。

4. 被询证者的适当性

（1）向知情者函证；

（2）考虑回函者的知识能力、动机、回函意愿等。

5. 被询证者易于回函的类型

询证函所函证信息是否便于被询证者回答，将影响回函率和所获取审计证据的可靠性。此外，对获得被审计单位管理层授权的询证函，被询证者可能更愿意回函。

四、函证的实施与评价

出于掩盖舞弊的目的，被审计单位可能想方设法拦截或者更改询证函及回函的内容。如果注册会计师对函证程序控制不严密，就可能给被审计单位提供可乘之机，导致函证结果发生偏差和函证程序失效。

（一）对函证实施过程进行控制的措施

（1）将被询证者的名称、地址与被审计单位有关记录核对；

（2）将询证函中列示的账户余额或其他信息与被审计单位有关资料核对；

（3）在询证函中指明直接向接受审计业务委托的会计师事务所回函；

（4）询证函经被审计单位盖章后，由注册会计师直接发出；

（5）将发出询证函的情况形成审计工作记录；

（6）将收到的回函形成审计工作记录，并汇总统计函证结果。

（二）以传真、电子邮件等方式回函时的处理

被询证者以传真、电子邮件等方式回函确实能让注册会计师及时得到回函信息，但由于这些方式易被截留、篡改或难以确定回函者的真实身份。因此，如果被询证者以传真、电子邮件等方式回函，注册会计师应当直接接收，并要求被询证者寄回询证函原件。

（三）通过跟函方式发出询证函时采取的措施

（1）取得被询证者的同意，可独自前往；

（2）如要被审计单位员工陪伴，注册会计师保持对询证函的控制；

（3）对双方之间串通舞弊保持警觉。

（四）积极式函证未收到回函时的处理

第一步：与被询证者取得联系；

第二步：要求对方作出回应或者再次寄发询证函；

第三步：如果未能得到被询证者的回应或者再次函证仍未回函，应当考虑替代审计程序；替代审计程序应该提供实施函证所能提供的同样效果的审计证据。

例如，应收账款函证的替代审计程序如下：

（1）检查期后收款记录；

（2）检查销售合同、销售发票和发货记录等证明交易确实已经发生的证据；

（3）检查被审计单位与客户之间的函电记录。

五、评价审计证据充分性和适当性时应考虑的因素

在某些情况下，注册会计师认为取得积极式函证回函是获取充分、适当的审计证据的必要程序，则替代程序不能提供注册会计师所需要的审计证据。如果未获得回函，注册会计师应当考虑其对审计意见的影响。这些特殊情况包括：

（1）可获取的佐证管理层认定的信息只能从被审计单位外部获得；

（2）存在特定舞弊风险因素。例如，管理层凌驾于内部控制之上，员工与管理层串通迫使注册会计师不能信赖从被审计单位获取的审计证据。

六、对不符事项的处理

注册会计师应当调查不符事项，以确定是否表明存在错报。

（1）询证函回函中指出的不符事项可能显示财务报表存在错报或潜在错报。当识别出错报时，注册会计师需要根据审计准则的规定评价该错报是否表明存在舞弊。

（2）不符事项还可能显示被审计单位与财务报表相关的内部控制存在缺陷。

（3）某些不符事项并不表明存在错报。例如，注册会计师可能认为询证函回函的差异是由函证程序的时间安排、计量或书写错误造成的。

第四节　分析程序

一、分析程序的用途

分析程序，是指注册会计师通过分析不同财务数据之间以及财务数据与非财务数据之间的内在关系，对财务信息作出评价。分析程序还包括在必要时对识别出的、与其他相关信息不一致或与预期值差异重大的波动或关系进行调查（图 4–1）。

计划阶段
实施阶段：风险评估程序（必须）——风险应对程度
- 控制测试（不适用）
- 实质性程序
  - 分析程序（可选）
  - 细节测试

完成阶段（必须）：用于总体复核

图 4-1 分析程序的用途

（1）以分析程序作风险评估程序时，其用于了解被审计单位及其环境（必须）；

（2）当使用分析程序比细节测试能更有效地将认定层次的检查风险降至可接受的水平时，分析程序可以用作实质性程序（可选）；

（3）在审计结束时运用分析程序对财务报表进行总体复核（必须）。

需要强调的是，并非在每个环节都可以使用分析程序，如对内部控制的了解和测试，一般不会运用分析程序。

二、分析程序用作风险评估程序

（一）用途

注册会计师在实施风险评估程序时，应当运用分析程序，其目的是了解被审计单位及其环境并评估重大错报风险。在这个阶段运用分析程序是强制要求。

（二）特点

（1）所使用的数据汇总性比较强，其对象主要是财务报表中账户余额及其相互之间的关系；

（2）所使用的分析程序通常包括对账户余额变化的分析，并辅之以趋势分析和比率分析；

（3）在风险评估过程中使用的分析程序，其所进行比较的性质、预期值的精确程度，以及所进行的分析和调查的范围，都不足以提供很高的保证水平。

三、分析程序用作实质性程序（实质性分析程序）

（一）用途

当使用分析程序比细节测试能更有效地将认定层次的检查风险降至可接受的水平时，注册会计师可以考虑单独或结合细节测试，运用实质性分析程序。例如，注册会计师在对应收账款余额的计价认定获取审计证据时，除了对期后款项的收回实施细节测试外，也可以对应收账款的账龄实施实质性分析程序，以确定应收账款的可收回性。

（二）特点

相对于细节测试而言，实质性分析程序能够达到的精确度可能受到种种限制，所提供的证据在很大程度上是间接证据，证明力较弱。因此，注册会计师不能仅仅依赖实质性分析程序，而忽略对细节测试的运用。

（三）适用性

首先，尽管分析程序有特定的作用，但是并未要求注册会计师在实施实质性程序时必须使用分析程序。这是因为针对认定层次的重大错报风险，注册会计师实施细节测试而不实施分析程序，同样可能实现实质性程序的目的。

其次，实质性分析程序通常更适用于在一段时期内存在预期关系的大量交易。分析程序的运用建立在这种预期的基础上，即数据之间的关系存在且在没有反证的情况下继续存在。

最后，对实质性程序适用性的确定，受到注册会计师对重大错报风险评估的影响。如针对销售订单处理的内部控制存在缺陷（重大错报风险较高），对与应收账款相关的认定，注册会计师可能更多地依赖细节测试，而非实质性分析程序。

四、分析程序用于总体复核

（一）用途

在审计结束或临近结束时，将分析程序用于总体复核。分析程序可用于确定财务报表整体是否与对被审计单位的了解相一致，注册会计师围绕这一目的运用分析程序是强制要求。

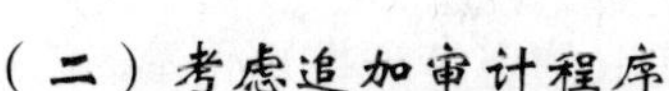

（二）考虑追加审计程序

当分析程序用于总体复核时，识别出以前未识别的重大错报风险，注册会计师应当重新考虑对全部或部分各类交易、账户余额、列报评估的风险是否恰当，并在此基础上重新评价之前计划的审计程序是否充分，是否有必要追加审计程序。

◆ 课后练习◆

一、本章复习思考题

1. 什么是审计证据？什么是审计证据的充分性和适当性？如何评价审计证据的充分性和适当性？二者有何关系？

2. 获取审计证据的具体审计程序的种类有哪些？

3. 函证程序针对的认定是什么？函证的对象主要有哪些？审计准则对哪些账户有强制性的函证要求？

4. 什么是积极函证方式和消极函证方式？在什么情况下可以采用消极函证方式？

5. 什么是分析程序？审计过程中如何使用分析程序？

二、本章练习题

（一）单项选择题

1. 关于审计证据的下列说法中错误的是（　　）。

A. 会计记录是编制财务报表的基础，构成注册会计师执行财务报表审计业务所需获取的审计证据的重要部分

B. 会计记录中含有的信息本身并不足以提供充分的审计证据作为对财务报表发表审计意见的基础，注册会计师还应获取用作审计证据的其他信息

C. 注册会计师需要获取的审计证据的数量受其对重大错报风险评估的影响，评估的重大错报风险越高，需要获取的审计证据越多

D. 会计记录通常是电子数据，因而，注册会计师不需要对生成这些信息的内部控制予以充分关注

2. 在确定审计证据的可靠性时，下列表述中错误的是（　　）。

A. 以电子形式存在的审计证据比口头形式的审计证据更可靠

B. 从外部独立来源获取的审计证据比从其他来源获取的审计证据更可靠

C. 从复印件获取的审计证据比从传真件获取的审计证据更可靠

D. 直接获取的审计证据比推论得出的审计证据更可靠

3. 下列关于审计证据充分性的说法中，错误的是（ ）。

A. 审计证据的充分性是对审计证据数量的衡量，主要与确定的样本量有关

B. 获取更多的审计证据可以弥补这些审计证据质量上的缺陷

C. 注册会计师需获取审计证据的数量受其对重大错报风险评估的影响

D. 需要获取的审计证据的数量受审计证据质量的影响

4. 下列与审计证据相关的表述中，正确的是（ ）。

A. 如果审计证据数据足够，就可以弥补审计证据的质量缺陷

B. 审计工作通常不涉及鉴定文件的真伪，对用作审计证据的文件记录，只需考虑相关内部控制的有效性

C. 不应考虑获取审计证据的成本与获取信息的有用性之间的关系

D. 会计记录中含有的信息本身不足以提供充分的审计证据作为对财务报表发表审计意见的基础

5. 在获取的下列审计证据中，可靠性最强的通常是（ ）。

A. 甲公司连续编号的采购订单　　B. 甲公司编制的成本分配计算表

C. 甲公司提供的银行对账单　　D. 甲公司管理层提供的声明书

6. 以下关于审计证据可靠性的表述不正确的是（ ）。

A. 从外部独立来源获取的审计证据比从其他来源获取的审计证据更可靠

B. 内部控制有效时内部生成的审计证据比内部控制薄弱时内部生成的审计证据更可靠

C. 注册会计师推理得出的审计证据比直接获取的审计证据可靠

D. 直接获取的审计证据比间接获取或推论得出的

7. 充分性和适当性是审计证据的两个重要特征，下列关于审计证据的充分性和适当性表述不正确的是（ ）。

A. 充分性和适当性两者缺一不可，只有充分且适当的审计证据才是有证明力的

B. 审计证据质量越高，需要的审计证据数量可能越少

C. 如果审计证据的质量存在缺陷，仅靠获取更多的审计证据可能无法弥补其质量上的缺陷

D. 如果审计证据的质量存在缺陷，注册会计师必须收集更多数量的审计证据，否则无法形成审计意见

8. 在确定审计证据的数量时，下列表述中错误的是（ ）。

A. 错报风险越大，需要的审计证据可能越多

B. 审计证据质量越高，需要的审计证据可能越少

C. 审计证据的质量存在缺陷，可能无法通过获取更多的审计证据予以弥补

D. 通过调高重要性水平，可以降低所需获取的审计证据的数量

9. 下列关于审计程序的说法中，不正确的是（ ）。

A. 检查有形资产可提供权利和义务的全部审计证据

B. 观察提供的审计证据仅限于观察发生的时点

C. 对于询问的答复，注册会计师应当通过获取其他证据予以佐证

D. 分析程序包括调查识别出的、与其他相关信息不一致或与预期数据严重偏离的波动和关系

10. 下列有关注册会计师是否实施应收账款函证程序的说法中正确的是（ ）

A. 对上市公司财务报表执行审计时，注册会计师应当实施应收账款函证程序

B. 对小型企业财务报表执行审计时，注册会计师可以不实施应收账款函证程序

C. 如果在收入确认方面不存在由于舞弊导致的重大错报风险，注册会计师可以不实施应收账款函证程序

D. 如果有充分证据表明函证很可能无效，注册会计师可以不实施应收账款函证程序

11. 针对应收账款存在认定实施函证程序时，如果最终注册会计师未收到积极式询证函回函，则拟实施的替代审计程序不包括（ ）

A. 检查期后收款记录　　　　B. 针对客户信息跟函

C. 检查销售合同销售发票和发货记录

D. 检查被审计单位与客户之间的函电记录

12. 甲公司 2017 年度的借款规模、存款规模分别与 2016 年度基本持平，但财务费用比 2016 年度有所下降。甲公司提供的以下理由中，不能解释财务

费用变动趋势的是（ ）。

A. 甲公司于 2016 年 1 月初借入 3 年期的工程项目专门借款 10000000 元，该工程项目于 2017 年 1 月开工建设，预计在 2018 年 6 月完工

B. 甲公司在 2017 年度以美元结算的货币性负债的金额一直大于以美元结算的货币性资产的金额。人民币兑美元的汇率在 2017 年上半年保持稳定，从 2017 年下半年开始有较大幅度上升

C. 为了缓解流动资金紧张的压力，甲公司从 2017 年 4 月起增加了银行承兑汇票的贴现规模

D. 根据甲公司与开户银行签订的存款协议，从 2017 年 7 月 1 日起，甲公司在开户银行的存款余额超过 1000000 元的部分所适用的银行存款利率上浮 0.5%

（二）多项选择题

1. 在确定审计证据的相关性时，注册会计师应当考虑（ ）。

A. 特定的审计程序可能只为某些认定提供相关的审计证据，而与其他认定无关

B. 从不同来源获取的审计证据或获取不同性质的审计证据可能与同一认定相关

C. 与某一特定认定相关的审计证据并不能替代与其他认定相关的审计证据

D. 一种审计程序往往只能取得某一认定的审计证据

2. 下列项目中，注册会计师根据被审计单位的具体情况可能实施函证程序的有（ ）。

A. 应付账款　　B. 或有事项　　C. 固定资产　　D. 存货

3. 关于函证方式的选择和判断，以下说法中恰当的有（ ）。

A. 在询证函中列明拟函证的账户余额或其他信息时，询证函的回复能够提供可靠的审计证据，但被询证者可能对所列示信息根本不加以验证就予以回函确认

B. 在询证函中不列明拟函证的账户余额或其他信息，由于要求被询证者作出更多努力，可能会导致回函率降低，进而导致注册会计师执行更多的替代程序

C. 如果注册会计师采用消极函证方式时，没有收到回函，说明所函证信

息是正确的

D. 如果注册会计师采用积极函证方式时，没有收到回函，说明所函证信息是错误的

4. 在下列各项中，注册会计师通常认为适合运用实质性分析程序的有（　）。

A. 存款利息收入　　B. 借款利息支出

C. 营业外收入　　D. 房屋租赁收入

5. 关于运用分析程序的目的，以下说法中恰当的有（　）。

A. 分析程序用作风险评估程序时，其用于了解被审计单位及其环境

B. 分析程序用作风险评估程序时，其用于了解被审计单位的内部控制

C. 当使用分析程序比细节测试能更有效地将认定层次的检查风险降至可接受的水平时，分析程序可以用作实质性程序

D. 在审计结束时运用分析程序对财务报表进行总体复核

6. 以下关于分析程序的各种表达中不恰当的有（　）。

A. 分析程序是指注册会计师通过研究不同财务数据之间的内在关系，对财务信息作出评价

B. 风险评估程序中运用分析程序主要目的在于识别财务报表中的错报

C. 在总体复核阶段实施的分析程序主要在于强调并解释财务报表项目自上个会计期间以来发生的重大变化，以证实财务报表中列报的所有信息与注册会计师对被审计单位及其环境的了解一致，与注册会计师取得的审计证据一致

D. 在运用分析程序进行总体复核时，如果识别出以前未识别的重大错报风险，注册会计师应当重新考虑出具审计报告

7. 注册会计师在年报审计中将分析程序用作以下环节的用法中，正确的有（　）。

A. 将分析程序用作风险评估程序　B. 将分析程序用作实质性程序

C. 将分析程序用作控制测试程序

D. 将分析程序用作对财务报表进行总体复核的程序

（三）简答题

1. 注册会计师在对甲公司 2017 年度会计报表进行审计时，收集到以下五

组审计证据：

（1）销售发票与购货发票；

（2）销售发票副本与产品出库单；

（3）工资计算单与工资发放单；

（4）客户自编的存货盘点表与注册会计师编制的存货监盘表；

（5）银行询证函回函与银行对账单。

要求：请分别说明每组证据中哪项审计证据较为可靠，并简要说明理由。

2. ABC 会计师事务所指派 A 注册会计师对乙股份有限公司（以下简称乙公司）2017 年度财务报表进行审计，出具了标准无保留意见的审计报告。A 注册会计师于 2018 年年初对乙公司 2017 年度财务报表进行审计时初步了解到，乙公司 2017 年度的经营形势、管理及组织架构与 2016 年比较未发生重大变化，且未发生重大重组行为。相关资料如下：

乙公司 2017 年度和 2016 年度利润表（单位：人民币万元）

项目	2017 年度（未审数）	2016 年度（已审数）
一、营业收入	58000	41000
减：营业成本	40000	33000
销售费用	4000	3200
管理费用	（5000）	2000
财务费用	1000	900
资产减值损失		
加：投资收益	5000	2000
公允价值变动损益		
二、营业利润	23000	3900
加：营业外收入	1000	1500
减：营业外支出	2000	2000
三、利润总额	22000	3400
减：所得税费用（25%）	3000	700
四、净利润	19000	2700

要求：为确定重点审计领域，A 注册会计师拟实施分析程序，请对上述资料进行分析，指出利润表中的异常波动项目，并写出分析过程。

第五章 审计工作底稿

学习目的

通过本章学习，使学生理解审计工作底稿的含义，了解审计工作底稿编制目的和要求，熟悉审计工作底稿的内容，掌握审计工作底稿的格式和要素，掌握审计工作底稿的归档和保管。

第一节 审计工作底稿概述

一、审计工作底稿的含义

审计工作底稿，是指注册会计师对制订的审计计划、实施的审计程序、获取的相关审计证据，以及得出的审计结论作出的记录。审计工作底稿是审计证据的载体，是注册会计师在审计过程中形成的审计工作记录和获取的资料。它形成于审计过程，也反映整个审计过程。

二、审计工作底稿编制目的

在会计师事务所因执业质量而涉及诉讼或有关监管机构进行执业质量检查时，审计工作底稿能够提供审计证据证明会计师事务所是否按照审计准则的规定执行了审计工作。因此，注册会计师应当及时编制审计工作底稿以实现下列目的：

（1）提供充分、适当的记录，作为编写审计报告的基础；

（2）提供证据，证明其按照中国注册会计师审计准则的规定执行了审计工作。

除此之外，审计工作底稿还可以实现下列目的：

（1）有助于项目组计划和执行审计工作；

（2）有助于负责督导的项目组成员按照审计准则的规定，履行指导、监督与复核审计工作的责任；

（3）便于项目组说明其执行审计工作的情况；

（4）保留对未来审计工作产生重大影响的事项的记录；

（5）便于会计师事务所按照审计准则的规定，实施质量控制复核与检查；

（6）便于监管机构和注册会计师协会根据相关法律法规或其他相关要求，对会计师事务所实施执业质量检查。

总而言之，及时编制审计工作底稿，有助于提高审计的工作质量，便于在出具审计报告之前，对取得的审计证据和得出的审计结论进行有效复核和评价。

三、审计工作底稿的编制要求

注册会计师编制的审计工作底稿应当使未曾接触该项审计工作的有经验的专业人士清楚地了解审计过程（程序—证据—结论）：

程序：按照审计准则的规定实施的审计程序的性质、时间和范围；

证据：实施审计程序的结果和获取的审计证据；

结论：就重大事项得出的结论。

有经验的专业人士，是指会计师事务所内部或外部的具有审计实务经验，并且对下列事项有合理了解的人士：审计过程，审计准则和相关法律法规的规定，被审计单位所处的经营环境，与被审计单位所处行业相关的会计和审计问题。

四、审计工作底稿的性质

（一）审计工作底稿的存在形式

审计工作底稿可以以纸质、电子或其他介质形式存在。在实务中，为便于复核，注册会计师可以将以电子形式或其他介质形式存在的审计工作底稿，通过打印等方式，转换成纸质形式的审计工作底稿，并与其他纸质形式的审

计工作底稿一并归档，同时单独保存这些以电子或其他介质形式存在的审计工作底稿。

（二）审计工作底稿的控制

无论审计工作底稿以何种形式存在，注册会计师应当针对审计工作底稿设计和实施适当地控制，以实现下列目的：

（1）使审计工作底稿清晰地显示其生成、修改及复核的时间和人员；

（2）在审计业务的所有阶段，尤其是在项目组成员共享信息或通过互联网将信息传递给其他人员时，保护信息的完整性和安全性；

（3）防止未经授权更改审计工作底稿；

（4）允许项目组和其他经授权的人员为适当履行职责而接触审计工作底稿。

（三）审计工作底稿通常包括的内容

（1）总体审计策略；

（2）具体审计计划；

（3）分析表；

（4）问题备忘录；

（5）询证函回函；

（6）管理层声明书；

（7）核对表；

（8）对被审计单位文件记录的摘要或复印件；

（9）审计业务约定书；

（10）管理建议书；

（11）项目组内部或项目组与被审计单位举行的会议记录；

（12）有关重大事项的往来函件（包括电子邮件）；

（13）与其他人士（如其他注册会计师、律师、专家等）的沟通文件及错报汇总表等（律师询证函）。

一般情况下，分析表主要是指对被审计单位财务信息执行分析程序的记录。例如，记录对被审计单位本年各月收入与上一年度的同期数据进行比较的情况，记录对差异的分析等。

问题备忘录，一般是指对某一事项或问题的概要的汇总记录。在问题备忘录中，注册会计师通常记录该事项或问题的基本情况、执行的审计程序或具体审计步骤，以及得出的审计结论。例如，有关存货监盘的审计程序或审计过程中发现问题的备忘录。

核对表一般是指会计师事务所内部使用的、为便于核对某些特定审计工作和程序的完成情况的表格。例如，特定项目（如财务报表列报）审计程序核对表、审计工作完成情况核对表等。它通常以列举的方式列出审计过程中注册会计师应当进行的审计工作或程序以及特别需要提醒注意的问题，并在适当情况下索引其他审计工作底稿，便于注册会计师核对是否已按照审计准则的规定进行审计。

（四）审计工作底稿通常不包括的内容

（1）已被取代的审计工作底稿的草稿和财务报表的草稿；

（2）反映不全面或初步思考的记录；

（3）存在印刷错误或其他错误而作废的文本；

（4）重复的文件记录。

第二节　审计工作底稿的格式和要素

一、审计工作底稿的格式

在实务中，会计师事务所通常采取以下方法从整体上提高工作效率及工作质量，并进行统一质量管理：

（1）会计师事务所基于审计准则及在实务中的经验等，统一制定某些格式、索引及涵盖内容等方面相对固定的审计工作底稿模板和范例，如核对表、审计计划及业务约定书的模板、范例等；

（2）在此基础上，注册会计师再根据各具体业务的特点进行必要的修改，制定适用于具体项目的审计工作底稿格式。

二、审计工作底稿的要素

通常情况下，每张审计工作底稿包括下面全部或部分要素：审计工作底稿的标题；审计过程记录；审计结论；审计标识及其说明；索引号及编号、编制者姓名及编制日期；复核者姓名及复核日期；其他应说明事项。

（一）审计工作底稿的标题

每张审计工作底稿应当包括被审计单位名称、审计项目名称、审计项目时点（资产负债表日）或覆盖期间（与交易有关）。

（二）审计过程记录

审计过程记录，是指对实施的具体审计程序的记录。

在记录审计过程时应注意记录具体项目或项目的识别特征。识别特征是指被测试的项目或事项表现出的征象或标志。识别特征因审计程序的性质和测试的项目或事项不同而不同。对某一个具体事项或项目而言，其识别特征通常具有唯一性，这种特性可以使其他人员根据识别特征在总体中识别该项目或事项并重新执行该测试，便于对例外事项进行检查，以及对测试的项目或事项进行复核（表 5-1）。

表 5-1　审计工作底稿的识别特征

特定项目或事项	识别特征
对订购单进行细节测试	以订购单的日期或编号作为测试订购单的识别特征
对于需要选取或复核既定总体内一定金额以上的所有项目的审计程序	以金额作为识别特征
对于需要系统化抽样的审计程序	通过记录样本的来源、抽样的起点及抽样间隔来识别已选取的样本
对于需要询问被审计单位中特定人员的审计程序	以询问的时间、被询问人员的姓名及职位作为识别特征
对于观察程序	以观察的对象或观察的过程、观察的地点及时间作为识别特征

在审计过程中，应注意记录重大事项及相关重大职业判断。注册会计师应当根据具体情况判断某一事项是否属于重大事项，针对重大事项编制概要，

并将其作为审计工作底稿的组成部分。重大事项通常包括：①引起特别风险的事项；②实施审计程序的结果，该结果表明财务信息可能存在重大错报，或需要修正以前对重大错报风险的评估和针对这些风险拟采取的应对措施；③导致注册会计师难以实施必要审计程序的情形；④导致出具非标准审计报告的事项。有关重大事项的记录可能分散在审计工作底稿的不同部分。将这些分散在审计工作底稿中的有关重大事项的记录汇总在重大事项概要中，不仅可以帮助注册会计师集中考虑重大事项对审计工作的影响，还便于审计工作的复核人员全面、快速地了解重大事项，从而提高复核工作的效率。重大事项概要包括审计过程中识别的重大事项及其如何得到解决，或对其他支持性工作底稿的交叉索引。

如果识别出的信息与针对某项重大事项得出的结论不一致，注册会计师应当记录该不一致的情况。

在审计工作底稿中对重大职业判断进行记录，能够解释注册会计师得出的结论并提高职业判断的质量。这些记录对审计工作底稿的复核人员非常有帮助，同样也有助于执行以后期间审计的人员查阅具有持续重要性的事项（如根据实际结果对以前作出的会计估计进行复核）。

（三）审计结论

审计结论，是指对实施审计程序的结果，以及是否实现既定的审计目标的结论。审计工作的每一部分都应包含予以实施审计程序的结果及其是否实现既定审计目标相关的结论，还包括审计程序识别出的例外情况和重大事项如何得到解决的结论，并以此作为对财务报表发表审计意见的基础。

（四）审计标识及其说明

审计工作底稿中可使用各种审计标识，但应说明其含义，并保持前后一致。以下是注册会计师在审计工作底稿中列明标识并说明其含义的例子，仅供参考。在实务中，注册会计师也可以依据实际情况运用更多的审计标识。

Λ：纵加核对；

<：横加核对；

B：与上年结转核对一致；

T：与原始凭证核对一致：

G：与总分类账核对一致；

S：与明细账核对一致；

T/B：与试算平衡表核对一致；

C：已发询证函；

C\：已收回询证函。

（五）索引号及编号

通常，审计工作底稿需要注明索引号及顺序编号，相关审计工作底稿之间需要保持清晰的勾稽关系。在实务中，注册会计师可以按照所记录的审计工作的内容层次进行编号。为了汇总及便于交叉索引和复核，每个会计师事务所都会制定特定的审计工作底稿归档流程。每张表或记录都有一个索引号，例如，A1、D6 等，以说明其在审计工作底稿中的放置位置。

（六）编制者姓名及编制日期

为了明确责任，在完成与特定工作底稿相关的任务之后，编制者应在工作底稿上签名并注明编制日期。在记录实施审计程序的性质、时间和范围时，注册会计师应当记录审计工作的执行人员及完成该项审计工作的日期。

（七）复核者姓名及复核日期

通常每一张审计工作底稿上都应进行复核，包括项目组内部的复核和项目质量控制复核。项目组内部复核是由项目组内经验较多的人员复核经验较少人员的工作。项目质量控制复核是指在出具审计报告前，对项目组作出的重大判断和在准备审计报告时得出的结论进行客观评价的过程。每一张审计工作底稿上都应注明复核人员以及完成复核的日期。在需要项目质量控制复核的情况下，还需要注明项目质量控制复核人员及复核的日期。

（八）其他应说明事项

其他应说明事项指出以上要素外，审计工作底稿中还需要进行说明的事项。

第三节 审计工作底稿的归档

一、审计工作底稿归档工作的性质

在审计报告日后将审计工作底稿归整为最终审计档案是一项事务性的工作，不涉及实施新的审计程序或得出新的结论。如果在归档期间对审计工作底稿作出的变动属于事务性的，注册会计师可以作出变动。

变动属于事务性工作，包括：

（1）删除或废弃被取代的审计工作底稿；

（2）对审计工作底稿进行分类、整理和交叉索引；

（3）对审计档案归整工作的完成核对表签字认可；

（4）记录在审计报告日前获取的、与项目组相关成员进行讨论并达成一致意见的审计证据。

二、审计工作底稿归档的期限

审计工作底稿归档的期限为审计报告日后 60 天内。如果注册会计师未能完成审计业务，审计工作底稿的归档期限为审计业务终止日后的 60 天内。

三、审计工作底稿的保存期限

自审计报告日起，对审计工作底稿至少保存 10 年；如果注册会计师未能完成审计业务，应当自审计终止日起，对审计工作底稿至少保存 10 年。

四、审计工作底稿归档后的变动

在完成最终审计档案的规整工作后，注册会计师不应在规定的保存期限届满前删除或者废弃任何性质的审计工作底稿。

（一）变动情形

（1）注册会计师已实施了必要的审计程序，取得了充分、适当的审计证据并得出了恰当的审计结论，但审计工作底稿的记录不够充分，这时需要变

动审计工作底稿；

（2）审计报告日后，发现例外情况要求注册会计师实施新的或追加审计程序，导致注册会计师得出新的结论。例外情况是指审计报告日后发现与已审财务信息相关，且在审计报告日已经存在的事实，该事实如果被注册会计师在审计报告日前获知，可能影响审计报告（例如，注册会计师在审计报告日后才获知法院在审计报告日前已对被审计及单位的诉讼、索赔事项作出最终判决结果）。

（二）记录要求

在完成最终审计档案的归整工作后，如果发现有必要修改现有审计工作底稿，注册会计师均应当记录下列事项：

（1）修改或增加审计工作底稿的具体理由；

（2）修改或增加审计工作底稿的时间和人员，以及复核的时间和人员。

◆课后练习◆

一、本章复习思考题

1. 审计工作底稿的含义和编制目的是什么？

2. 试述审计工作底稿的存在形式是什么？内容和要素有哪些？

3. 简述审计工作底稿的归档和保管。

二、本章练习题

（一）单项选择题

1. 下列有关审计工作底稿的存在形式的说法中错误的是（　）。

A. 审计工作底稿可以以纸质、电子或其他介质形式存在

B. 注册会计师可以将以电子形式或其他介质形式存在的审计工作底稿，通过打印等方式，转换成纸质形式的审计工作底稿，并与其他纸质形式的审计工作底稿一并归档

C. 单独保存这些以电子或其他介质形式存在的审计工作底稿。

D. 不再单独保存这些以电子或其他介质形式存在的审计工作底稿

2. ABC 会计师事务所与甲公司于 2018 年 1 月 20 日签订的 2017 年度财务报表审计业务约定书，作为审计档案，应当（　）。

A. 至少保存至 2019 年　　B. 至少保存至 2027 年

C. 至少保存至 2028 年　　D. 长期保存

3. 下列有关审计工作底稿归档期限的表述中，正确的是（　）。

A. 如果完成审计业务，归档期限为审计报告日后 60 天内

B. 如果完成审计业务，归档期限为外勤审计工作结束日后 60 天内

C. 如果未能完成审计业务，归档期限为外勤审计工作终止日后 30 天内

D. 如果未能完成审计业务，归档期限为审计业务终止日后 30 天内

4. 在对营业收入进行细节测试时，注册会计师对顺序编号的销售发票进行了检查，针对所检查的销售发票注册会计师记录的识别特征通常是（　）。

A. 销售发票的复核人　　B. 销售发票的开具人

C. 销售发票的金额　　D. 销售发票的编号

5. 下列各项情形中，注册会计师认为不属于在归档期间对审计工作底稿作出事务性变动的是（　）。

A. 注册会计师删除被取代的审计工作底稿

B. 注册会计师对审计工作底稿进行分类、整理和交叉索引

C. 注册会计师对审计档案归整工作的完成核对表签字认可

D. 注册会计师记录在审计报告日后实施补充审计程序获取的审计证据

（二）多项选择题

1. 针对审计工作底稿编制的主要目的，以下说法中错误的是（　）。

A. 保留对未来审计工作产生重大影响的事项的记录

B. 便于监管机构和注册会计师协会根据相关法律法规或其他相关要求，对会计师事务所实施执业质量检查

C. 有助于项目组计划和执行审计工作

D. 提供证据，证明其按照中国注册会计师审计准则的规定执行了审计工作

2. 注册会计师编制的审计工作底稿应当使未曾接触该项审计工作的有经验的专业人士清楚地了解审计过程。下列条件中，有经验的人士应具备的条件有（　）。

A. 合理了解注册会计师的审计过程

B. 合理了解审计准则和相关法律法规的规定

C. 合理了解被审计单位所处的经营环境

D. 在会计师事务所长期从事审计工作

3. 以下不属于审计工作底稿编制的其他目的是（　）。

A. 有助于项目组计划和执行审计工作

B. 便于项目组说明其执行审计工作的情况

C. 提供充分、适当的记录，作为编写审计报告的基础

D. 提供证据，证明其按照中国注册会计师审计准则的规定执行了审计工作

4. 以下事项中不属于审计工作底稿的有（　）。

A. 重复的文件记录

B. 已被取代的审计工作底稿的草稿和财务报表的草稿

C. 核对表

D. 审计业务约定书

5. 审计工作底稿通常包括的内容有（　）。

A. 反映不全面或初步思考的记录　B. 询证函回函

C. 管理建议书　D. 问题备忘录

6. 下列关于审计工作底稿归档后的变动的表述中，正确的是（　）。

A. 在完成最终审计档案的规整工作后，注册会计师不应在规定的保存期限届满前删除或者废弃任何性质的审计工作底稿

B. 注册会计师已实施了必要的审计程序，取得了充分、适当的审计证据并得出了恰当的审计结论，但审计工作底稿的记录不够充分，这时需要变动审计工作底稿

C. 注册会计师在审计报告日后才获知法院在审计报告日前已对被审计及单位的诉讼、索赔事项作出最终判决结果，这时需要变动审计工作底稿

D. 发现例外情况要求注册会计师实施新的或追加审计程序，导致注册会计师得出新的结论，这时不需要变动审计工作底稿

7. 在归整或保存审计工作底稿时，下列表述中正确的有（　）。

A. 如果未能完成审计业务，审计工作底稿的归档期限为审计业务终止日后的 60 天内

B. 在审计报告日后将审计工作底稿归整为最终审计工作档案是审计工作

的组成部分，可能涉及实施新的审计程序或得出新的审计结论

C. 在完成最终审计档案的归整工作后，不得修改现有审计工作底稿或增加新的审计工作底稿

D. 如果未能完成审计业务，会计师事务所应当自审计业务终止日起，对审计工作底稿至少保存 10 年

（三）简答题

1. ABC 会计师事务所的 A 注册会计师对甲公司 2017 年度财务报表进行审计，2018 年 3 月 26 日，A 注册会计师签署审计报告，并于 2018 年 5 月 27 日将审计工作底稿归整为最终审计档案。2018 年 5 月 30 日，A 注册会计师意识到甲公司存在舞弊行为，私下修改了部分审计工作底稿。2018 年 6 月 10 日，甲公司财务舞弊案爆发，ABC 会计师事务所擅自销毁了甲公司的审计工作底稿。注册会计师在审计报告日后才获知法院在审计报告日前已对被审计及单位的诉讼、索赔事项作出最终判决结果，对此注册会计师对审计工作底稿未作任何变动。

要求：根据审计准则中对审计工作底稿的要求和会计师事务所质量控制准则，回答下列问题：

（1）A 注册会计师在归整审计档案时是否存在问题，并简要说明理由。

（2）将审计工作底稿归整为最终审计档案后，A 注册会计师私下修改了部分审计工作底稿是否存在问题，并简要说明理由。

（3）ABC 会计师事务所在保存审计工作底稿方面是否存在问题，并简要说明理由。

（4）注册会计师在审计报告日后才获知法院在审计报告日前已对被审计及单位的诉讼、索赔事项作出最终判决结果，对此，注册会计师对审计工作底稿未作任何变动是否存在问题？

第六章 审计抽样

学习目的

通过本章学习，使学生理解审计抽样的定义、运用、风险种类和分类；掌握审计抽样的基本步骤包括样本设计、样本选取和样本评价阶段；掌握审计抽样在控制测试中的运用；掌握审计抽样在细节测试中的运用，重点掌握变量抽样法。

第一节 审计抽样概述

一、审计抽样

（一）审计抽样的含义和特征

审计抽样是指注册会计师对具有审计相关性的总体中低于百分之百的项目实施审计程序，使所有抽样单元都有被选取的机会，为注册会计师针对整个总体得出结论提供合理基础。

审计抽样应当同时具备三个基本特征：①对具有审计相关性的总体中低于百分之百的项目实施审计程序；②所有抽样单元都有被选取的机会；③可以根据样本项目的测试结果推断出有关抽样总体的结论。

（二）审计抽样的适用性

审计抽样适用于内部控制运行留下轨迹的控制测试和细节测试。

在审计过程的接受审计委托、审计计划、风险评估、风险应对和审计报

告五个阶段中，审计抽样适用于风险应对中的进一步审计程序，进一步审计程序分为控制测试和实质性程序。当内部控制运行留下运行轨迹时，注册会计师可以考虑使用审计抽样实施控制测试。对于内部控制运行未留下运行轨迹的控制，注册会计师通常实施询问、观察等审计程序，以获取内部控制运行有效性的审计证据，此时不宜使用审计抽样。实质性程序包括细节测试和实质性分析程序。在实施细节测试时，注册会计师可以使用审计抽样获取审计证据，实施实质性分析程序时，不宜使用审计抽样。

二、审计抽样的风险种类——抽样风险和非抽样风险

审计抽样风险包括抽样风险和非抽样风险。

（一）抽样风险

1. 抽样风险的概念

抽样风险是指注册会计师根据样本得出的结论，可能不同于如果对整个总体实施与样本相同的审计程序得出的结论的风险。即样本不能代替总体的风险，样本特征与总体特征的差异。

2. 抽样风险的特点

（1）抽样风险的形成原因及解决方法，抽样风险是由审计抽样方法决定的，只要使用了审计抽样，抽样风险总会存在。抽样风险与样本规模成反比，注册会计师可以通过扩大样本规模降低抽样风险。极端方式是对总体中所有项目都实施了检查时抽样风险等于零，但这就不是审计抽样了。

（2）对抽样风险的计量和控制，统计抽样中可以对抽样风险进行计量和控制；非统计抽样中不可以对抽样风险进行计量和控制。

3. 抽样风险的类型

抽样风险包括影响审计效果的风险和影响审计效率的风险两种。

（1）影响审计效果的抽样风险如表 6-1 所示。

表 6-1　影响审计效果的抽样风险在控制测试和细节测试中的运用

审计测试	名称	内容	后果
控制测试	信赖过度的风险	推断内部控制有效性高于其实际有效性的风险	影响审计效果，即影响审计结论，可能导致注册会计师发表不恰当的审计意见
细节测试	误受风险	推断某一重大错报不存在而实际存在的风险	

（2）影响审计效率的抽样风险（表 6-2）。

表 6-2　影响审计效率的抽样风险在控制测试和细节测试中的运用

审计测试	名称	内容	后果
控制测试	信赖不足的风险	推断的内部控制有效性低于实际有效性的风险	影响审计效率，增加审计成本
细节测试	误拒风险	推断某一重大错报存在而实际不存在的风险	

两种抽样风险相比较，影响审计效果的抽样风险对审计危害更大，更容易导致注册会计师发表不恰当的审计意见，因此在实施审计抽样时，注册会计师更关注影响审计效果的抽样风险。本书后面提到的抽样风险都只指影响审计效果的抽样风险。

（二）非抽样风险

1. 非抽样风险的概念

非抽样风险是指由于某些与样本规模无关的因素而导致注册会计师得出错误结论的可能性。

2. 非抽样风险的特点

不是审计抽样方法造成的，是人为因素造成的，是注册会计师能力不足造成的，可以通过提高注册会计师水平而防范、降低、消除非抽样风险；是不能量化的风险。

3. 可能导致非抽样风险的原因

（1）注册会计师选择的总体不适合测试目标，如注册会计师在测试销售收入完整性认定时将主营业务收入日记账界定为总体；

（2）注册会计师选择的审计程序不适合实现特定目标，如注册会计师用应收账款函证来查找未入账的应收账款；

（3）注册会计师未能适当地定义控制偏差或错报，导致注册会计师未能发现样本中存在的偏差或错报，如注册会计师在测试现金支付授权控制的有效性时，没有将签字人未得到适当授权的情况界定为控制偏差；

（4）注册会计师未能适当地评价审计发现的情况，如注册会计师对所发现误差的重要性的判断有误，从而忽略了性质十分重要的误差，也可能导致得出不恰当的结论。

审计抽样的风险种类、原因和特征见表6-3。

表6-3　审计抽样的风险种类、原因和特征

风险种类	原因	特征
抽样风险	抽样方法造成的	不可消除，可计量
非抽样风险	注册会计师水平差造成的	可消除，不可计量

三、审计抽样的种类——统计抽样和非统计抽样

统计抽样是指同时具备下列特征的抽样方法：

（1）随机选取样本项目；

（2）运用概率论评价样本结果，包括计量抽样风险。不同时具备统计抽样两个基本特征的抽样方法为非统计抽样。

统计抽样与非统计抽样的最主要区别是抽样风险是否可计量，统计抽样能够客观地计量抽样风险，非统计抽样不能够客观地计量抽样风险。①在确定样本规模时，使用统计抽样方法时，注册会计师必须对影响样本规模的因素进行量化，并通过调整样本规模精确地控制风险，在非统计抽样中，注册会计师一般运用职业判断确定样本规模；②在评价抽样结果时，统计抽样能够精确地量化抽样风险，可以用统计方法评价结果，非统计抽样只能确定有抽样风险的存在，但不能量化。

统计抽样有助于注册会计师高效地设计样本、计量所获取证据的充分性，以及定量评价样本结果。注册会计师在统计抽样与非统计抽样方法之间进行选择时主要考虑成本效益。不管统计抽样还是非统计抽样，两种方法都要求注册会计师在样本设计、选取和评价时运用职业判断。如果设计适当，非统计抽样也能提供与统计抽样方法同样有效的结果。注册会计师对选取的样本

项目实施审计程序通常与使用的抽样方法无关。

四、统计抽样方法——属性抽样和变量抽样

（一）属性抽样

属性抽样是一种用来对总体中某一事件发生率得出结论的统计抽样方法。属性抽样在审计中最常见的用途是测试某一设定控制的偏差率，以支持注册会计师评估的控制有效性。无论交易的规模如何，针对某类交易的设定控制预期将以同样的方式运行。因此，在属性抽样中，设定控制的每一次发生或偏离都被赋予同样的权重，而不管交易的金额大小。

（二）变量抽样

变量抽样是一种用来对总体金额得出结论的统计抽样方法。变量抽样通常要回答下列问题：金额是多少？账户是否存在重大错报？变量抽样在审计中的主要作用是进行细节测试，以确定记录金额是否合理。

一般而言，属性抽样得出的结论与总体发生率有关，而变量抽样得出的结论与总体的金额有关。但有一个例外，即变量抽样中的货币单元抽样，却运用属性抽样的原理得出以金额表示的结论。

第二节　审计抽样的基本步骤

注册会计师在控制测试和细节测试中实施审计抽样，分为样本设计、样本选取和样本评价三阶段。

一、样本设计

（一）确定测试目标

审计抽样必须围绕测试目标进行，控制测试的目标是获取某项控制运行是否有效的证据，细节测试的目标是获取某项交易或账户余额的金额是否正确的证据。

（二）定义总体、抽样单元和分层

1. 定义总体

总体，是指注册会计师从中选取样本并期望据此得出结论的整个数据集合。审计抽样前，注册会计师必须仔细定义总体，确定抽样总体的范围。注册会计师定义的总体应具有下列特征：

（1）适当性。注册会计师确定的总体应适合特定的审计目标，包括适合测试的方向。例如，要测试用以保证所有发运商品都已开单的控制是否有效运行，注册会计师从已开单的项目中抽取样本不能发现误差，因为该总体不包含那些已发运但未开单的项目。为发现这种误差，将所有已发运的项目作为总体通常比较适当。又如，在细节测试中，如果测试目标是主营业务收入的高估，总体定义为主营业务收入明细账是可以的；但如果测试目标是主营业务收入的低估，总体定义为主营业务收入明细账显然是不可以的。

（2）完整性。注册会计师应当从总体项目内容和涉及时间等方面确定总体的完整性。例如，如果注册会计师对某一控制活动在财务报告期间是否有效运行得出结论，总体应包括来自整个报告期间的所有相关项目。总体的完整性还包括代表总体的实物的完整性。又如，如果注册会计师将总体定义为特定时期的所有现金支付，代表总体的实物就是该时期的所有现金支付单据。

（3）同质性。在控制测试中，注册会计师还必须考虑总体的同质性。同质性是指总体中的所有项目应该具有同样的特征。例如，如果被审计单位的出口和内销业务的处理方式不同，注册会计师应分别评价两种不同的控制情况，因而出现两个独立的总体。在细节测试中，注册会计师还应当运用职业判断，判断某账户余额或交易类型中是否存在及存在哪些应该单独测试而不能放在抽样总体中的项目。某一项目可能由于金额较大或存在较高的重大错报风险而被视为单个重大项目，注册会计师应当对单个重大项目实施百分之百的检查，所有单个重大项目都不构成抽样总体。例如，应收账款中有 5 个重大项目，占账面价值的 75%。注册会计师将这 5 个项目视为单个重大项目，逐一进行检查，这是选取特定项目而不是抽样，注册会计师只能根据检查结果对这 5 个项目单独得出结论。如果占账面价值 25% 的剩余项目加总起来不重要，或者被认为存在较低的重大错报风险，注册会计师可以无须对这些剩余项目实施检查，或仅在必要时对其实施分析程序。如果注册会计师认

为这些剩余项目加总起来是重要的，需要实施细节测试以实现审计目标，这些剩余项目就构成了抽样总体。

2. 定义抽样单元

注册会计师定义的抽样单元应与审计测试目标相适应，抽样单元是指构成总体的个体项目。在控制测试中，抽样单元通常是能够提供控制运行是否有效的一份文件资料、一个记录或其中一行。例如，如果测试目标是确定付款是否得到授权，且设定的控制要求付款之前授权人在付款单据上签字，抽样单元可能被定义为每一张付款单据。在细节测试中，抽样单元可能是一个账户余额、一笔交易或交易中的一个记录（如销售发票中的单个项目），甚至是每个货币单元。例如，如果抽样的目标是测试应收账款是否存在，注册会计师可能选择各应收账款明细账余额、发票或发票上的单个项目作为抽样单元。选择的标准是如何定义抽样单元使审计抽样实现最佳的效率和效果。

3. 分层

分层是可用可不用的程序。如果总体项目存在重大的变异性，注册会计师可以考虑将总体分层。分层是将一个总体划分为多个子总体的过程，每个子总体由一组具有相同特征（通常为货币金额）的抽样单元组成。注册会计师应当仔细界定子总体，使每一抽样单元只属于一个层。分层可以降低每一层中项目的变异性，从而在抽样风险没有成比例增加的前提下减小样本规模，以提高审计效率。

（三）定义误差

在控制测试中，误差是指控制偏差，偏差是指偏离对设定控制的预期执行。在细节测试中，误差是指错报。

（四）确定审计程序

注册会计师必须确定能最好实现测试目标的审计程序。

二、样本选取

样本选取阶段的主要工作是确定抽取多少样本和如何抽取样本。

（一）确定样本规模

样本规模是指从总体中选取样本项目的数量。在审计抽样中，如果样本规模过小，就不能反映出审计对象总体的特征，注册会计师就无法获取充分的审计证据，其审计结论的可靠性就会大打折扣，甚至可能得出错误的审计结论。因此注册会计师应当确定足够的样本规模，以将抽样风险降至可接受的低水平。相反，如果样本规模过大，则会增加审计工作量，造成不必要的时间和人力上的浪费，加大审计成本，降低审计效率，就会失去审计抽样的意义。

1. 影响样本规模的因素

影响样本规模的因素如表 6-4 所示。

表 6-4　影响样本规模的因素分析

影响因素	定义	与样本规模的关系	控制测试	细节测试
可接受的抽样风险	样本不能代表总体的可能性	反向变动	可接受的信赖过度风险	可接受的误受风险
可容忍误差	注册会计师可容忍的总体最大误差	反向变动	可容忍偏差率	可容忍错报
预计总体误差	注册会计师预计总体中可能存在的误差	正比变动	预计总体偏差率	预计总体错报金额
总体变异性	总体某一特征在各项目间的差异程度	正比变动	–	总体变异性
总体规模	总体数量	影响小	总体规模	总体规模

（1）可接受的抽样风险。可接受的抽样风险与样本规模成反比。

可接受的抽样风险在控制测试中是指可接受的信赖过度风险。可接受的信赖过度风险与样本规模反向变动。注册会计师愿意接受的信赖过度风险越低，样本规模通常越大。反之，注册会计师愿意接受的信赖过度风险越高，样本规模越小。由于控制测试是控制是否有效运行的主要证据来源，因此，可接受的信赖过度风险应确定在相对较低的水平上。通常相对较低的水平在数量上是指 5%~10% 的信赖过度风险。注册会计师一般将信赖过度风险确定为 10%，特别重要的测试则可以将信赖过度风险确定为 5%，在实务中，注册会计师通常对所有控制测试确定一个统一的可接受信赖过度风险水平。

可接受的抽样风险在细节测试中是指可接受的误受风险。误受风险是指注册会计师推断某一重大错报不存在而实际上存在的风险，误受风险

与样本规模反向变动。在实务中，注册会计师愿意承担的审计风险通常为5%~10%。当审计风险既定时，如果注册会计师将重大错报风险评估为低水平，或者更为依赖针对同一审计目标或财务报表认定的其他实质性程序，就可以在计划的细节测试中接受较高的误受风险，从而降低所需的样本规模。相反，如果注册会计师将重大错报风险水平评估为高水平，而且不执行针对同一审计目标或财务报表认定的其他实质性程序，可接受的误受风险将降低，所需的样本规模随之增加。

（2）可容忍误差。可容忍误差与样本规模成反比。

可容忍误差在控制测试中是指可容忍偏差率，可容忍偏差率是指注册会计师设定的偏离规定的内部控制的比率，注册会计师试图对总体中的实际偏差率不超过该比率获取适当水平的保证。换言之，可容忍偏差率是注册会计师能够接受的最大偏差数量，如果偏差超过这一数量则减少或取消对内部控制的信赖。可容忍偏差率与样本规模反向变动。在确定可容忍偏差率时，注册会计师应考虑计划评估的控制有效性。计划评估的控制有效性越低，注册会计师确定的可容忍偏差率通常越高，所需的样本规模就越小。一个很高的可容忍偏差率通常意味着，控制的运行不会大大降低相关实质性程序的程度。在这种情况下，由于注册会计师预期控制运行的有效性很低，特定的控制测试可能不需进行。反之，如果注册会计师在评估认定层次重大错报风险时预期控制的运行是有效的，注册会计师必须实施控制测试。换言之，注册会计师在风险评估时越依赖控制运行的有效性，确定的可容忍偏差率越低，进行控制测试的范围越大，因而样本规模增加。与细节测试中设定的可容忍错报相比，注册会计师通常为控制测试设定相对较高的可容忍偏差率。在实务中，注册会计师通常认为，当偏差率为3%~7%时，控制有效性的估计水平较高；可容忍偏差率最高为20%，偏差率超过20%时，由于估计控制运行无效，注册会计师不需进行控制测试。

可容忍误差在细节测试中是指可容忍错报，是指注册会计师设定的货币金额，注册会计师试图对总体中的实际错报不超过该货币金额获取适当水平的保证。细节测试中，某账户余额、交易类型或披露的可容忍错报是注册会计师能够接受的最大金额的错报。可容忍错报可以看作实际执行的重要性这个概念在抽样程序中的运用。确定特定类别交易、账户余额或披露的重要性水平相关的实际执行的重要性，旨在将这些交易、账户余额或披露中未更正与未发现错报的汇总数超过这些交易、账户余额或披露的重要性水平的可能性降至适当的低水平。可容忍错报可能等于或低于实际执行的重要性，这取决于注册会计师考虑下列因素后作出的职业判断。例如，如果注册会计师预期存在大量错报，或管理层拒绝接受建议的调整，或大量账户的金额需要估计，或分支机构的数量非常多，或测试项目占账户全部项目的比例很小，注册会计师很可能设定可容忍错报低于实际执行的重要性。反之，可以设定可容忍错报等于实际执行的重要性。

（3）预计总体误差。预计总体误差与样本规模成正比。

预计总体误差在控制测试中是指预计总体偏差率，注册会计师可以根据对相关内部控制的了解或对总体中少量项目的检查来对预计总体偏差率进行评估，也可以根据上年测试结果、内部控制的设计和控制环境等因素对预计总体偏差率进行评估。在考虑上年测试结果时，应考虑被审计单位内部控制和人员的变化。在实务中，如果以前年度的审计结果无法取得或认为不可靠，注册会计师可以在抽样总体中选取一个较小的初始样本，以初始样本的偏差率作为预计总体偏差率的估计值。预计总体偏差率与样本规模同向变动。在既定的可容忍偏差率下，预计总体偏差率越大，所需的样本规模越大。预计总体偏差率不应超过可容忍偏差率，如果预期总体偏差率高得令人无法接受，意味着内部控制有效性很低，注册会计师通常决定不实施控制测试，而实施更多的实质性程序。

预计总体误差在细节测试中是指预计总体错报，在确定细节测试所需的样本规模时，注册会计师还需要考虑预计在账户余额或交易类别中存在的错报金额和频率。预计总体错报不应超过可容忍错报。在既定的可容忍错报下，预计总体错报的金额和频率越小，所需的样本规模也越小。相反，预计总体错报的金额和频率越大，所需的样本规模也越大。如果预期错报很高，注册会计师在实施细节测试时对总体进行百分之百检查或使用较大的样本规模可能较为适当。注册会计师在运用职业判断确定预计错报时，应当考虑被审计单位的经营状况和经营风险，以前年度对账户余额或交易类型进行测试的结果，初始样本的测试结果，相关实质性程序的结果，以及相关控制测试的结果或控制在会计期间的变化等因素。

（4）总体变异性。在控制测试中，一般不考虑总体变异性。在细节测试中，总体变异性与样本规模成正比。在细节测试中，注册会计师确定适当的样本规模时要考虑特征的变异性。衡量这种变异或分散程度的指标是标准差。如果使用非统计抽样，注册会计师不需量化期望的总体标准差，但要用“大”或“小”等定性指标来估计总体的变异性。总体项目的变异性越低，通常样本规模越小。如果总体项目存在重大的变异性，注册会计师可以考虑将总体分层。

（5）总体规模。一般而言，总体规模对样本规模的影响几乎为零。注册会计师通常将抽样单元超过5000个的总体视为大规模总体。对大规模总体而言，总体的实际容量对样本规模几乎没有影响。对小规模总体而言，审计抽样比其他选择测试项目的方法的效率低。

（6）其他因素。如内部控制运行的相关期间越长（年或季度），需要测试的样本越多，因为注册会计师需要对整个拟信赖期间控制的有效性获取证据。控制程序越复杂，测试的样本越多。样本规模还取决于所测试的控制的类型，通常对人工控制实施的测试要多过自动化控制，因为人工控制更容易发生错误和偶然的失败，而自动化控制一般都能保持可靠运行等。

2. 确定样本规模

运用统计抽样时，注册会计师必须对以上影响样本规模的因素进行量化后，利用统计公式或根据利用统计公式开发的专门的计算机程序或专门的样本量表来确定样本规模。使用非统计抽样时，对上述因素定性确定样本规模。

（二）选取样本

选取样本时，只有从抽样总体中选出具有代表性的样本项目，注册会计师才能根据样本的测试结果推断有关总体的结论。因此，不管使用统计抽样还是非统计抽样，在选取样本项目时，注册会计师应当使总体中的每个抽样单元都有被选取的机会。计算机辅助审计技术（CAAT）可以提高选样的效率。选取样本的基本方法包括简单随机选样、系统选样、随意选样和整群选样。

1. 简单随机选样

简单随机选样是注册会计师使用随机数表或计算机产生的随机数获得所

需的随机数，选取匹配的随机样本的一种方法。随机数表又称乱数表，它是由随机生成的从 0 到 9 的数字组成的数表，使每个数字在表中出现的次数大致相同。表 6–5 就是一种五位随机数表的一部分。

简单随机选样的步骤：①对总体项目进行编号，一般是利用原有的编号，如凭证号、支票号、发票号等，原来总体项目没有编号的对其进行编号，建立总体中的项目与表中数字的一一对应关系。即随机数表中的位数与总体项目编号位数要对应。②确定连续选取随机数的方法——确定随机起点和选号路线，随机起点和选号路线可以任意选择，但一经选定就不得改变。大于或小于总体项目编号的数均不入选。例如，注册会计师决定采用随机数表法从连续编号为 1001~2000 的 1000 张凭证中随机抽取 5 张进行检查。确定使用前四位数，从第十列第一行为起点，自上而下，从右到左逐列查找。则依次选取 1770、1382、1448、1135、1675。

表 6–5　随机数表

	1	2	3	4	5	6	7	8	9	10
1	32 044	69 037	29 655	92 114	81 034	40 582	01 584	77 184	85 762	46 505
2	23 821	96 070	82 592	81 642	08 971	07 411	09 037	81 530	56 195	98 425
3	82 383	94 987	66 441	28 677	95 961	78 346	37 916	09 416	42 438	48 432
4	68 310	21 792	71 635	86 089	38 157	95 620	96 718	79 554	50 209	17 705
5	94 856	76 940	22 165	01 414	01 413	37 231	05 509	37 489	56 459	52 983
6	95 000	61 958	83 430	98 250	70 030	05 436	74 814	45 978	09 277	13 827
7	20 764	64 638	11 359	32 556	89 822	02 713	81 293	52 970	25 080	33 555
8	71 401	17 964	50 940	95 753	34 905	93 566	36 318	79 530	51 105	26 952
9	38 464	75 707	16 750	61 371	01 523	69 205	32 122	03 436	14 489	02 086
10	59 442	59 247	74 955	82 835	98 378	83 513	47 870	20 795	01 352	89 906

简单随机选样不仅使总体中每个抽样单元被选取的概率相等，而且使抽样单元组成的每种组合被选取的概率相等。这种方法在统计抽样和非统计抽样中均适用。由于统计抽样要求注册会计师能够计量实际样本被选取的概率，这种方法尤其适合统计抽样。

2. 系统选样

系统选样也称等距选样，是指按照相等的间隔从审计对象总体中等距离

地选取样本的一种选样方法。

系统选样的步骤：①计算选样间距，选样间距 = 总体规模（连续编号时为编号终点 - 编号起点 +1）÷ 样本规模；②确定选样起点（在第一个间隔中确定一个随机起点），然后，从这个随机起点开始，按照选样间隔，从总体中顺序选取样本。

例如，从连续编号为 1001~2000 的 2000 张凭证中随机抽取 5 张进行检查。

选样间距 = 总体规模 ÷ 样本规模 =1000 ÷ 5=200

确定选样起点，注册会计师必须从第一个间隔（1001~1201）中随机选取一个样本项目，作为抽样起点。如果选取的随机起点是 1111，那么其余被选取的项目分别是 1311（1111+200），1511（1311+200），1711（1511+200），1911（1711+200）。

使用系统选样方法的主要优点是使用方便，比其他选样方法节省时间；此外，使用系统抽样方法对总体中的项目不需要编号；系统选样方法可用于无限总体。但是使用系统选样方法要求总体必须随机排列，如果抽样单元在总体内的分布具有某种规律性，则样本的代表性就可能较差，容易发生较大的偏差。例如，某建筑公司的员工工资清单按照项目组分类，每个项目组的工资均按照 1 个项目负责人和 9 个项目组成员的顺序排列，如果将员工工资清单作为总体，选样间隔为 10，随着随机起点的不同，选择的样本要么包括所有的项目负责人，要么一个项目负责人都不包括。样本无法同时包括项目负责人和项目组成员，自然不具代表性。为克服系统选样的这一缺点，可采用两种办法：一是增加随机起点的个数，二是在确定选样方法之前对总体特征的分布进行观察。例如，发现总体特征的分布呈随机分布，则采用系统选样；否则，可考虑使用其他选样方法。

系统选样可以在非统计抽样中使用，在总体随机分布时也可适用于统计抽样。

3. 随意选样

随意选样是指注册会计师不带任何偏见地选取样本，即注册会计师不考虑样本项目的性质、大小、外观、位置或其他特征地从总体项目中选取样本。使用这种方法并不意味着注册会计师可以漫不经心地选择样本，注册会计师要避免任何有意识的偏向或可预见性（如回避难以找到的项目，或总是选择或回避每页的第一个或最后一个项目），从而保证总体中的所有项目都有被选中的机会，使选择的样本具有代表性。

随意选样仅适用于非统计抽样，不适于统计抽样，因为注册会计师无法量化选取样本的概率。

4. 整群选样

使用这种方法，注册会计师从总体中选取一群（或多群）连续的项目。例如，总体为 2017 年的所有付款单据，从中选取 2 月 3 日、5 月 17 日和 7 月 19 日三天的所有付款单据作为样本。整群选样仅适用于非统计抽样，不适于统计抽样，因为大部分总体的结构都使连续的项目之间可能具有相同的特征，但与总体中其他项目的特征不同。虽然在有些情况下注册会计师检查一群项目可能是适当的审计程序，但注册会计师希望根据样本作出有关整个总体的有效推断时，极少将整群选样作为适当的选样方法。

以上四种基本方法均可选出代表性样本。但简单随机选样和系统选样属于随机基础选样方法，即对总体的所有项目按随机规则选取样本，因而可以在统计抽样中使用，当然也可以在非统计抽样中使用。而随意选样和整群选样虽然也可以选出代表性样本，但它属于非随机基础选样方法，因而不能在统计抽样中使用，只能在非统计抽样中使用。

（三）对样本实施审计程序

对选取的样本实施审计程序，发现并记录样本中存在的误差。如果选取的样本不符合实施的审计程序，注册会计师应当使用替代项目实施该审计程序。注册会计师通常对每一样本项目实施特定的审计程序，如果注册会计师对样本项目无法实施计划的审计程序，如果样本结果不因此改变，就不需对这些项目进行检查；如果未检查项目可能存在的重大错报会导致该类交易或事项存在重大错报，注册会计师就要考虑实施替代程序。如果未实施替代程序，应将该项目视为一项失误。

三、样本结果评价

样本结果评价的过程是：分析样本误差→根据样本误差推断出总体误差→形成审计结论。

（一）分析样本误差

分析样本误差，得出样本特征，无论是统计抽样还是非统计抽样，都应当对样本结果进行定量评估和定性评估。

（二）推断总体误差

根据得出的样本误差，推断出总体误差。在控制测试中，误差为偏差率，根据样本偏差率推断总体偏差率，并考虑这一结果对特定审计目标及审计其他方面的影响。在细节测试中，误差为错报金额，根据样本中发现的错报金额推断总体错报金额，并考虑这一结果对特定审计目标及审计其他方面的影响。

（三）形成审计结论

注册会计师应当评价样本结果，以确定对总体相关特征的评估是否得到证实或需要修正。

1. 控制测试中的样本结果评价

在控制测试中，注册会计师应当将总体偏差率与可容忍偏差率比较，但必须考虑抽样风险，其中总体偏差率 = 样本偏差率。统计抽样中用总体偏差率上限与可容忍偏差率进行比较，总体偏差率上限 = 总体偏差率 + 抽样风险允许限度；非统计抽样中，由于抽样风险无法直接计量，用总体偏差率与可容忍偏差率进行比较。

（1）总体偏差率上限（统计抽样）或总体偏差率（非统计抽样）< 可容忍偏差率，总体可以接受。注册会计师对总体得出结论，样本结果支持计划评估的控制有效性，从而支持计划的重大错报风险评估水平。

（2）总体偏差率上限或总体偏差率≥可容忍偏差率，总体不能接受。注册会计师对总体得出结论，样本结果不支持计划评估的控制有效性，从而不支持计划的重大错报风险评估水平。此时注册会计师应当修正重大错报风险评估水平，并增加实质性程序的数量。注册会计师也可以对影响重大错报风险的其他控制进行测试，以支持计划的重大错报风险评估水平。

（3）总体偏差率上限或总体偏差率低于但接近可容忍偏差率，注册会计师应结合其他审计程序的结果，考虑是否接受总体，并考虑是否需要扩大测试范围，以进一步证实计划评估的控制有效性和重大错报风险水平。

2. 细节测试中的样本结果评价

注册会计师应当根据样本中发现的错报推断总体错报，注册会计师首先必须根据样本中发现的实际错报要求被审计单位调整账面记录金额。用总体错报减去已发现且已更改的错报后未调整后的总体错报与可容忍错报进行比较，但必须考虑抽样风险。统计抽样中用总体错报上限与可容忍错报进行比较，总体错报上限＝总体错报＋抽样风险允许限度；非统计抽样中，由于抽样风险无法直接计量，用总体错报与可容忍错报进行比较。

（1）总体错报上限（统计抽样）或总体错报（非统计抽样）<可容忍错报，总体可以接受。注册会计师对总体得出结论，所测试的交易或账户余额不存在重大错报。

（2）总体错报上限或总体错报≥可容忍错报，总体不能接受。注册会计师对总体得出结论，所测试的交易或账户余额存在重大错报，注册会计师应建议被审计单位对错报进行调查，在必要时调整账面记录。

第三节　审计抽样在控制测试中的运用

在控制测试中运用审计抽样有两种方法：一种是发现抽样。在发现抽样中注册会计师使用的预计总体偏差率是0，在检查样本时，发现1个偏差就立即停止抽样（全部审计）；如果在样本中没有发现偏差，则得出总体偏差率可以接受的结论，发现抽样适用查找重大舞弊或非法行为（需高度控制有效行为）。另一种是属性抽样。用以估计被测试控制的偏差发生率，或控制未有效运行的频率。本节讲解的是属性抽样。

在控制测试中使用统计抽样可以分为样本设计、样本选取和样本评价三个阶段。

一、样本设计

（一）确定测试目标

只有内部控制有效性评估在中等或以上水平时，才实施控制测试（不是必须的），控制测试的目标是提供内部控制运行有效性的审计证据，以支持计划的重大错报风险评估水平。

（二）定义总体和抽样单元

定义总体时注意其同质性、适当性和完整性，定义抽样单元时注意抽样单元与审计测试目标相适应。

（三）定义误差

在控制测试中，误差是指内部控制偏差。

（四）定义测试期间

注册会计师通常在期中实施控制测试。由于期中测试获取的证据只与控制截至期中测试时点的运行有关，注册会计师需要确定如何获取关于剩余期间的证据。注册会计师可以有两种做法：①将测试扩展至在剩余期间发生的交易，以获取额外的证据。这种情况下，总体由整个被审计期间的交易组成。②不将测试展至在剩余期间发生的交易。将总体定义为从年初到期中测试日为止的交易，并在确定是否需要针对剩余期间获取额外证据以及获取哪些证据时考虑下列因素：所涉及的认定的重要性，期中进行测试的特定控制，自期中以来控制发生的任何变化，控制改变实质性程序的程度，期中实施控制测试的结果，剩余期间的长短，对剩余期间实施实质性程序所产生的与控制的运行有关的证据。

二、选取样本

（一）确定样本规模

1. 控制测试中影响样本规模因素

控制测试中影响样本规模因素如表 6-6 所示。

表 6-6 控制测试中影响样本规模因素

控制测试影响因素	与样本规模的关系	注意
可接受信赖过度风险	反向比例	与可信赖程度相加为 1，应确定为相对较低的水平上，一般为 5%~10%
可容忍偏差率	反向比例	一般不高于 20%，高于 20% 则内部控制失效，没必要进行控制测试
预计总体偏差率	正向比例	用以前年度或初始样本确定

2. 确定样本规模

根据表 6-6 中三个因素，运用样本量表确定样本规模。注册会计师根据可接受信赖过度风险选择相应的抽样规模表，读取预计总体偏差率找到适当的比率对应的行，然后确定与可容忍偏差率对应的列，预计总体偏差率与可容忍偏差率的交点就是所需的样本规模（表 6-7）。

表 6-7 控制测试统计抽样样本规模——信赖过度风险 10%

（括号内是可接受的偏差数）

预计总体	可容偏差率										
偏差率	2%	3%	4%	5%	6%	7%	8%	9%	10%	15%	20%
0.00%	114(0)	76(0)	57(0)	45(0)	38(0)	32(0)	28(0)	25(0)	22(0)	15(0)	11(0)
0.25	194(1)	129(1)	96(1)	77(1)	64(1)	55(1)	48(1)	42(1)	38(1)	25(1)	18(1)
0.50	194(1)	129(1)	96(1)	77(1)	64(1)	55(1)	48(1)	42(1)	38(1)	25(1)	18(1)
0.75	265(2)	129(1)	96(1)	77(1)	64(1)	55(1)	48(1)	42(1)	38(1)	25(1)	18(1)
1.00	*	176(2)	96(1)	77(1)	64(1)	55(1)	48(1)	42(1)	38(1)	25(1)	18(1)
1.25	*	221(3)	132(2)	77(1)	64(1)	55(1)	48(1)	42(1)	38(1)	25(1)	18(1)
1.50	*	*	132(2)	105(2)	64(1)	55(1)	48(1)	42(1)	38(1)	25(1)	18(1)
1.75	*	*	166(3)	105(2)	88(2)	55(1)	48(1)	42(1)	38(1)	25(1)	18(1)
2.00	*	*	198(4)	132(3)	88(2)	75(2)	48(1)	42(1)	38(1)	25(1)	18(1)
2.25	*	*	*	132(3)	88(2)	75(2)	65(2)	42(2)	38(2)	25(1)	18(1)
2.50	*	*	*	158(4)	110(3)	75(2)	65(2)	58(2)	38(2)	25(1)	18(1)
2.75	*	*	*	209(6)	132(4)	94(3)	65(2)	58(2)	52(2)	25(1)	18(1)
3.00	*	*	*	*	132(4)	94(3)	65(2)	58(2)	52(2)	25(1)	18(1)
3.25	*	*	*	*	153(5)	113(4)	82(3)	58(2)	52(2)	25(1)	18(1)

续表

预计总体偏差率	可容偏差率 2%	3%	4%	5%	6%	7%	8%	9%	10%	15%	20%
3.50	*	*	*	*	194(7)	113(4)	82(3)	73(3)	52(2)	25(1)	18(1)
3.75	*	*	*	*	*	131(5)	98(4)	73(3)	52(2)	25(1)	18(1)
4.00	*	*	*	*	*	149(6)	98(4)	73(3)	65(3)	25(1)	18(1)
5.00	*	*	*	*	*	*	160(8)	115(6)	78(4)	34(2)	18(1)
6.00	*	*	*	*	*	*	*	182(11)	116(7)	43(3)	25(2)
7.00	*	*	*	*	*	*	*	*	199(14)	52(4)	25(2)

* 样本规模太大，因而在大多数情况下不符合成本效益原则。

注：本表假设总体为大总体。

来源：AICPA Audit and Accounting Guide: Audit Sampling（2005）

例如，可接受的信赖过度的风险为10%，可容忍偏差率7%，预计总体偏差率1.75%，查表6-7可知，样本规模为55。

（二）选取样本

注册会计师用本章第二节所述的简单随机选样和系统选样随机选取样本。

（三）实施审计程序

对选取的样本实施审计程序时，可能出现以下几种情况：

1. 无效单据

注册会计师选取的样本中可能包含无效的项目。例如，在测试与被审计单位的收据（发票）有关的控制时，注册会计师可能将随机数与总体中收据的编号对应。但是，某一随机数对应的收据可能是无效的（比如，空白收据）。如果注册会计师能够合理确信该收据的无效是正常的且不构成对设定控制的偏差，就要用另外的收据替代。而且，如果使用了随机选样，注册会计师要用一个替代的随机数与新的收据样本对应。

2. 未使用或不适用的单据

注册会计师对未使用或不适用单据的考虑与无效单据类似。例如，一组可能使用的收据号码中可能包含未使用的号码或有意遗漏的号码。如果注册会计师选择了一个未使用号码，就应合理确信该收据号码实际上代表一张未使用收据且不构成控制偏差。然后注册会计师用一个额外的收据号码替换该未使用的收据号码。有时选取的项目不适用事先定义的偏差。例如，如果偏差被定义为没有验收报告支持的交易，选取的样本中包含的电话费可能没有相应的验收报告。如果合理确信该交易不适用且不构成控制偏差，注册会计师要用另一笔交易替代该项目，以测试相关的控制。

3. 对总体的估计出现错误

如果注册会计师使用随机数选样方法选取样本项目，在控制运行之前可能需要预估总体规模和编号范围。当注册会计师将总体定义为整个被审计期间的交易但计划在期中实施部分抽样程序时，这种情况最常发生。如果注册会计师高估了总体规模和编号范围，选取的样本中超出实际编号的所有数字都被视为未使用单据。在这种情况下，注册会计师要用额外的随机数代替这些数字，以确定对应的适当单据。

4. 在结束之前停止测试

有时注册会计师可能在对样本的第一部分进行测试时发现大量偏差。其结果是注册会计师可能认为，即使在剩余样本中没有发现更多的偏差，样本的结果也不支持计划的重大错报风险评估水平。在这种情况下，注册会计师要重估重大错报风险并考虑是否有必要继续测试。

5. 无法对选取的项目实施检查

注册会计师应当针对选取的每个项目，实施适合具体审计目标的审计程序。有时，被测试的控制只在部分样本单据上留下了运行证据。如果找不到该单据，或由于其他原因注册会计师无法对选取的项目实施检查，注册会计师可能无法使用替代程序测试控制是否适当运行。如果注册会计师无法对选取的项目实施计划的审计程序或适当的替代程序，就要考虑在评价样本时将该样本项目视为控制偏差。另外，注册会计师还应考虑造成该限制的原因，以及该限制可能对其了解内部控制和评估重大错报风险产生的影响。

通过审计程序得出样本，假定可接受的信赖过度风险为10%，可容忍偏差率为7%，预计总体偏差率为1.75%，样本规模为55，偏差分别是0或3。

三、评价样本结果

（一）计算总体偏差率

样本偏差率 = 样本偏差数 ÷ 样本规模，样本偏差率就是注册会计师对总体偏差率的最佳估计，因而在控制测试中无须另外推断总体偏差率，但必须考虑抽样风险。

（二）得出总体结论

总体偏差率考虑抽样风险即为总体偏差率上限，总体偏差率上限 = 总体偏差率 + 抽样风险允许限度。总体偏差率上限得出方式有两种：一是查统计抽样结果评价表（表 6–8）；二是计算，总体偏差率上限 = 风险系数（查表 6–9 风险系数表）÷ 样本规模（量）。

表 6–8　控制测试中统计抽样结果评价表——信赖风险 10% 时的偏差率上限

样本规模	实际发现的偏差数								
	0	1	2	3	4	5	6	7	8
35	6.4	10.7	14.5	18.1	*	*	*	*	*
45	5.0	8.4	11.4	14.3	17.0	19.7	*	*	*
55	4.1	6.9	9.4	11.8	14.1	16.3	18.4	*	*
60	3.8	6.4	8.7	10.8	12.9	15.0	16.9	18.9	*
70	3.3	5.5	7.5	9.3	11.1	12.9	14.6	16.3	17.9
80	2.9	4.8	6.6	8.2	9.8	11.3	12.8	14.3	15.8
90	2.6	4.3	5.9	7.3	8.7	10.1	11.5	12.8	14.1
100	2.3	3.9	5.3	6.6	7.9	9.1	10.3	11.5	12.7
120	2.0	3.3	4.4	5.5	6.6	7.6	8.7	9.7	10.7
160	1.5	2.5	3.3	4.2	5.0	5.8	6.5	7.3	8.0
200	1.2	2.0	2.7	3.4	4.0	4.6	5.3	5.9	6.5

* 表示超过 20%；本表以百分比表示偏差率上限；本表假设总体足够大。

表 6-9　控制测试中常用的风险系数表

样本中发现偏差的数量	信赖过度风险	
	5%	10%
0	3.0	2.3
1	4.8	3.9
2	6.3	5.3
3	7.8	6.7
4	9.2	8.0
5	10.5	9.3
6	11.9	10.6
7	13.2	11.8
8	14.5	13.0
9	15.7	14.2
10	17.0	15.4

可接受的信赖过度的风险为 10%，可容忍偏差率 7%，预计总体偏差率 1.75%。样本规模为 55。

（1）如果偏差数为 0，查表 6-8 得出总体偏差率上限为 4.1%。计算得出总体偏差率上限 =2.3（查表 6-9 得出）÷55=4.1%。这意味着如果样本规模为 55 且无一例偏差，总体实际偏差率超过 4.1% 的风险为 10%，结论是有 90%（1-10%）的把握保证总体实际偏差率不超过 4.1%；总体偏差率上限 4.1% < 可容忍偏差率 7%，总体可以接受，即样本结果证实注册会计师对控制运行有效性和重大错报风险评估是适当的。

（2）如果偏差数为 3，查表 6-8 得出总体偏差率上限为 12%。计算得出总体偏差率上限 =6.7（查表 6-9 得出）÷55=12%。这意味着如果样本规模为 55 且有 3 例偏差，总体实际偏差率超过 12% 的风险为 10%，结论是有 90% 的把握保证总体实际偏差率不超过 12%；总体偏差率上限 12% > 可容忍偏差率 7%，总体不能接受，即样本结果不支持注册会计师对控制运行有效性和重大错报风险的评估。

这种情况下，注册会计师应采取措施有：进一步测试其他控制（如补偿性控制），以支持计划的控制运行有效性和重大错报风险的评估水平；或提高重大错报风险评估水平，并相应修改计划的实质性程序的性质、时间安排和范围。

第四节　审计抽样在细节测试中的运用

在细节测试中运用审计抽样的步骤与本章第二节审计抽样的基本步骤和第三节审计抽样在控制测试中运用的步骤相同，分为样本设计、样本选取和样本评价三个阶段，各阶段的主要过程也相同，本节不再赘述。注册会计师在细节测试中使用的审计抽样方法主要包括传统变量抽样法和货币单元抽样。

一、变量抽样法

包括均值估计抽样、差额估计抽样和比率估计抽样三种方法。每种方法的特征反映在其名称上，三种方法的区别是根据样本特征推断总体特征的方法不同。

（一）均值估计抽样

先计算样本中所有项目审定金额的平均值，然后用这个样本平均值乘以总体规模，得出总体金额的估计值。总体估计金额和总体账面金额之间的差额就是推断的总体错报。均值估计抽样的步骤如下：

样本审定金额的平均值 = 样本审定金额 ÷ 样本规模 = 总体平均值

估计的总体金额 = 样本审定金额的平均值 × 总体规模

推断的总体错报 = 总体账面金额估计的总体金额

例如，注册会计师负责审计甲公司 2017 年度财务报表。在针对存货实施细节测试时，注册会计师决定采用传统变量抽样方法实施统计抽样。甲公司 2017 年 12 月 31 日存货账面余额合计为 15000 万元。注册会计师确定的总体规模为 3000，样本规模为 200，样本账面余额合计为 1200 万元，样本审定金额合计为 980 万元。

样本审定金额的平均值 =980 ÷ 200=4.9（万元）

估计的总体金额 =4.9 × 3000=14700（万元）

推断的总体错报 =15 000–14 700=300（万元）

适用范围：总体差异较小时（项目金额较平均时）。

（二）差额估计抽样

先计算样本审定金额与账面金额之间的平均差额，再以这个平均差额乘以总体规模，从而求出总体的审定金额与账面金额的差额（即总体错报）。差额估计抽样的步骤如下：

样本平均差额（错报）=（样本账面金额 – 样本审定金额）÷ 样本规模 = 总体平均差额

推断的总体差额（错报）= 样本平均错报（错报）× 总体规模

估计的总体金额 = 总体账面金额 – 推断的总体差额（错报）

例如，注册会计师负责审计甲公司 2017 年度财务报表。在针对存货实施细节测试时，注册会计师决定采用传统变量抽样方法实施统计抽样。甲公司 2017 年 12 月 31 日存货账面余额合计为 15000 万元。注册会计师确定的总体规模为 3000，样本规模为 200，样本账面余额合计为 1200 万元，样本审定金额合计为 800 万元。

样本平均差额（错报）=（1200–800）÷ 200=2（万元）

推断的总体差额（错报）=2 × 3000=6000（万元）

估计的总体金额 =15 000–6000=9000（万元）

适用范围：样本的实际金额与账面金额之间差异较大时。

（三）比率估计抽样

先计算样本的审定金额与账面金额之间的比率，再以这个比率乘以总体账面金额，从而求出估计的总体金额。比率估计抽样的步骤如下：

比率 = 样本审定金额 ÷ 样本账面金额

估计的总体金额 = 总体账面金额 × 比率

推断的总体错报 = 总体账面金额 – 估计的总体金额，以上差额估计抽样中所举的例题为例

比率 =800 ÷ 1200=2 ÷ 3

估计的总体金额 =15 000 × 2 ÷ 3=10 000（万元）

推断的总体错报 =15 000–10 000=5000（万元）

如果未对总体进行分层，注册会计师通常不使用均值估计抽样，因为，此时所需的样本规模可能太大，不符合成本效益原则。差额估计抽样和比率估计抽样都要求样本项目存在错报，如果样本项目的审定金额和账面金额之间没有差异，这两种方法使用的公式所隐含的机理就会导致错误的结论。注册会计师在评价样本结果时常常用到差额估计抽样和比率估计抽样，如果发现错报金额与项目的数量紧密相关，注册会计师通常会选择差额估计抽样；如果发现错报金额与项目的金额紧密相关，注册会计师通常会选择比率估计抽样。不过，如果注册会计师决定使用统计抽样，且预计没有差异或只有少量差异，就不应使用差额估计抽样和比率估计抽样，而考虑使用其他的替代方法，如均值估计抽样或概率比例规模抽样法。

二、货币单元抽样（PPS）

货币单元抽样是一种运用属性抽样原理对货币金额而不是对发生率得出结论的统计抽样方法，它是概率比例规模抽样方法的分支，有时也被称为金额单元抽样、累计货币金额抽样以及综合属性变量抽样等。货币单元抽样以货币单元作为抽样单元，例如，总体包含 100 个应收账款明细账户，共有余额 200 000 元。若采用货币单元抽样，则认为总体含有 200 000 个抽样单元，而不是 100 个。总体中的每个货币单元被选中的机会相同，所以总体中某一项目被选中的概率等于该项目的金额与总体金额的比率，项目金额越大，被选中的概率就越大，这样有助于注册会计师将审计重点放在较大的账户余额或交易。但实际上注册会计师并不是对总体中的货币单元实施检查，而是对包含被选取货币单元的账户余额或交易实施检查。注册会计师检查的账户余额或交易被称为逻辑单元。

货币单元抽样的优点主要包括：①货币单元抽样在确定所需的样本规模时无须直接考虑总体的特征（如变异性），因为总体中的每一个货币单元都有相同的规模，而传统变量抽样的样本规模是在总体项目共有特征的变异性或标准差的基础上计算的；②货币单元抽样中，项目被选取的概率与其货币金额大小成比例，因而无须通过分层减少变异性，而传统变量抽样通常需要对总体进行分层以减小样本规模；③在货币单元抽样中使用系统选样法选取样本时，如果项目金额等于或大于选样间距，货币单元抽样将自动识别所有单个重大项目，即该项目一定会被选中。

货币单元抽样的缺点主要是对零余额或负余额的选取需要在设计时予以特别考虑，如果准备对应收账款进行抽样，注册会计师可能需要将贷方余额分离出去，作为一个单独的总体，如果检查零余额的项目对审计目标非常重要，注册会计师需要单独对其进行测试，因为零余额的项目在货币单元抽样中不会被选取。

◆课后练习◆

一、本章复习思考题

1. 简述审计抽样的定义、在审计中的运用和种类。

2. 审计抽样的风险包括哪些？各有什么特点？

3. 审计抽样中样本规模如何确定？

4. 随机抽取样本的方法有哪些？如何使用？

5. 简述统计抽样在控制测试中的运用。

6. 简述统计抽样在变量抽样中的运用。

二、本章练习题

（一）单项选择题

1. 下列各项风险中，对审计工作的效率和效果都产生影响的是（　　）。

A. 信赖过度风险　B. 信赖不足风险　C. 误受风险　D. 非抽样风险

2. 审计抽样的下列表述中，正确的是（　　）。

A. 无论采用统计抽样或非统计抽样选取样本，只要运用得当均可获得适当的审计证据

B. 审计抽样适用于控制测试和实质性程序

C. 审计抽样适用于审计的全过程

D. 信赖过度风险和误受风险影响审计效率

3. 注册会计师运用分层抽样方法的主要目的是（　　）。

A. 减少样本的非抽样风险

B. 决定审计对象总体特征的正确发生率

C. 降低每层项目变异数，减少样本规模

D. 无偏见地选取样本项目

4. 有关抽样风险与非抽样风险表述中，不能认同的是（　）。

A. 信赖不足风险与误拒风险会降低审计效率

B. 信赖过度风险与误受风险会影响审计效果

C. 通过注册会计师仔细设计审计程序可以降低非抽样风险

D. 通过注册会计师仔细设计审计程序可以降低抽样风险

5. 在未对总体进行分层的情况下，注册会计师不宜使用的抽样方法是（　）。

A. 均值估计抽样　　B. 比率估计抽样

C. 差额估计抽样　　D. 概率比例规模抽样

6. 注册会计师从总体规模为 1000 个、账面价值为 300 000 元的存货项目中选取 200 个项目（账面价值 60 000 元）进行检查，确定其审定金额为 60 600 元。如果采用比率估计抽样，注册会计师推断的存货总体错报为（　）。

A. 500 元　　B. 2500 元　　C. 3000 元　　D. 47500 元

7. 用系统选样从编号为 1~8000 的 8000 张凭证中选取 200 张作为样本，随机起点为 35 号凭证，则抽取的第 5 张凭证编号为（　）。

A. 155　　B. 195　　C. 200　　D. 235

8. 下列货币单元抽样的表述中，正确的是（　）。

A. 通过分层减少项目的变异性

B. 与低估的账户相比，高估的账户被抽取的可能性更小

C. 每个账户被选中的机会相同

D. 余额为零的账户没有被选中的机会

（二）多项选择题

1. 在抽样风险中，导致注册会计师执行额外的审计程序，降低审计效率的风险有（　）。

A. 信赖不足风险　　B. 信赖过度风险

C. 误受风险　　D. 误拒风险

2. 有关审计抽样的下列表述中，注册会计师不能认同的有（　）。

A. 审计抽样适用于财务报表审计的所有审计程序

B. 统计抽样的产生并不意味着非统计抽样的消亡

C. 统计抽样能够减少审计过程中的专业判断

D. 对可信赖程度要求越高，需选取的样本量就越大

3. 审计抽样应当具备三个基本特征（　）。

A. 选样方法能够计量并控制审计风险在可接受的水平

B. 所有抽样单元都有被选取的机会

C. 审计测试的目的是评价该账户余额或交易类型的某一特征

D. 对某类交易或账户余额中低于百分之百的项目实施审计程序

4. 影响样本规模的各项表述中，正确的有（　）。

A. 可信赖程度要求越高，需选取的样本量越大

B. 总体规模越大，需选取的样本量越大

C. 可容忍误差越小，需选取的样本量越大

D. 预期误差越小，需选取的样本量越大

（三）简答题

1. 审计甲公司 2017 年度主营业务收入时，为确定甲公司销售业务是否真实、完整，会计处理是否正确，A 注册会计师拟从甲公司 2017 年开具的销售发票的存根中选取若干张，核对销售合同和发运单，并检查会计处理是否符合规定。甲公司 2017 年共开具连续编号的销售发票 4000 张，销售发票号码为第 2001~6000 号，A 注册会计师计划从中选取 10 张销售发票样本。

要求：

（1）假定 A 注册会计师以随机数所列数字的后 4 位数与销售发票号码一一对应，确定第 2 列第 4 行是起点，选号路线为自上而下、自左而右。请代 A 注册会计师确定选取的 10 张销售发票样本的发票号码分别为多少？

（2）假定 A 注册会计师用系统抽样法选取样本。随机起点为 2099，选取其他样本号码分别是什么？

2. 注册会计师负责审计甲公司 2017 年度财务报表。甲公司本年度银行存款账户数一直为 60 个。甲公司财务制度规定，每月月末由与银行存款核算不相关的财务人员针对每个银行存款账户编制银行存款余额调节表。注册会计师决定运用统计抽样方法测试该项控制在全年的运行有效性。相关事项如下：

（1）注册会计师计算了各银行存款账户在 2017 年 12 月 31 日余额的标准差，作为确定样本规模的一个因素。

（2）在确定样本规模后，注册会计师采用随机数表的方式选取样本。选取的一个银行存款账户余额极小，注册会计师另选了一个余额较大的银行存款账户予以代替。

（3）在对选取的样本项目进行检查时，注册会计师发现其中一张银行存款余额调节表由甲公司银行存款出纳 Y 代为编制，注册会计师复核后发现该表编制正确，不将其视为控制偏差。

（4）在对选取的样本项目进行检查后，注册会计师将样本中发现的偏差数量除以样本规模得出的数值作为该项控制运行总体偏差率的最佳估计。

（5）假设注册会计师确定的可接受的信赖过度风险为 10%，样本规模为 45。测试样本后，发现 1 例偏差。当信赖过度风险为"10%"、样本中发现的偏差率为"1"时，控制测试的风险系数为"3.9"。

要求：

（1）计算确定总体规模，并简要回答在运用统计抽样方法对某项手工执行的控制运行有效性进行测试时，总体规模对样本规模的影响。

（2）针对事项（1）至（4），假设上述事项互不关联，逐项指出注册会计师的做法是否正确。如不正确，简要说明理由。

（3）针对事项（5），计算总体偏差率上限。

3. 在应付账款项目的审计中：

（1）假定应付账款明细账中记载的 90 笔应付账款业务编号是 1—90 是随机排列的，注册会计师采用系统选样法选取 6 笔应付账款业务样本，并且确定随机起点为第 8 笔，请判断其余 5 笔应付账款业务分别是哪几笔（列示计算过程）？

（2）如果上述 6 笔应付账款业务的账面价值为 1 400 000 元，审计后认定的价值为 1 680 000 元，甲公司 2017 年 12 月 31 日应付票据账面总值为 15 000 000 元，请运用均值估计抽样、差额估计抽样法和比率估计抽样推断甲公司 2017 年 12 月 31 日应付账款的总体实际价值及错报金额（要求列示计算过程）。

第七章 注册会计师职业道德

学习目的

通过本章学习，使学生掌握注册会计师职业道德基本原则的含义及内容，理解职业道德概念框架的内涵。掌握对职业道德产生不利影响的五个因素及其防范措施，重点掌握注册会计师执行审计业务时对独立性产生不利影响的情形并熟悉其有效的防范措施。

第一节 注册会计师职业道德基本原则

注册会计师职业道德基本原则包括诚信、独立性、客观和公正、专业胜任能力和应有的关注、保密、良好职业行为。

一、诚信

（一）基本要求

诚信是指诚实、守信。也就是说，一个人言行与内心一致，不虚假；能够履行与别人的约定而取得对方的信任。诚信原则要求注册会计师应当在所有的职业关系和商业关系中保持正直和诚实，并公正处事、实事求是。

（二）注册会计师不得与有问题的信息发生牵连

发生牵连，是指注册会计师针对有关审计客户信息出具的审计报告或同意将其姓名与有关信息联系在一起。

例如，ABC 会计师事务所的 A 注册会计师负责审计甲公司 2017 年财务

报表，如果A注册会计师在审计报告上签名并盖章，则表明其与该审计报告包含的信息发生牵连。

例如，ABC会计师事务所的A注册会计师负责审计上市公司乙公司2017年财务报表。A注册会计师发现乙公司2017年度存在显失公允的重大关联方交易，并确认了2017年度的营业收入，A注册会计师提请乙公司管理层进行营业收入调减并在财务报表附注中增加对该关联方及其交易事项的披露，但遭到乙公司管理层拒绝。

A注册会计师认为乙公司财务报表存在严重误导和重大遗漏的信息，如果乙公司要求注册会计师对该事项不予考虑并出具无保留意见审计报告，则A注册会计师不能在该审计报告上签字，否则A注册会计师与存在严重误导和重大遗漏的信息发生牵连。

如果A注册会计师对此问题进行说明并出具了恰当的非无保留意见审计报告，则没有违反诚信原则。

诚信原则要求注册会计师不得与下列有问题的信息发生牵连，如果发生牵连，则应当消除牵连。

（1）含有严重虚假或误导性的陈述；

（2）含有缺少充分依据的陈述或信息；

（3）存在遗漏或含糊其辞的信息。

注册会计师如果注意到已与有问题的信息发生牵连，则应当采取措施消除牵连。如果对审计业务中有问题的信息出具了恰当的非标准业务报告，则不被视为违反诚信原则。

二、独立性

独立性，是指不受外来力量控制、支配，按照一定之规行事。在执行审计业务、审阅业务和其他鉴证业务时，注册会计师必须保持独立性。独立性是注册会计师的灵魂，注册会计师的独立性包括两个方面，即实质上的独立和形式上的独立。

如果注册会计师仅为客户提供非鉴证业务，则无须考虑独立性原则。但是如果注册会计师已经为客户的提供鉴证业务（包括审计业务、审阅业务和其他鉴证业务），则需要分析已经提供拟承接的鉴证业务在独立性原则要求方面构成的不利影响。

三、客观和公正

客观，是指按照事物的本来面貌去考察，不添加个人的偏见。客观性是一种思想状态，一种能为注册会计师增加服务价值的品质，也是一项职业的特征。公正，是指公平，正直，不偏袒。客观和公正原则要求注册会计师公正处事、实事求是，不得有与偏见、利益冲突或他人的不当影响而损害自己的职业判断。

四、专业胜任能力和应有的职业关注

（一）专业胜任能力

专业胜任能力，是指为提供高质量的专业服务，注册会计师具有专业知识、技能和经验，能够经济、有效地完成客户委托的业务。作为专业人士注册会计师应当具备的“专业知识”，注册会计师应对复杂性和需求性不断增长的职业环境所必需的智力技能、技术和应用技能、个人技能、人际和沟通技能、组织和企业管理技能五类职业技能。注册会计师如果不能保持和提高专业胜任能力，就难以完成客户委托的业务。事实上，如果注册会计师在缺乏足够的专业知识、技能或经验的情况下提供专业服务，就构成了一种欺诈。

（二）应有的关注（应有的职业谨慎、应有的注意义务）

在审计过程中，注册会计师应当保持职业怀疑态度，运用专业知识、技能和经验，获取和评价审计证据。

注册会计师等专业人员的注意义务，通常称为专家注意义务，是指专家在执业过程中对服务对象甚至其他第三人所应有的谨慎、小心行为的义务。审计人员在审计过程中未能保持应有的关注而引起的过失，根据其程度和情节可以划分为一般过失、重大过失、推定欺诈和实际欺诈四类。

五、保密

会计师事务所的相关人员不得泄露客户的信息给他人或者利用客户信息谋取私利，否则需要承担相应的法律后果。

（一）除下述特定情形外，会计师事务所应当对业务工作底稿包含的信息予以保密

（1）取得客户的授权（在接受委托后前后任注册会计师之间的沟通）。此种情形涉及与前任注册会计师的沟通，需要按照《前任注册会计师和后任注册会计师的沟通》准则的规定执行（表 7–1）。

表 7–1　前后任注册会计师的沟通

沟通类型	必要性	目的	方式和内容	条件
接受委托前	必须执行	后任注册会计师决定是否接受委托	了解被审计单位管理层的诚信情况、与前任的会计审计意见分歧等	无论是委托前的沟通，还是委托后的沟通，都需要征得被审计单位的同意
接受委托后	必要时	获取有关事项的充分、适当的审计证据	查阅前任审计工作底稿	

（2）根据法律法规的规定，会计师事务所为法律诉讼提供证据，以及向监管机构报告发现的违反法规行为。

（3）接受注册会计师协会和监管机构依法进行的质量检查。

（二）注册会计师应当对职业活动中获知的涉密信息保密，不得有下列行为

（1）未经客户授权或法律法规允许，向事务所以外的第三方披露所获知的涉密信息；

（2）利用自己所获知的涉密信息为自己或第三方谋取利益。

（三）保密范围

（1）现有客户或雇佣单位。注册会计师应当对所在会计师事务所的涉密信息保密。

（2）预期的客户或雇佣单位。注册会计师应当对拟接受的客户或者拟受雇的工作单位向其披露的涉密信息保密。

（3）以前的客户或雇佣单位。终止与客户或雇佣单位的关系以后仍然应当对从这些客户或雇佣单位的职业关系和商业关系中获知的信息保密。

六、良好的职业行为

对于注册会计师行业来说，社会的期望集中体现在行业声誉上，良好的职业行为是行业声誉的基础，也是整个行业赖以生存的命脉。

良好的职业行为，是指注册会计师在向公众传递信息以及推介自己和工作时，应当客观、真实、得体，不得损害职业形象，不应存在下列行为：

（1）对其能够提供的服务、拥有的资质以及积累的经验进行夸大宣传；

（2）对其他注册会计师的工作进行贬低或比较。

第二节　职业道德概念框架及具体运用

一、职业道德概念框架

职业道德概念框架旨在为注册会计师提供解决职业道德问题的思路（表7-2），分为以下四步骤：

表 7-2　职业道德概念框架的工作思路

思路	工作内容
步骤一	识别对遵循职业道德基本原则的不利影响
步骤二	如有不利影响，评价不利影响的严重要程度
步骤三	如果严重，必要时采取防范措施消除不利影响或将其降至可接受的低水平
步骤四	如果不能消除不利影响或将其降至可接受的低水平，则拒绝接受委托或解除业务

在运用职业道德概念框架时，注册会计师需要运用职业判断。

二、可能对职业道德基本原则产生不利影响的因素

（一）自身利益产生的不利影响

如果经济利益或其他利益对注册会计师的职业判断或行为产生不当影响，将产生自身利益导致的不利影响。自身利益导致不利影响的情形：

（1）审计项目组成员在审计客户中拥有直接经济利益（无论金额大

小）。经济利益，是指因持有某一实体的股权、债券和其他证券以及其他债务性的工具而拥有的利益，如拥有审计客户公司的股票，产生严重的自身利益威胁。

（2）会计师事务所的收入过分依赖于某一客户。

（3）鉴证业务项目组成员与鉴证客户存在重要且密切的商业关系。

（4）鉴证业务项目组成员正在与客户协商受雇于该客户。

（5）会计师事务所与客户就鉴证业务达成或有收费的协议。或有收费是指收费与否或收费多少，以鉴证工作结果或实现特定目的为条件。除法律法规允许外，注册会计师不得以或有收费方式提供鉴证服务。

（6）会计师事务所担心可能失去某一重要客户。

（7）注册会计师在评价所在会计师事务所以往提供的专业服务时，发现了重大错误。

（二）自我评价导致的不利影响

如果注册会计师对其（或者其所在会计师事务所或工作单位的其他人员）以前的判断或服务结果作出不恰当的评价，并且将据此形成的判断作为当前服务的组成部分，将产生自我评价的不利影响。

自我评价导致不利影响的主要情形：

（1）会计师事务所设计或运行财务系统后，对该财务系统运行的有效性出具鉴证报告；

（2）会计师事务所编制用于生成有关记录的原始数据，又将这些数据作为鉴证对象；

（3）鉴证业务项目组成员现在是或最近曾是客户的董事或高级管理人员（跳槽到事务所，与自身利益威胁不同）；

（4）会计师事务所为鉴证客户提供的其他服务，直接影响鉴证业务中的鉴证对象信息（如，资产评估 + 审计）；

（5）鉴证业务项目组成员目前或最近曾受雇于客户，并且所处职位能够对鉴证对象信息施加重大影响（如报表编制人员）。

（三）过度推介导致的不利影响

如果注册会计师过度推介客户或工作单位的某种立场或意见，使其客观性受到损害，将产生过度推介导致的不利影响。

过度推介导致不利影响的情形主要包括：

（1）会计师事务所推介审计客户的股份；

（2）在鉴证客户与第三方发生诉讼或纠纷时，注册会计师担任该客户的辩护人。

（四）密切关系导致的不利影响

如果注册会计师与客户或工作单位存在长期或亲密的关系，而过于倾向他们的利益，或认可他们的工作，将产生密切关系导致的威胁。

密切关系导致不利影响的情形主要包括：

（1）项目组成员的近亲属担任客户的董事或者高级管理人员；

（2）项目组成员的近亲属是客户的员工，而且其所处职位能够对业务对象施加重大影响；

（3）客户的董事、高级管理人员或所处职位能够对业务对象产生重大影响的员工，最近曾担任会计师事务所的项目合伙人；

（4）会计师事务所的合伙人或者高级员工与鉴证客户存在长期的业务关系（五年轮换制的必要）；

（5）注册会计师接受客户的礼品或款待。

（五）外在压力导致的不利影响

如果注册会计师受到实际的压力或感受到的压力（包括对注册会计师实施不当影响的意图）而无法客观行事将产生外在压力导致的不利影响。

外在压力导致不利影响的情形主要包括：

（1）会计师事务所受到客户解除业务关系的威胁。当注册会计师与被审计单位存在会计、审计问题分歧时，被审计单位有可能寻求较为清洁的审计意见，即购买审计意见威胁，形成对现任注册会计师的压力。购买审计意见，是指被审计单位以提高审计费用、提供或威胁取消合作机会、提供价外费用或其他利益等方式，诱使注册会计师出具不适当审计意见的行为。

（2）如果会计师事务所坚持不同意审计客户对某项交易的会计处理，审计客户可能不再委托其承办协议中的非鉴证服务。非鉴证业务是事务所的一项重要收入来源，甚至占到较大比重。安达信不仅为安然公司提供审计鉴证

服务，而且提供收入不菲的咨询业务，2000年度，安达信向安然公司收取了高达5200万美元的费用中，一半以上为咨询服务收入。

（3）会计师事务所受到因降低收费而不恰当地缩小工作范围的压力。审计费用降低，节省审计成本，可能造成不能实施部分必要的审计程序。

（4）由于客户员工对所讨论的事项更具专长，注册会计师面临服从其判断的压力。

（5）客户威胁起诉会计师事务所。

（6）由于客户员工对所讨论的事项更具有专长，注册会计师面临服从其判断的压力。

（7）会计师事务所合伙人告知注册会计师，除非同意审计客户不恰当的会计处理，否则将影响晋升。

三、应对不利影响的防范措施

（一）会计师事务所层面的防范措施

（1）领导层强调遵循职业道德基本原则的重要性；

（2）领导层强调鉴证项目业务组成员应当维护公众利益；

（3）制定有关政策和程序，实施项目质量控制；

（4）制定有关政策和程序，识别对职业道德基本原则的不利影响，评价不利影响的严重程度，采取防范措施消除不利影响或将其降至可接受的水平；

（5）制定有关政策和程序，保证遵循职业基本原则；

（6）制定有关政策和程序，识别会计师事务所或项目组成员与客户之间的利益或关系；

（7）制定有关政策和程序，监控对某一客户收费的依赖程度；

（8）向鉴证客户提供非鉴证服务时，指派鉴证业务项目组以外的其他合伙人和项目组，并确保鉴证业务项目组和非鉴证业务项目组分别向各自的业务主管报告工作；

（9）制定有关政策和程序，防止项目组以外的人员对业务结果施加不当影响；

（10）及时向所有合伙人和专业人员传达会计师事务所的政策和程序及

其变化情况，并就这些政策和程序进行适当的培训；

（11）指定高级管理人员负责监督质量控制系统是否有效运行；

（12）向合伙人和专业人员提供鉴证客户及其关联实体的名单，并要求合伙人和专业人员与之保持独立；

（13）制定有关政策和程序，鼓励员工就遵循职业道德基本原则方面的问题与领导层沟通；

（14）建立惩戒机制，保证相关政策和程序得到遵守。

（二）具体业务层面的防范措施

（1）对已执行的非鉴证业务由未参与该业务的注册会计师进行复核，或在必要时提供建议；

（2）对已执行的鉴证业务，由鉴证项目组以外的注册会计师进行复核，或在必要时提供建议；

（3）向客户的审计委员会、监管机构或者注册会计师协会咨询；

（4）向客户治理层讨论有关的职业道德问题；

（5）向客户治理层说明提供服务的性质和收费的范围；

（6）由其他会计师事务所执行或者重新执行部分业务；

（7）轮换鉴证业务项目组合伙人和高级员工。

四、专业服务委托

（一）接受客户关系

1. 对客户的要求

在接受某一新客户前，注册会计师应当确定接受该客户关系是否对职业道德基本原则的遵循产生不利影响。产生不利影响的客户问题包括客户涉足非法活动（如洗钱）、缺乏诚信等。客户存在的问题可能对注册会计师遵循诚信原则或者良好的职业行为原则产生不利影响。

2. 防范措施

防范措施主要包括：

（1）了解客户及主要股东、关键管理人员、治理层和负责经营活动的人员；

（2）要求客户对完善公司治理结构和内部控制作出承诺。

如不能将客户存在的问题产生的不利影响降至可接受的低水平，注册会计师应当拒绝接受委托。

（二）业务承接

1. 注册会计师对自己的要求

在承接某一客户业务前，注册会计师应当确定承接该业务是否对职业道德基本原则产生不利影响。如果项目组不具备或者不能获得执行业务所必需的胜任能力，将对专业胜任能力和应有的关注原则产生不利影响。注册会计师应当评价不利影响的严重程度，并在必要时采取防范措施消除不利影响或将其降至可接受的水平。

2. 防范措施

防范措施主要包括：

（1）了解客户的业务性质、经营的复杂程度，以及所在行业的情况；

（2）了解专业服务的具体要求和业务对象，以及注册会计师拟执行工作的目的、性质和范围；

（3）了解相关监管要求或报告要求；

（4）分派足够的具有胜任能力的员工；

（5）必要时利用专家的工作；

（6）就执行业务的时间安排与客户达成一致意见；

（7）遵守质量控制政策和程序以合理保证仅承接能够胜任的业务。

（三）客户变更委托

1. 注册会计师对自己的要求

如果应客户要求接替前任注册会计师，注册会计师应当从专业角度确定应否承接该业务。如果注册会计师在了解所有相关情况前就承接业务，可能对专业胜任能力和应有的关注原则产生不利影响。

因此，由于客户变更委托的表面理由可能并未完全反映事实真相，根据业务性质，注册会计师需要与前任注册会计师直接沟通，核实与变更委托相关的事实和情况，以确定是否适宜承接该业务（注册会计师沟通的情形和方式）。

2. 防范措施

注册会计师应当在必要时采取防范措施，消除因客户变更委托产生的不利影响或将其降至可接受的水平。

防范措施主要包括：

（1）当应邀投标时，在投标书中说明，在承接业务前需要与前任注册会计师沟通，以了解是否存在不应接受委托的理由。

（2）要求前任注册会计师提供已知悉的相关事实或情况，即前任注册会计师认为后任注册会计师在作出承接业务的决策前需要了解的事实和情况。

（3）从其他渠道获取信息。如果采取的防范措施不能消除不利影响或将其降至可接受的水平，注册会计师不得承接该业务。

五、利益冲突

注册会计师与客户存在直接竞争关系，可能对客观和公正原则产生不利影响，注册会计师为两个以上存在利益冲突的客户提供服务，可能对客观和公正原则或者保密原则产生不利影响。

（一）主要防范措施

注册会计师应当根据可能产生利益冲突的具体情形，采取下列防范措施：

（1）如果会计师事务所的商业利益或者业务活动可能与客户存在利益冲突，注册会计师应当告知客户，并在征得其同意的情况下执行业务。

（2）如果为存在利益冲突的两个以上客户服务，注册会计师应当告知所有已知相关方，并在征得他们同意的情况下执行业务。

（3）如果为某一特定行业或领域中的两个以上客户提供服务，注册会计师应当告知客户，并在征得他们同意的情况下执行业务。

如果客户不同意注册会计师为存在利益冲突的其他客户提供服务，注册会计师应当终止为其中一方或多方提供服务。

（二）其他防范措施

除采取上述防范措施外，注册会计师还应采取下列一种或多种防范措施：

（1）分派不同的项目组为相关客户提供服务；

（2）实施必要的保密程序防止未经授权接触信息；

（3）向项目组成员提供有关安全和保密问题的指引；

（4）要求会计师事务所的合伙人和员工签订保密协议；

（5）由未参与执行相关业务的高级员工定期复核防范措施的执行情况。

如果利益冲突对职业道德基本原则产生不利影响，并且防范措施不能消除不利影响或将其降至可接受的水平，注册会计师应当拒绝承接某一特定业务，或者解除一个或多个存在冲突的业务约定。

六、收费

（一）审计收费的影响因素

会计师事务所在确定收费时应当主要考虑如下因素：

（1）专业服务所需要的知识和技能；

（2）所需要专业人员的水平和经验；

（3）各级别专业人员提供服务所需要的时间；

（4）提供专业服务所需要承担的责任。

（二）收费过低

在承接业务时，如果收费报价过低，可能对职业道德基本原则形成威胁，会计师事务所需要确保：

（1）在提供专业服务时，遵守执业准则和职业道德规范的要求，使工作质量不受损害；

（2）客户了解专业服务的范围和收费基础。

（三）佣金（业务介绍费）

注册会计师收取与客户相关的佣金，或者为获得客户而支付业务介绍费，对职业道德基本原则产生不利影响。因此，注册会计师不得收取与客户相关的佣金，也不得向客户或者其他方支付业务介绍费。

七、专业服务营销

注册会计师通过广告或者其他营销方式招揽业务，可能对职业道德基本原则产生不利影响。注册会计师在营销专业服务时，需要注意以下几点：

（1）不得对其能力进行广告宣传以招揽业务。但是可以利用媒体刊登设立、合并、分立、解散、迁址、名称变更和招聘员工等信息。

（2）不得夸大宣传提供的服务、拥有的资质或获得的经验。

（3）不得贬低或无根据地比较其他注册会计师的工作。

（4）不得暗示有能力影响有关主管部门、监管机构或者类似机构。

八、应客户要求提供第二次意见

应客户要求提供第二次意见，是指某公司或实体不是注册会计师的现行客户，而该公司或实体要求注册会计师对前任注册会计师在运用会计、审计或其他准则或原则处理有关情形和交易的情况提供第二次意见。

已由前任注册会计师发表意见的情况下，如果注册会计师应客户的要求提供第二次意见，可能对职业道德基本原则产生不利影响。

如果第二次意见不是以前任注册会计师所获得的相同事实为基础，或依据的证据不充分，可能对专业胜任能力和应有的关注产生不利影响。如果应客户要求提供第二次意见，注册会计师应当评价不利影响的严重程度，在必要时采取防范措施。防范措施主要包括：

（1）征得客户同意与前任注册会计师沟通；

（2）在与客户沟通中说明注册会计师发表专业意见的局限性；

（3）向前任注册会计师提供第二次意见的副本。

如果客户不允许与前任注册会计师沟通，注册会计师应在考虑所有情况后决定是否适宜提供第二次意见。

九、礼品款待

如果客户向注册会计师（或其近亲属）赠送礼品或给予款待，将对职业道德基本原则产生不利影响。注册会计师不得向客户索取、收受委托合同约定以外的酬金或其他财物，或者利用执行业务之便，牟取其他不正当利益。

注册会计师应当评价接受款待产生不利影响的严重程度，并在必要时采取防范措施消除不利影响或将其降至可接受的水平。如果款待超出业务活动中的正常往来，注册会计师应当拒绝接受。

十、保管客户资产

除法律法规允许或要求，注册会计师不得提供保管客户资金或其他资产的服务。保管客户资金或其他资产可能对职业道德基本原则产生不利影响，尤其可能对客观和公正以及良好的职业行为原则产生不利影响。

注册会计师保管客户资产，应当符合下列要求：

（1）将客户资金或其他资产与其个人或会计师事务所的资产分开；

（2）仅按照预定用途使用客户资金或其他资产；

（3）随时准备向相关人员报告资产状况及产生的收入、红利或利得；

（4）遵守所有与保管资产和履行报告义务相关的法律法规。

十一、对客观和公正原则的要求

（一）总体要求

注册会计师在提供专业服务时，如果在客户中拥有经济利益，或者与客户董事、高级管理人员或员工存在家庭和私人关系或商业关系，应当确定是否对客观和公正原则产生不利影响。

（二）防范措施

注册会计师应当评价产生不利影响的严重程度，并在必要时采取防范措施消除不利影响或将其降至可接受的水平。防范措施主要包括：

（1）退出项目组；

（2）实施督导程序；

（3）终止产生不利影响的经济利益或商业关系；

（4）与会计师事务所内较高级别的管理人员讨论有关事项；

（5）与客户治理层讨论有关事项。

如果采取的防范措施不能消除不利影响或将其降至可接受的水平，注册会计师应该拒绝接受委托或终止业务。

第三节　审计业务对独立性的要求

一、独立性的概念框架

（一）独立性的内涵

独立性是注册会计师的灵魂。注册会计师的独立性包括实质上独立和形式上的独立两个方面：

（1）实质上的独立性是一种内心状态，要求注册会计师在提出结论时不受有损于职业判断的因素影响，能够诚实公正行事，并保持客观和职业怀疑态度。

（2）形式上的独立性，要求注册会计师避免出现这样重大的事实和情况，使得一个理性且掌握充分信息的第三方在权衡这些事实和情况后，很可能推定会计师事务所或项目组成员的诚信、客观或职业怀疑态度已经受到损害。

（二）独立性概念框架的内涵

独立性概念框架是指解决独立性问题的思路和方法，用以指导注册会计师：①识别对独立性的不利影响；②评价不利影响的严重程度；③必要时采取防范措施消除不利影响或将其降至可接受的低水平；④如果无法采取适当的防范措施消除不利影响或将其降至可接受的低水平，注册会计师应当拒绝接受审计业务委托或者终止审计业务。

（三）保持独立性的业务期间

会计师事务所和审计项目组应当在审计业务期间和财务报表涵盖的期间独立于审计客户。业务期间，是指自审计项目组开始执行审计业务之日起，至出具审计报告之日止。对于连续审计，审计业务期间的结束应以其中一方通知解除业务关系或出具最终审计报告二者时间孰晚为准。

（四）相关概念的含义

1. 网络和网络事务所的含义

网络，是指由多个实体组成，旨在通过合作实现下列一个或者多个目的

的联合体：共享收益、共担成本；共享同一所有权、控制权或者管理权；共享同一质量控制政策和程序；共享同一经营战略；使用同一品牌；共享重要的专业资源。

网络事务所，是指属于某一网络的会计师事务所或实体。如果某一会计师事务所被视为网络事务所，该事务所应当与网络中其他会计师事务所的审计客户保持独立。

2. 近亲属

主要近亲属：配偶、父母、子女，在对独立性的影响方面，主要近亲属视同本人。

其他近亲属：兄弟姐妹、祖父母、外祖父母、孙子女、外孙子女。

3. 审计人员

审计项目组：是指会计师事务所为执行审计业务成立的项目组。

项目合伙人：在合伙制的会计师事务所中负责某项业务及其执行，并代表会计师事务所在报告上签字的合伙人。在有限责任制的会计师事务所中，项目合伙人是指主任会计师、副主任会计师或者具有同等职位的高级管理人员。

二、经济利益

（一）经济利益的含义和种类

经济利益是指因持有某一实体的股权、债券和其他证券而拥有的利益，包括为取得这种利益享有的权利和承担的义务。

直接经济利益是指：①直接拥有并控制的经济利益；②通过投资工具拥有的经济利益，并且有能力控制这些投资工具，或者影响其投资决策（如股票、债券）。

间接经济利益是指通过投资工具拥有的经济利益，但是没有能力控制这些投资工具，或者影响其投资决策（如基金、理财产品）。

（二）经济利益对独立性产生不利影响的情形和防范措施

在审计客户中拥有经济利益，可能因为“自身利益”导致对独立性的不利影响（表 7–3）。

表 7-3 经济利益对独立性产生不利影响的情形和防范措施

经济利益对独立性产生不利影响的情形	防范措施
会计师事务所、审计项目组成员或其主要近亲属在审计客户中拥有直接经济利益或者重大间接经济利益	没有防范措施能够将其降至可接受的水平，因此，会计师事务所、审计项目组成员或其直系亲属不得在审计客户中拥有直接经济利益或重大间接经济利益
审计项目组成员的其他近亲属在审计客户中拥有直接经济利益或重大间接经济利益	1. 其他近亲属尽快处置全部经济利益，或者处置全部直接经济利益并处置足够数量的间接经济利益，以使剩余经济利益不再重大 2. 由审计项目组以外的注册会计师复核该成员已经执行的工作 3. 将该成员调离审计项目组
会计师事务所、审计项目组成员或其主要近亲属在对审计客户施加控制的实体中拥有直接经济利益或者重大间接经济利益	没有防范措施能够将其降至可接受的水平。因此，会计师事务所、审计项目组成员或其主要近亲属不得在该实体中拥有直接经济利益或者重大间接经济利益
项目合伙人所在分部的其他合伙人或其主要近亲属在该审计客户中拥有直接经济利益或者重大间接经济利益	没有防范措施能够将其降至可接受的水平。因此，其他合伙人或其主要近亲属不得在审计客户中拥有直接经济利益或重大间接经济利益
会计师事务所、审计项目组成员或其主要近亲属和审计客户同时在某一实体中拥有经济利益	1. 如果经济利益不重大，并且审计客户不能对该实体施加重大影响，则不被视为损害独立性 2. 如果经济利益重大，并且审计客户能够对该实体施加重大影响，则没有防范措施能够将不利影响降至可接受的低水平。会计师事务所不得拥有此类经济利益

三、贷款和担保、商业关系、家庭和私人关系

（一）贷款和担保对独立性的影响及防范措施

会计师事务所、审计项目组成员或其主要近亲属从审计客户取得贷款，或者贷款担保，将因“自身利益”可能对独立性产生不利影响。

（1）会计师事务所从银行或者类似金融机构等审计客户取得贷款或者担保。如果会计师事务所按照正常的程序、条款和条件，从银行或者类似金融机构取得贷款，可以通过采取防范措施将不利影响降至可接受的水平。可以由网络中未参与执行审计业务并且未接受该贷款的会计师事务所复核已执行

的工作。

审计项目组成员或其主要近亲属从银行或者类似金融机构等审计客户取得贷款或者担保，如果按照正常的程序、条款和条件，则不会对独立性产生不利影响。

（2）会计师事务所、审计项目组成员或其主要近亲属从非银行或者类似金融机构等审计客户取得贷款或者担保。没有防范措施能够将不利影响降至可接受的水平，会计师事务所、审计项目组成员或其主要近亲属不得从审计客户取得贷款或由审计客户提供贷款担保。

（3）会计师事务所、审计项目组成员或其主要近亲属在审计客户中开立存款或者交易账户。会计师事务所、审计项目组成员或者其直系亲属按照正常的商业条件开立存款或交易账户，不会对独立性产生不利影响。

（二）商业关系对独立性的影响及防范措施

会计师事务所、审计项目组成员或其主要近亲属与审计客户或其高级管理人员之间，由于商务关系或者共同的经济利益而存在密切的商业关系，可能因为“自身利益”或者“外在压力”而对独立性产生不利影响。

1. 商业关系的种类

（1）在与客户或其控股股东、董事、高级管理人员共同开办的企业（可以理解为共同投资或联营）中拥有经济利益；

（2）将会计师事务所的产品或者服务于客户的产品或者服务结合在一起，并以双方名义捆绑销售；

（3）会计师事务所销售或者推广客户的产品或服务，或者客户销售或者推广会计师事务所的产品或者服务。

2. 防范措施

如果存在上述商业关系，注册会计师需要评价不利影响的严重程度，并在必要时采取防范措施消除不利影响或者将其降至可接受的低水平。

（1）会计师事务所不得介入上述涵盖情况中提及的商业关系，如果存在此类商业关系，应当予以终止。

（2）如果此类商业关系涉及审计项目组成员，会计师事务所应当将该成员调离审计项目组。

（3）如果审计项目组成员的主要近亲属与审计客户或其高级管理人员存在此类商业关系，注册会计师需要评价不利影响，并在必要时采取防范措施消除不利影响或者将其降至可接受的低水平。

3. 例外情形

会计师事务所、审计项目组成员或其主要近亲属从审计客户购买商品或者服务，如果按照正常的商业程序公平交易，通常不会对独立性产生不利影响。

（三）家庭和私人关系对独立性的影响及防范措施

如果审计项目组成员与审计客户的董事、高级管理人员或者特定员工（能够对客户的会计记录或者被审计财务报表编制施加重大影响的员工）存在家庭和私人关系，可能因为“自身利益”“密切关系”“外在压力”而对独立性产生不利影响（见表 7–4）。

表 7–4　家庭和私人关系对独立性的影响及防范措施

情形	防范措施
审计项目组成员的主要近亲属处于客户的重要职位	将该成员调离审计项目组
审计项目组成员的其他近亲属处于客户的重要职位	1. 将该成员调离审计项目组 2. 合理安排审计项目组的职责，使该成员的工作不涉及其其他近亲属的职责范围
审计项目组成员与审计客户重要职位的人员存在密切关系	1. 将该成员调离审计项目组 2. 合理安排审计项目组的职责，使该成员的工作不涉及其其他近亲属的职责范围
审计项目组以外的合伙人或者员工与审计客户重要职位的人员存在家庭关系或者密切关系	1. 合理安排该合伙人或者员工的职责，以减少对审计项目组可能产生的影响 2. 由审计项目组以外的注册会计师复核已经执行的相关审计工作

四、与审计客户发生雇佣关系

（一）原在会计师事务所任职，现任职于客户

1. 关键审计合伙人加入审计客户担任重要职位

关键审计合伙人加入属于公众利益实体的审计客户，担任董事、高级管理人员、特定员工，将因密切关系或外在压力产生不利影响。

除非该合伙人不再担任关键审计合伙人后，该公众利益实体已经发布了审计财务报表，其涵盖期间不少于十二个月，并且该合伙人不是该财务报表的审计项目组成员，否则独立性将视为受到损害。

2. 前任高级合伙人加入审计客户担任重要职位

如果会计师事务所前任高级合伙人（管理合伙人）加入属于公众利益实体的审计客户，担任董事、高级管理人员或特定员工，将因密切关系或外在压力产生不利影响。

除非该高级合伙人离职已经超过十二个月，否则独立性将被视为受到损害。

（二）原在客户任职，现任职于会计师事务所

如果在被审计财务报表涵盖期间，审计项目组成员曾经担任过审计客户的董事、高级管理人员或者特定员工，可能因“自身利益”“自我评价”“密切关系”对独立性产生不利影响，导致没有防范措施能够将其降至可接受的低水平。会计师事务所不得将此类人员分派到审计项目组。

（三）现在会计师事务所工作，同时又任职于客户

如果会计师事务所的合伙人或者员工兼任审计客户的独立董事或者高级管理人员，将因“自我评价”和“自身利益”对独立性产生非常严重的不利影响，导致没有防范措施能够将其降至可接受的低水平。会计师事务所合伙人或者员工不得兼任审计客户的董事或者高级管理人员。

五、与审计客户长期存在业务关系

（一）关键审计合伙人（主要指项目合伙人）在审计客户成为公众利益实体之后任职（止5停2延1）

执行审计业务的关键审计合伙人任职时间不得超过5年。在任职结束后的2年内，该关键审计合伙人不得再次成为该客户的审计项目组成员或者关键审计合伙人。如果关键审计合伙人的连任对于审计质量特别重要，并且通过采取防范措施能够消除对独立性产生的不利影响或将其降至可接受的低水平，则在法律法规允许的情况下，该关键审计合伙人在审计项目组的时限可

以延长 1 年。

（二）关键审计合伙人（主要指项目合伙人）在审计客户成为公众利益实体之前任职（满 3 缓 2）

（1）在审计客户成为公共利益实体之前，关键审计合伙人已经为该客户服务不超过 3 年，则在该客户成为公共利益实体之后，还可以服务的年限为“五年减去已经服务的年限”。

（2）在审计客户成为公共利益实体之前，关键审计合伙人已经为该客户服务了 4 年或者更长的时间，则在该客户成为公共利益实体之后，还可以继续服务 2 年。

（三）关键审计合伙人（主要指项目合伙人）在审计客户成为公众利益实体时任职

如果审计客户是首次发行证券的公司，关键审计合伙人在该公司上市后（IPO 审计）连续提供审计服务的期间，不得超过“两个完整会计年度”。

关键审计合伙人的任职时间见表 7-5。

表 7-5　执行审计业务的关键审计合伙人的任职时间

成为公众利益实体前已经服务的时间（年）	成为公众利益实体后还可服务的时间（年）	首次公开发行证券的公司上市后还可服务的时间（年）
1	4	2
2	3	2
3	2	2
4 以上	2	2

六、为审计客户提供非鉴证服务

（一）一般原则

管理层负有领导和指挥的职责，如针对人力资源、财务资源、有形或者无形资源的取得、配置和控制作出重大决策。承担审计客户的管理层职责，将对独立性产生非常严重的不利影响，导致没有防范措施能够将其降至可接受的水平。

因此，在向审计客户提供非鉴证服务时，为了避免承担管理层职责的风

险，会计师事务所应当确保由管理层的成员负责作出重大判断和决策，评价服务的结果，并对依据服务结果采取的行动负责。

1. 管理层职责

（1）制定政策和战略方针；

（2）指导员工的行动并对其行动负责；

（3）对交易进行授权；

（4）负责按照适用的会计准则编制财务报表；

（5）确定采纳会计师事务所或者其他第三方提出的建议；

（6）负责设计、实施和维护内部控制。

2. 例外情形

如果会计师事务所代客户从事日常和行政性的事务或者不重要的活动，通常不被视为代行管理层职责，主要包括：

（1）执行一项已由管理层授权的非重要交易；

（2）向管理层提供意见和建议，以协助管理层履行职责。

（二）编制会计记录和财务报表

1. 编制财务报表是管理层的责任

编制会计记录和财务报表是管理层的职责，主要包括：

（1）设计、实施和维护与财务报表编制有关的内部控制，以合理保证财务报表不存在重大错报；

（2）编制或者更改会计分录或者确定交易的账户分类；

（3）选择和运用恰当的会计政策；

（4）作出恰当的会计估计。

因此，会计师事务所向审计客户提供编制会计记录或者财务报表等服务，随后又审计该财务报表，将因“自我评价”对独立性产生不利影响。

2. 例外情形

（1）沟通审计相关的事项。会计师事务所就以下事项与管理层进行的沟通，通常不会对独立性产生不利影响：

①对财务报告编制基础或者财务报表披露要求的运用；

②与财务报表相关的内部控制的有效性，以及资产、负债计量方法的适当性；

③会计调整分录的建议。

（2）提供特定技术支持。会计师事务所可能应审计客户的要求在下列方面提供技术支持，如果不承担客户的管理层职责，通常不会对独立性产生不利影响：

①解决账户调节问题；

②将按照某种会计准则编制的财务报表，转换成按照另一种会计准则编制的财务报表。

（3）在紧急或者特殊情况下提供会计和记账服务。如果遇到紧急或极其特殊的情况，审计客户无法作出其他安排，经过相关监管机构同意，会计师事务所可以向审计客户提供职业道德守则不允许提供的编制会计记录和财务报表的服务。

（三）评估服务

向审计客户提供评估服务可能因“自我评价”对独立性产生不利影响。

如果评估结果单独或者累积起来对被审计财务报表具有重大影响，则会计师事务所不得向该审计客户提供这种评估服务。

如果审计客户要求注册会计师提供评估服务，以帮助其履行纳税申报义务或者满足税务筹划目的，并且评估结果不对财务报表产生直接影响，则通常不对独立性产生不利影响。

（四）税务服务

会计师事务所向审计客户提供某些税务服务，可能因“自我评价”和“过度推介”对独立性产生不利影响。

1. 编制纳税申报表服务

由于纳税申报表须经过税务机关审查或者批准，如果管理层对纳税申报表承担责任，会计师事务所提供此类服务通常不会对独立性产生不利影响。

2. 计算当期所得税或者递延所得税负债（或者资产）

基于编制会计分录的目的，为审计客户计算当期所得税或者递延所得税负债（或者资产），将因“自我评价”对独立性产生不利影响。

3. 税收筹划或者税务咨询服务

如果税务建议的有效性取决于某项特定会计处理或者财务报表列报，将

因“自我评价”对独立性产生非常严重的不利影响，导致没有防范措施能够消除不利影响或者将其降至可接受的水平。

在提供税务筹划或者其他税务咨询服务时，如果此类服务具有法律依据，或者得到税务机关的明确认可，通常不对独立性产生不利影响。

（五）内部审计服务

如果会计师事务所在为审计客户提供内部审计服务时承担管理层职责，将对独立性产生非常严重的不利影响，导致没有防范措施能够将其降至可接受的水平。

涉及管理层职责的内部审计服务包括：

（1）制定内部审计政策或者内部审计活动的战略方针；

（2）指导该客户内部审计员工的工作并对其负责；

（3）代表管理层向治理层报告内部审计活动的结果；

（4）负责设计、执行和维护内部控制。

（六）诉讼支持服务

诉讼支持服务可能包括担任专家证人、计算诉讼或者法律纠纷的估计损失、协助管理和检索文件。会计师事务所向客户提供诉讼支持服务，可能因“自我评价”或者“过度推介”对独立性产生不利影响。

如果向审计客户提供的诉讼支持服务涉及对损失或者其他金额的估计，并且这些损失或其他金额影响被审计财务报表，会计师事务所应当遵守关于评估服务的规定。

（七）法律服务

法律服务通常是指为审计客户提供商业性的法律服务，如起草合同、诉讼等。会计师事务所向审计客户提供法律服务，可能因“自我评价”和“过度推介”对独立性产生不利影响。

1. 代表审计客户解决纠纷或进行法律诉讼

在审计客户解决纠纷或者诉讼时，如果会计师事务所人员担任辩护人，并且纠纷或者法律诉讼所涉及金额对被审计单位财务报表有重大影响，将因“过度推介”和“自我评价”对独立性产生非常严重的不利影响，导致没有

防范措施能够将其降至可接受的水平。

因此，会计师事务所不得为审计客户提供此类服务。

2. 担任审计客户的首席法律顾问

会计师事务所的合伙人或员工担任审计客户首席法律顾问，将因“自我评价”和“过度推介”对独立性产生非常严重的不利影响，导致没有防范措施能够将其降至可接受的水平。

因此，会计师事务所不得为审计客户提供担任首席法律顾问的服务。

七、审计收费

（一）收费结构

如果会计师事务所从某一审计客户收取的全部费用占其收费总额的比重很大，则对该客户的依赖及对可能失去该客户的担心将因自身利益或者外在压力对独立性产生不利影响。

（二）逾期收费

如果审计客户长期未支付应付的审计费用，尤其是大部分费用在下一年度出具审计报告之前仍未支付，可能因自身利益对独立性产生不利影响。

会计师事务所通常要求审计客户在审计报告出具前付清上一年度的审计费用。如果在审计报告出具后审计客户仍未支付该费用，会计师事务所应当评价不利影响存在与否及其严重程度，并在必要时采取防范措施消除不利影响或将其降至可接受水平。可采取的防范措施包括由未参与审计业务的注册会计师提供建议，或复核已执行的工作等。

（三）或有收费

1. 审计服务

会计师事务所在提供审计服务时，以直接或者间接形式取得或有收费，将因自身利益对独立性产生非常严重的不利影响，导致没有防范措施能够将其降至可接受的水平。

因此，会计师事务所不得采用这种收费安排。

2. 非审计服务

会计师事务所在向审计客户提供非审计服务时，如果以直接或者间接的

形式取得或有收费，也可能因自身利益对独立性产生不利影响。

如果出现下列情形之一，将因自身利益对独立性产生非常严重的不利影响，导致没有防范措施能够将其降至可接受的水平，会计师事务所不得采用这种收费安排：

（1）非审计服务的或有收费由对财务报表发表审计意见的会计师事务所取得，并且对其影响重大；

（2）非审计服务的结果以及由此收取的费用金额，取决于未来或者当期与财务报表重大金额审计相关的判断。

◆ 课后练习◆

一、本章复习思考题

1. 注册会计师职业道德基本原则的含义是什么？内容有哪些？

2. 职业道德概念框架的内涵是什么？

3. 对职业道德产生不利影响的五个因素及其防范措施有哪些？

4. 独立性概念的框架内涵是什么？

5. 注册会计师执行审计业务时对独立性产生不利影响的情形有哪些？其有效的防范措施是什么？

二、本章练习题

（一）单项选择题

1. 在承接业务的过程中，下列可能对职业道德基本原则不会产生威胁的是（ ）。

A. 在推介自身和工作时，将自己与其他会员的工作进行比较

B. 由于对提供的服务比较熟悉，报价低于同行的水平

C. 根据事务所的规定，向介绍本业务的个人支付 20% 的业务中介费用

D. 在审计过程中，客户委托注册会计师开展信息服务，由于专业有限，注册会计师将该业务介绍给一家软件公司，并向软件公司收取了少量的业务提成费用

2. 下列事项中，可能不会导致对职业道德基本原则产生不利影响的情形是（ ）。

A. 注册会计师负责 A 公司年报审计工作，与 A 公司协商拟加入担任其

财务经理

B. 注册会计师任 B 公司年报审计项目合伙人，其妻为 B 公司的仓库管理员

C. 注册会计师在与审计客户合资的企业中拥有 20% 的股份

D. 注册会计师担任审计客户法律纠纷的辩护人

3. 下列情况中，注册会计师违反了保密原则的是（　）。

A. 根据业务准则的要求，为了履行注册会计师的职责而披露客户涉密信息

B. 根据法庭所签发传票的要求而披露客户涉密信息

C. 在中国注册会计师协会授权的同业复核过程中披露客户涉密信息

D. 在新客户的业务中利用以前职业活动中获知的涉密信息

4. 注册会计师在营销专业服务时，以下行为没有违反职业道德基本原则的是（　）。

A. 夸大宣传提供的服务、拥有的资质

B. 无根据地比较其他注册会计师的工作

C. 利用媒体刊登名称变更的信息

D. 暗示有能力影响有关部门或者类似机构

5. 下列事项中，与注册会计师与审计客户 A 公司形成间接经济利益的是（　）。

A. 注册会计师的父亲持有 A 公司 2000 元股票

B. 注册会计师将自己的一套写字楼委托房地产中介公司出租，中介公司将该房产出租给了 A 公司，中介公司代为管理并收取 5% 的管理费

C. 注册会计师将自己的一套写字楼以固定价格包租给房地产中介公司，中介公司将该写字楼出租给了 A 公司

D. 注册会计师持有 A 公司价值 1000 元的股票

6. 会计师事务所在委派 2011 年财务报表审计业务项目合伙人的过程中，不恰当的是（　）。

A. 甲公司是一家于 2009 年上市的公司，会计师事务所安排 A 注册会计师担任 2011 年审计项目合伙人，A 注册会计师从 2008 年开始作为项目合伙人为首次股票发行出具审计报告，在其后仍继续担任 2009~2010 年度的财务报表审计的项目合伙人

B. 乙公司是一家保险公司，B 注册会计师已经连续担任其 2006~2010 年

的财务报表审计合伙人，由于计划接任本次审计的项目合伙人突发疾病住院，B 注册会计师继续担任本次审计项目合伙人

C. 丙公司是一家电力公司，上市前 2006~2009 年的财务报表审计合伙人是 C 注册会计师，丙公司于 2010 年上市，C 注册会计师仍然继续担任丙公司 2010~2011 年的财务报表审计项目合伙人

D. 丁公司是一家上市公司，D 注册会计师已经连续担任其 2007~2010 年的财务报表审计项目合伙人，会计师事务所拟让 D 注册会计师继续担任 2011 年度财务报表审计项目合伙人

7. 注册会计师在执行审计业务时，如果未能采取有效的防范措施将不利影响降至可接受水平，则应当采取（　）应对办法。

A. 消除产生的不利影响　　　　B. 拒绝接受委托或解除业务约定

C. 与审计客户管理层沟通不利影响的可能影响

D. 与审计客户治理层讨论独立性不利影响

8. ABC 会计师事务所从 2017 年 12 月 1 日开始接受委托，对甲公司 2017 年财务报表进行了审计，2018 年 3 月 8 日对 2017 年度的财务报表出具审计报告。ABC 会计师事务所在审计甲公司的业务期间是（　）。

A. 2017 年 12 月 1 日至 2018 年 3 月 8 日

B. 2017 年 1 月 1 日至 2018 年 12 月 31 日

C. 2017 年 1 月 1 日至 2018 年 3 月 8 日

D. 2017 年 12 月 1 日至 2017 年 12 月 31 日

（二）多项选择题

1. 注册会计师正在执行某上市公司 2017 年度财务报表报审计业务，下列情形中遵循了保密原则的有（　）。

A. 在未得到甲公司同意的情况下将甲公司利润分配政策提供给甲公司所在行业联营单位

B. 在未得到甲公司授权情况下向中国证券会报告其发现的甲公司隐瞒巨额收入的偷税行为

C. 在未得到甲公司授权情况下向法庭提供作为共同被告而证实自己遵循审计准则的审计工作底稿

D. 在未得到甲公司授权情况下向后任注册会计师提供 2017 年审计工作

底稿

2. 下列情形中属于产生过度推介威胁的有（　）。

A. 会计师事务所推介审计客户的股份

B. 会计师事务所过分依赖向某一客户的收费

C. 审计项目负责人与鉴证客户存在重要的密切商业关系

D. 注册会计师在被审计单位与第三方发生诉讼或纠纷时担任该客户的辩护人

3. 有关独立性概念框架的运用，下列说法中正确的是（　）。

A. 识别对独立性产生不利影响的情形或者事项

B. 评价不利影响的严重程度

C. 消除不利影响或将其降至可接受的水平

D. 如果不能完全消除不利影响，注册会计师应当拒绝接受委托

4. ABC 会计师事务所的 A 注册会计师是甲公司 2017 年财务报表审计项目合伙人。在对甲公司实施风险评估程序时 A 注册会计师发现甲公司 2017 年财务报表确认了虚假销售事项。如果 A 注册会计师采取了以下应对措施，则不被视为违背了诚信原则的有（　）。

A. 要求甲公司管理层修改有问题信息

B. 要求甲公司管理层调整财务报表

C. 在甲公司管理层拒绝注册会计师的建议的情况下，出具了恰当非无保留意见的审计报告

D. 甲公司管理层拒绝注册会计师的建议的情况下，出具了否定意见审计报告

（三）简答题

1. ABC 会计师事务所通过招投标程序接受委托，负责审计上市公司甲公司 2017 年度财务报表，并委派 A 注册会计师为审计项目组负责人，在招投标阶段和审计过程中，ABC 会计师事务所遇到下列与职业道德有关的事项：

（1）应邀投标时，ABC 会计师事务所在其投标书中说明，如果中标，需与前任注册会计师沟通后，才能与甲公司签订审计业务约定书。

（2）签订审计业务约定书时，ABC 会计师事务所根据有关部门的要求，与甲公司商定按六折收取审计费用，据此，审计项目组计划相应缩小审计范

围，并就此事与甲公司治理层达成一致意见。

（3）签订审计业务约定书后，ABC 会计师事务所发现甲公司与本事务所另一常年审计客户乙公司存在直接竞争关系。ABC 会计师事务所未将这一情况告知甲公司和乙公司。

（4）审计开始前，应甲公司要求，ABC 会计师事务所指派一名审计项目组以外的员工根据甲公司编制的试算平衡表编制 2017 年度财务报表。

（5）审计过程中，A 注册会计师应甲公司要求协助制定公司财务战略。

要求：针对上述（1）至（5）项，分别指出 ABC 会计师事务所是否违反中国注册会计师职业道德守则，并简要说明理由。

2. 上市公司甲公司系 ABC 会计师事务所的常年审计客户。2016 年 4 月 1 日，ABC 会计师事务所与甲公司续签了 2010 年度财务报表审计业务约定书。XYZ 会计师事务所和 ABC 会计师事务所使用同一品牌，共享重要专业资源。ABC 会计师事务所遇到下列与职业道德有关的事项：

（1）ABC 会计师事务所委派 A 注册会计师担任甲公司 2016 年度财务报表审计项目合伙人。A 注册会计师曾担任甲公司 2010~2014 年度财务报表审计项目合伙人，但未担任甲公司 2015 年度财务报表审计项目合伙人。

（2）2016 年 9 月 15 日，甲公司收购了乙公司 80% 的股权，乙公司成为其控股子公司。A 注册会计师自 2005 年 1 月 1 日起担任乙公司的独立董事，任期 5 年。

（3）B 注册会计师系 ABC 会计师事务所的合伙人，与 A 注册会计师同处一个业务部门。2016 年 3 月 1 日，B 注册会计师购买了甲公司股票 5000 股，每股 10 元，由于尚未出售该股票，ABC 会计师事务所未委派 B 注册会计师担任甲公司审计项目组成员。

（4）甲公司审计项目组成员 D 曾在甲公司人力资源部负责员工培训工作，于 2016 年 2 月 10 日离开甲公司，加入 ABC 会计师事务所。

（5）2016 年 2 月 25 日，XYZ 会计师事务所接受甲公司委托，提供内部控制设计服务。

要求：针对上述（1）至（5）项，逐项指出 ABC 会计师事务所及其人员是否违反中国注册会计师职业道德守则，并简要说明理由。

第八章 会计师事务所业务质量控制

学习目的

通过本章学习，使学生熟悉质量控制制度要素及质量控制要求和目标；理解对业务质量承担的领导责任；掌握客户关系和具体业务的接受与保持的相关内容，会计师事务所业务执行的具体要求等。

第一节 会计师事务所业务质量控制概述

执业质量是会计师事务所的生命线。健全完善的质量控制制度是保证会计师事务所及其人员遵守法律法规的规定、中国注册会计师职业道德规范以及中国注册会计师执业准则的基础。《会计师事务所业务质量控制准则第5101号——会计师事务所对执行财务报表审计和审阅、其他鉴证业务和相关服务业务实施的质量控制》，规范了会计师事务所建立并保持有关财务报表审计和审阅、其他鉴证业务和相关服务业务，该准则共计五章七十五条，包括定义、目标、要求、要素等。会计师事务所在使用本准则时，需要结合相关职业道德要求。本准则适用于会计师事务所建立和保持业务质量控制制度。其他执业准则规定了会计师事务所人员对特定类型业务实施质量控制程序的责任，如《中国注册会计师审计准则第1121号——对财务报表审计实施的质量控制》规定了财务报表审计的质量控制程序。质量控制制度包括为实现本准则第二十七条规定的目标而制定的政策，以及为执行政策和监督政策的遵守情况而制定的必要程序。本准则适用于执行财务报表审计和审阅、其他鉴证和相关服务业务的所有会计师事务所。会计师事务所按照本准则的要求制

定的质量控制政策和程序的性质和范围，取决于会计师事务所的规模和运行特征以及是否是网络的一部分等诸多因素。

一、会计师事务所业务质量控制制度目标

会计师事务所应当根据会计师事务所质量控制准则，制定质量控制制度，以合理保证业务质量。会计师事务所的目标是建立并保持质量控制制度。质量控制制度主要从以下两个方面提出合理保证：

（1）会计师事务所及其人员遵守职业准则和适用的法律法规的规定（强调“过程”）；

（2）会计师事务所和项目合伙人出具适合具体情况的报告（强调“结果”）。

项目合伙人，是指会计师事务所中负责某项业务及其执行，并代表会计师事务所在出具的报告上签字的合伙人。如果项目合伙人以外的其他注册会计师在报告上签字，本准则对项目合伙人作出的规定也适用于该签字注册会计师。

二、会计师事务所业务质量控制制度运用和遵守相关要求

会计师事务所内部负责建立并保持质量控制制度的人员应当了解《会计师事务所业务质量控制准则第 5101 号——会计师事务所对执行财务报表审计和审阅、其他鉴证业务和相关服务业务实施的质量控制》准则及应用指南的全部内容，以理解本准则的目标并恰当遵守其要求。会计师事务所应当遵守本准则的所有要求，除非在某些情况下，本准则的某项要求与会计师事务所执行的财务报表审计和审阅、其他鉴证和相关服务业务不相关。本准则的要求旨在使会计师事务所能够实现本准则设定的目标。正确运用这些要求预期可以为实现目标提供充分的依据，但由于实际情况变化很大，且无法预料，会计师事务所应当考虑是否存在特殊事项或情况，要求其制定除本准则要求外的政策和程序，以实现本准则设定的目标。

第二节　会计师事务所业务质量控制的要素

会计师事务所的质量控制制度应当包括针对下列要素而制定的政策和程序：对业务质量承担的领导责任、相关职业道德要求、客户关系和和具体业务的接受与保持、人力资源、业务执行、监控。

会计师事务所应当将质量控制政策和程序形成书面文件，并传达到全体人员。在记录和传达时，应清楚地描述质量控制政策和程序及其拟实现的目标，包括用适当信息指明每个人都负有各自的质量责任，并被期望遵守这些政策和程序。

一、对业务质量承担的领导责任

（一）对主任会计师的总体要求

（1）会计师事务所制定质量控制政策和程序的目的，是培育以质量为导向的内部文化。

（2）这些政策和程序应当要求会计师事务所主任会计师或类似职位的人员对质量控制制度承担最终责任。

（3）会计师事务所应当制定政策和程序，使受会计师事务所主任会计师或类似职位的人员委派负责质量控制制度运作的人员具有足够、适当的经验和能力以及必要的权限以履行其责任。

在审计实务中，会计师事务所需要建立与业务规模相匹配的质量控制部门，以具体落实质量控制措施。质量控制措施的实施，一部分可能由专职的质量控制人员执行，另一部分可能是由业务人员或职能部门的人员执行。

（二）行动示范和信息传达

会计师事务所培育以质量为导向的内部文化，就是要在会计师事务所内形成和传递质量至上的内部文化。内部质量文化能否形成，有赖于会计师事务所各级管理层的努力。

会计师事务所领导层及其做出的行动示范对事务所的内部文化有重大影

响。会计师事务所各级领导层应当强调质量控制政策和程序的重要性以及下列要求：

（1）按照法律法规、相关职业道德要求和业务准则的规定执行审计工作；

（2）根据具体情况出具审计报告。

会计师事务所领导层做出的行动示范，在某种程度上比控制制度更有影响力。行动示范的途径通常有培训、研讨会、谈话、发表文章等，通过信息传达和行动示范，形成和传播质量至上的内部文化。

（三）树立质量至上的意识

（1）树立质量至上应采取的措施。为使会计师事务所的人员树立质量至上的意识，会计师事务所的领导层应当实施下列措施：

①合理确定管理责任，以避免重商业利益轻业务质量；

②建立以质量为导向的业绩评价、工薪及晋升的政策和程序；

③投入足够的资源制定和执行质量控制政策和程序，并形成相关文件记录。

（2）保证质量的前提条件。会计师事务所的领导层必须首先认识到，会计师事务所执行所有业务应当满足保证质量这一前提条件。

（3）会计师事务所针对员工设计的有关业绩评价、工薪及晋升的政策和程序，应当表明会计师事务所重视的是质量，以形成正确的行为导向。

（四）委派质量控制制度运作人员

会计师事务所主任会计师必须委派适当的人员并授予其必要的权限，以帮助主任会计师正确履行其责任。这里，适当的人员是指承担质量控制制度运作的人员具有足够的经验和能力，能够识别和了解质量控制问题。必要的权限是指主任会计师授予的权限保证能够实现质量控制政策和程序，以履行其责任。

二、相关职业道德要求

（一）相关职业道德的总体要求

会计师事务所如不能合理保证相关职业道德要求得到遵守，就无法保证

业务质量。因此，会计师事务所及其人员执行各类业务不仅包括遵守注册会计师职业道德基本原则，即诚信、独立、客观、公正、专业胜任能力和应有的关注、保密、良好的职业行为，还包括遵守相关职业道德的具体规定。

（二）遵守相关职业道德要求的具体措施

（1）会计师事务所领导层示范。领导层在会计师事务所内形成重视相关职业道德要求的氛围，强调职业道德基本原则，并将相关政策和程序传达给会计师事务所的员工。

（2）教育和培训。会计师事务所应当要求所有人员定期接受职业道德培训，并向所有人员提供适用的专业文献和法律文献，并希望他们熟悉这些文献。

（3）监控。会计师事务所可以通过定期检查，监督相关职业道德要求的政策和程序设计是否合理，运行是否有效，并采取适当行动，改进其设计，解决运行中的问题。

（4）对违反相关职业道德行为的处理。及时处理，指出违反的后果，为职工建立职业道德档案。

（三）满足独立性要求

会计师事务所应当制定政策和程序，以合理保证会计师事务所和人员，包括雇用的专家和其他需要满足审计独立性要求的人员，保持相关职业道德要求的独立性。

具体要求如下：

（1）项目合伙人向会计师事务所提供与客户委托业务相关的信息（包括服务范围），以使会计师事务所能够评价这些信息对保持独立性的总体影响；

（2）会计师事务所人员应及时向会计师事务所报告对独立性产生不利影响的情况和关系，以便会计师事务所采取适当行动；

（3）会计师事务所收集相关信息，并向适当人员传达。

（四）获取书面确认函

会计师事务所应当每年至少一次向所有需要按照相关职业道德要求保持独立性的人员（主要是指执行鉴证业务的人员）获取其遵守独立性政策和程序的书面确认函。当有其他会计师事务所参与执行部分业务时，会计师事务

所也可以向其获取有关独立性的书面确认函。书面确认函可以是纸质的，也可以是电子形式的。

（五）防范关系密切产生的不利影响

长期由同一个高级人员执行某项鉴证业务可能造成亲密关系，这种亲密关系有可能对独立性产生不利影响，因此，会计师事务所应当制定下列政策和程序，以防范同一高级人员由于长期执行某一客户的鉴证业务可能对独立性产生不利影响：

（1）明确标准，以确定长期委派同一名合伙人或高级员工执行某项鉴证业务时，是否需要采取防范措施，将因密切关系产生的不利影响降至可接受的水平；

（2）对所有上市实体财务报表审计业务，按照相关职业道德要求和法律法规的规定，在规定期限届满时轮换项目合伙人、项目质量控制复核人员，以及受轮换要求约束的其他人员。

三、客户关系和具体业务的接受与保持

（一）总体要求

会计师事务所应当制定有关客户关系和具体业务接受与保持的政策和程序，以合理保证只有在下列情况下，才能接受或保持客户关系和具体业务：

（1）能够胜任该项业务，并具有执行该项业务必要的素质、时间和资源；

（2）能够遵守相关职业道德要求；

（3）已考虑客户的诚信，没有信息表明客户缺乏诚信。

（二）考虑客户的诚信情况

1. 考虑的主要事项

（1）客户的主要股东、关键管理人员及治理层的身份和商业信誉；

（2）客户的经营性质，包括其业务；

（3）客户可能涉嫌洗钱或其他犯罪行为的迹象；

（4）关联方的情况；

（5）客户的股东、关键管理人员及治理层对内控和会计准则的态度；

（6）审计费用是否过低；

（7）审计范围是否受限；

（8）变更事务所的理由。

2. 获取相关信息的途径

（1）为与客户提供专业会计服务的现任和前任人员进行沟通，并与其第三方讨论；

（2）询问会计师事务所其他人员或金融机构、法律顾问和客户的同行等第三方；

（3）从相关数据库中搜索客户的背景资料（年报等）。

（三）考虑执行业务的条件

即考虑执行业务必要的素质、专业胜任能力、时间和资源；考虑能否遵守职业道德要求等。

四、人力资源

（一）总体要求

会计师事务所应当制定政策和程序，保证拥有足够的具有胜任能力和必要素质并承诺遵守职业道德要求的人员，以使会计师事务所按照职业准则和适用的法律法规的规定执行业务，会计师事务所和项目合伙人能够出具适合具体情况的报告。

（二）人力资源管理的要素

人力资源管理的核心是人员数量是否足够，人员素质是否达到会计师事务所质量控制制度标准。因此，会计师事务所应从以下几个方面强化人事管理：

1. 招聘

招聘是人力资源管理的首要环节，为此，会计师事务所应当制定雇佣程序，以选择正直的、具有必要的素质的胜任能力的人员。

2. 人员素质、胜任能力和职业发展

由于执业环境和工作要求在不断地发生变化，会计师事务所应当通过职业教育、培训、独立性教育、由经验更丰富的员工提供辅导等途径提高人员

素质和胜任能力。

3. 业绩评价、工薪和晋升

会计师事务所应当制定业绩评价、工薪和晋升程序，强调使人员知晓会计师事务所对业绩的期望和对遵守职业道德基本原则的要求，向人员提供业绩、晋升和职业发展方面的评价和辅导，帮助人员了解提高业务质量和遵守相关职业道德要求是晋升的主要途径。

（三）项目组的委派

1. 项目合伙人的委派要求

会计师事务所应当对每项业务至少委派一名项目合伙人，并制定政策和程序，明确下列要求：

（1）将项目合伙人的身份和作用告知客户管理层和治理层的关键成员；

（2）项目合伙人具有履行职责所要求的适当的胜任能力、必要素质和权限；

（3）清楚界定项目合伙人的职责，并告知该项目合伙人。

2. 项目组其他成员的委派要求

会计师事务所应当制定政策和程序，委派具有必要胜任能力和素质的适当人员，以便按照职业准则和适用的法律法规的规定执行业务，同时，会计师事务所和项目合伙人能够出具适合具体情况的报告。

五、业务执行

（一）业务执行的总体要求

会计师事务所应当制定政策和程序，以合理保证按照职业准则和适用的法律法规的规定执行业务，使会计师事务所和项目合伙人能够出具适合具体情况的报告。这些政策和程序应当包括：与保持业务执行质量一致性相关的事项，监督责任，复核责任。

（二）指导、监督与复核

由于业务执行对业务质量有直接的重大影响，是业务质量控制的关键环节，因此，会计师事务所应当要求项目合伙人负责组织对业务执行实施指导

（事前）、监督（事中）与复核（事后）。

1. 指导的具体要求

（1）项目合伙人使项目组所有成员了解执行审计工作的目标。让项目组的所有成员都了解拟执行工作的目标，对于有效执行所分派的工作很重要，因此项目组成员应当了解将要执行工作的目标。

（2）项目合伙人通过适当的团队工作和培训，使经验较少的项目组成员清楚了解所分派工作的目标。

2. 监督的具体要求

（1）项目合伙人跟进审计业务的进程，在业务进行中适时实施必要的监督，以检查各成员是否能够顺利完成业务工作。

（2）项目合伙人考虑项目组各成员的胜任能力和素质，包括是否有足够的时间执行审计业务，是否理解审计工作指令，是否按照计划的方案执行审计工作。项目合伙人考虑这些事项后，可能决定提供进一步的指导，或在各成员之间作适当的工作调整，或要求成员采取补救措施。

（3）项目合伙人解决在执行业务过程中出现的重大问题，考虑其重要程度并适当修改原计划的方案。

（4）项目合伙人识别需要在执行业务过程中咨询的事项，或需要由经验较丰富的项目组成员考虑的事项。

3. 复核的具体要求

复核人员考虑：

（1）是否已按照执业准则和适用的法律法规的规定执行工作；

（2）重大事项是否已提请进一步考虑；

（3）相关事项是否已经进一步咨询，由此得出的结论是否已得到记录和执行；

（4）是否需要修改已执行审计工作的性质、时间安排和范围；

（5）已执行的审计工作是否支持形成的结论，并得以适当记录；

（6）已获取的审计证据是否充分、适当以支持审计报告；

（7）业务程序的目标是否已实现。

复核的原则要求：项目合伙人应当确定由项目组经验较多的人员复核经验较少的人员执行的工作。

（三）咨询

项目组在业务执行中时常会遇到各种各样的疑难问题或争议事项，当这些问题和事项在项目组内不能得到解决时，有必要向项目组之外的适当人员进行咨询。

会计师事务所应当制定政策和程序，以合理保证：

（1）就疑难问题或争议事项进行适当咨询；

（2）能够获取充分的资源进行适当咨询；

（3）咨询的性质和范围以及咨询形成的结论得以记录，并经过咨询者和被咨询者的认可；

（4）咨询形成的结论得到执行。

因此，会计师事务所应当形成良好的咨询文化，合理确定咨询事项（疑难问题或者争议事项，重大的技术、职业道德及其他事项），咨询后应适当记录执行咨询形成的结论。

（四）意见分歧

会计师事务所应当制定政策和程序，以处理和解决项目组内部、项目组与被咨询者之间以及项目合伙人与项目质量控制复核人员之间的意见分歧；会计师事务所应当充分认识到对业务问题的意见出现分歧是正常现象，只有经过充分的讨论，才有利于意见分歧的解决。可以向适当的职业者、会计师事务所、职业团体或监管机构进行咨询，以解决这些分歧。只有意见分歧问题得到解决，项目合伙人才能出具报告。如果在意见分歧解决前，项目合伙人就出具审计报告，不仅没有保持应有的职业谨慎，而且容易导致出具不恰当的审计报告，难以合理保证质量控制制度目标的实现。

（五）项目质量控制复核

项目质量控制复核，是指会计师事务所挑选不参与该业务的人员在出具报告前，对项目组作出的重大判断和在准备报告时形成的结论作出客观评价的过程。项目质量控制复核并不减轻项目合伙人的责任。完成项目质量控制复核前，不得出具报告。

会计师事务所应当制定政策和程序，要求对特定业务实施项目质量控制复核，以客观评价项目组作出的重大判断以及在编制报告时得出的结论。这些政策和程序应当包括下列要求：

（1）要求对所有上市实体财务报表审计实施项目质量控制复核；

（2）明确标准，据此评价所有其他的历史财务信息审计和审阅、其他鉴证和相关服务业务，以确定是否应当实施项目质量控制复核；

（3）要求对所有符合标准的业务实施项目质量控制复核。

（六）业务工作底稿

会计师事务所应当制定政策和程序，以满足下列要求：

（1）安全保管业务工作底稿并对业务工作底稿保密；

（2）保证业务工作底稿的完整性；

（3）便于使用和检索业务工作底稿。

会计师事务所应当制定政策和程序，以使业务工作底稿的保存期限满足会计师事务所的需要和法律法规的规定。对历史财务信息审计和审阅业务、其他鉴证业务，会计师事务所应当自业务报告日起对业务工作底稿至少保存10年。如果组成部分业务报告日早于集团业务报告日，会计师事务所应当自集团业务报告日起对组成部分业务工作底稿至少保存10年。

六、监控

（一）总体要求

会计师事务所应当制定监控政策和程序，以合理保证与质量控制制度相关的政策和程序具有相关性和适当性，并正在有效运行。监控过程应当包括：

（1）持续考虑和评价会计师事务所质量控制制度；

（2）要求委派一个或多个合伙人，或会计师事务所内部具有足够、适当的经验和权限的其他人员负责监控过程；

（3）要求执行业务或实施项目质量控制复核的人员不参与该项业务的检查工作。

（二）监控内容

对会计师事务所质量控制制度实时监控的内容，包括质量控制制度设计的适当性和运行的有效性。

（三）实施检查

（1）检查的周期。会计师事务所应当周期性地选取已完成的业务进行检查，周期最长不得超过 3 年。在每个周期内，对每个项目合伙人，至少检查一项已完成的业务。

（2）检查的组织方式。检查的组织方式应当考虑下列因素，会计师事务所的规模，分支机构的数量及分布；前期实施监控程序的结果，人员和分支机构的权限，会计师事务所业务和组织机构的性质及复杂程度，与特定客户和业务相关的风险。

（四）监控结果的处理

（1）会计师事务所应当评价在监控过程中注意到的缺陷的影响，并确定缺陷是否属于下列情况之一：

①该缺陷并不必然表明会计师事务所的质量控制制度不足以合理保证会计师事务所遵守职业准则和适用的法律法规的规定，以及会计师事务所和项目合伙人出具适合具体情况的报告；

②该缺陷是系统性的、反复出现的或其他需要及时纠正的重大缺陷。

（2）适时将补救措施告知相关人员。会计师事务所应当将实施监控程序注意到的缺陷以及建议采取的适当补救措施，告知相关项目合伙人及其他适当人员。

（3）提出补救措施。针对注意到的缺陷，建议采取的适当补救措施应当包括：

①采取与某项业务或某个人员相关的适当补救措施；

②将发现的缺陷告知负责培训和职业发展的人员；

③改进质量控制政策和程序；

④对违反会计师事务所政策和程序的人员，尤其是对反复违规的人员实施惩戒。

◆ 课后练习◆

一、本章复习思考题

1. 会计师事务所质量控制制度的目标和要素分别是什么？

2. 对业务质量承担的领导责任的内容有哪些？

3. 客户关系和具体业务的接受与保持的相关内容有哪些？

4. 简述会计师事务所业务执行的具体要求。

二、本章练习题

（一）单项选择题

1. 针对质量控制制度的目标和要素，以下说法中不恰当的是（　）。

A. 质量控制制度仅对财务报表审计业务提出要求

B. 质量控制制度规范了会计师事务所建立并保持有关财务报表审计和审阅、其他鉴证业务和相关服务业务

C. 会计师事务所应当明确质量控制制度的最终责任

D. 质量控制制度不仅规范会计师事务所接受客户关系，同时规范保持具体业务

2. 针对会计实务的指导、监督与复核的总体要求，以下说法中正确的有（　）。

A. 项目合伙人跟进审计业务的进程，以检查各成员是否能够顺利完成业务工作

B. 项目合伙人使项目组所有成员了解执行审计工作的目标

C. 通过实施政策和程序，与保持业务执行质量一致性

D. 项目合伙人解决在执行业务过程中出现的重大问题

（二）多项选择题

1. 针对质量控制制度目标，以下说法中正确的有（　）。

A. 合理保证会计师事务所及其人员遵守职业准则和适用的法律法规的规定

B. 合理保证注册会计师的专业胜任能力

C. 合理保证会计师事务所和项目合伙人出具适合具体情况的报告

D. 合理保证注册会计师满足独立性要求

2. 下列几项属于会计师事务所质量控制制度要素的是（　）。

A. 对业务质量承担的领导责任

B. 相关职业道德要求

C. 客户关系和具体业务的接受与保持

D. 人力资源

（三）简答题

1. 新成立的 ABC 会计师事务所，其质量控制制度部分内容摘录如下：

（1）规定每年为需要保持独立性的人员提供关于独立性要求的培训，并要求高级经理以上（含高级经理）的人员，每年签署独立性要求的书面确认函。

（2）执行项目质量控制复核的范围为上市公司审计项目中被评估为高风险的审计项目。

（3）如果项目组成员与项目质量控制复核人员发生意见分歧，应当通过向技术部进行书面咨询，或与会计师事务所负责风险控制的合伙人进行讨论等方式予以解决。在分歧尚未解决前，不得出具审计报告。

（4）会计师事务所建立专门的系统用于记录对客户关系和具体业务的接受与保持的评估。该系统中记录的信息无须纳入业务工作底稿。

（5）经主任会计师指派，副主任会计师可以分管会计师事务所质量控制工作，并对会计师事务所质量控制制度承担最终责任。

（6）合伙人考核和晋升制度规定，连续三年业务收入额排名前三名的高级经理晋级为合伙人，连续三年业务收入额排名后三名的合伙人降级为高级经理。

（7）会计师事务所的分所管理制度规定，分所可以根据自身的实际情况，自行制定业务质量控制制度。

要求：针对上述（1）至（7）项，逐项指出 ABC 会计师事务所业务质量控制制度是否符合质量控制准则和审计准则的规定，并简要说明理由。

2. ABC 会计师事务所的质量控制制度的部分内容如下：

（1）在执行业务过程中遇到难以解决的重大问题时由项目合伙人和项目质量控制复核人员共同决定是否需要调整工作程序以及如何调整，由项目合伙人执行决定后的计划。

（2）所有项目组应当在每年 4 月 30 日之前将上一年度的业务约定书交给会计师事务所行政管理部门集中保存。

（3）会计师事务所应当从报告日起，对鉴证业务工作底稿至少保存 12 年。

要求：针对上述各项，分别指出 ABC 会计师事务所的质量控制制度的内容是否恰当。如不恰当，简要说明理由。

3. 两个会计师事务所关于检查的周期方面的质量控制制度内容如下：

（1）第一个事务所是：质量控制部门每三年进行一次业务检查，每次检查选取每位合伙人已完成的一个项目。

（2）第二个事务所是：以 3 年为周期，选取每一位合伙人已完成的一个项目进行检查。如果合伙人在连续两次的检查中被评为优秀，以后可每隔 5 年检查一次。

要求，指出上述两个会计师事务所关于检查的周期方面的质量控制制度内容是否恰当，如不恰当，简要说明理由。

第九章 风险评估

学习目的

通过本章学习，使学生了解风险导向审计的基本步骤与特点，熟悉风险评估程序和信息来源；熟悉被审计单位及其环境；掌握内部控制的定义、五大要素，认定层次重大错报风险和财务报表层次重大错报风险的评估，以及需要特别考虑的重大错报风险的评估。

第一节 风险识别和评估概述

一、风险导向审计的特点

风险导向审计要求注册会计师：

（1）了解被审单位及其环境是必须实施的审计程序；

（2）在评估重大错报风险前（在审计的所有阶段，不仅在计划阶段）都要实施风险评估程序，不得未经过风险评估，直接将风险设定为高水平；

（3）实施的审计程序应当与识别和评估的风险相挂钩；

（4）实质性程序是必须实施的程序，无论评估的重大错报风险如何，注册会计师都应当针对重大的各类交易、账户余额或披露实施实质性程序；

（5）应当将识别、评估和应对风险的关键程序形成工作记录，以保证执业质量，明确执业责任。

二、风险识别和评估的概念

在风险导向审计模式下，注册会计师将风险的识别与评估贯穿于审计过程始终，以重大错报风险的识别、评估和应对作为审计工作的主线，最终将审计风险控制在可接受的低水平。风险识别，是指找出财务报表层次和认定层次的重大错报风险；风险评估是指对重大错报风险发生的可能性和后果严重程度进行评估。风险识别和评估，是指注册会计师通过实施审计程序，识别和评估财务报表层次和认定层次的重大错报风险。

三、风险识别和评估的作用

《中国注册会计师审计准则第 1211 号——了解被审计单位及其环境并评估重大错报风险》作为专门规范风险评估的准则，规定注册会计师应当了解被审计单位及其环境，以充分识别和评估财务报表重大错报风险，设计和实施进一步审计程序。

了解被审计单位及其环境是必要程序，为注册会计师在下列关键环节中作出职业判断提供重要基础：①重要性水平的确定；②考虑会计政策的选用是否恰当，以及财务报表的列报是否恰当；③识别需要特别考虑的领域，包括关联方交易、管理层运用持续经营假设的合理性，或交易是否具有合理的商业目的；④确定在实施分析程序时使用的预期值；⑤设计和实施进一步审计程序，以将审计风险降至可接受的低水平；⑥评价所获取的审计证据的充分性和适当性。

了解被审计单位及其环境是一个连续和动态的收集、更新与分析信息的过程，贯穿于整个审计过程。了解被审计单位及其环境的程度是否恰当，关键是看注册会计师对被审计单位及其环境的了解是否足以识别和评估财务报表的重大错报风险。

四、风险评估程序和信息来源

了解被审计单位及其环境，以充分识别和评估财务报表重大错报风险。为了解被审计单位及其环境而实施的程序称为风险评估程序，主要包括：询问、分析程序、观察和检查。

（一）询问被审计单位管理层和内部其他相关人员

注册会计师可以向管理层、治理层、财务负责人、内部审计人员、采购人员、生产人员、销售人员、内部法律顾问等进行询问，以获取对识别重大错报风险有用的信息。

（二）实施分析程序

分析程序是指注册会计师通过研究不同财务数据之间以及财务数据与非财务数据之间的内在关系，对财务信息作出评价。分析程序还包括调查识别出的与其他信息不一致或与预期数据严重偏离波动和关系。

分析程序可以用于风险评估程序，分析程序有助于识别异常的交易或事项，以及对财务报表和审计产生影响的金额、比率和趋势。在实施分析程序时，注册会计师应当预期可能存在的合理关系，并与被审计单位记录的金额、依据记录金额计算的比率或趋势相比较；如果发现异常或未预期到的关系，注册会计师应当在识别重大错报风险时考虑这些比较结果。

（三）观察和检查

注册会计师应当实施下列观察和检查程序：

（1）观察被审计单位正在从事的生产经营活动和内部控制活动；

（2）检查文件、记录和内部控制手册，如公司章程、签订的合同、协议、业务流程操作指引和内部控制手册等，以了解被审计单位的组织结构和内部控制制度的建立和完成情况；

（3）阅读由管理层和治理层编制的报告，如阅读被审计单位的年报、中报、会议记录或者纪要等，了解自上一期审计结束至本期审计期间被审计单位发生的重大事项；

（4）实地察看被审计单位的生产经营场所和设备，了解被审计单位的性质及其经营活动；

（5）追踪交易在财务报告信息系统中的处理过程（穿行测试）。通过追踪某笔或某几笔交易在业务流程中如何生成、记录、处理和报告，以及相关控制如何执行。目的是确定相关控制是否得到执行。

五、其他审计程序和信息来源

从被审计单位外部获取的信息有助于识别重大错报风险，注册会计师应当实施其他审计程序以获取这些信息。

（一）其他审计程序

（1）询问外部人员，包括询问外部法律顾问、专业评估师、投资顾问、财务顾问等。

（2）阅读外部信息，包括证券分析师、银行、评级机构出具的有关被审计单位及其所处行业的经济或市场环境等状况的报告，贸易与经济方面的期刊等。

（二）其他信息来源

（1）在客户接受和保持过程中获取的信息；

（2）提供其他服务所获得的经验。

六、项目组内部的讨论

项目组内部讨论的目标、内容及方式等如表 9–1 所示。

表 9–1 项目组内部讨论的要求

目标	内容	参与人员	时间和方式
交流信息分享见解，使项目组了解舞弊或错误导致财务报表重大错报的可能性，并了解各自实施审计程序的结果如何影响审计的其他方面	财务报表容易发生错报的领域以及发生错报的方式，特别是由于舞弊导致的重大错报风险	项目组的关键成员和其他方面的专家	在整个审计过程中持续交换有关财务报表发生重大错报可能性的信息

第二节 了解被审计单位及其环境

一、总体要求

注册会计师了解被审计单位及其环境目的、方法和内容如表 9–2 所示。

表 9-2 注册会计师了解被审计单位及其环境目的、方法和内容

目的	识别和评估重大错报风险
方法	1. 询问； 2. 分析程序； 3. 观察和检查； 穿行测试，项目组内部讨论
内容	1. 行业状况、法律环境与监管环境以及其他外部因素； 2. 被审计单位的性质； 3. 被审计单位对会计政策的选择和运用； 4. 被审计单位的目标、战略以及相关经营风险； 5. 被审计单位财务业绩的衡量和评价； 6. 被审计单位的内部控制

二、行业状况、法律环境和监管环境及其他外部因素

（一）行业状况

了解行业状况有助于注册会计师识别与被审计单位所处行业有关的重大错报风险。主要包括：

（1）了解所处行业的市场供求与竞争：被审计单位所处的行业的发展趋势如何？谁是被审计单位最重要的竞争者，它们各自所占市场的份额是多少？被审计单位的竞争优势是什么？例如，房地产行业的销售受国家调控政策的影响，市场供求的变化直接影响到企业的销售收入。

（2）了解生产经营的季节性和周期性，是处在起步、快速成长、成熟或衰退阶段中的哪一阶段？该行业是否受经济周期波动的影响，采取了什么行动？例如，销售空调的企业销售额具有季节性，了解销售的季节性变化，就可以发现销售收入变动中的不合理性。

（3）了解产品生产技术的变化，是否开发了新的技术？

（4）了解能源供应与成本，了解能源消耗在成本中所占比重，能源价格的变化对成本的影响等。

（5）了解行业的关键指标和统计数据：被审计单位的业务的增长率和财务业绩与行业的平均水平及主要竞争者相比如何？存在重大差异的原因是什么？等等。

（二）法律环境与监管环境

1. 了解法律环境与监管环境的原因

（1）某些法律法规或监管要求可能对被审计单位经营活动有重大影响，如不遵守将导致停业等严重后果；

（2）某些法律法规或监管要求（如环保法规等）规定了被审计单位某些方面的责任和义务；

（3）某些法律法规或监管要求决定了被审计单位需要遵守的行业惯例和核算要求。

2. 了解的主要内容

（1）国家对某一行业的企业是否有特殊的监管要求（如银行、保险等行业的特殊监管要求）；

（2）是否存在新出台的法律法规（如新出台的有关产品责任、劳动安全或环境保护的法律法规等），对被审计单位有何影响；

（3）国家货币财政税收和贸易等方面政策的变化是否会对被审计单位的经营活动产生影响；

（4）与被审计单位的相关的税务法规是否发生变化。

（三）其他外部因素

注册会计师主要需要了解以下情况：

（1）当前的宏观经济状况及未来的发展趋势如何？

（2）目前，国内或本地区的经济状况（如利率和资金供求状况、通货膨胀水平及币值变化失业率等）怎样影响被审计单位的经营活动？

（3）被审计单位的经济活动是否受到国际经济环境和汇率变动的影响等？

三、被审计单位的性质

注册会计师应当从以下七个方面了解被审计单位的性质。

（一）所有权结构

所有权结构，简言之，就是股权结构。对被审计单位所有权结构的了解有助于注册会计师识别关联方关系并了解被审计单位的决策过程。通过对所

有权结构的了解，需要考虑关联方关系是否已经得到识别，以及关联方交易是否得到恰当的核算。

同时，注册会计师可能需要对其控股母公司的情况作进一步的了解，以发现是否存在控股母公司与被审计单位在资产、人员、财务等方面是否分开，是否存在占用资金等情况。

（二）治理结构

治理结构属于评价环境的因素，良好的公司治理结构可以对被审计单位的经营和财务运作实施有效的监督，从而降低财务报表发生重大错报的风险。

对公司治理结构，注册会计师应当主要了解以下内容：董事会的构成情况，董事会内部是否有独立董事；治理结构中是否设有审计委员会或监事会及其运作情况。应考虑治理层是否能够在独立于管理层的情况下对被审计单位事务（包括财务报告）作出客观判断。

（三）组织结构

组织结构属于评价控制环境的因素。复杂的组织结构可能导致某些重大的错报风险，所以注册会计师应当了解组织结构。通过了解组织结构，识别包括财务报表合并、商誉减值以及长期股权投资核算等问题。例如，对于在多个地区拥有子公司、合营企业、联营企业或者其他成员机构，或者存在多个业务分部和地区的被审计单位，不仅编制合并财务报表的难度增加，还存在其他可能导致重大错报风险的复杂事项。

（四）经营活动

了解被审计单位的经营活动，有助于注册会计师识别预期在财务报表中反映的主要交易类别、重要账户余额和列报。注册会计师对经营活动的了解内容主要包括：①主营业务的性质；②与生产产品或提供劳务相关的市场信息；③业务的开展情况；④联盟、合营与外包情况；⑤从事电子商务的情况；⑥地区分布与行业细分；⑦生产设施、仓库和办公室的地理位置；⑧关键客户；⑨货物和服务的重要供应商；⑩劳动用工安排；⑪研究与开发活动及支出；⑫关联方交易。

（五）投资活动

了解被审计单位的投资活动有助于注册会计师关注被审计单位在经营策略和方向上的重大变化。了解内容主要包括：①近期拟实施或已实施的并购活动与资产处置情况；②证券投资、委托贷款的发生与处置；③资本性投资活动；④不纳入合并范围的投资。

（六）筹资活动

了解被审计单位的投资活动，有助于评估被审计单位在融资方面的压力及持续经营能力。了解的主要内容包括：①债务结构和相关条款；②主要子公司和联营企业的重要融资安排；③实际收益方和关联方；④衍生金融工具的使用情况。

（七）财务报告

了解影响财务报告的重要政策、交易或事项，包括：①会计政策和行业特定惯例；②收入确认惯例；③公允价值会计核算；④外币资产、负债与交易；⑤异常或复杂交易的会计处理。

四、被审计单位对会计政策的选择和运用

对被审计单位会计政策的选择和运用，注册会计师主要了解被审计单位重大或异常交易的会计处理方法。例如，本期发生的企业合并的会计处理方法；证券公司对外投资；医药企业的研究与开发活动；银行的对外贷款；存货的计价方法的运用；固定资产的折旧方法的运用以及会计政策变更的适当性。

如果被审计单位变更了会计政策，注册会计师应当考虑变更的原因及其适当性，需要考虑：①会计政策变更是否是法律、行政法规或者会计准则和制度的要求；②会计政策变更是否能够提供更加可靠、更加相关的会计信息；③重大和异常交易的会计处理方法是否适当。

五、被审计单位的目标、战略以及可能导致重大错报风险的相关经营风险

（一）目标、战略和经营风险的含义

目标是企业经营活动的指针；战略是管理层为实现经营目标采用的方法。

如目标是在某一特定期间进入一个新的市场，可能的战略是收购市场内的现有企业，与该市场内其他企业合资经营，或自行开发进入该市场等。经营风险是指可能对被审计单位实现目标和实现战略的能力产生不利影响的重要状况、事项、情况、作为或不作为所导致的风险；或制定目标、战略不恰当导致的风险。不同的企业可能面临不同的经营风险，这取决于企业经营的性质、所处行业、外部监管环境、企业的规模和复杂程度。

（二）经营风险

注册会计师应当了解被审计单位是否存在与下列方面有关的目标和战略，并考虑相应的经营风险。

（1）行业发展。与该方面相关的潜在经营风险，可能是被审计单位不具备足以应对行业变化的人力资源和业务专长。

（2）开发新产品或提供新服务。与该方面相关的潜在经营风险可能是被审计单位的产品责任增加。

（3）业务扩张。与该方面相关的潜在经营风险可能是被审计单位对市场需求的估计不准确。

（4）新的会计要求。与该方面相关的潜在经营风险可能是被审计单位不当执行相关会计要求，或会计处理成本增加。

（5）监管要求。与该方面相关的潜在经营风险可能是被审计单位法律责任增加。

（6）本期及未来的融资条件。与该方面相关的潜在经营风险可能是被审计单位由于无法满足融资条件而失去融资机会。

（7）信息技术的运用。与该方面相关的潜在经营风险可能是被审计单位信息系统与业务流程难以融合。

（8）实施战略的影响，特别是由此产生的需要运用新的会计要求的影响。

（三）经营风险对重大错报风险的影响

（1）多数经营风险最终都会产生财务后果，从而影响财务报表；

（2）并非所有的经营风险都会导致重大错报风险；

（3）经营风险可能对某类交易、账户余额和披露的认定层次和报表层次重大错报风险产生直接影响。

六、被审计单位财务业绩的衡量和评价

内部或外部对被审计单位财务业绩的衡量和评价可能对被审计单位管理层产生压力，促使其采取行动改善财务业绩或歪曲财务报表。因此，注册会计师应当了解被审计单位财务业绩的衡量和评价情况，考虑这种压力是否可能导致管理层采取行动，以至于增加财务报表发生重大错报的风险。

（一）了解的主要信息

在了解被审计单位财务业绩的衡量和评价情况时，注册会计师应当关注下列信息：

（1）关键业绩指标（财务的或非财务的）、关键比率、趋势和经营统计数据。

（2）同期财务业绩比较分析。

（3）被审计单位与竞争对手的业绩比较。

（4）员工业绩考核与激励性报酬政策。

（5）预算、预测和差异分析。

（6）分布信息与分布、部门或其他不同层次的业绩报告。

（7）外部机构提出的报告。

（二）关注内部业绩衡量的结果

在了解的上述信息中，注册会计师应当关注下列内容：

（1）被审计单位内部财务业绩衡量可能显示的未预期到的结果或趋势；

（2）管理层的调查结果和纠正措施；

（3）相关信息是否显示财务报表存在重大错报；

（4）如果拟利用被审计单位内部信息系统生成的财务业绩衡量指标，注册会计师应当考虑相关信息是否可靠，以及利用这些信息是否足以实现审计目标。

第三节　了解被审计单位的内部控制

一、内部控制的含义和要素

（一）内部控制的含义

内部控制是被审计单位为了合理保证财务报告的可靠性、经营的效率和效果以及对法律法规的遵守，由治理层、管理层和其他人员设计和执行的政策和程序。

可以从下列几个方面理解内部控制：

（1）内部控制是一系列政策和程序；

（2）设计和实施内部控制的责任主体是被审计单位治理层、管理层和其他人员（被审计单位）；

（3）实现内部控制目标的手段是设计和执行控制政策及程序；

（4）内部控制的目标是合理保证，不是绝对保证：

①财务报告的可靠性，这一目标与管理层履行财务报告编制责任密切相关；

②经营的效率和效果，即经济有效的使用资源，以最优方式实现企业目标；

③在所有经营活动中遵守法律法规，即在法律法规的框架下从事经营活动。

（二）内部控制的五要素

内部控制包括五要素：控制环境，风险评估过程，与财务报告相关的信息系统与沟通，控制活动，对控制的监督。下面分别阐述。

1. 控制环境

控制环境，是指对建立、加强或削弱内部控制系统产生影响的各种因素的总称。包括治理职能和管理职能，以及治理层和管理层对内部控制及其重要性的态度、认识和措施。控制环境设定了被审计单位内部控制的基调，影响员工对内部控制的态度和认识，良好的控制环境是企业实施内部控制的基础，是有效实施内部控制的保障。报表层次重大错报风险通常与薄弱的控制环境相关。

了解控制环境时通常考虑的因素：①管理层对诚信和道德价值观念的沟通与落实；②对胜任能力的重视；③治理层的参与程度；④管理层的理念和经营风格等。

2. 被审计单位的风险评估过程

被审计单位的风险评估过程，是指管理层对经营过程中面临的各项风险（包括与财务报告相关的经营风险）识别、评估，并针对这些风险所采取的一定的应对措施。风险评估过程代表了被审计单位的风险意识，影响着管理层对风险的识别和防范。如果风险评估过程存在缺陷，注册会计师就难以将重大错报风险评估为低水平。

导致风险发生和变化的因素一般包括监管及经营环境的变化、业务快速发展、新员工加入、新技术、企业重组、海外经营、准则等各类变化和公司的重组。企业也必须设立可辨认、可分析和管理相关风险的机制，以了解自身所面临的风险，并适时加以处理。

如果注册会计师发现了与财务报表相关的风险因素，可通过向管理层询问和检查有关文件，确定被审计单位的风险评估过程是否发现了该风险。如果识别出管理层未能识别的重大错报风险，应考虑被审计单位的风险评估过程，为何没有识别出这些风险，以及评估过程是否适合具体环境。

3. 信息系统与沟通

（1）与财务报告相关的信息系统。与财务报告相关的信息系统，包括用以生成、记录、处理和报告交易、事项和情况，对相关资产、负债、所有者权益履行经济管理责任的程序和记录。一个良好的信息系统应该能生成包括经营情况、财务和法规遵守方面的信息，这些信息对企业经营与管理是十分有帮助的。

注册会计师应当从下列方面了解与财务报告相关的信息系统（包括相关业务流程）：

①在被审计单位的经营过程中，对财务报表有重大影响的各类交易；

②在信息技术与人工系统中，被审计单位的交易生成、记录、处理、必

要的更正、结转至总账以及在财务报表中报告的程序；

③用以生成、记录、处理和报告交易的会计记录、支持性信息和财务报表中的特定账户；

④被审计单位的信息系统如何获取除交易以外的对财务报表重大的事项和情况；

⑤用于编制被审计单位财务报表（包括做出的重大会计估计和披露）的财务报告过程；

⑥与会计分录相关的控制，这些分录包括用以记录非经常性的、异常的交易或调整的非标准会计分录。

（2）与财务报告相关的沟通。与财务报告相关的沟通，包括使员工了解各自在与财务报表有关的内部控制方面的角色和职责，员工之间的工作联系，以及向适当级别的管理层报告例外事项的方式。注册会计师应当了解被审计单位内部如何对财务报告的岗位职责，以及对财务报告的重大事项进行沟通，是否存在沟通渠道，是否进行有效沟通；还应当了解管理层与治理层（特别是审计委员会）之间的沟通，以及被审计单位与外部（包括与监管部门）的沟通。

4. 控制活动

（1）与审计相关的控制活动的含义。与审计相关的控制活动，是指有助于确保管理层的指令得以执行的政策和程序。包括与授权、业绩评价、信息处理、实物控制和职责分离等相关的活动。

（2）控制活动的要素。

①授权。注册会计师应当了解预授权有关的控制活动，包括一般授权和特别授权。授权的目的在于保证交易在管理层授权范围内进行。一般授权是指管理层制定的要求组织内部遵守的普遍适用于某类交易或活动的政策。特别授权是指管理层针对特定类别的交易或活动逐一设置的授权，如中大奏本支出和股票发行等。

②业绩评价。注册会计师应当了解与业绩评价相关的控制活动，了解业绩差异的原因及被审计单位采取的措施。与业绩评价有关的控制活动主要包括被审计单位分析评价实际业绩与预算（或预测、前期业绩）的差异，综合分析财务数据与经营数据的内在关系，将内部数据与外部信息来源相比较，

评价职能部门分支机构或项目活动的业绩(如银行客户信贷经理复核各分行、地区和各种贷款类型的审批和收回),对发现的异常差异或关系采取必要的调查与纠正措施。

③信息处理。注册会计师应当了解与信息处理相关的控制活动,包括信息技术的一般控制和应用控制。信息技术的一般控制通常包括数据中心和网络运行控制,系统软件的购置、修改及维护控制,接触或访问权限控制,应用系统的购置、开发及维护控制。信息技术应用控制是指主要在业务流程层面的人工或自动化程序,与用于生成、记录、梳理、报告交易或其他财务数据相关,通常包括检查数据计算的准确性,审核账簿和试算平衡表,设置对输入数据和数字序号的自动检查,以及对例外报告进行人工干预。

④实物控制。注册会计师应当了解实物控制,主要包括了解对资产和记录采取适当的安全保护措施,对访问计算机程序和数据文件设置授权,了解定期盘点及账实核对。

⑤职责分离。职责分离是指将授权执行、交易记录和资产保管等职责分配给不同员工。注册会计师应当了解职责分离,主要包括了解被审计单位如何将交易授权、交易记录以及资产保管等职责分配给不同员工,以防同一员工在履行多项职责时可能发生的舞弊或错报,了解当信息技术用于信息系统时,职责分离可以通过设置安全控制来实现。

5. 对控制的监督

控制的监督,是指被审计单位评价内部控制在一段时间内运行有效性的过程,该过程包括及时评价控制的设计和运行,以及根据情况的变化采取必要的纠正措施。但对控制的监督包含持续的监督活动、单独的评价活动或者两者相结合。持续的监督活动通常贯穿于日常重复的活动中,包括常规管理和监督工作;单独的评价活动可由内部审计人员或具有类似职能的人员对内部控制的设计和执行经专门的评价,以找出内部控制的优点和不足,并提出改进建议。

注册会计师对被审计单位整体层面的监督进行了解和评估时,考虑的主要因素包括:①被审计单位是否定期评价内部控制;②被审计人员在履行正常职责时,能够在多大程度上获得内部控制是否有效运行的证据;③与外部的沟通能在多大程度上证实内部产生的信息或者指出存在的问题;④管理层

是否采纳内部审计人员和注册会计师有关内部控制的建议；⑤管理层是否及时纠正控制运行中的偏差；⑥管理层根据监管机构的报告及建议是否及时采取纠正措施；⑦是否存在协助管理层监督内部控制的职能部门（如内部审计部门）。

控制环境、风险评估、对控制的监督与整体层面控制相关。整体层面控制与报表层次重大错报风险有联系。控制活动和信息系统与沟通及业务流程层面控制相关。业务流程层面控制与认定层次重大错报风险有联系。

二、与审计相关的内部控制

（一）并非了解所有的内部控制

注册会计师审计的目标是对财务报表是否存在错报发表审计意见，所以注册会计师考虑的并非是被审计单位整体的内部控制，而只是与财务报表审计相关的内部控制，即与审计相关的内部控制。

（二）了解与经营目标、合规目标相关的控制，这些控制可能与审计目标相关

如果在设计和实施进一步审计程序时拟利用被审计单位内部生成的信息，针对该信息完整性和准确性的控制可能与审计相关；如果与经营目标、合规目标相关的控制与注册会计师实施审计程序时评价或使用的数据相关，则这些控制也可能与审计相关。

（三）注册会计师仅限于考虑与财务报告可靠性相关的控制

用以防止未经授权购买、使用或处置资产相关的内部控制，可能包括与财务报告和经营目标相关的控制，注册会计师针对这些控制的考虑仅限于与财务报告可靠性相关的控制。

三、对内部控制了解的深度

（一）对内部控制了解的深度的含义

对内部控制了解的深度，是指在了解被审计单位及其环境时对内部控制了解的程度。了解内部控制，是指评价控制的设计，并确定其是否得到执行，

不包括对控制是否得到一贯执行的测试。具体包括：

1. 评价控制的设计

包括评价控制的设计，涉及考虑该控制单独或连同其他控制，是否能够有效防止或发现并纠正重大错报。

2. 确定控制是否得到执行

控制是否得到执行是指某项控制存在且被审计单位正在使用。

（二）获取控制设计和执行的审计证据

注册会计师通常通过实施下列审计程序，以获取控制设计和执行的审计证据：①询问被审计单位各级别的负责人员；②观察特定控制的运用；③检查文件和报告；④追踪交易在财务报告信息系统中的处理过程。

获取控制设计和执行的审计证据后，如果注册会计师打算信赖控制，就需要实施控制测试。如果不打算信赖控制，注册会计师需要执行穿行测试以确认以前对业务流程及可能发生错报环节的了解的准确性和完整性。如果认为仅实施实质性程序获取的审计证据无法将认定层次的重大错报风险降至可接受的低水平，注册会计师应当评价被审计单位对这些风险的控制，并确定其执行情况。

四、内部控制的局限性

（一）内部控制存在的固有局限性

（1）在决策时人为判断可能出现错误（无意）和因人为失误导致内部控制失效。例如，控制的设计或修改可能出现失误，同样地，控制的运行可能无效；再如，由于负责复核信息的人员不了解复核的目的或没有采取适当的措施，内部控制生成的信息没有得到有效的使用。

（2）受制于成本效益原则，成本大于效益时可能会放弃执行设计的内部控制。

（3）针对常规业务设计，如果出现不经常发生或未预计的业务，原有控制就可能不适用。

（4）由于执行人员素质不高，不适应岗位要求而导致内部控制失效。（无意）

（5）可能由于两个或更多的人员进行串通或管理层凌驾于内部控制之上而被规避。例如，管理层可与客户签订背后协议，修改标准的销售合同条款和条件，从而导致不适当的收入确认；再如，软件中的编辑控制旨在识别超过赊销信用额度的交易，但被凌驾或不执行等。（有意）

内部控制只能对财务报告的可靠性提供合理的保证，而不是绝对保证。不管内部控制的设计和执行多完善，控制风险永远 > 0，内部控制不能防止发现所有的错误。

（二）对小型被审计单位的考虑

小型被审计单位拥有的员工通常较少，限制了其职责分离的程度，职责分离较差，内部控制系统较为简单，业主兼经理更有可能凌驾于内部控制之上。注册会计师可以对小型被审计单位中的一些关键领域，考虑是否存在有效的内部控制。包括考虑其控制环境，特别是业主对内部控制及其重要性的态度、认识和措施。

五、从整体层面和业务流程层面了解内部控制

（一）从整体层面了解内部控制

1. 对整体层面内部控制了解的人员

对整体层面内部控制的了解由项目组中对被审计单位情况比较了解且较有经验的成员负责，同时需要项目组其他成员的参与和配合。

2. 对整体层面内部控制了解的重点

（1）对于连续审计，注册会计师可以重点关注整体层面内部控制的变化情况，包括由于被审计单位及其环境的变化而导致内部控制发生的变化以及采取的对策。

（2）注册会计师还需要特别考虑因舞弊而导致重大错报的可能性及其影响。

3. 对整体层面内部控制了解的方法

包括询问被审计单位人员，观察特定控制的应用，检查文件和报告，执行穿行测试。

4. 对整体层面内部控制了解的内容

在了解内部控制的各构成要素时，注册会计师应当对被审计单位整体层面的内部控制的设计进行评价，并确定其是否得到执行。

5. 整体层面内部控制了解的记录

注册会计师应当将对被审计单位整体层面内部控制各要素的了解要点和实施的风险评估程序及其结果等形成审计工作记录，并对影响注册会计师对整体层面内部控制有效性进行判断的因素加以详细记录。

6. 整体层面的内部控制与控制环境的关系

财务报表层次的重大错报风险很可能源于薄弱的控制环境，因此，注册会计师在评估财务报表层次的重大错报风险时，应当将被审计单位整体层面的内部控制状况和了解到的被审计单位及其环境其他方面的情况结合起来考虑。

（二）从业务流程层面了解内部控制

对制造企业来说，业务流程可以划分为销售与收款循环、采购与付款循环、生产与存货循环、人力资源与工薪循环、投资与筹资循环。

1. 了解业务流程层面内部控制的步骤

（1）确定重要业务流程和重要交易类别。

（2）了解重要流程并进行记录。

（3）确定可能发生错报的环节。

（4）识别和了解相关控制。识别和了解内部控制的类型包括：①预防性控制。预防性控制通常用于正常业务流程的每一项交易，以防止错误的发生。例如，销售发票上的价格根据价格清单上的信息确定，以防止销货计价错误。预防性控制可能是人工的，也可能是自动化的。②检查性控制。通过检查性控制，监督其流程和相应预防性控制能够有效地发挥作用。例如，每季度复核应收账款贷方余额并找出原因，能找出未予入账的发票和销售与现金收入分类中的错误。检查性控制通常并不适用于业务流程中的所有交易，而适用于一般业务流程之外的已经处理的某类交易。

（5）执行穿行测试，证实对交易流程和相关控制的了解。

（6）初步评价和风险评估。

2. 初步评价内部控制

注册会计师通过风险评估程序了解内部控制，获取审计证据后，注册会计师需要评价内部控制设计的合理性并确定其是否得到执行。注册会计师对内部控制评价的初步结论可能是：①所设计的控制单独或连同其他控制能够防止或发现并纠正重大错报，并得到执行；②控制设计的本身是合理的，但没有得到执行；③控制设计的本身就是无效的或缺乏必要的控制。

第四节　评估重大错报风险

一、评估报表层次和认定层次的重大错报风险

（一）两个层次的重大错报风险

1. 认定层次的重大错报风险

某些重大错报风险可能与特定的某类交易、账户余额、列报的认定相关。例如，被审计单位存在复杂的联营或合资，这一事项表明长期股权投资账户的认定可能存在重大错报风险；再如，被审计单位存在重大的关联方交易，该事项表明关联方及关联方交易的披露认定可能存在重大错报风险。

注册会计师应当将所了解的内部控制与特定的认定相联系。这些控制有助于防止或者发现并纠正认定层次的重大错报。有效的控制会减少错报发生的可能性，而控制不当或者缺乏控制，错报就会由可能变成现实。

2. 报表层次的重大错报风险

某些重大错报风险可能与财务报表整体广泛相关，进而影响多项认定。一般来说，财务报表层次的重大错报风险可能源于薄弱的控制环境，如管理层经营理念偏于激进，同时缺乏实现激进目标的人力资源；管理层缺乏诚信或承受异常的压力导致舞弊风险。薄弱的控制环境带来的风险可能对财务报表产生广泛影响，难以限于某类交易、账户余额和披露。

（二）评估重大错报风险的审计程序

（1）在了解被审计单位及其环境的整个过程中，结合财务报表中各类交

易、账户余额及披露的考虑，识别风险。

（2）结合对拟相关控制的考虑，将识别出的风险与认定层次可能发生错报的领域相联系。

（3）评估识别出的风险，并评价其是否更广泛地与财务报表整体相关，进而潜在地影响多项认定。

（4）考虑发生错报的可能性（包括发生多项错报的可能性）以及潜在错报的重大程度是否足以导致重大错报。

（三）评估重大错报风险时考虑的因素

（1）已识别的风险是什么？是报表层次或是认定层次的重大错报风险？该风险是否属于与内部控制程序相关的特别风险？

（2）错报（金额影响）可能发生的规模有多大？

（3）事件（风险）发生的可能性有多大？

二、需要特别考虑的重大错报风险

（一）特别风险的含义

特别风险，是指注册会计师识别和评估的、根据判断认为需要特别考虑的重大错报风险。

（二）确定特别风险时需要考虑的事项

（1）风险是否属于舞弊风险；

（2）风险是否与近期经济环境、会计处理方法或其他方面的重大变化相关，因而需要特别关注；

（3）交易的复杂程度；

（4）风险是否涉及重大的关联方交易；

（5）财务信息计量的主观程度，特别是计量结果是否具有高度不确定性（会计估计）；

（6）风险是否涉及异常或超出正常经营过程的重大交易。

（三）非常规交易和判断事项导致的特别风险

日常的、不复杂的、经过正规处理的交易不太可能发生特别风险，特别

风险通常与重大的非常规交易和判断事项有关。非常规交易（金额或性质异常而不经常发生的交易）包括企业购并、债务重组、重大或有事项；判断事项包括（作出的会计估计）资产减值准备金额的估计、需要运用复杂估值技术确定的公允价值计量。

（四）考虑对特别风险的控制

对特别风险，注册会计师应当评价相关控制的设计情况，并确定其是否已经得到执行。由于与重大非常规交易或判断事项相关的风险很少受到日常控制的约束，注册会计师应当了解被审计单位是否针对该特别风险设计和实施了控制。

例如，作出会计估计所依据的假设是否由管理层或专家进行复核，是否建立作出会计估计的正规程序，重大会计估计结果是否由治理层批准等；再如，管理层在收到重大诉讼事项的通知时采取的措施，包括这类事项是否提交适当的专家（如内部或外部的法律顾问）处理、是否对该事项的潜在影响作出评估、是否确定该事项在财务报表中的披露问题以及如何确定等。

三、仅通过实质性程序无法应对的重大错报风险

作为风险评估的一部分，如果认为仅通过实质性程序获取的审计证据无法应对认定层次的重大错报风险，注册会计师应当评价被审计单位针对这些风险设计的控制，并确定其执行情况。

在被审计单位对日常交易采用高度自动化处理的情况下，审计证据仅以电子形式存在，其充分性与适当性通常取决于自动化信息系统相关控制的有效性，注册会计师应当考虑仅通过实施实质性程序不能获取充分、适当审计证据的可能性。

如果认为仅通过实施实质性程序不能获取充分、适当审计证据，注册会计师应当考虑依赖的相关控制的有效性，并对其了解、评估和测试。

四、对风险评估的修正

注册会计师对认定层次重大错报风险的评估应以获取的审计证据为基础，并可能随着不断获取审计证据而作出相应的变化。

例如，在评估重大错报风险时预期控制运行是有效的，但在测试控制运

行的有效性时，注册会计师获取的审计证据可能表明控制并未有效运行；同样，在实施实质性程序时可能发现错报的金额和频率比在风险评估时预计的金额和频率要高。实施进一步审计程序获取的审计证据与初始评估获取的审计证据相矛盾，注册会计师应当修正风险评估结果。

评估重大错报风险与了解被审计单位及其环境一样，也是一个连续和动态地收集、更新与分析信息的过程，贯穿于审计过程的始终。

◆ 课后练习◆

一、本章复习思考题

1. 简述风险导向审计的特点。

2. 试述风险评估程序定义和信息来源。

3. 了解被审计单位及其环境的目的、方法和内容分别是什么？

4. 如何理解内部控制的含义？内部控制的五要素分别是什么？

5. 如何评估财务报表层次和认定层次的重大错报风险？

6. 需要特别考虑的重大错报风险有哪些？

二、本章练习题

（一）单项选择题

1. 注册会计师了解被审计单位及其环境的目的是（　）。

A. 为了进行风险评估程序　　B. 收集充分适当的审计证据

C. 为了识别和评估财务报表重大错报风险　D. 控制检查风险

2. 了解被审计单位及其环境一般在（　）阶段进行。

A. 在承接客户或续约时　　B. 在进行审计计划时

C. 在进行期中审计时　　D. 贯穿于审计过程的始终

3. 内部控制的目标不包括（　）。

A. 财务报告的可靠性　　B. 审计风险处在低水平

C. 经营的效率和效果　　D. 在所有经营活动中遵守法律法规的要求

4. 关于控制环境的说法不正确的是（　）。

A. 控制环境包括治理职能和管理职能，以及治理层和管理层对内部控制及其重要性的态度、认识和措施

B. 控制环境设定了被审计单位的内部控制基调，影响员工对内部控制的

认识和态度。良好的控制环境是实施有效内部控制的基础

C. 在评价控制环境的设计和实施情况时，注册会计师应当了解管理层在治理层的监督下，是否营造并保持了诚实守信和合乎道德的文化，以及是否建立了防止或发现并纠正舞弊和错误的恰当控制

D. 在审计业务承接阶段，注册会计师就需要对控制环境作出最终评价

5. 在了解控制环境时，注册会计师通常考虑的因素是（　）。

A. 内部控制的人工成分　　B. 内部控制的自动化成分

C. 被审计单位董事会对内部控制重要性的态度和认识

D. 会计信息系统

6. 注册会计师没有义务实施的程序是（　）。

A. 查找被审计单位内部控制运行中的所有重大缺陷

B. 了解被审计单位情况及其环境

C. 实施审计程序以了解被审计单位内部控制的设计

D. 实施穿行测试以确定被审计单位相关控制活动是否得到执行

7. 内部控制无论如何设计和执行只能对财务报告的可行性提供合理保证，原因是（　）。

A. 建立和维护内部控制是被审计单位管理层的职责

B. 内部控制的成本不应超过预期带来的收益

C. 在决策时人为判断可能出现错误

D. 对资产和记录采取适当的安全保护措施是被审计单位管理层应当履行的经管责任

8. 下列属于业务流程层面的是（　）。

A. 管理层凌驾于控制之上　　B. 信息技术一般控制

C. 与应收账款有关的控制　　D. 期末财务报告流程

9. 注册会计师了解内部控制时为获取有关内部控制设计和执行的审计证据的，下列风险评估程序中不适用的是（　）。

A. 询问被审计单位的人员　　B. 观察特定控制的运用

C. 检查文件和报告　　D. 分析程序

（二）多项选择题

1. 注册会计师可能实施的风险评估程序有（　）。

A. 询问被审计单位管理层和内部其他人员

B. 实地察看被审计单位生产经营场所和设备

C. 检查文件、记录和内部控制手册

D. 重新执行内部控制

2. 注册会计师组织项目组讨论的主要内容有（　）。

A. 管理层是否倾向于高估或低估收入

B. 管理层是否存在严重诚信问题

C. 会计政策是否发生重大变化

D. 被审计单位是否面临重大的经营风险

3. 注册会计师应当从以下方面了解被审计单位的性质（　）。

A. 所有权结构　　B. 治理结构

C. 组织结构　　D. 经营活动、投资活动、筹资活动

4. 下列（　）事项表明被审计单位存在重大错报风险。

A. 在高度波动的市场开展业务　　B. 被审计单位的供应商发生变化

C. 被审计单位从基础设施行业转做风险投资行业

D. 经常与控股股东发生交易

5. 内部控制要素包括（　）。

A. 控制环境　　B. 风险评估过程

C. 信息系统与沟通　　D. 控制活动

6. 在识别和了解内部控制后，注册会计师对控制的评价结论可能是（　）。

A. 所设计的控制单独或连同其他控制能够防止或发现并纠正重大错报，并得到执行

B. 控制本身的设计是合理的，但没有得到执行

C. 控制本身的设计就是无效的或缺乏必要的控制

D. 内部控制运行有效

7. 在了解和测试与特别风险相关的内部控制时，注册会计师的下列做法正确的有（　）。

A. 评价相关控制的设计情况，并确定其是否已经得到执行

B. 如果拟信赖相关控制，每年测试控制的有效性

C. 如果拟信赖相关控制，且相关控制自上次测试后未发生变化，则不用测试控制的有效性

D. 如果相关控制不能恰当应对特别风险，应当就该事项与被审计单位治理层沟通

（三）简答题

公开发行股票的甲股份有限公司（以下简称甲公司）是ABC会计师事务所的审计客户，注册会计师A和B注册会计师负责对甲公司2017年度财务报表进行审计，经初步了解，甲公司销售的产品不受季节性影响，A和B注册会计师获取的相关资料如下：

会计期间：2017年度　　单位：万元

项目	第一季度	第二季度	第三季度	第四季度
X产品营业收入	1400	1350	1350	2400
Y产品营业收入	650	630	630	790

要求：针对上述资料，运用分析程序，指出甲公司可能存在的重大错报风险。

第十章　风险应对

学习目的

通过本章学习，使学生掌握针对报表层次重大错报风险采取的总体应对措施；掌握针对认定层次重大错报风险的进一步审计程序，包括进一步审计程序的性质、时间和范围；掌握控制测试的性质、时间安排和范围；掌握实质性程序的性质、时间安排和范围。

风险应对是指注册会计师针对评估的重大错报风险实施的审计程序，包括针对财务报表层次重大错报风险采取的总体应对措施，针对认定层次重大错报风险采取的进一步审计程序。

第一节　总体应对措施

重大错报风险如果与财务报表整体广泛相关，进而影响多项认定，即财务报表层次重大错报风险，对此注册会计师应采取总体应对措施。

一、总体应对措施

（一）向审计项目组强调在收集和评价审计证据过程中保持职业怀疑态度的必要性

职业怀疑态度，是指在进行询问和实施其他审计程序时，注册会计师不能因为轻信管理层和治理层的诚信而满足于说服力不够的审计证据。相应地，为了得出审计结论，注册会计师不应使用管理层声明替代应当获取的充分、适当的审计证据。

（二）分派更有经验或具有特殊技能的注册会计师，或利用专家的工作

分派更有经验或具有特殊技能的注册会计师，是指审计项目组成员中应有一定比例的人员曾经参与过被审计单位以前年度的审计或具有被审计单位所处特定行业等相关审计经验。

由于各行业在专业分工细化已成为一种趋势，必要时注册会计师可以考虑利用信息技术、税务、评估、精算等方面专家的工作

（三）提供更多的督导

对于财务报表层次重大错报风险较高的审计项目，审计项目组的高级别成员，如主任会计师、项目合伙人、项目经理等对经验丰富的人员，要对其他成员提供更加详细、经常和及时的指导和监督，并加强项目质量复核。

（四）在选择拟实施的进一步审计程序时，融入更多不可预见的因素

被审计单位人员，尤其是管理层，如果熟悉注册会计师审计套路，就可能采取种种规避手段，掩盖财务报告中的舞弊行为。因此在设计拟实施审计程序的性质、时间安排和范围时，为了避免既定思维对审计方案的限制，避免对审计效果的人为干涉，从而使得针对重大错报风险的进一步审计程序更加有效，注册会计师要考虑使某些程序不被被审计单位管理层预见或事先了解。

（五）对拟实施审计程序的性质、时间安排或范围作出整体修改

有效的控制环境可以使注册会计师增强对内部控制和被审计单位内部产生的证据的信赖程度。如果控制环境存在缺陷，注册会计师在对拟实施审计程序的性质、时间安排或范围作出整体修改时应当考虑：

（1）在期末而非期中实施更多的审计程序。控制环境的缺陷通常会削弱期中获得的审计证据的可信赖程度。

（2）通过实施实质性程序获取更广泛的审计证据。良好的控制环境是其他控制要素发挥作用的基础。控制环境存在缺陷通常会削弱其他控制要素的作用，导致注册会计师可能无法信赖内部控制，而主要依赖实施实质性程序

获取审计证据。

（3）增加拟纳入审计范围的经营地点的数量。

二、增加审计程序不可预见性的方法

（1）范围：对某些以前未测试的低于设定的重要性水平或风险较小的账户余额和认定实施实质性程序。关注未曾关注过的领域。

（2）时间：调整实施审计程序的时间，使其超出被审计单位的预期。例如，注册会计师在以前年度的大多数审计工作都围绕着12月或在年底前后进行，那么被审计单位就会了解注册会计师的这一习惯，由此可能会把一些不适当的会计调整放在年度的9、10月或11月等以避免引起注册会计师的注意。

（3）选样：采取不同的审计抽样方法，使当年抽取的测试样本与以前有所不同。

（4）地点：选取不同的地点实施审计程序，或预先不告知被审计单位所选定的测试地点。例如，在存货监盘程序中，注册会计师可以到未事先通知被审计单位的盘点现场进行监盘，使被审计单位没有机会事先安排，隐藏一些不想让注册会计师知道的情况。

三、总体应对措施对进一步审计程序总体方案的影响

当评估的财务报表层次重大错报风险属于高风险水平（已经相应地采取了强调审计程序不可预见性以及重视调整审计程序的性质、时间和范围等总体应对措施）时，拟实施进一步审计程序的总体方案往往更倾向于实质性方案。

拟实施进一步审计程序的总体审计方案包括实质性方案和综合性方案。

实质性方案是指注册会计师实施的进一步审计程序以实质性程序为主；综合性方案是指注册会计师在实施进一步审计程序时，将控制测试与实质性程序结合使用。

第二节　进一步审计程序

一、进一步审计程序的含义

进一步审计程序相对于风险评估程序而言，是指注册会计师针对评估的各类交易、账户余额和披露认定层次重大错报风险实施的审计程序，包括控制测试和实质性程序。

注册会计师应当针对评估的重大错报风险设计和实施进一步审计程序，包括审计程序的性质、时间安排和范围。注册会计师设计和实施的进一步审计程序的性质、时间安排和范围，应当与评估的认定层次的重大错报风险具备明确的对应关系。

二、设计进一步审计程序时考虑的因素

（一）风险的重要性

风险的重要性是指风险造成的后果的严重程度。风险的后果越严重，越需要注册会计师关注和重视，越需要精心设计有针对性的进一步审计程序。

（二）重大错报发生的可能性

重大错报发生的可能性越大，越需要注册会计师精心设计进一步审计程序。

（三）涉及的各类交易、账户余额和披露的特征

不同的交易和账户余额和披露，产生的认定层次的重大错报风险也会存在差异，适用的审计程序也有差别，需要注册会计师区别对待，并设计有针对性的进一步审计程序予以应对。

（四）被审计单位采用的特定控制的性质

不同性质的控制（人工还是自动化）对注册会计师设计进一步审计程序具有重要影响。

（五）注册会计师是否拟获取审计证据，以确定内部控制在防止或发现并纠正重大错报方面的有效性

如果注册会计师在风险评估时预期内部控制有效，随后拟实施的进一步审计程序必须包括控制测试。

三、进一步审计程序的性质

（一）进一步审计程序的性质的含义

进一步审计程序的性质，是指进一步审计程序的目的和类型。其中进一步审计程序的目的包括通过实施控制测试以确定内部控制运行的有效性，通过实施实质性程序以发现认定层次的重大错报。进一步审计程序的类型包括：检查、观察、询问、函证、重新计算、重新执行和分析程序。

进一步审计程序的性质要结合控制测试和实质性程序来考虑。因为注册会计师实施控制测试获取审计证据的目的与实施实质性程序获取审计证据的目的不同。

（二）进一步审计程序的性质的选择

注册会计师应当根据认定层次重大错报风险的评估结果选择审计程序。

评估的重大错报风险水平越高，对通过实质性程序获取的审计证据的相关性和可靠性的要求就越高，从而可能影响进一步审计程序的类型及其综合运用。例如，当注册会计师判断某类交易协议的完整性存在更高的重大错报风险时，除了检查文件以外，注册会计师还可能决定向第三方询问或函证协议条款的完整性。

在确定拟实施的审计程序时，注册会计师应当考虑评估的认定层次重大错报风险产生的原因，包括考虑各类交易、账户余额、列报的具体特征以及内部控制。例如，注册会计师可能判断某特定类别的交易即使在不存在相关控制的情况下发生重大错报风险的可能性仍较低，此时，注册会计师可能认为仅实施实质性程序就可以获取充分适当的审计证据。

如果在实施进一步审计程序时拟利用被审计单位信息系统生成的信息，注册会计师应就信息的准确性和完整性获取审计证据。注册会计师在实施分析程序时，使用了被审计单位生成的非财务信息或预算数据，注册会计师应

当获取关于这些信息的准确性和完整性的审计证据。

四、进一步审计程序的时间

（一）进一步审计程序的时间的含义

进一步审计程序的时间，是指注册会计师何时实施进一步审计程序，或审计证据适用的期间或时点。因此，关于进一步审计程序的时间，在某些情况下指的是实施审计程序的时间，在另一些情况下，是指需要获取的审计证据适用的期间或时点。

（二）确定进一步审计程序时间的重要考虑因素

注册会计师可以在期中或期末实施控制测试或实质性程序，当重大错报风险较高时，注册会计师应当考虑在期末或接近期末实施实质性程序，或采用不通知的方式，或在管理层不能预见的时间实施审计程序。

注册会计师在确定何时实施审计程序时应当考虑的几项重要因素包括：

（1）控制环境。良好的控制环境可以抵消在期中实施进一步审计程序的一些局限性，使注册会计师在确定实施进一步审计程序的时间时有更大的灵活度。

（2）何时能得到相关信息。例如，某些控制活动可能仅在期中（或期中以前）发生，而之后可能难以再被观察到，注册会计师如果希望获取相关信息，则需要考虑获取相关信息的时间。

（3）错报风险的性质。例如，被审计单位可能为了保证盈利目标的实现，而在会计期末以后伪造销售合同以虚增收入，此时注册会计师需要考虑在期末（即资产负债表日）这个特定时点获取被审计单位截至期末所能提供的所有销售合同及相关资料，以防被审计单位在资产负债表日后伪造销售合同虚增收入的做法。

（4）审计证据适用的期间或时点。注册会计师应当根据需要获取的特定审计证据确定何时实施进一步审计程序。

五、进一步审计程序的范围

（一）进一步审计程序的范围的含义

进一步审计程序的范围，是指实施进一步审计程序的数量，包括抽取的样本量、对某些控制活动观察的次数等。

（二）确定进一步审计程序的范围时考虑的因素

（1）确定的重要性水平。确定的重要性水平越低，注册会计师实施的进一步审计程序的范围越广。

（2）评估的重大错报风险。评估的重大错报风险越高，对拟获取的审计证据的相关性、可靠性的要求越高，因此，注册会计师实施的进一步审计程序的范围越广。

（3）计划获取的保证程度。计划获取的保证程度，是指注册会计师计划通过所实施的审计程序对测试结果可靠性所获取的信心，计划获取的保证程度越高，对测试结果可靠性的要求就越高，注册会计师实施的进一步审计程序的范围越广。

需要说明的是，随着重大错报风险的增加，注册会计师应当考虑扩大审计程序的范围。但是，只有当审计程序本身与特定风险相关时，扩大审计程序的范围才是有效的。

第三节　控制测试

一、控制测试的含义与要求

（一）控制测试的含义

控制测试是指用于评价内部控制在防止或发现并纠正认定层次重大错报方面的运行有效性的审计程序。

（二）控制测试的要求

控制测试作为进一步审计程序的类型之一，在审计过程中不是必需的。

当存在下列情形之一，注册会计师应当实施控制测试：①在评估认定层次重大错报风险时，预期控制的运行是有效的；②仅实施实质性程序不足以提供认定层次充分、适当的审计证据。

1. 在评估认定层次重大错报风险时，预期控制的运行是有效的

注册会计师通过实施风险评估程序，可能发现某项控制的设计是存在的，也是合理的，同时得到了执行。出于成本效益的考虑，注册会计师可能预期，如果相关控制在不同时点都得到了一贯执行，与该项控制有关的财务报表认定发生重大错报的可能性就不会很大，也就不需要实施很多的实质性程序。为此，注册会计师可能会认为值得对相关控制在不同时点是否得到了一贯执行进行测试，即实施控制测试。

控制运行是否有效，根据下列获取的审计证据来判断：①控制在所有审计期间的相关时点是如何运行的；②控制是否得到一贯执行；③控制是由谁或以何种方式执行。

2. 仅实施实质性程序不足以提供认定层次充分、适当的审计证据

在认为仅通过实施实质性程序不能获取充分、适当的审计证据的情况下，注册会计师必须实施控制测试，且这种测试已经不再是单纯出于成本效益的考虑，而是必须获取的一类审计证据。例如，在被审计单位对日常交易或与财务报表相关的其他数据（包括信息的生成、记录、处理、报告）采用高度自动化处理的情况下，审计证据可能仅以电子数据形式存在，此时，审计证据是否充分和适当通常取决于自动化信息系统相关控制的有效性，注册会计师必须实施控制测试，且这种测试已不再是单纯处于成本效益的考虑，而是必须获取的一类审计证据。

控制测试与了解内部控制的区别见表10–1。

表10–1　控制测试与了解内部控制的区别

	控制测试	了解内部控制
含义	内部控制运行的有效性	评价控制的设计；确定控制是否得到执行
必要	可选	必须
阶段	属于风险应对程序	属于风险评估程序
程序	需要抽取足够数量的交易进行检查或者对多个不同时点进行观察。具体程序包括：询问、观察、检查、重新执行	只需要抽取少量的交易进行检查或者观察某几个时点。具体程序包括：询问、观察、检查、穿行测试

二、控制测试的性质

（一）控制测试的性质的含义

控制测试的性质，是指控制测试所使用的审计程序的类型及其组合。

计划从控制测试中获取的保证水平是决定控制测试性质的主要因素之一。在计划和实施控制测试时，对控制有效性的信赖程度越高，注册会计师应当获取的审计证据越有说服力。

（二）控制测试采用的审计程序的类型

1. 询问

注册会计师通过向被审计单位适当员工询问，获取与内部控制运行情况相关的信息。例如，询问信息系统管理人员有无未经授权接触计算机硬件和软件，向复核银行存款余额调节表的人员询问如何进行复核，包括复核的要点是什么，发现不符事项如何处理（定期编制银行存款余额调节表是被审计单位的一项内部控制）。询问的特点是，仅仅通过询问不能为控制运行的有效性提供充分的证据，它必须和其他测试手段相结合才能发挥作用。

2. 观察

观察程序的特点是，注册会计师通过观察直接获取的证据比间接获取的证据更加可靠，但是注册会计师要考虑其所观察到的控制在注册会计师不在场可能未被执行的情况。观察程序的适用范围是，观察程序是测试不留下书面记录的控制运行情况的有效方法。观察也可用于实物控制，如查看仓库门是否锁好，或空白支票是否妥善保管。再如，观察存货盘点控制的执行情况（定期盘点存货是被审计单位的一项内部控制）。

3. 检查

检查程序适用于对运行情况留下书面证据的控制。检查书面说明、复核时留下的记号，或其他记录在偏差报告中的标志等。例如，检查销售发票是否有复核人员签字，检查销售发票是否附有客户订购单和出库单。

4. 重新执行

通常只有当询问、观察和检查程序结合在一起无法获得充分证据时，注册会计师才考虑通过重新执行来证实控制是否有效运行。例如，为了合理保

证计价认定的准确性，被审计单位的一项控制是由复核人员核对销售发票上的价格与统一价格单上的价格是否一致。但是，要检查复核人员有没有认真执行核对，仅仅检查复核人员是否在相关文件上签字是不够的，注册会计师还需要自己选取一部分销售发票进行核对，这就是重新执行程序。

询问本身并不足以测试控制运行的有效性，观察提供的证据仅限于观察发生的时点。因此，将询问或者观察与检查或重新执行等程序结合使用，通常能够比仅实施询问和观察获得更高的保证。

（三）确定控制测试的性质时的要求

1. 考虑特定控制的性质

注册会计师应当根据特定控制的性质选择所需实施审计程序的类型。例如，某些控制可能存在反映控制运行有效性的文件记录，在这种情况下，注册会计师可以检查这些文件记录以获取控制运行有效的审计证据。

2. 考虑测试与认定直接相关或间接相关的控制

如被审计单位可能针对超出信用额度的例外赊销交易设置报告和审核制度（与认定直接相关的控制）；在测试该项制度的有效性时，注册会计师不仅应当考虑审核的有效性，还应当考虑与例外赊销报告中信息准确性有关的控制（与认定间接相关的控制）是否有效运行。

（四）双重目的测试

控制测试的目的是评价控制是否有效运行，细节测试的目的是发现认定层次的重大错报。尽管两者目的不同，但注册会计师可以考虑针对同一交易同时实施控制测试和细节测试，以实现双重目的。例如，注册会计师通过检查某笔交易的发票可以确定其是否经过适当的授权，也可以获取关于该交易的金额、发生时间等细节证据。

三、控制测试的时间

（一）控制测试的时间的含义

控制测试的时间，包含两层含义：一是何时实施控制测试，二是测试所针对的控制适用的时点或期间。

（1）如果仅需要测试控制在特定时点的运行有效性，注册会计师只需要获取该时点的审计证据，如对被审计单位期末存货盘点进行控制测试。

（2）如果需要获取控制在某一期间有效运行的审计证据，仅获取与时点相关的审计证据是不充分的，注册会计师可获取控制在该期间有效运行的审计证据，注册会计师应当辅以其他控制测试，如测试被审计单位对控制的监督。

其他控制测试应当具备的功能是，能提供相关控制在所有相关时点都运行有效的审计证据；被审计单位对控制的监督起到的就是一种检验相关控制在所有相关时点是否都有效运行的作用，因此，注册会计师测试这类活动能够强化控制在某期间运行有效性的审计证据效力。

（二）如何考虑期中审计证据

注册会计师需要考虑如何能够将控制在期中运行有效性的审计证据合理延伸至期末，基本的做法是，针对期中至期末这段剩余期间获取充分适当的审计证据，首先获取这些控制在剩余期间发生重大变化的审计证据；其次确定针对剩余期间还需获取的补充审计证据。

针对剩余期间需要获取补充证据时，注册会计师应考虑如下因素：

（1）评估的认定层次的重大错报风险的重要程度。评估的重大错报风险对财务报表的影响越大，注册会计师需要获取的声誉期间的补充证据越多。

（2）在其中测试的特定控制，以及自期中测试后发生的重大变动。

（3）在期中对有关控制运行有效性获取的审计证据的程度。如果获取的审计证据比较充分，注册会计师可以考虑适当减少需要获取的剩余期间的补充证据。

（4）剩余期间的长度。剩余期间越长，注册会计师需要获取的剩余期间的补充证据越多。

（5）在信赖控制的基础上拟缩小实质性程序的范围。注册会计师对相关控制的信赖程度越高，需要获取的剩余期间的补充证据越多。

（6）控制环境。在注册会计师总体上拟信赖的前提下，控制环境越薄弱，注册会计师需要获取的剩余期间的补充证据越多。

（三）如何考虑以前所获取的审计证据

如何考虑以前所获取的审计证据，是指考虑拟信赖的以前审计中测试的

控制在本期是否发生变化。注册会计师面临两种结果：一是控制在本期发生变化，二是控制在本期没有发生变化。

（1）当控制在本期发生变化时注册会计师的做法。注册会计师应考虑以前审计所获取的有关控制运行有效性的审计证据是否与本期审计相关。如果信赖的控制在本期已经发生变化，注册会计师应在本期审计中测试这些控制的运行的有效性。

（2）当控制在本期没有发生变化时注册会计师的做法。如不属于旨在减轻特别风险的控制，注册会计师应当运用职业判断确定是否在本期审计中测试其运行的有效性，以及本次测试与上次测试的时间间隔，但每三年至少对控制测试一次。

（3）不得依赖以前审计所获取审计证据的情形（对特别风险的考虑）。鉴于特别风险的特殊性，对于旨在减轻特别风险的控制，不论该控制在本期是否发生变化，注册会计师都不应该依赖以前审计获取的证据，应当在每次审计中都测试这类控制。

四、控制测试的范围

（一）控制测试的范围的含义

控制测试的范围，主要是指某项控制活动的测试次数。注册会计师应当设计控制测试，以获取控制在整个拟信赖的期间有效运行的充分、适当的审计证据。

（二）确定控制测试范围时考虑的因素

（1）在整个拟信赖的期间，被审计单位执行控制的频率。控制执行的频率越高，控制测试的范围越大。例如，销售发票的复核，销售发票越多，复核这项控制执行的频率越高，控制测试的次数越多。

（2）在所审计期间，注册会计师拟信赖控制运行有效性的时间长度。拟信赖期间越长，在该时间长度内发生的控制活动次数越多，控制测试的范围越大。

（3）为证实控制能够防止或发现并纠正认定层次重大错报，所需获取审计证据的相关性和可靠性。对审计证据的相关性和可靠性要求越高，控制测

试的范围越大。

（4）通过测试与认定相关的其他控制获取的审计证据的范围。针对同一认定，可能存在不同的控制。当针对其他控制获取审计证据的充分性和适当性较高时，测试该控制的范围可适当缩小。

（5）控制的预期偏差。预期偏差可以用控制未得到执行的预期次数占控制应当得到执行的次数的比率加以衡量（也可称为预期偏差率）。控制的预期偏差率越高，需要实施控制测试的范围越大。如果控制的预期偏差率过高，注册会计师应当考虑控制可能不足以将认定层次的重大错报风险降至可接受的低水平，从而针对某一认定实施的控制测试可能是无效的。即认为内部控制不值得信赖，则不必进行控制测试。

第四节　实质性程序

一、实质性程序的含义和必要性

（一）实质性程序的含义

实质性程序，是指用于发现认定层次重大错报的审计程序。包括对各类交易、账户余额、列报的细节测试以及实质性分析程序。

（二）实质性程序的必要性

实质性程序是必需的审计程序。由于注册会计师对重大错报风险的评估是一种判断，可能无法充分识别所有的重大错报风险，并且由于内部控制存在固有局限性，无论评估的重大错报风险结果如何，注册会计师都应当针对所有重大的各类交易、账户余额、列报实施实质性程序。

（三）针对特别风险实施的实质性程序需要考虑的因素

（1）如果认为评估的认定层次重大错报风险是特别风险，注册会计师应当针对该风险实施专门的审计程序。

（2）如果针对特别风险实施的程序仅为实质性程序，注册会计师应当实施细节测试，或将细节测试与实质性程序结合使用，以获取充分、适当的审计证据。

二、实质性程序的性质

（一）实质性程序的性质的含义

实质性程序的性质，是指实质性程序的类型及其组合，包括细节测试和实质性分析程序。

（二）细节测试和实质性分析程序的适用性

（1）细节测试是对各类交易、账户余额、列报的具体细节进行测试，目的在于直接识别财务报表认定是否存在错报。细节测试被用于获取与某些认定相关的审计证据，如存在、准确性、计价等。

（2）实质性分析程序从技术特征上讲仍然是分析程序，用以识别各类交易、账户余额、列报认定是否存在错报。实质性分析程序通常更适用于在一段时间内存在可预期关系的大量交易。

（三）细节测试的方向

注册会计师需要根据不同的认定层次的重大错报风险设计有针对性的细节测试，例如，在针对存在或发生认定设计细节测试时，注册会计师应当选择包含在财务报表金额中的项目，并获知相关审计证据；再如，在针对完整性认定设计细节测试时，注册会计师应当选择有证据表明应包含在财务报表金额中的项目，并调查这些项目是否包括在内。如为应对被审计单位漏记应付账款的风险，注册会计师可以检查期后付款记录。

三、实质性程序的时间

实质性程序的时间和控制测试实施时间的选择有共同点，两类程序都面临着对期中审计证据和对以前获取的审计证据的考虑。实质性程序的时间和控制测试实施时间的选择也有差异。

在控制测试中，期中实施控制测试并获取期中关于控制运行有效性审计证据的做法更具有一种“常态”；而由于实质性程序的目的在于更直接地发现重大错报，在期中实施实质性程序时更需要考虑其成本效益的权衡；在本期控制测试中拟信赖以前审计获取的有关控制运行有效性的审计证据，已经受到了很大的限制，而对于以前审计中通过实质性程序获取的审计证据，则采取了更加慎重的态度和更严格的限制。

（一）期中实施实质性程序应当考虑的因素

（1）控制环境和其他相关的控制。控制环境和其他相关的控制越薄弱，越不宜在期中实施实质性程序。

（2）实施审计程序所需信息在期中之后的可获得性。如果实施审计程序所需信息在期中之后难以获得（如系统变动导致某类交易记录难以获取），注册会计师应考虑在期中实施实质性程序。

（3）实质性程序的目的。如果针对某项认定实施实质性程序的目的就包括获取该认定的期中审计证据（从而与期末比较）注册会计师应当在期中实施实质性程序。

（4）评估的重大错报风险。注册会计师对某项认定评估的重大错报风险越高，针对该认定所需获取的审计证据的可靠性和相关性的要求越高，应当考虑将实质性程序集中于期末（或接近期末）实施。

（5）特定账户类别交易或账户余额以及相关认定的性质。例如，某些交易或账户余额以及相关认定的特殊性质（如收入截止认定、未决诉讼）决定了注册会计师必须在期末（或接近期末）实施实质性程序。

（6）针对剩余期间，能否通过实施实质性程序或将实质性程序与控制测试相结合，降低期末存在错报而未被发现的风险，如果注册会计师较有把握能够降低，可以考虑在期中实施实质性程序（如在10月实施预审，剩余期间不是很长）。

（二）如何考虑期中审计证据

（1）如果在期中实施了实质性程序，注册会计师应当针对剩余期间实施进一步的实质性程序，或将实质性程序与控制测试相结合使用，以将期中测试得出的结论合理延伸至期末。

（2）如果拟将期中测试得出的结论延伸至期末，注册会计师应当考虑针对剩余期间仅实施实质性程序是否足够。如果认为不充分，注册会计师还应测试剩余期间相关控制运行的有效性或针对期末实施实质性程序。

（3）对于舞弊导致的重大错报风险，被审计单位存在故意错报或操纵

的可能性，那么注册会计师应慎重考虑能否将期中测试得出的结论延伸至期末。

（4）如果已识别出由于舞弊导致的重大错报风险，为了将期中得出的结论延伸至期末而实施的审计程序通常是无效的，注册会计师应当考虑在期末或者接近期末时实施实质性程序。

（三）如何考虑以前审计获取的审计证据

在以前审计中实施实质性程序获取的审计证据，通常对本期只有很弱的证据效力或没有证据效力，不足以应对本期的重大错报风险。只有当以前获取的审计证据及其相关事项未发生重大变动时，以前获取的审计证据可能用作本期的有效的审计证据。如果拟利用以前审计中实施实质性程序获取的审计证据，注册会计师应当在本期实施审计程序，以确定这些审计证据是否具有持续相关性。

四、实质性程序的范围

（一）确定实质性程序的范围时考虑的因素

注册会计师评估的认定层次的重大错报风险越高，需要实施实质性程序的范围越广；如果对控制测试结果不满意，注册会计师应当考虑扩大实质性程序的范围。

（二）实质性程序的范围

细节测试的范围指的是样本量的大小。

实质性分析程序的范围：第一层含义是对什么层次上的数据进行分析；注册会计师可以选择在高度汇总的财务数据层次（资产负债率、应收账款周转率）进行分析，也可以根据重大错报风险的性质和水平调整分析层次。例如，按照不同产品线、不同季节或月份、不同经营地点或存放地点实施实质性分析程序。第二层含义是需要对什么幅度或性质的偏差展开进一步调查。可容忍或可接受的偏差越大，作为实质性分析程序一部分的进一步调查的范围就越小，应确定可接受的差异额。

了解内部控制、控制测试和实质性程序的区别如表 10-2 所示。

表 10-2 了解内部控制、控制测试和实质性程序比较

	了解内部控制	控制测试	实质性程序
对象	内部控制	内部控制	会计数据
目的	评价内部控制设计的合理性	评价内部控制的执行效果	评价会计数据的合理性
策略影响	是否进行控制测试（综合性方案还是实质性方案）	确定实质性程序的性质、时间安排和范围（包括细节测试还是实质性分析程序）	确定重大错报是否需要调整
错报或风险	评价重大错报风险	评价重大错报风险	确定重大错报
不允许	必须	可选择	必须
测试时间	审计前期	审计前期之后	审计至结束
抽样方法	不适合	属性抽样	变量抽样
利用以前的证据	可利用，每次进行穿行测试	如非特别风险，且内部控制无变化，可利用，但每隔两年应测试一次	一般不利用，除非有证据表明与前期数据无变化

◆ 课后练习◆

一、本章复习思考题

1. 什么是风险应对？针对不同层次的重大错报风险应分别如何应对？

2. 简述针对财务报表层次重大错报风险实施的总体应对措施。

3. 简要说明注册会计师增加审计程序不可预见性的方法。

4. 简述针对认定层次的重大错报风险采取的进一步审计程序。

5. 在确定进一步审计程序的性质、时间和范围时，注册会计师应当考虑的主要因素有哪些？

6. 什么是控制测试？控制测试的性质、时间安排、范围的内涵分别是什么？

7. 什么是实质性程序？实质性程序的性质、时间安排、范围的内涵是什么？

二、本章练习题

（一）单项选择题

1. 当评估的财务报表层次重大错报风险属于高风险水平时，拟实施进一

步审计程序的总体方案往往更倾向于（　　）。

A. 实质性方案为主　　　　　B. 综合性方案为主

C. 控制测试为主　　　　　　D. 细节测试为主

2. 下列有关如何考虑期中审计证据的说法中，错误的是（　　）。

A. 如果在期中实施了实质性程序，注册会计师可以不针对剩余期间实施进一步的实质性程序，直接将期中测试得出的结论合理延伸至期末

B. 如果拟将期中测试得出的结论延伸至期末，注册会计师应当考虑针对剩余期间仅实施实质性程序是否足够。如果认为不充分，注册会计师还应测试剩余期间相关控制运行的有效性或针对期末实施实质性程序

C. 对于舞弊导致的重大错报风险，被审计单位存在故意错报或操纵的可能性，那么注册会计师应慎重考虑能否将期中测试得出的结论延伸至期末

D. 如果已识别出由于舞弊导致的重大错报风险，为了将期中得出的结论延伸至期末而实施的审计程序通常是无效的，注册会计师应当考虑在期末或者接近期末时实施实质性程序

3. 下列有关如何考虑以前审计获取的审计证据的说法中，错误的是（　　）。

A. 在以前审计中实施实质性程序获取的审计证据，通常对本期只有很弱的证据效力或没有证据效力，不足以应对本期的重大错报风险

B. 只有当以前获取的审计证据及其相关事项未发生重大变动时，以前获取的审计证据可能用作本期的有效的审计证据

C. 如果拟利用以前审计中实施实质性程序获取的审计证据，注册会计师应当在本期实施审计程序，以确定这些审计证据是否具有持续相关性

D. 以前审计中实施实质性程序获取的审计证据，通常对本期仍有很强的证据效力

4. 下列有关进一步审计程序的性质的选择说法中，错误的是（　　）。

A. 注册会计师应当根据财务报表层次重大错报风险的评估结果选择审计程序

B. 评估的重大错报风险水平越高，对通过实质性程序获取的审计证据的相关性和可靠性的要求就越高，从而可能影响进一步审计程序的类型及其综合运用

C. 在确定拟实施的审计程序时，注册会计师应当考虑评估的认定层次重大错报风险产生的原因

D. 如果在实施进一步审计程序时拟利用被审计单位信息系统生成的信息，注册会计师应就信息的准确性和完整性获取审计证据

4. 下列有关确定进一步审计程序时间的重要考虑因素中，不包括（ ）。

A. 控制环境　　　　B. 控制活动

C. 错报风险的性质　　　　D. 审计证据适用的期间或时点

（二）多项选择题

1. 针对财务报表层次的重大错报风险，注册会计师采取的总体应对措施包括（ ）。

A. 向审计项目组强调保持职业怀疑态度

B. 分派更有经验或具有特殊技能的注册会计师，或利用专家的工作

C. 提供更多的督导

D. 在选择拟实施的进一步审计程序时，增加更多不可预见性

2. 以下说法正确的是（ ）。

A. 实质性方案是指实施的进一步审计程序以实质性程序为主

B. 综合性方案是指实施进一步审计程序时，将控制测试与实质性程序结合使用

C. 当评估的财务报表层次重大错报风险属于高风险水平，拟实施进一步审计程序的总体方案往往更倾向于实质性方案

D. 当评估的财务报表层次重大错报风险属于高风险水平，拟实施进一步审计程序的总体方案往往更倾向于综合性方案

3. 如果控制环境存在缺陷，注册会计师在对拟实施审计程序作出修改时应当考虑（ ）。

A. 在期末而非期中实施更多的审计程序

B. 通过实施实质性程序获取更广泛的审计证据

C. 更简便的审计方法

D. 增加拟纳入审计范围的经营地点的数量

4. 增加审计程序不可预见性的方法有（ ）。

A. 关注以前未曾关注过的领域

B. 调整实施审计程序的时间，使其超出被审计单位的预期

C. 选取不同的地点实施审计程序，或预先不告知被审计单位所选定的测试地点

D. 使用与上期审计相同的审计方法

5. 确定进一步审计程序的范围时考虑的因素（ ）。

A. 确定的重要性水平　　　B. 评估的重大错报风险

C. 计划获取的保证程度　　D. 审计程序与特定风险的相关性

6. 有关进一步审计程序的说法中正确的是（ ）。

A. 是相当于风险评估程序而言的，是指注册会计师

B. 针对评估认定层次重大错报风险实施的审计程序

C. 包括控制测试和实质性程序

D. 不是必需的审计程序

7. 存在（ ）情形时，注册会计师应当实施控制测试。

A. 内部控制设计良好但未有效运行

B. 与认定相关的控制未能识别

C. 在评估认定层次重大错报风险时，预期控制的运行是有效的

D. 仅实施实质性程序不足以提供认定层次充分、适当的审计证据

8. 控制测试的审计程序类型包括（ ）。

A. 询问　B. 观察和检查　C. 重新执行　D. 分析程序

9. 在测试内部控制的有效性时，如何考虑以前所获取的审计证据的说法中，正确的有（ ）。

A. 对于旨在减轻特别风险的控制，不论该控制在本期是否发生变化，注册会计师应当在每三年测试一次这类控制

B. 注册会计师应考虑以前审计所获取的有关控制运行有效性的审计证据是否与本期审计相关

C. 如不属于旨在减轻特别风险的控制，注册会计师应当运用职业判断确定是否在本期审计中测试其运行的有效性

D. 如不属于旨在减轻特别风险的控制应考虑本次测试与上次测试的时间间隔，但每三年至少对控制测试一次

10. 在确定控制测试范围时考虑的因素有（ ）。

A. 在整个拟信赖的期间，被审计单位执行控制的频率

B. 在所审计期间，注册会计师拟信赖控制运行有效性的时间长度

C. 通过测试与认定相关的其他控制获取的审计证据的范围

D. 控制的预期偏差

11. 针对特别风险实施的实质性程序需要考虑的因素有（　）。

A. 如果认为评估的认定层次重大错报风险是特别风险，注册会计师应当针对该风险实施专门的审计程序

B. 如果针对特别风险实施的程序仅为实质性程序，注册会计师应当实施细节测试，或将细节测试与实质性分析程序结合使用，以获取充分、适当的审计证据

C. 如果认为评估的认定层次重大错报风险是特别风险，注册会计师不需要针对该风险实施专门的审计程序

D. 如果针对特别风险实施的程序仅为实质性程序，注册会计师应当只实施实质性分析程序

第二编 审计实务

本编审计实务介绍的是审计财务报表、出具审计报告和对企业内部控制的审计。其中第十一章至第十四章是用循环法对财务报表项目进行审计，第十五章是对财务报表特殊项目进行审计，第十六章是完成审计工作并出具审计报告，第十七章是对企业内部控制进行审计。

本编主要是对财务报表进行审计。对财务报表进行审计的组织方式主要有两种：一是账户法。账户法是对财务报表项目中的每个会计账户单独进行审计，其优点与被审计单位账户设置体系和财务报表项目中的会计账户一致，审计时与会计思维一致，操作简便；其缺点是审计中的会计账户的实质性程序与被审计单位的业务流程、内部控制及内部控制测试分割开来，造成整个审计流程的不完整，同时其将紧密联系的相关账户（如应收账款和主营业务收入）人为分割开来，使审计工作脱节和重复，影响审计效率。二是循环法。循环法是将被审计单位的所有业务分为供、产、销、资金等几个业务循环，将一个循环中的业务流程、内部控制、内部控制测试、账户的实质性程序放在一起，同时与该业务循环相关的账户放在一起，由一个或几个审计人员进行审计，所有业务循环审计完成后，财务报表项目审计也完成了。循环法审计更符合被审计单位业务流程与内部控制设计与内部控制测试的实际情况，可以加深审计人员对业务的了解，提高审计工作效率和效果。现在的审计学教材和审计实务中一般是按循环法进行审计。

以制造业（其他行业可在此基础上进行增减）为例，被审计单位业务循环一般分为供（采购与付款循环）、产（生产与存货循环）、销（销售与收款循环）和资金（筹资与投资循环、货币资金）等循环，货币资金不是一个单独的业务循环，但供、产、销和资金等业务循环中都涉及货币资金，所以一般将货币资金单独列出进行测试。各循环之间的关系见下图：

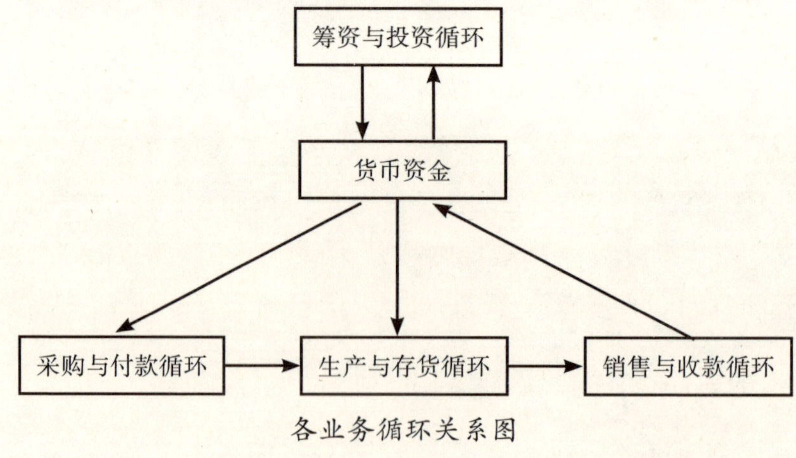

各业务循环关系图

第十一章 销售与收款循环的审计

学习目的

通过本章学习，使学生了解销售与收款循环的主要业务活动、主要凭证与会计记录；掌握销售与收款循环的重大错报风险、相关内部控制和控制测试；掌握应收账款、主营业务收入和其他业务收入的审计目标和实质性程序，重点掌握应收账款的函证、主营业务收入的实质性分析程序和截止测试（见表11-1）。

表11-1 销售与收款循环涉及的主要会计报表项目

资产负债表项目	利润表项目
1. 现销货币资金（包括库存现金，银行存款，其他货币资金，在货币资金审计中讲） 2. 赊销应收账款（包括应收账款和坏账准备）、应收票据、长期应收款、应交税费 3. 预销预收账款	1. 营业收入（包括主营业务收入与其他业务收入） 2. 营业成本（在生产与存货循环审计中讲） 3. 税金及附加 4. 销售费用

第一节 销售与收款循环的主要业务活动

本节包括两部分内容：一是销售与收款循环主要业务活动，二是销售与收款循环涉及的主要凭证与会计记录。

一、销售与收款循环的主要业务活动

（一）接受客户订购单

客户提出订货是销售与收款循环的起点，销售管理部门决定是否同意

销售。

企业根据客户订购单决定是否同意销售，如果不同意销售，本循环结束；如果同意销售，双方签订销售合同，企业填制一式多联的销售单。

接受客户订购单涉及的凭证有：

（1）客户订购单：是外部凭证，客户向企业提出购货的申请，可以是信函、电话、传真、电子邮件等方式，一般列出购货单位、销货单位，所购货物的名称、规格、数量等内容。

（2）销售合同：购销双方签订的购销商品的合同。

（3）销售单：是内部凭证，企业同意产品销售后，销售管理部门将顾客订购单上所列的相关商品的名称、规格、数量列示出来的凭证，是销售方内部处理客户订购单的凭据。

销售单是销售与收款本循环中重要的原始凭证，重要原始凭证是同时具有事先连续编号和一式多联特征的原始凭证，销售单是证明销售交易“发生”认定凭据之一，也是此笔销售交易轨迹起点。由于客户订购单是外部凭证，证明力较强，有时也可以为销售交易的“发生”认定提供补充证据。

（二）批准赊销信用

客户如申请赊销，信用管理部门在收到销售单后，根据管理当局的赊销政策，以及对每个客户的已授权的信用额度来决定是否赊销，无论是否赊销，信用管理部门均在销售单上签字。

应注意的是：赊销应有批准程序；赊销的批准人员应该是信用管理部门人员而不能是销售管理部门人员；对于超过既定销售政策和信用政策规定范围的特殊销售业务，销售单位采用集体决策方式；设计赊销批准控制的目的是降低坏账风险，因此，这些控制与应收账款账面余额的“计价和分摊”认定有关。

（三）根据销售单编制发运凭证并发货

企业管理层通常要求仓库只有在收到批准的销售单时才能编制发运凭证并供货，防止仓库在未经授权的情况下擅自发货。因此，已批准的销售单的其中一联通常送到仓库，作为仓库按销售单供货和发货给装运部门的授权凭证。

发运凭证：是在发运货物时填制的，用以反映发出商品的名称、规格、数

量等有关内容的凭据，发运凭证第一联留给购货方为提货单，其他联由企业保存。通常其中有一联由客户在收到商品时签署并返还给销售方，用作销售方确认收入及向客户收取货款的依据。发运凭证是本循环中重要的原始凭证。

（四）按销售单装运货物

按经批准的销售单供货与按销售单装运货物职责要求分开，有助于避免负责装运货物的员工在未授权的情况下装运货物。货物出库后由装运部门的职员按单核对实物后装运，按销售单装运货物是实物离开企业的重要环节。

装运前，装运部门职员通常会独立验证，以确定从仓库提取的商品都附有经批准的销售单，而且提取商品的内容与销售单及发运凭证一致。

（五）向客户开具销售发票

1. 向客户填制和寄送事先连续编号的销售发票

（1）填制销售发票部门的职员在编制每张销售发票之前，应独立检查是否存在发运凭证和相应的经批准的销售单，二者是否一致，并依据其填制购销双方单位名称，商品名称、规格、数量等。

（2）将发运凭证上的商品总数与相对应的销售发票上的商品总数进行比较。

（3）应依据已授权批准的商品价目表（价格清单）编制销售发票的单价。

（4）独立检查销售发票计价和计算的正确性。

2. 涉及的凭证

（1）销售发票：销售企业开具的，表明已售商品的购销货单位名称，商品名称、规格、数量、单价、金额等内容的凭证，它是会计账簿中登记销售交易的基本凭证。以增值税发票为例，销售发票的两联（抵扣联和发票联）给购货方，其他联由企业保存。销售发票是本循环中最重要的原始凭证。

（2）商品价目表：列示已经授权批准的、可供销售的各种商品的价格清单。

向客户开具销售发票相关的认定有：是否只对实际已装运货物才开具销售发票，有无重复开单或虚构交易情况发生即“发生”认定；是否对所有装运的货物都开了销售发票，即“完整性”认定；是否按已授权批准的商品价目表所列价格计价即“准确性”或“计价和分摊”认定。

（六）记录销售

会计人员根据销售发票（后附销售单和装运凭证）编制记账凭证，根据记账凭证登记应收账款明细账或库存现金、银行存款日记账和主营业务收入明细账等账簿，并定期证账核对，账账核对。对有欠款的客户，应由不负责库存现金、销售和应收账款记账的人员定期向客户寄送客户对账单。

涉及的会计记录有收款凭证或转账凭证、库存现金日记账、银行存款日记账、应收账款明细账、主营业务收入明细账等。

客户对账单：定期（至少是每月月末）寄送给客户的，用于购销双方核对账目的凭证。客户对账单上应注明月初余额，本月销货业务的金额，本月已收到的货款，各贷项通知单（退货）金额以及月末余额等内容。

记录销售相关的认定有：与发生、完整性、准确性、计价和分摊认定有关。

（七）办理和记录现金、银行存款收入

收到现金、银行存款，企业应该全额、及时入账，并全额、及时将库存现金存入银行。在这里，汇款通知单起着重要作用。

汇款通知单：是一种与销售发票一起寄给客户，由客户在付款时再寄回销售单位的凭证。其主要内容是顾客姓名、销售发票号码、销售单位开户银行账号以及金额等内容。

（八）办理和记录销货退回、销货折扣与折让

客户如果对商品不满意可办理销售退回或销售折让，客户如果提前支付货款可能会有一定的销售折扣。注意办理销货退回、销货折扣与折让时必须经授权批准，并确保与办理此事有关的部门和员工各司其职，分别控制实物流和会计处理。销货退回或折让时要填制贷项通知单。

贷项通知单是一种用来表示由于销货退回或折让而引起应收账款减少的凭证，其格式同销售发票，也被称为红字发票，因为应收账款减少反映在贷方所以称为贷项通知单。

（九）提取坏账准备、注销坏账

企业定期对应收账款的可回收性进行评估，并基于一定的指标（例如，账龄、客户的财务状况等）计提坏账准备。根据稳健性原则提取的坏账准备

数额应该能够抵补企业以后发生的坏账损失。对确实无法收回的货款，经适当审批后注销，注销坏账要填制坏账核销审批表。

应收账款账龄分析表是企业按月编制的反映月末应收账款总额的账龄，并详细反映每个客户月末尚未偿还的应收账款余额和账龄。

坏账核销审批表是在企业内部使用的，用来批准将某些应收款项注销为坏账的凭证。

二、销售与收款循环涉及的主要凭证与会计记录

销售与收款循环涉及的主要凭证与会计记录有：客户订购单；销售合同；销售单；发运凭证；销售发票；商品价目表；汇款通知书；记账凭证包括收款凭证和转账凭证；明细账和日记账等会计账簿包括主营业务收入明细账、库存现金日记账、银行存款日记账、应收账款明细账、销售收入折扣与折让明细账等；客户对账单；贷项通知单；应收账款账龄分析表；坏账核销审批表等。其中，销售单、发运凭证和销售发票是本循环的重要原始凭证，也全部都是企业内部原始凭证。本循环中重要原始凭证既能防止多记销售交易，也能防止少记销售交易，与销售交易和期末账户余额的“发生”认定、“存在”认定和“完整性”认定相关，销售发票中记录的金额，还与销售交易和期末账户余额的“计价和分摊”认定、“准确性”认定有关。

第二节 销售与收款循环的重大错报风险、内部控制和控制测试

在采用风险导向审计方式下，注册会计师通过对销售与收款循环业务流程的了解，评估销售与收款循环的相关交易和账户余额存在的重大错报风险，了解内部控制，为设计和实施进一步审计程序提供基础。

一、销售与收款循环的重大错报风险

（一）销售与收款循环存在的重大错报风险的识别

销售与收款循环涉及的会计报表项目中最主要的会计报表项目是营业收

入和应收账款。以一般制造业的赊销业务为例，相关交易和余额存在的重大错报风险通常包括（表 11–2）：

表 11–2 销售与收款循环的重大错报风险、相关会计报表项目及认定

序号	重大错报风险描述	相关会计报表项目及认定
1	虚增收入	营业收入：发生，应收账款，存在
2	隐瞒收入	营业收入：完整性，应收账款，完整性
3	发生的收入交易未能得到准确记录	营业收入：准确性，应收账款，计价和分摊
4	收入记入不正确的账户	营业收入：分类；应收账款：存在、完整性
5	期末收入交易未计入正确的期间	营业收入：截止；应收账款：存在、完整性
6	应收账款坏账准备计提不准确	应收账款：计价和分摊

从表 11–2 中可以看出，销售与收款循环中最容易出现重大错报的是收入，收入出现重大错报可能是舞弊造成的，也可能是差错造成的。收入是利润的来源，直接关系到企业的财务状况和经营成果。有些企业为了达到任意调节利润的目的而采用虚增或隐瞒收入等方式实施舞弊。在财务报表舞弊案件中涉及收入确认舞弊的占很大比例，收入确认已成为高风险领域。中国注册会计师审计准则要求注册会计师假定收入确认存在舞弊风险，收入确认的复杂性也使其容易发生差错。

注册会计师在评估重大错报风险时应分清重大错报风险的层次，如舞弊风险是财务报表层次的重大错报风险，与财务报表整体存在广泛联系，进而影响多项认定；如会计期末收入交易的截止错误是认定层次的重大错报风险，认定层次的重大错报风险是只与特定的交易、账户余额和披露的认定相关，注册会计师对此应有针对性地设计进一步审计程序。

（二）注册会计师实施风险评估程序，识别与收入确认相关的舞弊风险

实施风险评估程序，对注册会计师识别与收入确认相关的舞弊风险至关重要，如注册会计师通过了解被审计单位生产经营的基本情况、销售模式和业务流程、与收入相关的生产技术条件、收入的来源和构成、收入交易的特性、收入确认的具体原则、所在行业的特殊事项、重大异常交易的商业理由、被审计单位的业绩衡量等，有助于考虑收入虚假错报可能采取的方式，从而

设计恰当的审计程序以发现此类错报。

注册会计师在识别和评估与收入确认相关的重大错报风险时，审计准则要求注册会计师直接假定收入确认存在舞弊风险，并评价哪些类型的收入、收入交易或认定导致舞弊风险。

假定收入确认存在舞弊风险，并不意味着注册会计师应当将与收入确认相关的所有认定都假定为存在舞弊风险。注册会计师需要结合对被审计单位及其环境的具体了解，考虑收入确认舞弊可能如何发生。被审计单位不同，管理层实施舞弊的动机或压力不同，其舞弊风险所涉及的具体认定也不同，注册会计师需要作出具体分析。如果管理层难以实现预期的利润目标，则可能有高估收入的动机或压力（如提前确认收入或记录虚假的收入），这种情况下收入的发生认定存在舞弊风险的可能性较大，而完整性认定则通常不存在舞弊风险；相反，如果管理层有隐瞒收入而降低税负的动机，则注册会计师需要更加关注与收入完整性认定相关的舞弊风险；如果被审计单位本年度已经超额完成了本年度的销售目标，预期下一年度的销售目标难以完成，而就可能倾向于将本期的收入推迟至下一年度确认，则注册会计师需要更加关注与收入截止认定相关的舞弊风险。注册会计师应当评价通过实施风险评估程序和执行其他相关活动获取的信息是否表明存在舞弊风险因素。如果注册会计师通过实施风险评估程序了解到，被审计单位所处行业竞争激烈并伴随着利润率的下降，而管理层过于强调提高被审计单位利润水平的目标，则注册会计师需要警惕管理层通过实施舞弊高估收入，从而高估利润的风险。

如果注册会计师认为收入确认存在舞弊风险的假定不适用于业务的具体情况，从而未将收入确认作为由于舞弊导致的重大错报风险领域，注册会计师应当在审计工作底稿中记录得出该结论的理由。

（三）被审计单位通常采用收入确认的舞弊手段

了解被审计单位通常采用收入确认的舞弊手段，有助于注册会计师更加有针对性地实施审计程序。被审计单位通常采用的收入确认舞弊手段如下：

1. 为了达到粉饰财务报表的目的虚增收入或提前确认收入

（1）利用关联方虚增收入。如与未披露关联方之间的资金循环虚构交易；通过未披露的关联方进行显失公允的交易。如以明显高于其他客户的价格向未披露的关联方销售商品；通过出售关联方的股权，使之从形式上不再构成关联方，但仍与之进行显失公允的交易，或与未来或潜在的关联方进行显失公允的交易。

（2）虚构销售收入。通过虚开商品销售发票虚增收入，而将货款挂在应收账款中，并可能在以后期间计提坏账准备，或在期后冲销；为了虚构销售收入，将商品从某一地点移送至另一地点，凭销售单和发运凭证为依据记录销售收入；在与商品相关的风险和报酬尚未全部转移给客户之前确认销售收入。如销售合同中约定被审计单位的客户在一定时间内有权无条件退货，而被审计单位隐瞒退货条款，在发货时全额确认销售收入；通过隐瞒售后回购或售后租回协议，而将以售后回购或售后租回方式发出的商品作为销售商品确认收入。

（3）提前确认收入。采用完工百分比法确认劳务收入时，故意低估预计总成本或多计实际发生的成本，以通过高估完工百分比的方法实现当期多确认收入；在采用代理商的销售模式时，在代理商仅向购销双方提供帮助接洽、磋商等中介代理服务的情况下，按照相关购销交易的总额而非净额（扣除佣金和代理费等）确认收入。

（4）利用会计政策人为调节收入。当存在多种可供选择的收入确认会计政策或会计估计方法时，随意变更所选择的会计政策或会计估计方法；选择与销售模式不匹配的收入确认会计政策。

2. 为了达到报告期内降低税负或转移利润等目的而少计收入或延后确认收入

被审计单位将商品发出、收到货款并满足收入确认条件后，不确认收入，而将收到的货款作为负债挂账，或转入本单位以外的其他账户；被审计单位采用以旧换新的方式销售商品时，以新旧商品的差价确认收入；在提供劳务或建造合同的结果能够可靠估计的情况下，不在资产负债表日按完工百分比法确认收入，而推迟到劳务结束或工程完工时确认收入。

（四）被审计单位在收入确认方面可能存在舞弊风险的迹象

舞弊风险迹象，是注册会计师在实施审计过程中发现的、需要引起对舞弊风险警觉的事实或情况。存在舞弊风险迹象并不必然表明发生了舞弊，但了解舞弊风险迹象，有助于注册会计师对审计过程中发现的异常情况产生警

觉，从而更有针对性地采取应对措施。通常表明被审计单位在收入确认方面可能存在舞弊风险的迹象如下：

注册会计师发现，被审计单位的客户是否付款取决于下列情况：能否从第三方取得融资；能否转售给第三方（如经销商）；被审计单位能否满足特定的重要条件；未经客户同意，在销售合同约定的发货期之前发送商品；未经客户同意，将商品运送到销售合同约定地点以外的其他地点。

被审计单位的销售记录表明，已将商品发往外部仓库或货运代理人，却未指明任何客户；在实际发货之前开具销售发票，或实际未发货而开具销售发票；期后发货，在本期确认相关收入；实际销售情况与定单不符，或者根据已取消的定单发货或重复发货；已经销售给货运代理人的商品，在期后有大量退回；销售合同或发运单上的日期被更改，或者销售合同上加盖的公章并不属于合同所指定的客户；在接近期末时发生了大量或大额交易；交易之后长期不结算；在被审计单位业务或其他相关事项未发生重大变化的情况下，询证函回函相符比例明显异于以前年度；发生异常大量的现金交易，或被审计单位有非正常的资金流转及往来，特别是有非正常现金收付的情况；收款款项收回时，付款单位与购买方不一致，存在较多代付款的情况；交易标的对交易对手而言不具有合理用途；主要客户自身规模与其交易规模不匹配。

（五）注册会计师针对评估的收入确认相关的重大错报风险采取的措施

在收入确认领域实施审计程序时，分析程序是一种较为有效的方法，注册会计师需要重视并充分利用分析程序，可以实施的分析程序的例子包括：将本期销售收入金额与以前可比期间的对应数据或预算数进行比较；分析月度或季度销售量变动趋势；将销售收入变动幅度与销售商品及提供劳务收到的现金、应收账款、存货、税金等项目的变动幅度进行比较；将销售毛利率、应收账款周转率、存货周转率等关键财务指标与可比期间数据、预算数或同行业其他企业数据进行比较；分析销售收入等财务信息与投入产出率、劳动生产率、产能、水电能耗、运输数量等非财务信息之间的关系；分析销售收入与销售费用之间的关系，包括销售人员的人均业绩指标、销售人员薪酬、差旅费用、运费，以及销售机构的设置、规模、数量、分布等。

注册会计师通过实施分析程序，可能识别出未注意到的异常关系，或难

以发现的变动趋势，从而有目的、有针对性地关注可能发生重大错报风险的领域，有助于评估重大错报风险，为设计和实施应对措施提供基础。如果注册会计师发现被审计单位不断地为完成销售目标而增加销售量，或者大量的销售因不能收现而导致应收账款增加，需要对销售收入的真实性予以额外关注；如果注册会计师发现被审计单位临近期末销售量大幅增加，需要警惕将下期收入提前确认的可能性；如果注册会计师发现单笔大额收入能够减轻被审计单位盈利方面的压力，或使被审计单位完成销售目标，需要警惕被审计单位虚构收入的可能性。如果发现异常或偏离预期的趋势或关系，注册会计师需要认真调查其原因，评价是否表明可能存在由于舞弊导致的重大错报风险。涉及期末收入和利润的异常关系尤其值得关注，例如在报告期的最后几周内记录了不寻常的大额收入或异常交易。注册会计师可能采取的调查方法如下：

（1）利用毛利率。如果注册会计师发现被审计单位的毛利率变动较大或与所在行业的平均毛利率差异较大，注册会计师可以采用定性分析与定量分析相结合的方法，从行业及市场变化趋势、产品销售价格和产品成本要素等方面对毛利率变动的合理性进行调查。

（2）利用应收账款余额。如果注册会计师发现应收账款余额较大，或其增长幅度高于销售收入的增长幅度，注册会计师需要分析具体原因（如赊销政策和信用期限是否发生变化等），并在必要时采取恰当的措施，如扩大函证比例、增加截止测试和期后收款测试的比例等。

（3）利用收入增长率。如果注册会计师发现被审计单位的收入增长幅度明显高于管理层的预期，可以询问管理层的相关人员，并考虑管理层的答复是否与其他审计证据一致，例如，如果管理层表示收入增长是由于销售量增加所致，注册会计师可以调查与市场需求相关的情况。

对收入确认相关的重大错报风险，注册会计师除采用分析程序外，还可以在实质性程序中采用细节测试，具体审计程序将在营业收入和应收账款实质性程序中阐述。

二、内部控制和控制测试

表 11–3 列示了销售与收款循环的内部控制目标、关键内部控制和注册会计师常用的控制测试、实质性程序。

表 11-3 销售与收款循环内部控制目标、关键内部控制和常用控制测试、实质性程序一览表

内部控制目标	关键内部控制	常用的控制测试	常用的实质性程序
登记入账的销售交易确已发货给真实的客户（发生）	（1）销售业务是以经过审核的发运凭证及销售单为依据登记入账的（附在销售发票后） （2）在发货前，客户的赊销已经被授权批准 （3）每月向客户寄送对账单，对客户提出的意见专门追查	（1）检查销售发票副联是否附有发运凭证（或提货单）及销售单 （2）检查客户的赊购是否经授权批准 （3）观察是否寄发对账单，并检查客户回函档案	（1）追查主营业务收入明细账中的分录至销售单，销售发票副联及发运凭证（逆查法） （2）复核主营业务收入总账，明细账以及应收账款明细账中的大额或异常项目 （3）将发运凭证与存货永续记录中的发运分录核对
所有销售交易均已登记入账（完整性）	（1）发运凭证（或提货单）均经事先编号并已登记入账 （2）销售发票均经事先编号并已登记入账	（1）检查发运凭证连续编号的完整性 （2）检查销售发票连续编号的完整性	追查发运凭证至应收账款和主营业务收入明细账 追查销售发票至应收账款和主营业务收入明细账（顺查法）
登记入账的销售数量、单价正确，销售业务已正确记入明细账并经正确汇总（准确性，计价和分摊）	（1）销售发票中的销售数量与发运凭证中的数量比对 （2）销售发票中的销售单价与价格清单中的单价比对 （3）由独立人员对应收账款明细账作内部核查 （4）将应收账款明细账余额合计数与其总账余额进行比较 （5）每月定期给客户寄送对账单	（1）检查比对证据 （2）检查内部核查标记 （3）检查比较的标记 （4）观察客户对账单是否已经寄出	（1）追查销售发票上的详细资料至发运凭证，经批准的商品价目表和客户订货单 （2）复算销售发票上的数据 （3）追查主营业务收入明细账中的记录至销售发票 （4）将主营业务收入明细账加总，追查其至总账的过账
销售交易的记录及时（截止）	（1）采用尽量能在销售发生时开具收款账单和登记入账的控制方法 （2）每月末由独立人员对销售部门的销售记录、发运部门的发运记录和财务部门的销售入账情况进行内部核查	（1）检查尚未开具收款账单的发货和尚未登记入账的销售交易 （2）检查内部核查的标记	将销售交易登记入账的日期与发运凭证的日期比较核对

续表

内部控制目标	关键内部控制	常用的控制测试	常用的实质性程序
销售交易的分类正确（分类）	（1）采用适当的会计科目表 （2）内部核查	（1）检查会计科目表是否适当 （2）检查内部核查标记	检查证明销售交易分类正确的原始证据

（一）内部控制目标

表 11-3 第一列列示了企业设立销售交易内部控制的目标，也是注册会计师实施相应控制测试和实质性程序所要达到的审计目标，分别是发生、完整性、准确性（计价和分摊）、截止和分类。

（二）关键内部控制

表 11-3 第二列列示了与内部控制目标相对应的一项或者数项企业关键内部控制。被审计单位对本企业内部控制的建立健全和有效实施负责。企业内部控制按控制的内容分主要有：

1. 适当的职责分离

职责分离是企业内部正确的人员分工，适当的职责分离有助于防止各种有意或无意的错误，如登记主营业务收入明细账和登记应收账款明细账由不同的员工分别独立登记，并由另一位不负责账簿记录的员工定期核对总账和明细账，就构成了一项牵制制度；规定负责登记主营业务收入账和登记应收账款账的员工不得经手货币资金，也是防止舞弊的一项重要控制。另外，销售人员通常有一种追求更大销售数量的倾向，而不管赊销是否将以巨额坏账损失为代价，赊销的审批则在一定程度上可以抑制这种倾向。因此，赊销批准职能与销售职能的分离，也是一种理想的控制。

为确保办理销售与收款业务的不相容岗位相互分离、制约和监督，一个企业销售与收款业务相关职责适当分离的基本要求通常包括：企业应当分别设立办理销售、发货、收款三项业务的部门（或岗位）；企业在销售合同订立前，应当指定专门人员就销售价格、信用政策、发货及收款方式等具体事项与客户进行谈判。谈判人员应有两人以上，并与订立合同的人员相分离；编制销售发票通知单的人员与开具销售发票的人员应相互分离；销售人员应当避免接触销货现款；企业应收票据的取得和贴现必须经由保管票据以外的

主管人员的书面批准。

2. 正确的授权审批

授权审批是审批人员应当根据销售与收款批准制度的规定，在授权范围内审批，不得超越审批权限。它是企业内部正确的授权划分，在本循环中正确的授权审批包括赊销要经授权审批；非经正当审批不得发出货物；销售价格、销售条件、运费、折扣、坏账核销等必须经过审批；赊销和发货审批控制的目的在于防止企业因向虚构的或者无力支付货款的客户发货而蒙受损失；价格审批控制的目的在于保证销售交易按照企业定价政策规定的价格开票收款；对授权审批范围设定权限的目的则在于防止因审批人决策失误而造成严重损失。

3. 充分的凭证和记录

充分的凭证和记录有助于企业执行各项控制以控制目标。凭证和记录是内部控制的媒介，只有具备充分的凭证和记录，才有可能实现各种控制目标。本循环中重要的原始凭证均是事先连续编号和一式多联的，如销售单、发运凭证和销售发票，通过重要原始凭证事先连续编号和事后对原始凭证编号的清点，防止经济业务后重复记账（发生或存在认定）或遗漏记账（完整性认定）。根据重要的原始凭证登记入账是防止经济业务后重复记账（发生或存在认定）或遗漏记账（完整性认定）的重要内部控制。

4. 经济业务发生后及时充分记录

经济业务发生后及时充分记录，使会计记录与实际情况更接近，而且会计期间也正确。

5. 定期核对制度

定期核对制度是保证会计记录正确的重要措施，主要包括会计记录的内部核对，即证证、证账、账账、账表、账实核对；内部记录与外部记录核对，如本循环中主要是定期寄出客户对账单，而且不得由相关业务人员如出纳、销售人员、应收账款记账人员寄出，然后由独立人员按月编制对账情况汇总报告，并交管理层审阅。

6. 内部核查程序

由企业内部审计人员或其他独立人员核查销售与收款的处理和记录，并在内部审计报告或其他报告上签字。

内部核查是实现内部控制目标所不可缺少的一项控制措施。销售与收款

内部控制检查的主要内容包括：销售与收款交易相关岗位及人员的设置情况，重点检查是否存在销售与收款交易不相容职务未分开的现象；销售与收款交易授权批准制度的执行情况，重点检查是否存在销售与收款交易不相容职务未分开的现象；销售的管理情况，重点检查信用政策、销售政策的执行是否符合规定；收款的管理情况，重点检查销售收入是否及时入账，应收账款的催收是否有效，坏账和应收票据的管理是否符合规定；销售退回的管理情况，重点检查销售退回手续是否齐全，退回货物是否及时入库。企业是否将销售收入及时入账，销售人员应当避免接触销售现款；企业应当建立应收账款账龄分析制度和应收账款催收制度等。

（三）注册会计师常用的控制测试

控制测试是注册会计师实施的，用以评价内部控制在防止或发现并纠正认定层次重大错报方面运行有效性的审计程序。控制测试作为进一步审计程序的类型之一，并不是在任何情况下都需要实施的，即控制测试不是必需的审计程序，只有存在下列两种情形之一时，注册会计师应当实施控制测试：①在评估认定层次重大错报风险时，预期控制的运行是有效的；②仅实施实质性程序不足以提供认定层次充分、适当的审计证据。

注册会计师实施控制测试采用的审计程序有询问、观察、检查和重新执行。由于询问本身并不足以测试内部控制运行的有效性，因此询问一般不单独使用，通常和其他方法结合使用。对内部控制运行后未留下书面记录的，采用观察测试方法，根据观察审计当时的内部控制设计和执行情况推测出审计期间内部控制的有效性。对内部控制运行后留下书面记录的，采用检查测试方法非常适合。重新执行是注册会计师通过重新执行内部控制来证实内部控制是否有效执行。注册会计师实施控制测试时最常用的方法是检查和观察。表 11-3 列示的注册会计师常用的控制测试方法中除每月定期给客户寄送对账单可以采用观察和检查审计程序外，注册会计师采用其他内部控制测试的方法都是检查。

（四）注册会计师常用的实质性程序

实质性程序是注册会计师实施的，用以发现认定层次重大错报的审计程序。实质性程序作为进一步审计程序的类型之一，是注册会计师在任何情况下都必须实施的审计程序。实质性程序包括实质性分析程序和细节测试两种

基本类型。表 11-3 列示的注册会计师常用的具有典型意义的实质性程序中的细节测试，表中的一些实质性程序适用于所有的审计程序，如（1）注册会计师审计发生或存在认定对应的审计目标时，用的实质性程序方法是逆查法，即审查从明细账→记账凭证→重要原始凭证，在本循环中是追查主营业务收入明细账中的分录至销售单，销售发票副联及发运凭证，这个审计程序与会计核算程序顺序相反，一般简称为逆查法；如（2）注册会计师审计完整性认定对应的审计目标时，用的实质性程序方法是顺查法，即审查从重要原始凭证→记账凭证→明细账，在本循环中是追查发运凭证至主营业务收入明细账及应收账款明细账，追查销售发票至主营业务收入明细账及应收账款明细账，这个审计程序与会计核算程序顺序相同，一般称为顺查法；如（3）注册会计师审计准确性（或计价和分摊）认定对应的审计目标时，常用的审计方法有审查重要原始凭证金额的正确性，在本循环中是追查销售发票上的详细资料至发运凭证，经批准的商品价目表和客户订货单，复算销售发票上的数据；明细账合计数与总账数核对，在本循环中是将主营业务收入明细账加总，追查其至总账的过账等；如（4）注册会计师审计截止认定对应的审计目标时，常用的审计方法有审查重要原始凭证日期与明细账的日期核对，在本循环中是将销售交易登记入账的日期与发运凭证的日期比较核对；如（5）注册会计师审计分类认定对应的审计目标时，常用的审计方法是审查重要原始凭证与记入的明细账账户是否一致，在本循环中是检查证明销售交易分类正确的原始证据。以上所列的实质性程序方法是注册会计师常用的实质性程序，具有普遍意义，这些实质性程序实施的前提是财务报表重大错报风险较低，相关会计资料可信度较高时适用。如果财务报表重大错报风险较高，相关会计资料可信度较低时，再审查相关会计资料取得审计证据的意义就不大了。

需要说明的是，表 11-3 列示了销售与收款循环的内部控制目标、关键内部控制、注册会计师常用的控制测试和实质性程序，目的在于帮助注册会计师根据具体情况，设计能够实现审计目标的常用的控制测试和实质性程序。其内部控制、控制测试和实质性程序主要是从保证财务报表可靠性方面设计的，没有包括销售与收款循环所有的内部控制、控制测试和实质性程序，也不意味着审计实务中一定按此顺序进行。由于被审计单位所处行业不同、规模不一、内部控制制度的设计和执行方式不同，以前期间接受审计的情况也

各不相同；同时受审计时间、审计成本的限制，注册会计师除了确保审计质量、审计效果外，还需要提高审计效率，尽可能地消除重复的测试程序，保证检查某一凭证时能够一次完成对该凭证的全部审计测试程序。因此，在审计实务工作中，注册会计师需要从实际出发，设计适合被审计单位具体情况的实用高效的控制测试和实质性程序计划（本书的第十二章至第十四章各业务循环的审计中，企业内部控制的目标、关键的内部控制和注册会计师常用的控制测试和实质性程序的内容，很多与本章内容基本相同，已在本章阐述过内容，以后各章不再赘述）。

第三节 销售与收款循环的实质性程序

在审计实务中，注册会计师通过风险评估程序和控制测试，识别重大错报风险和测试内部控制的有效性后，确定是否需要对具体审计计划中的实质性程序的性质、时间安排和范围作出适当调整；如果控制测试的结果表明内部控制未能有效运行，注册会计师就需要从实质性程序中获取更多的相关审计证据，需要修改实质性程序的性质、时间、范围等，如采用更多的细节测试而非实质性分析程序、获取更多的外部证据等，或扩大实质性审计程序的范围等。销售与收款循环的实质性程序中重点对应收账款会计报表项目（包括应收账款和坏账准备两个会计账户）、营业收入会计报表项目（包括主营业务收入和其他业务收入两个会计账户）进行审计，审计的主要内容是审计目标和实质性程序。

实质性程序作为进一步审计程序中的一种，是注册会计师必须实施的审计程序，实质性程序包括实质性分析程序和细节测试两种类型。

一、实质性分析程序

实质性分析程序是分析程序在实质性程序中的运用。分析程序是指注册会计师通过对不同财务数据及财务数据与非财务数据之间的分析比较，对财务信息作出评价的方法。分析程序是重要的审计手段，通过对指标不同期间、不同行业间的分析比较，可以发现审计线索，提高审计效率。实质性分析程序在细节测试前进行，实质性分析程序不是必需的，注册会计师应根据被审

计单位的具体情况确定是否需要运用实质性分析程序。

实质性分析程序有以下几个步骤：

（1）识别本循环中哪些交易或账户余额需要运用实质性分析程序，在销售与收款循环审计中，应收账款和营业收入项目都需要运用实质性分析程序。

（2）确定期望值。针对已识别需要运用分析程序的有关项目，并基于对被审计单位及其环境的了解，包括被审计单位的相关预算、行业发展状况、市场份额、可比的行业信息等，考虑有关数据间关系的影响，确定有关指标的期望值，一般的期望值包括被审计单位上期实际值，被审计单位本期计划值、同行业本期实际的平均值、最好值等等。

（3）确定可接受的差异值。在确定可接受的差异值时，注册会计师首先应关注所涉及的重要性和计划的保证水平的影响。此外，根据拟进行实质性分析程序的具体指标的不同，可接受的差异值的确定有时与管理层使用的关键业绩指标相关，并需考虑这些指标的适当性和监督过程。

（4）进行比较，计算出差异值。将本期实际值与期望值（一般是被审计单位上期实际值，被审计单位本期计划值、同行业本期实际的平均值、最好值等）进行比较，计算出二者间的差异值。

（5）调查重大差异并作出判断。如果差异值没有超过确定的可接受差异值，其结果是可以接受的；如果差异值超过了确定的可接受差异值，应调查并获取充分的解释和恰当的、佐证性质的审计证据。需要注意的是，如果差异值超过可接受差异值，注册会计师需要对差异值的全额进行调查证实，而不仅是针对超出可接受差异值的部分。

（6）评估实质性分析程序的结果。注册会计师应当就收集的审计证据是否能支持要证实的审计目标和认定形成结论。

本书第十二章至第十四章各业务循环的审计中，还有很多地方用到实质性分析程序，步骤与以上的（1）~（6）相同，以后各章中具体步骤不再赘述。第十二章至第十四章讲到实质性分析程序时，只介绍运用实质性分析程序的具体项目指标，其具体实施步骤同上。

销售与收款循环中涉及的会计报表项目如表11-1中所列示，会计报表项目很多，本节只介绍具有代表性的应收账款和营业收入的审计，应收账款审计是作为债权类资产审计的代表，营业收入审计是作为本书中唯一的收入类审计的代表，本节介绍这两类项目的审计目标和实质性程序，本循环其他项目的审计目标和实质性程序可以根据这两类项目的审计举一反三。

二、应收账款的审计

应收账款余额一般包括应收账款账面余额和相应的坏账准备两部分。

应收账款是指企业因销售商品、提供劳务而形成的债权，即由于企业销售商品、提供劳务等原因，应向购货客户或接受劳务的客户收取的款项或代垫的运杂费，是企业的债权性资产。

坏账是指企业无法收回或收回可能性极小的应收款项（包括应收票据、应收账款、预收款项、其他应收款和长期应收款等）。由于发生坏账而产生的损失称为坏账损失。企业通常采用备抵法按期估计坏账损失。企业通常应当定期或者至少于每年年末，对应收款项进行全面检查，合理预计各项应收款项可能发生的坏账，相应计提坏账准备。

企业的应收账款是在销售交易或提供劳务过程中产生的，因此，应收账款的审计应结合销售交易来进行审计。主营业务收入“发生”认定与应收账款“存在”认定直接相关，应收账款“存在”认定的审计证据同时也是主营业务收入“发生”认定的审计证据，注册会计师取得的应收账款存在的证据如应收账款询证函的回函，不仅可以证明资产负债表日应收账款的存在，还可以证明这期间主营业务收入确实已经发生，是可靠性很强的审计证据。

（一）应收账款的审计目标

如表 11-4 所示。

表 11-4 管理当局的认定与对应的应收账款的审计目标

管理当局对期末账户余额认定	应收账款的审计目标
存在	A. 确定资产负债表中记录的应收账款在资产负债表日是否确实存在。（审计重点）
完整性	B. 确定所有应当记录的应收账款是否均已记录
权利和义务	C. 确定记录的应收账款是否由被审计单位拥有或控制
计价和分摊	D. 确定应收账款及坏账准备期末余额是否正确；确定应收账款是否可收回，坏账计提方法和比例是否恰当，计提是否充分
列报	E. 确定应收账款及坏账准备是否按照企业会计准则的规定在财务报表中作出恰当列报

（二）应收账款的实质性程序

1. 取得或编制应收账款明细表（表 11-5）

表 11-5　应收账款明细表

客户名称	期初余额	本期增加额	本期减少额	期末余额
合计				

（1）复核应收账款明细表加计正确，并与总账数和明细账合计数核对是否相符，结合坏账准备账户与报表数核对是否相符。应收账款报表数反映企业因销售商品、提供劳务等应向购买单位收取的各种款项，减去已计提的相应的坏账准备后的净额。

（2）检查非记账本位币应收账款的折算汇率及折算是否正确。对于用非记账本位币（通常为外币）结算的应收账款，注册会计师检查被审计单位外币应收账款的增减变动是否采用交易发生日的即期汇率将外币金额折算成记账本位币金额，或采用按照系统合理的方法确定的、与交易发生日即期汇率近似的汇率折算，选择采用汇率的方法前后各期是否一致；期末外币应收账款余额是否采用期末即期汇率折合为记账本位币金额；折算差额的会计处理是否正确。

2. 实施实质性分析程序

（1）复核应收账款借方累计发生额与主营业务收入关系是否合理，并将当期应收账款借方发生额占销售收入净额的百分比与管理层考核指标和被审计单位相关赊销政策比较，检查是否存在重大异常，如存在重大异常应查明原因。

（2）计算应收账款周转率、应收账款周转天数等指标，并与被审计单位相关赊销政策、被审计单位以前年度指标、同行业同期相关指标对比分析，检查是否存在重大异常，如存在重大异常应查明原因。

3. 检查应收账款账龄分析是否正确

（1）获取应收账款账龄分析表（见表 11-6）。被审计单位通常会编制应收账款账龄分析表，以监控货款回收情况、及时识别可能无法收回的应收账款并作为计提坏账准备的依据之一。注册会计师可以通过查看应收账款账龄分析表，了解和评估应收账款的可收回性及坏账准备计提是否恰当，以判断应收账款余额是否正确。

表 11-6 应收账款账龄分析表

年 月 日 货币单位：

客户名称	期末余额	账龄			
		1 年以内	1~2 年	2~3 年	3 年以上
合计					

（2）测试应收账款账龄分析表计算的准确性，将测试应收账款账龄分析表中的合计数与应收账款总分类账余额比较，对重大不符项目进行调查。

（3）测试应收账款账龄分析表中账龄划分的准确性。从测试应收账款账龄分析表中抽取一定数量的项目追查至相关销售的原始凭证

4. 函证应收账款

函证应收账款是注册会计师通过直接向债务人写信，核实应收账款真实性、正确性的一种审计方法。

（1）函证应收账款的目的。可以证实应收账款是否确实存在，是否归被审计单位所有，应收账款账户余额是否真实准确。

（2）函证应收账款决策。是必需的审计程序，如果存在下列两种情况之一，注册会计师可以不进行函证应收账款，一是应收账款对被审计单位财务报表而言是不重要的；二是函证很可能是无效。如果注册会计师不对应收账款进行函证，应该在审计工作底稿上说明理由。如果未进行函证或认为函证很可能是无效的，注册会计师应当实施替代审计程序，获取可靠的审计证据。

（3）函证的范围和对象。注册会计师不需要对被审计单位所有的应收账款进行函证，只对应收账款的一部分进行函证。函证范围主要受以下因素的影响：①应收账款在全部资产中的重要性。如果应收账款在全部资产中所占的比重较大，则函证的范围应相应大一些。②被审计单位内部控制的有效性。如果内部控制制度有效，则可以相应减少函证量，反之，则相应扩大函证范围。③以前期间的函证结果。若以前期间函证结果表明函证中发现过重大差异，或欠款纠纷较多，则本期函证范围应相应扩大一些。函证对象的选择：注册会计师选择函证项目时，除了考虑金额较大的项目，也需要考虑风险较

高的项目，例如，账龄较长的项目；与债务人发生纠纷的项目；重大关联方项目；主要客户（包括关系密切的客户）项目；新增客户项目；交易频繁但期末余额较小甚至余额为零的项目；可能产生重大错报或舞弊的非正常项目。这种基于一定的标准选取样本的方法具有针对性，比较适用于应收账款余额金额和性质差异较大的情况。如果应收账款余额由大量金额较小且性质类似的项目构成，则注册会计师通常采用抽样技术选取函证样本。

（4）函证方式。函证方式分为积极式和消极式两种函证方式。积极式函证是注册会计师要求被询证者在所有情况下必须回函的方式。积极的函证方式又分为两种：一种是在询证函中写明拟函证的账户余额或其他信息，要求被询证者确认所函证的款项是否正确；另一种是在询证函中不写明账户余额或其他信息，而要求被询证者填写有关信息或提供进一步信息。消极式函证是注册会计师要求被询证者在同意询证函列示信息的情况时不予以回函，在不同意询证函列示信息的情况时才予以回函的方式。注册会计师可采用积极式或消极式实施函证，也可将两种方式结合使用。由于应收账款通常存在高估风险，且与之相关的收入确认存在舞弊风险假定，因此，实务中一般对应收账款采用积极的函证方式，本书下文均假设为积极式函证方式。

参考格式 11–1 列示了积极式询证函写明账户余额或其他信息的格式；参考格式 11–2 列示了积极式询证函不写明账户余额或其他信息的格式；参考格式 11–3 列示了消极式询证函的格式。

参考格式 11–1：积极式询证函（写明账户余额或其他信息）

企业询证函

编号：

××（公司）：

本公司聘请的 ×× 会计师事务所正在对本公司 ×× 年度财务报表进行审计，按照中国注册会计师审计准则的要求，应当询证本公司与贵公司的往来账项等事项。下列数据出自本公司账簿记录，如与贵公司记录相符，请在本函下端“信息证明无误”处签章证明；如有不符，请在“信息不符”处列明不符金额。回函请直接寄至 ×× 会计师事务所。

回函地址：

邮编：　　　　　电话：　　　　　传真：　　　　　联系人：

1. 本公司与贵公司的往来账项列示如下：

单位：元

截止日期	贵公司欠	欠贵公司	备注

2. 其他事项。

本函仅为复核账目之用，并非催款结算。若款项在上述日期之后已经付清，仍请及时函复为盼。

（公司盖章）

年　　月　　日

结论：1. 信息证明无误。

（公司盖章）

年　　月　　日

经办人：

2. 信息不符，请列明不符的详细情况：

（公司盖章）

年　　月　　日

经办人：

参考格式 11-2：积极式询证函（不写明账户余额或其他信息）

企业询证函

编号：

××（公司）：

本公司聘请的××会计师事务所正在对本公司××年度财务报表进行审计，按照中国注册会计师审计准则的要求，应当询证本公司与贵公司的往来账项等事项。请列示截至××年×月×日贵公司与本公司往来款项余额。回函请直接寄至××会计师事务所。

回函地址：

邮编：　　　　电话：　　　　传真：　　　　联系人：

本函仅为复核账目之用，并非催款结算。若款项在上述日期之后已经付清，仍请及时函复为盼。

（公司盖章）

年　　月　　日

1. 贵公司与本公司的往来账项列示如下：

单位：元

截止日期	贵公司欠	欠贵公司	备注

2. 其他事项。

（公司盖章）

年　　月　　日

经办人：

参考格式 11-3：消极式询证函格式

企业询证函

编号：

××（公司）：

本公司聘请的××会计师事务所正在对本公司××年度财务报表进行审计，按照中国注册会计师审计准则的要求，应当询证本公司与贵公司的往来账项等事项。下列数据出自本公司账簿记录，如与贵公司记录相符，则无须回复；如有不符，请直接通知会计师事务所，并请在空白处列明贵公司认为是正确的信息。回函请直接寄至××会计师事务所。

回函地址：

邮编：　　　　电话：　　　　传真：　　　　联系人：

1. 本公司与贵公司的往来账项列示如下：

单位：元

截止日期	贵公司欠	欠贵公司	备注

2. 其他事项。

本函仅为复核账目之用，并非催款结算。若款项在上述日期之后已经付清，仍请及时核对为盼。

（公司盖章）

年　　月　　日

×× 会计师事务所：

上面的信息不正确，差异如下：

（公司盖章）

年　　月　　日

经办人：

（5）函证时间的选择。通常以资产负债表日为截止日，在资产负债表日后适当时间内实施函证，充分考虑给予对方复函的时间，尽可能做到在注册会计师审计工作结束前收到函证的全部资料。如果重大错报风险评估为低水平，注册会计师也可选择资产负债表日前适当日期为截止日实施发函，并对所函证项目自该截止日起至资产负债表日止发生的变动实施其他实质性程序。

（6）函证的控制。注册会计师根据被审计单位提供的应收账款明细账户名称及客户地址等资料，确定需要确认或填列的信息；注册会计师选择适当的被询证者、设计询证函；注册会计师应当亲自对询证函进行发送和回收（回函指明给会计师事务所）；注册会计师可通过函证结果汇总表的方式对询证函的收回情况加以汇总，函证结果汇总表如表 11–7 所示；注册会计师将询证函回函作为审计证据，纳入审计工作底稿管理，询证函回函的所有权属于审计所在的会计师事务所，会计师事务所不得将询证函回函提供给被审计单位作为法律诉讼证据。

表 11-7 应收账款函证结果汇总表

被审计单位名称： 制表： 日期：
结账日： 年 月 日 复核： 日期：

询证函编号	客户名称	地址及联系方式	账面金额	函证方式	函证日期		回函日期	替代程序	确认余额	差异金额及说明	备注
					第一次	第二次					
合计											

（7）对未回函项目实施替代程序。对于因无法投递而退回的信函要进行分析、研究、处理，查明原因，确定是否再次函证。对于采用积极式函证方式而没有得到回复的，注册会计师应当考虑对重要的账户余额或其他信息再次函证，如果仍得不到回函，注册会计师应采用必要的替代审计程序，替代审计程序包括：一是检查资产负债表日后收回的货款，注册会计师不仅要查看应收账款的贷方发生额，而且要查看相关的收款单据，以证实付款方确为该客户且确与资产负债表日的应收账款相关；二是检查与销售有关的文件，原始凭证包括客户订单，销售合同，销售单，发运凭证，销售发票，被审计单位与客户之间的往来邮件，如有关发货、对账、催款等事宜邮件。

在某些情况下，注册会计师识别出被审计单位有关收入确认舞弊风险，不能信赖从被审计单位取得的审计证据，可能认为取得积极式函证回函是获取充分、适当的审计证据的必要程序，则替代程序不能提供注册会计师需要的审计证据。在这种情况下，如果未获取回函，注册会计师应当确定其对审计工作和审计意见的影响。

（8）对函证结果的总结和评价。如果函证结果表明审计没有差异，则可以合理推论，全部应收账款总体是正确的；如果函证结果表明审计存在差异，全部应收账款总体不一定是错误的，具体应查明原因，原因可能是由于双方即销货方（被审计单位）和购货方（被函证方）登记入账的时间不同，或是由于一方或双方记账错误，也可能是被审计单位的舞弊行为。登记入账的时间不同而产生差异具体表现为：询证函发出时，客户已经付款，被审计单位尚未收到货款；询证函发出时，被审计单位的货物已经发出并已作销售记录，但货物仍在途中，客户尚未收到货物，未记录为负债；客户由于某种原因将货物退回，而被审计单位在资产负债表日尚未收到；客户对收到的货物的数量、质量及价格等方面有异议而全部或部分拒付货款等。这种情况下，注册会计师可以检查销售发生时的原始凭证，如销售单、发运凭证、销售发票等，确定销售已发生；可以检查函证日后的收款单据和银行存款对账单等，证实对方已付款；可以审查退货审批等销售退回的有关文件资料和退回验收入库货物的等。如果存在的差异确实是被审计单位的错报，注册会计师则应当估算应收账款总额中可能出现的累计差错是多少，为取得对应收账款累计差错更加准确的估计，也可以进一步扩大函证范围。应当评价该错报是否存在舞弊，并重新考虑所实施审计程序的性质、时间和范围。

5. 检查未函证的应收账款

对未函证的应收账款，注册会计师采用的程序与函证未收到回函的审计程序一样，即采用替代审计程序，检查期后回款单据和销售时的原始凭证。

6. 检查坏账的冲销和转回

先检查坏账的冲销是否符合条件，即债务人破产或者死亡的，以及破产或以遗产清偿后仍无法收回的，或债务人长期未履行清偿义务的应收账款；再检查被审计单位坏账的处理，是否经授权批准，有关会计处理是否正确。

7. 确定应收账款的列报是否恰当

（1）抽查有无不属于结算业务的债权，如其他应收款，调查与销售无关的其他款项（如代销账户、关联方账户或员工账户），必要时提出调整建议。

（2）分析应收账款明细账余额方向，应收账款明细账的余额一般在借方，注册会计师在分析应收账款明细账余额时，如果发现应收账款贷方余额，就应查明原因，必要时建议作重分类调整。

应收账款明细账出现贷方余额属于债务，应列入“预收账款”项目。需编制重分类调整分录：

借：应收账款——××客户　　　×××

　贷：预收账款——××客户　　　×××

同时应按相应会计规定补提坏账准备：

借：资产减值损失——计提的坏账准备　×××

　贷：应收账款——坏账准备　　　　×××

同样，如果“预收账款”中出现借方余额，应在期末编制资产负债表时

调整为“应收账款”，并补提坏账准备，预收账款重分类调整分录与补提坏账准备的分录同上。

（3）检查应收账款列报是否恰当。包括主表和附注，如果被审计单位为上市公司，注册会计师还要评价其披露是否符合证券监管部门的特别规定。

总结应收账款实质性程序及达到的审计目标如表 11-8 所示。

表 11-8　应收账款的实质性程序及该程序达到的审计目标

应收账款的实质性程序	该审计程序达到的审计目标
1. 取得或编制应收账款明细表	D
2. 实施实质性分析程序	ABD
3. 检查应收账款账龄分析是否正确	D
4. 对应收账款进行函证	ACD
5. 检查未函证的应收账款	ACD
6. 检查坏账的冲销和转回	D
7. 确定应收账款的列报是否恰当	E

（三）坏账准备的实质性程序

企业会计准则规定，企业应当在期末对应收款项进行检查，并合理预计可能产生的坏账损失。应收款项包括应收票据、应收账款、预付款项、其他应收款和长期应收款等，下面以应收账款相关的坏账准备为例，说明坏账准备审计常用的实质性程序。

（1）取得或编制坏账准备明细表，复核加计是否正确，与坏账准备总账数、明细账合计数核对是否相符。

（2）将应收账款坏账准备本期计提数与资产减值损失相应明细项目的发生额核对是否相符。

（3）检查应收账款坏账准备计提和核销的批准程序，取得书面报告等证明文件，结合应收账款函证回函结果，评价计提坏账准备所依据的资料、假设和方法。企业应根据所持应收账款的实际情况，合理计提坏账准备，不得多提和少提。

（4）实际发生坏账损失的，检查转销依据是否符合有关规定，会计处理是否正确。对于被审计单位在被审计期间内发生的坏账损失，注册会计师应检查其原因是否清楚，是否符合有关规定，有无授权批准，有无已作坏账处理后又重新收回的应收账款，相应的会计处理是否正确。对有确凿证据表明确实无法收回的应收账款，如债务单位已撤销、破产、资不抵债、现金流量严重不足等，企业应根据管理权限，经股东会或董事会，或经理办公会，或类似机构批准作为坏账损失，冲销提取的坏账准备。

（5）已经确认并转销的坏账重新收回的，检查其会计处理是否正确。

（6）确定应收账款坏账准备的披露是否恰当。企业应当在财务报表附注中清晰地说明坏账的确认标准、坏账准备的计提方法和计提比例。上市公司还应在财务报表附注中分项披露以下主要事项：本期全额计提坏账准备，或计提坏账准备的比例较大的（计提比例一般超过 40% 及以上的，下同），应说明计提的比例以及理由；以前期间已全额计提坏账准备，或计提坏账准备的比例较大但在本期又全额或部分收回的，或通过重组等其他方式收回的，应说明其原因、原估计计提比例的理由以及原估计计提比例的合理性；本期实际冲销的应收款项及其理由等，其中实际冲销的关联交易产生的应收账款应单独披露。

三、营业收入的审计

营业收入会计报表项目包括主营业务收入和其他业务收入。

主营业务收入账户核算企业在销售商品、提供劳务等主营业务活动中产生的收入。

（一）主营业务收入审计目标

主营业务收入的审计目标如表 11–9 所示。

表 11–9　管理当局的认定与对应的主营业务收入的审计目标

管理当局对审计期间交易和事项的认定	主营业务收入的审计目标
发生	A. 确定利润表中记录的主营业务收入是否已发生，且与被审单位有关
完整性	B. 确定所有应当记录的主营业务收入是否均已记录
准确性	C. 确定与主营业务收入相关的金额及其他数据是否恰当记录，销售退回、折扣与折让的处理是否恰当

续表

管理当局对审计期间交易和事项的认定	主营业务收入的审计目标
截止	D. 确定主营业务收入是否记录于正确的会计期间
分类	E. 确定主营业务收入是否记录于恰当的会计账户
列报	F. 确定主营业务收入是否已按照企业会计准则的规定在财务报表中作出恰当的列报

（二）主营业务收入的实质性程序

（1）取得或编制主营业务收入明细表，复核加计是否正确，并与总账数和明细账合计数核对是否相符，结合其他业务收入账户与营业收入报表项目数核对是否相符；检查以非记账本位币结算的主营业务收入使用的折算汇率及折算是否正确。

（2）实施实质性分析程序。对下列指标实施实质性分析程序：

①将本期的主营业务收入与上期的主营业务收入、销售预算或预测数等进行比较，分析主营业务收入及其构成的变动是否异常，并分析异常变动的原因；

②比较本期各月各类主营业务收入的波动情况，分析其变动趋势是否正常，是否符合被审计单位季节性、周期性的经营规律，查明异常现象和重大波动的原因；

③计算本期重要产品的毛利率，毛利率＝毛利 ÷ 营业收入＝（营业收入－营业成本）÷ 营业收入，与上期重要产品的毛利率实际数进行比较，将本期重要产品的毛利率与同行业企业进行对比分析，检查是否存在异常，查明异常现象和重大波动的原因。

（3）检查主营业务收入确认方法是否符合企业会计准则的规定。根据企业会计准则的规定，企业商品销售收入应在下列条件均能满足时予以确认：①企业已将商品所有权上的主要风险和报酬转移给购货方；②企业既没有保留通常与所有权相联系的继续管理权，也没有对已售出的商品实施有效控制；③收入的金额能够可靠地计量；④相关的经济利益很可能流入企业；⑤相关的已发生或将发生的成本能够可靠地计量。注册会计师需要了解被审计单位确认产品销售收入的会计政策，并测试被审计单位是否依据上述五个条件确认产品销售收入。具体来说，被审计单位采取的销售方式不同，确认收入的时点不同，注册会计师审计程序也是不同的（表11–10）。

表11–10　不同的销售方式或结算方式下收入实现标志和注册会计师审计程序

销售或结算方式	收入实现标志	注册会计师审计程序
交款提货	收到货款或有收款权，开出发票、提货单	检查被审计单位是否收到货款，发票和提货单是否已交付购货单位
预收货款	在发出商品时确认收入	检查被审计单位是否收到了货款，商品是否已经发出
托收承付	商品发出，发票提交银行办妥收款手续	检查被审计单位是否发货，托收手续是否办妥，货物发运凭证是否真实，托收承付结算回单是否正确
支付手续费方式委托代销	商品已销售并收到代销清单	检查代销清单
合同或协议明确按递延方式收取货款	按照应收的合同或协议比例	检查合同或协议 检查会计处理是否正确
长期工程	完工百分比	检查收入的计算、确认方法是否合乎规定，并核对应计收入与实际收入是否一致，注意查明有无随意确认收入、虚增或虚减本期收入的情况
委托外销	收到代办运单和银行交款凭证	检查代办运单和银行交款凭证

注册会计师通常对所选取的交易，从收入明细账追查至原始的销售合同，通过了解销售合同中的相关条款来评价收入确认方法是否符合企业会计准则的规定并保持一贯性；关注周期性、偶然性收入是否符合收入确认的原则、方法。

（4）实施销售截止测试。截止测试是审计程序中常用的一种具体审计方法。

实施销售截止测试的目的是确定被审计单位主营业务收入的会计记录归属期是否正确。即应记入本期的主营业务收入是否被推延记入下期收入，应记入下期的主营业务收入是否被提前记入本期收入，以此达到人为调节本期利润的目的。

实施销售截止测试最基本的方法、两条路线及适用范围如下：

①实施销售截止测试最基本的方法：测试资产负债表日前后若干天一定金额以上重要原始凭证（发运凭证、销售发票）的日期与主营业务收入和应收账款明细账的日期进行核对，以确定销售是否存在跨期现象。实施截止测试应该注意把握三个日期：一是发货日期（发运凭证）；二是发票开具或收款日期（销售发票）；三是记账日期（主营业务收入和应收账款明细账记账日期），检查三者是否归属于同一会计期间是销售截止期测试的关键。实施截止测试的前提是注册会计师充分了解被审计单位的收入确认会计实务，并识别能够证明某笔销售符合收入确认条件的关键单据。

②销售截止测试的两条路线：注册会计师可以考虑选择两条审计路径实施主营业务收入的截止测试。一是以账簿记录为起点。从资产负债表日前后若干天的主营业务收入和应收账款明细账账簿记录追查至记账凭证再到客户签收的发运凭证（逆查法），目的是证实已入账收入是否在同一期间已发货并由客户签收，有无多记本期收入。这种方法的优点是比较直观，容易追查至相关凭证记录，以确定其是否应在本期确认收入，特别是在连续审计两个以上会计期间时，检查跨期收入十分便捷，可以提高审计效率。缺点是缺乏全面性和连贯性，只能查多记，无法查漏记，尤其是当本期漏记收入延至下期而审计时被审计单位尚未及时登账时，不易发现应记入而未记入本期收入的情况。因此，使用这种方法主要是为了防止多记本期收入。二是以发运凭证为起点。从资产负债表日前后若干天的已经由客户签收的发运凭证查至记账凭证再到主营业务收入和应收账款明细账账簿记录（顺查法），确定主营业务收入是否已记入恰当的会计期间。这种方法是为了防止少记本期收入。

上述两条审计路径在审计实务中均被广泛采用，注册会计师可以考虑在同一主营业务收入会计账户审计中结合使用（表 11-11）。

表 11-11 主营业务收入截止测试的两条路线

起点	路线	目的
以账簿记录为起点	从资产负债表日前后若干天的账簿记录→记账凭证→销售发票存根→发运凭证（逆查法）	查明有无多记本期收入
以发运凭证为起点	从资产负债表日前后若干天的发运凭证→销售发票存根→记账凭证→账簿记录（顺查法）	查明有无少记本期收入

③截止测试审计程序的适用范围，即审计实务中要对哪些报表项目进行截止测试。对所有的利润表项目都要进行截止测试，同时还要对货币资金、存货、长短期投资等资产类报表项目进行截止测试，因为被审计单位可以通过改变利润表项目的记账日期，人为直接调整本期利润，所以在审计实务中注册会计师应对这些报表项目进行截止测试。

实施截止测试的其他方法：

①复核资产负债表日前后销售和发货水平，确定业务活动水平是否异常；

②取得资产负债表日后所有的销售退回记录，检查是否存在提前确认收入的情况；

③结合对资产负债表日应收账款的函证程序，检查有无未取得对方认可的销售。

如果发现被审计单位截止存在问题，注册会计师应提请被审计单位调整会计期间。

（5）主营业务收入明细账与销售重要的原始凭证进行核对。审计主营业务收入明细账为起点→记账凭证→相关原始凭证，如订购单、销售单、发运凭证、销售发票（逆查法）等，评价已入账的主营业务收入是否真实发生（发生认定），即如果注册会计师测试收入的“发生”这一目标，起点应是明细账；抽取一定的发运凭证样本→追查至销售发票存根→主营业务收入明细账（顺查法），以确定是否存在遗漏事项（完整性认定），如果注册会计师测试收入的“完整性”这一目标，起点应是发运凭证，为使这一程序成为一项有意义的测试，注册会计师必须能够确信全部发运凭证均已归档，这一点一般可以通过检查发运凭证的顺序编号来查明；销售发票中列出的商品的规格、数量和客户代码等，与发运凭证进行比较核对，尤其是由客户签收商品的一联，确定已按合同约定完成交易，可以确认收入；销售发票存根上所列的单价，通常还要与经过批准的商品价目表进行比较核对；对其金额小计和合计数也要进行复算，通过对销售发票以上内容的核对和复算确定销售发票金额的正确性（准确性认定）；核对原始凭证中的交易日期与主营业务收入明细账的日期，以确认主营业务收入计入了正确的会计期间（截止认定）；核对原始凭证中的交易内容与明细账中会计账户核对，确认分类正确（分类认定）。

（6）结合对应收账款实施的函证程序，选择主要客户函证本期销售额；

对出口销售，应当将销售记录与出口报关单、货运提单、销售发票等出口销售单据进行核对，必要时向海关函证。

（7）存在销货退回的，检查相关手续是否符合规定，结合原始销售凭证检查其会计处理是否正确，结合存货项目审计关注其真实性。

（8）检查销售折扣与折让。企业在销售交易中，往往会因产品品种和质量不符合要求以及结算方面的原因发生销售折扣与折让。销售折扣与折让均是对收入的抵减，直接影响收入的确认和计量。注册会计师针对销售折扣与折让的实质性程序包括：

①获取折扣与折让明细表，复核加计正确，并与明细账合计数核对相符；

②了解被审计单位有关折扣与折让的政策和程序，抽查折扣与折让的授权批准情况，与实际执行情况进行核对；

③检查折扣与折让的会计处理是否正确。

（9）检查主营业务收入在财务报表中的列报和披露是否符合企业会计准则的规定。

（10）主营业务收入的特别审计程序。除了上述较为常规的审计程序外，注册会计师还要根据被审计单位的特定情况和收入的重大错报风险程度，考虑是否有必要实施一些特别的审计程序。

①附有销售退回条件的商品销售，如果对退货部分能作合理估计的，确定其是否按估计不会退货部分确认收入；如果对退货部分不能作合理估计的，确定其是否在退货期满时确认收入。售后回购，分析特定销售回购的实质，判断其是属于真正的销售交易，还是属于融资行为。

②以旧换新销售，确定销售的商品是否按照商品销售的方法确认收入，回收的商品是否作为购进商品处理。

③出口销售，根据交易的定价和成交方式（离岸价格、到岸价格或成本加运费价格等），并结合合同（包括购销合同和运输合同）中有关货物运输途中风险承担的条款，确定收入确认的时点和金额。

如果注册会计师认为被审计单位存在通过虚假销售做高利润的舞弊风险，可能采取一些非常规的审计程序应对该风险，如调查被审计单位客户的工商登记资料和其他信息，了解客户是否真实存在，其业务范围是否支持其采购行为；检查与已收款交易相关的收款记录及原始凭证，检查付款方是否为销售交易对应的客户；考虑利用反舞弊专家的工作，对被审计单位和客户的关系及交易进行调查。对于与关联方发生的销售交易，注册会计师要结合对关联方关系和交易的风险评估结果，实施特定的审计程序。

总结主营业务收入实质性程序及达到的审计目标如表 11–12 所示。

表 11–12 主营业务收入的实质性程序及该程序达到的审计目标

主营业务收入的实质性程序	达到的审计目标
1. 取得或编制主营业务收入明细表，复核加计正确并核对	C
2. 实质性分析程序	ABC
3. 检查主营业务收入确认方法是否符合企业会计准则的规定	ABCD
4. 实施销售的截止测试	D
5. 主营业务收入明细账与销售重要的原始凭证进行核对	ABCDE
6. 结合应收账款的函证，选择主要客户函证本期销售额	AC
7. 存在销货退回的，检查其真实性	AC
8. 检查销售折扣和折让	C
9. 确定主营业务收入的列报是否恰当	F

（三）其他业务收入的审计

其他业务收入核算企业除主营业务收入以外的其他经营活动实现的收入，包括出租固定资产、无形资产、包装物和商品、销售材料等实现的收入。

1. 其他业务收入的审计目标

其他业务收入的审计目标如表 11–13 所示。

表 11–13 管理当局的认定与对应的其他业务收入的审计目标

管理当局对审计期间交易和事项的认定	其他业务收入的审计目标
发生	确定利润表中记录的其他业务收入是否已发生，且与被审单位有关
完整性	确定所有应当记录的其他业务收入是否均已记录
准确性	确定与其他业务收入相关的金额及其他数据是否恰当记录
截止	确定其他业务收入是否记录于正确的会计期间
分类	确定其他业务收入是否记录于恰当的会计账户
列报	确定是否已按照企业会计准则的规定在财务报表中作出恰当的列报

2. 其他业务收入的实质性程序

（1）获取其他业务收入明细表，复核加计是否正确，并与总账数和明细账合计数核对是否相符，结合主营业务收入账户与营业收入报表数核对是否相符。

（2）实施实质性分析程序。计算本期其他业务收入与其他业务成本的比率，并与上期该比率的实际数进行比较，检查是否有重大波动，如有应查明原因。

（3）检查其他业务收入是否真实准确，收入确认原则及会计处理是否符合规定，抽查原始凭证予以核实。

（4）对大额和异常项目，追查入账依据及有关法律文件是否充分。

（5）抽查资产负债表日前后一定数量的账簿记录和重要原始凭证并核对日期，实施截止测试，确定会计记录的会计期间是否正确。

（6）确定其他业务收入在财务报表中的列报是否恰当。

◆ 课后练习◆

一、本章复习思考题

1. 销售与收款循环内部控制的主要内容有哪些，分别达到哪些内部控制目标？

2. 销售与收款循环的重大错报风险有哪些？

3. 简述应收账款的认定和审计目标的关系，应收账款的实质性程序分别能实现哪些审计目标？

4. 试述应收账款的函证。

5. 简述主营业务收入的认定和审计目标的关系，主营业务收入的实质性程序分别能实现哪些审计目标？

6. 试述主营业务收入的截止测试的目的，基本方法包括两条路线和适用范围。

7. 如何用毛利率对主营业务收入进行实质性分析程序。

二、本章练习题

（一）单项选择题

1. 注册会计师在运用销售与收款循环中的各种凭证时应注意，商品价目表对于主营业务收入来说一般只能证明（　）认定，而不能证明其他认定。

A. 发生　B. 准确性　C. 完整性　D. 权利和义务

2. 下列认定中与销售信用批准有关的是（　）。

A. 发生　B. 计价和分摊　C. 完整性　D. 权利和义务

3. 下列原始凭证与相关认定关系不正确的是（　）。

A. 销售单与销售收入的发生和完整性认定相关

B. 发运凭证与销售收入的发生和完整性认定相关

C. 核对销售发票的单价与商品价目表与销售收入的准确性认定相关

D. 被授权的信用管理部门人员签字后销售单与应收账款的完整性认定相关

4. 表示销售退回或折让，引起应收账款减少的原始凭证是（　）。

A. 销售单　B. 销售发票　C. 发运凭证　D. 贷项通知单

5. 收入舞弊相关的说法中不正确的是（　）。

A. 注册会计师要假定收入确认存在舞弊风险

B. 假定收入确认存在舞弊风险，并不意味着与收入相关的所有认定都存在舞弊风险

C. 收入确认有舞弊迹象，就表明存在收入舞弊

D. 分析程序广泛运用在收入确认舞弊中

6. 通过对应收账款实施函证程序，注册会计师认为最可能证实的认定是（　）。

A. 计价和分摊　B. 分类　C. 存在　D. 完整性

7. 在确定函证对象时，对以下项目中应当进行函证的是（　）。

A. 函证很可能无效的应收款项

B. 交易频繁但期末余额较小的应收款项

C. 执行其他审计程序可以确认的应收款项

D. 应收纳入审计范围内子公司的款项

8. 在确定函证时间时，以下方案中不应选取的是（　）。

A. 因被审计公司固有风险和控制风险较低，在预审时进行函证

B. 在年终对存货监盘的同时，对应收款项进行函证

C. 项目组进驻被审计单位后就实施函证

D. 为减少函证回函差异，在执行其他审计程序后函证

9. 在对询证函的以下控制中，正确的是（　）。

A. 在粘封函证时进行统一编号

B. 询证函的回函归会计师事务所所有，可将重要的询证函复制给被审计公司进行催收

C. 部分询证函直接交给被审计公司的业务员，由其到被询证单位盖章后取回

D. 部分询证函要求被询证单位传真至被审计公司，在传真件上盖章后寄至会计师事务所

10. 注册会计师实施主营业务收入的截止测试，主要目的是发现（　）。

A. 年底应收账款余额是否正确　　B. 销货业务的入账时间是否正确

C. 是否存在过多的销货折扣　　D. 销货退回是否已经核准

11. 为了证实被审计单位主营业务收入的截止的审计目标，最有效的程序是（　）。

A. 从销售发票存根追查到主营业务收入明细账

B. 从主营业务收入明细账追查到发运凭证

C. 选取资产负债表日前后若干天一定金额以上重要原始凭证日期与应收账款、主营业务收入明细账日期进行核对

D. 从发运凭证追查到主营业务收入明细账

12. 为了证实被审计单位主营业务收入是否发生的审计目标，最有效的程序是（　）。

A. 从销售发票存根追查到主营业务收入明细账

B. 从主营业务收入明细账追查到发运凭证

C. 选取资产负债表日前后若干天销售发票原始凭证与主营业务收入明细账进行核对日期

D. 主营业务收入明细账合计数与总账数进行核对

（二）多项选择题

1. 在以下销售与收款授权审批关键点控制中，做到恰当控制的是（　）。

A. 在销售发生之前，赊销已经正确审批

B. 对于赊销业务，未经赊销批准的销货一律不准发货

C. 销售价格、销售条件、运费、折扣必须经过审批

D. 对于超过既定销售政策和信用政策规定范围的特殊销售业务采用集体决策方式

2. 注册会计师对被审计单位已发生的销货业务是否均已登记入账进行审计时，常用的控制测试程序有（　）。

A. 检查发运凭证连续编号的完整性

B. 检查赊销业务是否经过授权批准

C. 检查销售发票连续编号的完整性

D. 观察已经寄出的对账单的完整性

3. 注册会计师在对被审单位应收账款进行函证时，影响函证范围的因素有（　）。

A. 应收账款占全部资产的比重　　B. 被审计单位内部控制的有效性

C. 被审计单位应收账款的固有风险　D. 以前期间的函证结果

4. 注册会计师在对被审单位应收账款进行函证时，下列属于注册会计师作为函证对象的是（　）。

A. 金额较大的项目　　B. 关联方项目

C. 期末余额较小甚至余额为零的项目

D. 账龄较长的项目

5. 应收账款询证函的形式有（　）。

A. 积极式写明金额　　B. 积极式不写明金额

C. 消极式写明金额　　D. 消极式不写明金额

6. 注册会计师在对应收账款进行函证时，通常采取下列措施对函证过程进行控制的有（　）。

A. 将询证函中列示的账户余额或其他信息与被审计单位有关资料核对

B. 询证函经被审计单位盖章后，由注册会计师直接发出

C. 将收到的回函形成审计工作记录，并汇总统计函证结果

D. 在询证函中指明直接向被审计单位回函

7. 注册会计师在函证应收账款时，下列有关函证时间的表述正确的是（　）。

A. 注册会计师通常以资产负债表日为截止日，在资产负债表日前适当时

间内实施函证

B. 注册会计师通常以资产负债表日为截止日，在资产负债表日后适当时间内实施函证

C. 如果重大错报风险评估为低水平，注册会计师可选择资产负债表日前适当日期为截止日实施函证，对截止日后到资产负债表日止的情况不进行任何测试

D. 如果重大错报风险评估为低水平，注册会计师可选择资产负债表日前适当日期为截止日实施函证，并对所函证项目自该截止日起至资产负债表日止发生的变动实施实质性程序

8. 下列关于应收账款函证的说法中，错误的有（ ）。

A. 除非有充分证据表明函证很可能无效，否则应当对应收账款进行函证

B. 确定样本规模应当考虑应收账款在全部资产中的重要性

C. 对应收账款进行函证只能采用积极式

D. 询证函回函存在不符事项则意味着一定存在错报

9. 注册会计师函证应收账款未收到回函，下列各项程序中可以采用的替代程序有（ ）。

A. 实施实质性分析程序　　B. 取得或编制应收账款明细表

C. 检查相关的销售合同、订单、销售发票、发运凭证

D. 检查期后收款的回款单据

10. 在对特定会计期间主营业务收入进行审计时，注册会计师应重点关注的与被审计单位主营业务收入确认有密切关系的日期包括（ ）。

A. 销售截止测试实施日期　　B. 发票开具日期

C. 记账日期　　D. 发货日期或提供劳务日期

（三）简答题

1. 注册会计师通常依据各类交易、账户余额和列报的相关认定确定审计目标，根据审计目标设计审计程序。以下给出了销售交易的审计目标，并列举了部分实质性程序：

A. 追查主营业务收入明细账中的分录至销售单、销售发票副联及发运凭证

B. 根据销售发票反映的内容，比较会计科目表上的分类

C. 将发运凭证与存货永续盘存记录中的发运分录进行核对

D. 将销售交易登记入账的时间与发运凭证的日期比较核对

E. 复算销售发票上的数据

F. 将发运凭证与相关销售发票和主营业务收入明细账与应收账款明细账中的分录进行核对

G. 追查销售发票上的详细信息至发运凭证、经批准的商品价目表和顾客订购单

要求：根据题中给出的审计目标，写出对应的相关认定，针对每一审计目标，选择相应的实质性程序。

认定	审计目标	实质性程序
	所记录的销售交易已经发生，且与被审计单位有关	
	所有应当记录的销售交易均已记录	
	与销售交易有关的金额及其他数据已恰当记录	
	销售交易已记录于恰当的账户	
	销售交易已记录于正确的会计期间	

2. A 注册会计师负责审计甲公司 2017 年度财务报表。在审计过程中 A 注册会计师遇到下列事项：

（1）甲公司是生产食品加工企业，甲公司所处行业整体竞争激烈，市场处于饱和状态，同行业公司的主营业务收入年增长率低于 3%，但甲公司董事会要求管理层将 2017 年度主营业务收入计划增长率确定为 10%。2017 年度后，管理层编制的财务报表显示，甲公司已完成计划实现收入，甲公司的管理层薪酬与该公司当年完成主营业务收入的情况挂钩。

（2）在以前年度审计中，A 注册会计师未将收入确认作为由于舞弊导致的重大错报风险领域，审计结果表明不存在舞弊现象。鉴于以前的经验，这次审计注册会计师拟不将收入确认作为由于舞弊导致重大错报风险领域。

（3）甲公司 2017 年度应收账款余额是上年度的两倍多。

要求：

针对事项（1），分析甲公司是否存在舞弊风险因素，并简要说明理由；

针对事项（2），分析 A 注册会计师的处理是否适当，并简要说明理由；

针对事项（3），分析甲公司是否存在重大错报风险，与哪些会计报表项目的哪些认定有关?

3. ABC 会计师事务所的注册会计师 A 和 B 在对乙股份有限公司 2017 年度财务报表进行审计，注册会计师 A 正在对“应收账款—P 公司 400 万元”的款项采用积极式函证，初拟了一份以下询证函：

企业询证函

P 公司：

本事务所接受委托对乙公司的财务报表进行审计，按照中国注册会计师审计准则的要求，应当询证本公司与贵公司的往来账项等事项。下列数据出自乙公司账簿记录，如有不符，请在“数据不符”处列明不符金额。回函请寄至乙股份有限公司（通信地址：略）。

（1）乙公司与贵公司的往来账项列示如下：

截止日期	贵公司欠	欠贵公司	备注
2017 年 7 月 26 日	4 000 000		

（2）其他事项。

为加快资金周转，请尽快结算该款项。若款项在上述日期之后已经付讫，仍请及时函复为盼。

ABC 会计师事务所（盖章）

2018 年 2 月 28 日

结论：

（1）信息证明无误。

P 有限公司（盖章签字）

年　　月　　日

（2）信息不符，请列明不符金额。

P 有限公司（盖章签字）

年　　月　　日

要求：请指出以上询证函不妥之处并改正。

4. ABC 会计师事务所接受委托，审计丙公司 2017 年度的会计报表。A 注册会计师取得了 2017 年 12 月 31 日的应收账款明细表，并于 2018 年 1 月 15 日采用积极式函证方式对所有重要客户寄发了询证函。A 注册会计师将与函证结果相关的重要异常情况汇总于下表：

函证编号	是否回函	询证金额（万元）	回函内容
15	是	500	2017年12月10日收到丙公司委托本公司代销的货物500万元，尚未销售
28	是	670	购买丙公司670万元货物属实，但该款项已于2017年12月25日支付
53	是	740	因产品质量不符合要求，根据购货合同，于2017年12月28日将货物退回
76	否	860	因地址错误，询证函被退回

要求：针对上述各种异常情况，请问A注册会计师应分别相应实施哪些重要审计程序？

5. A注册会计师对应收账款实施了函证程序，相关审计工作底稿的部分内容摘录如下：

函证编号	是否回函	询证金额（万元）	审计工作底稿说明
12	否	900	询证函被退回，原因为原址查无此单位，A注册会计师实施替代程序后未发现差异
36	不适用	1300	A注册会计师认为该账户已全额计提坏账准备，不存在风险，选取另一样本实施函证
58	否	850	未收到回函，已与客户财务人员电话确认余额，未实施替代程序

要求：针对上述情况，指出A注册会计师的做法是否恰当？如不恰当，简要说明理由。

6. 丁公司的会计政策规定，对应收账款采用账龄分析法计提坏账准备。确定坏账准备的计提比例分别为：账龄1年以内的（含1年，以下类推），按其余额的10%计提；账龄1~2年的，按其余额的30%计提；账龄2~3年的，按其余额的50%计提；账龄3年以上的，按其余额的80%计提。丁公司应收账款明细见下表（金额单位：元）：

客户名称	账龄			
	1年以内	1~2年	2~3年	3年以上
应收账款——A	35 150 000	500 000	1 032 000	
应收账款——B	2 000 000	15 100 000	54 000	
应收账款——C	600 000		25 000	
应收账款——D	9 500 000	−12 000 000		

续表

客户名称	账龄			
	1 年以内	1~2 年	2~3 年	3 年以上
应收账款——E				78 000
小计	47 250 000	3 600 000	1 111 000	78 000

要求：根据以上事项，如何提出审计调整建议？

7. 注册会计师通常根据认定确定审计目标，根据审计目标设计审计程序。下表给出了应收账款的相关认定：

管理当局的认定	应收账款的审计目标	应收账款的审计程序
存在		（1）（2）
完整性		（1）（2）
权利和义务		（1）（2）
计价和分摊		（1）（2）

要求：请根据表中给出的应收账款的相关认定确定审计目标，并针对每一目标简要设计两项审计程序。

8. 注册会计师对戊公司 2017 年会计报表进行审计，戊公司主要从事 A 产品和 B 产品的生产和销售，无明显产销淡旺季。在 A 产品生产成本中，原材料成本占重大比重。2017 年度戊公司生产 A 产品所需原材料采购成本大幅上涨，替代产品面世使 A 产品的市场需求减少，导致销售价格明显下跌。B 产品的 2017 年度生产和销售与上年度持平，戊公司 2017 年度未经审计财务报表及相关记录反映见 A 产品和 B 产品 2016 年度和 2017 年度的销售记录表（金额单位：万元）：

产品名称	2017 年度（未审数）			2016 年度（已审数）		
	数量（吨）	主营业务收入	主营营业成本	数量（吨）	主营业务收入	主营业务成本
A	900	50000	40000	800	40000	34000
B	800	62000	54000	600	60000	57000
合计	1700	112000	94000	1400	100000	91000

要求：根据上述资料，假定不考虑其他条件，运用实质性分析程序识别戊公司 2017 年度财务报表是否存在重大错报风险，并列示具体分析过程和分析结果。

第十二章 采购与付款循环的审计

学习目的

通过本章学习，使学生了解采购与付款循环的主要业务活动、主要凭证与会计记录；熟悉采购与付款循环的重大错报风险、相关内部控制及控制测试；掌握应付账款、固定资产和管理费用的审计目标和实质性程序，重点掌握如何查找未入账的应收账款和实地检查固定资产的审计程序（见表12-1）。

表12-1 采购与付款循环涉及的主要会计报表项目

资产负债表项目	利润表项目
存货类；（生产与存货循环审计中讲） 固定资产、工程物资、在建工程、固定资产清理 无形资产、商誉、开发支出、长期待摊费用 预付账款、应付账款、应付票据、长期应付款	管理费用

第一节 采购与付款循环的主要业务活动

本节包括两部分内容：一是采购与付款循环主要业务活动，二是采购与付款循环涉及的主要凭证与会计记录。

一、采购与付款循环主要业务活动

（一）采购计划及供应商认证

根据企业的生产经营计划，生产、仓库等部门定期编制采购计划，经部门负责人等适当的管理人员审批后提交采购部门，具体安排商品及服务采购。

企业通常对于合作的供应商事先进行资质等审核、将通过审核的供应商信息录入系统，形成完整的供应商清单，并及时对其信息变更进行更新。采购部门只能向通过审核的供应商进行采购。采购计划：企业以销售和生产计划为基础，考虑供需关系及市场计划变化等因素，制订采购计划，并经适当的管理层审批后执行。

供应商清单：企业通过文件审核及实地考察等方式对合作的供应商进行认证后形成的供应商名单信息，企业对此及时进行更新。

（二）请购

企业采购商品或劳务，首先提出请购申请，即填写请购单。生产部门根据采购计划、对需要购买的已列入存货清单的原材料等项目填写请购单，其他部门也可以对所需要购买的商品或劳务编制请购单。大多数企业对正常经营所需要的物资的购买均作一般授权。

请购单是由生产、仓库等相关部门的有关人员填写，送交采购部门，是申请购买商品、劳务或其他资产的书面凭证。每张请购单必须经过对这类支出预算负责的主管人员签字批准。请购单是证明有关采购交易的“发生”认定的凭据之一，也是采购交易轨迹的起点。

（三）采购

采购部门在收到经批准的请购单后发出订购单。对每张订购单采购部门应确定最佳的供应来源。订购单应正确填写所需要的商品品名、数量、价格、厂商名称和地址等，预先予以顺序编号并经过被授权的采购人员签名。其正联应送交供应商，副联则送至企业内部的验收部门、应付凭单部门和编制请购单的部门。

订购单是由采购部门填写，经适当的管理层审核后发送供应商，是向供应商购买订购单上所指定的商品和劳务的书面凭据。订购单是同时具有事先连续编号和一式多联特征的重要原始凭证，独立检查订购单的处理可以确定是否收到商品并正确入账。这项检查与采购交易的“完整性”和“发生”认定有关。

（四）验收

企业收到采购物资后，需进行严格的验收，并填制验收单，以确保收到的货物符合要求。商品验收部门首先比较所收商品与订购单上的要求是否相符，如商品的品名、摘要、数量、到货时间等，然后再盘点商品并检查商品有无损坏。验收后，验收部门应对已收货的每张订购单编制验收单，作为验收和检验商品的依据。验收人员将商品送交仓库或其他请购部门时，应取得经过签字的收据，或要求其在验收单的副联上签收，以确立他们对所采购的资产应负的保管责任。验收人员还应将验收单中的一联送交应付凭单部门，作为付款依据。

验收单是收到商品时编制的凭据，列示通过质量检验的、从供应商处收到的商品的种类和数量等内容。验收单事先连续编号、一式多联，是重要的原始凭证，验收单是支持资产以及与采购有关的负债的“存在或发生”认定的重要凭据。定期独立检查验收单的顺序以确定每笔采购交易都已编制凭单，则与采购交易的“完整性”认定有关。

（五）储存

仓储部门在对收到的货物进行检查后签收。将已验收商品的保管与采购的其他职责相分离，可减少未经授权的采购和盗用商品的风险。存放商品的仓储区应相对独立，限制无关人员接近。这些控制与商品的“存在”认定有关。

（六）编制付款凭单

收到购货发票后，应付凭单部门应核对订购单、验收单和卖方发票的一致性，并编制预先连续编号、一式多联的付款凭单，并附上支持性凭证（如订购单、验收单和供应商发票等）。这项控制的功能包括：确定供应商发票的内容与相关的验收单、订购单的一致性；确定供应商发票计算的正确性；编制付款凭单；独立检查付款凭单计算的正确性；在付款凭单上填入应借记的资产账户名称；由被授权人员在凭单上签字，以示批准照此凭单要求付款。所有未付凭单的副联应保存在未付凭单档案中，以待日后付款。

卖方发票（供应商发票）是供应商开具的，交给买方以载明发运的货物

或提供的劳务、应付款金额和付款条件等事项的凭证。付款凭单是采购方企业应付凭单部门编制的，载明已收到的商品、资产或接受的劳务、应付款金额和付款日期的凭证。付款凭单是采购方企业内部记录和支付负债的授权证明文件。经适当批准和事先连续编号的付款凭单企业重要的原始凭证，为记录采购交易提供了依据，付款凭单的控制与“存在”“发生”“完整性”“权利和义务”和“计价和分摊”等认定有关。

（七）确认与记录负债

在收到供应商发票、已批准的未付款凭单时，会计部门编制记账凭证和登记有关账簿，将发票上所记载的品名、规格、价格、数量、条件及运费与订购单和验收单上的有关资料核对，应付账款确认和记录的部门一般有责任核查购置的财产，并在应付凭单登记簿或应付账款明细账中加以记录。会计主管应监督为采购交易而编制的记账凭证中账户分类的适当性；通过定期核对编制记账凭证的日期与凭单副联的日期，监督入账的及时性。而独立检查会计人员则应核对所记录的凭单总数与应付凭单部门送来的每日凭单汇总表是否一致，并定期独立检查应付账款总账余额与应付凭单部门未付款凭单档案中的总金额是否一致。

对月末尚未收到供应商发票的情况，则需根据验收单和订购单以暂估价入账。如尚未付款一般定期会收到供应商发出的对账单。供应商对账单是由供应商编制的、用于核对与采购企业往来款项的凭据，通常标明期初余额、本期购买、本期支付给供应商的款项和期末余额等信息。供应商对账单是供应商对有关交易的记录，如果不考虑买卖双方在收发货物上可能存在的时间差等因素，其期末余额通常应与采购方相应的应付账款期末余额一致。

（八）办理付款，记录现金、银行存款支出

通常是由应付凭单部门负责确定未付凭单在到期日付款。会计部门应根据已签发的支票（为例）编制付款凭证，并据以登记银行存款日记账及其他相关账簿。

二、涉及的主要凭证与会计记录

采购与付款循环所涉及的主要凭证与会计记录有以下几种（不同被审计

单位的单据名称可能不同）：采购计划；供应商清单；请购单；订购单；验收单；卖方发票；付款凭单；会计记录包括转账凭证、付款凭证、原材料明细账、应付账款明细账、库存现金日记账和银行存款日记账等；供应商对账单。其中订购单、验收单、卖方发票和付款凭单是本循环的重要原始凭证，卖方发票是外部原始凭证，其他是企业内部原始凭证。

第二节　采购与付款循环的重大错报风险、内部控制和控制测试

一、采购与付款循环的重大错报风险

注册会计师在了解被审计单位及其环境过程中识别风险，结合对采购与付款循环中内部控制的了解，评估采购与付款循环的相关交易和余额存在的重大错报风险，为设计和实施进一步审计程序提供基础。采购与付款循环中存在的重大错报风险可能包括：

（一）费用方面

存在低估本期费用或高估本期费用，人为控制本期利润的重大错报风险，具体表现为：

（1）费用资本化。将应当及时确认损益的费用性支出资本化，然后通过资产的逐步摊销予以消化等，低估本期费用，这些将对发生、存在、完整性、准确性、分类和截止认定产生影响；

（2）采用不正确的费用支出截止期，如将本期的支出费用延迟到下期确认，或将下期的支出费用提前到本期确认，平滑利润，把利润控制在被审计单位管理层希望的范围内；

（3）利用特殊目的实体把负债从资产负债表中剥离，或利用关联方间的费用定价优势制造虚假的收益增长趋势；

（4）费用支出的复杂性，使其分配或计提出错。如被审计单位以复杂的交易安排购买一定期间的多种服务，管理层对于涉及的服务受益与付款安排

所涉及的复杂性缺乏足够的了解。这可能导致费用支出分配或计提的错误；

（5）被审计单位管理层将私人费用计入企业费用，把企业资金当作私人资金使用，高估费用。

（二）低估本期负债

遗漏交易，如对已收取货物但尚未收到发票的采购，被审计单位不记账，低估本期负债。

（三）所采购实物被舞弊和盗窃的风险

如果被审计单位经营大型零售业务，由于所采购商品和固定资产的数量及支付的款项庞大，交易复杂，容易造成商品发运错误，员工和客户发生舞弊和盗窃的风险较高。

为评估重大错报风险，注册会计师应详细了解有关交易或付款的内部控制，这些控制主要是为预防、检查和纠正前面所认定的重大错报的固有风险而设置的。注册会计师可以通过审阅以前年度审计工作底稿、观察内部控制执行情况、询问管理层和员工、检查相关的文件和资料等方法加以了解。对相关文件和资料的检查可以提供审计证据，例如，通过检查供应商对账表和银行对账单，能够发现差错并加以纠正。

二、内部控制和控制测试

表 12–2 列示了采购与付款循环内部控制的目标、关键内部控制和注册会计师常用的控制测试、实质性程序。

表 12-2 采购与付款循环内部控制目标、关键内部控制和控制测试、实质性程序一览表

内部控制目标	关键内部控制	常用的控制测试	常用的实质性程序
所记录的采购都确已收到商品或已接受劳务（发生）	1. 采购是否经适当级别的批准 2. 请购单、订购单、验收单和卖方发票俱全，并附在付款凭单后 3. 报销后注销凭证防止重复使用 4. 对卖方发票、验收单、订购单、请购单做内部核查	1. 检查批准标记 2. 检查付款凭单后是否附有请购单、订购单、验收单和卖方发票 3. 检查注销标记 4. 检查内部核查标记	1. 复核采购明细账，总账及应付账款明细账，注意有无大额或异常金额 2. 追查存货采购至存货永续盘存记录 3. 检查订购单、验收单和卖方发票的合理性和真实性 4. 检查取得的固定资产的采购合同、发票
已发生的采购交易均已记录（完整性）	1. 订购单均经事先连续编号并已经登记入账 2. 验收单均经事先连续编号并已经登记入账 3. 付款凭单均经事先连续编号并已经登记入账	1. 检查订购单连续编号的完整性 2. 检查验收单连续编号的完整性 3. 检查付款凭单连续编号的完整性	1. 从验收单→追查至采购明细账（顺查法） 2. 从卖方发票→追查至采购明细账（顺查法）
所记录的采购交易估价正确，采购业务已正确记入明细账并经正确汇总（准确性，计价和分摊）	1. 采购价格和折扣的批准 2. 对计算准确性、明细账内部核查	1. 检查批准标记 2. 检查的内部核查标记	1. 复算卖方发票上的数据 2. 将采购明细账中的交易同卖方发票、验收单等比较（金额） 3. 将采购明细账加总，追查其至总账的过账（对账）
采购交易按正确的日期记录（截止）	1. 要求在收到商品或接受劳务后及时记录采购交易 2. 内部核查	1. 检查有无未记录的卖方发票存在 2. 检查内部核查的标记	将卖方发票、验收单上的日期与采购明细账上日期比较
采购交易的分类正确（分类）	1. 采用适当的会计科目表 2. 内部核查	1. 检查会计科目表是否适当 2. 检查内部核查标记	参照卖方发票，比较会计科目表上分类

（一）内部控制目标

表 11–2 第一列列示了企业设立采购交易内部控制的目标，也是注册会计师实施相应控制测试和实质性程序所要达到的审计目标，即发生、完整性、准确性（计价和分摊）、截止和分类。

（二）关键内部控制

表 11–2 第二列列示了与内部控制目标相对应的一项或者数项企业主要的内部控制。被审计单位对本企业内部控制的建立健全和有效实施负责。在内部控制的设置方面，采购与付款循环和上一章的销售与收款循环存在很多类似之处。以下仅就采购交易内部控制的特殊之处予以阐述。

1. 适当的职责分离

如前所述，适当的职责分离有助于防止各种有意或无意的错误。企业应当建立采购与付款交易的岗位责任制，明确相关部门和岗位的职责、权限，确保办理采购与付款交易的不相容岗位相互分离、制约和监督。采购与付款交易不相容岗位至少包括：请购与审批；询价与确定供应商；采购合同的订立与审批；采购与验收；采购、验收与相关会计记录；付款审批与付款执行。这些都是对企业提出的、有关采购与付款交易相关职责适当分离的基本要求，以确保办理采购与付款交易的不相容岗位相互分离、制约和监督。

2. 恰当的授权审批

付款需要经授权的人员审批，审批人员在审批前需检查相关支持文件，并对其发现的例外事项进行跟进处理。

3. 充分的凭证和记录，凭证预先编号

本循环中重要原始凭证均事先连续编号和一式多联，如订购单、验收单和付款凭单，通过重要原始凭证事先连续编号和事后对原始凭证编号的清点，防止经济业务后重复记账（发生或存在认定）或遗漏记账（完整性认定），根据重要的原始凭证登记入账是防止经济业务后重复记账（发生认定）或遗漏记账（完整性认定）的重要内部控制。

（三）注册会计师常用的控制测试

注册会计师常用的控制测试，采购与付款循环和第十一章销售与收款循环审计基本相同，不同的是注册会计师在本循环只用到检查这一种控制测试方法。

（四）注册会计师常用的实质性程序

注册会计师常用的实质性程序，采购与付款循环审计和第十一章销售与收款循环审计基本相同。

需要说明的是，表 12-2 列示的是内部控制的目标、关键内部控制、注册会计师常用的控制测试和实质性程序，主要是从保证财务报表可靠性方面设计的，没有包括采购与付款循环的所有内部控制、控制测试和实质性程序，也不意味着审计实务中一定按此顺序进行。在审计实务工作中，注册会计师需要从实际出发，设计适合被审计单位具体情况的实用高效的控制测试和实质性程序。

第三节　采购与付款循环的实质性程序

采购与付款循环审计中涉及的会计报表项目如表 12-1 中所列示，会计报表项目很多，本节只介绍具有代表性的应付账款、固定资产和管理费用的审计，应付账款审计是作为本书中唯一的负债类项目审计的代表，固定资产审计是作为实物类资产审计的代表，管理费用审计是作为本书中唯一的费用类项目的代表，本节介绍这三类项目的审计目标和实质性程序，本循环其他项目的审计目标和实质性程序可以根据这三类项目的审计举一反三。

一、应付账款的实质性程序

应付账款是企业在正常经营过程中，因购买材料、商品和接受劳务供应等经营活动而应付给供应商的款项。注册会计师应结合赊购交易进行应付账款的审计。

本书在此以应付账款为例阐述负债类项目的审计，负债类项目与资产类项目、所有者权益类项目的审计目标在字面上有四项（存在、完整性、计价和分摊以及列报四项认定对应的审计目标）完全相同，不同的一是权利和义

务认定对应的审计目标不同。资产的认定是权利，其对应的审计目标是资产由被审计单位拥有或控制，负债的认定是义务，其对应的审计目标是负债为被审单位应当履行的现时义务，所有者权益没有对应认定和审计目标。二是审计的重点不同。资产审计重点一般是存在认定对应的审计目标，负债类项目审计目标的审计重点一般是完整性认定对应的审计目标。

（一）应付账款的审计目标

应付账款的审计目标如表 12–3 所示。

表 12–3　管理当局的认定与对应的应付账款的审计目标

管理当局对期末账户余额的认定	应付账款的审计目标
存在	A. 确定资产负债表中记录的应付账款是否存在。
完整性	B. 确定所有应当记录的应付账款是否均已记录。（审计重点）
权利和义务	C. 确定资产负债表中记录的应付账款是否为被审单位应当履行的现时义务。
计价和分摊	D. 确定应付账款是否以恰当金额包括在财务报表中，与之相关的计价调整是否已恰当记录。
列报	E. 确定应付账款是否已按照企业会计准则的规定在财务报表中作出恰当的列报。

（二）应付账款的实质性程序

（1）获取或编制应付账款明细表，复核应付账款明细表加计是否正确，并与报表数、总账数和明细账合计数核对是否相符；检查非记账本位币应付账款的折算汇率及折算是否正确。

（2）实质性分析程序。

①应付账款期末余额，本期实际数与上期实际数比较，分析其波动原因。

②分析长期挂账的应付账款，要求被审计单位作出解释，判断被审计单位是否缺乏偿债能力或利用应付账款隐瞒利润；并注意其是否可能无须支付，对确定无须支付的应付款的会计处理是否正确，依据是否充分。

③计算应付账款对存货的比率、应付账款对流动负债的比率，并与以前期间比较，评价应付账款整体的合理性。

④分析存货、营业成本等项目的增减变动，判断应付账款增减变动的合

理性。

（3）函证应付账款。

①函证应付账款的决策，一般情况下，函证应付账款不是必需的，这是因为函证不能保证查出未记录的应付账款；而且注册会计师能够取得购货发票等外部凭证来证实应付账款的余额，即函证的替代审计程序很有效。如果控制风险较高，某应付账款账户金额较大时，则应对应付账款进行函证。

②函证对象一般选择金额较大的债权人，在资产负债表日金额不大甚至为零但为企业重要供货人的债权人。函证方式最好采用积极式，并具体说明应付金额。

③注册会计师对应付账款函证应进行控制，注册会计师获取适当的供应商清单，如本期采购量清单、所有现存供应商名单或应付账款明细账，询问该清单是否完整，从中选取样本进行测试，这些函证明细资料来源于被审计单位；确定需要确认或填列的信息、选择适当的被函证者、设计询证函，包括正确填列被函证者的姓名和地址；询证函由注册会计师亲自寄送和收回；根据回函情况编制函证结果汇总表，如存在差异，检查支持性文件；如果存在未回函的，注册会计师应考虑是否再次函证，没有回函的采用替代审计程序。

④应付账款函证的替代审计程序，与应收账款函证的替代审计程序相同，是检查该笔债务相关的采购原始文件（如采购订单、验收单、购货发票和合同）或其他适当文件，核实应付账款的真实性；还可以检查资产负债表日后付款文件（如现金支出、电汇凭证和支票复印件），应付账款明细账及现金和银行存款日记账，核实其是否已支付。

（4）检查本期是否存在未入账的应付账款。为了防止企业低估本期债务，将本期发生的应付账款计入下期，注册会计师应审查被审计单位有无故意漏记应付账款。

①检查债务形成相关的重要的原始凭证（如购货发票、验收单或入库单等），检查有无未及时入账的应付账款，确认应付账款期末余额的完整性。

②获取供应商的对账单，与被审计单位财务记录差异进行调节，查找有无未入账的应付账款，确认应付账款期末余额的准确性。

③结合存货监盘程序，检查被审计单位资产负债表日前后存货入库资料（验收单或入库单），检查有无大额货到但单未到的情况（应以暂估价入

账），确认相关负债是否计入正确的会计期间。

④检查资产负债表日后应付账款明细分类账贷方发生额的相应凭证，关注其购货发票的日期，确认其入账时间是否正确。

⑤针对资产负债表日后若干天的付款项目，检查银行对账单和付款凭证（如银行汇款通知、供应商收据等），询问被审计单位内外的知情人员，查找有无未入账的应付账款。

如果注册会计师通过这些审计程序发现某些未入账的应付账款，应将有关情况详细记入审计工作底稿，并根据其重要性确定是否需建议被审计单位进行相应的调整。

（5）应付关联方的款项审计，了解交易的商业理由；检查证实交易的支持性文件（如发票、合同、协议及入库和运输单据等相关文件）；检查被审计单位与关联方的对账记录或向关联方函证。

（6）检查应付账款是否已按照企业会计准则的规定在财务报表中作出恰当列报和披露。

①分析应付账款明细账余额方向。应付账款明细账的余额一般在贷方，注册会计师在分析应付账款明细账余额时，如果发现应付账款借方余额，就应查明原因，必要时建议作重分类调整。

借：预付账款——×× 客户　　×××

　贷：应付账款——×× 客户　　×××

②检查应收账款列报和披露是否恰当，包括主表和附注。

总结应付账款实质性程序及达到的审计目标如表 12-4 所示。

表 12-4　应付账款实质性程序及该程序达到的审计目标

应付账款实质性程序	该程序达到的审计目标
1. 获取或编制应付账款明细表	D
2. 实质性分析程序	ABD
3. 函证应付账款	ACD
4. 检查是否存在未入账的应付账款	B
5. 应付关联方的款项审计	ABC
6. 应付账款是否已按照企业会计准则的规定在财务报表中作出恰当列报和披露	E

二、固定资产的审计

固定资产是指同时具有下列特征的有形资产：为生产商品、提供劳务、出租或经营管理而持有的；使用寿命超过一个会计年度。固定资产同时满足下列条件的，才能予以确认：与该固定资产有关的经济利益很可能流入企业，该固定资产的成本能够可靠地计量。

固定资产审计的特点是：①应予以重视，由于固定资产在企业资产总额中一般占有较大比例，固定资产的安全、完整对企业生产经营影响极大，注册会计师对固定资产的审计应给予高度重视。②固定资产审计的范围很广，固定资产项目余额由固定资产账户余额减去累计折旧账户余额再减去固定资产减值准备账户余额构成，固定资产账户、累计折旧账户、固定资产减值准备账户都属于固定资产的审计范围。另外，固定资产的增加方式多种多样，包括购置、自行建造、投资者投入、融资租入、更新改造、以非现金资产抵偿方式取得或以应收债权换入、以非货币性资产交换方式换入、经批准无偿调入、接受捐赠和盘盈等多种途径，涉及的会计报表项目包括货币资金、应付账款、预付账款、在建工程、股本、资本公积、长期应付款等；固定资产减少的方式也是多种多样，与固定资产清理、其他应付款、营业外收入和营业外支出等项目有关；另外，每月计提折旧，与制造费用、管理费用、销售费用等项目有关，在进行固定资产审计时应关注这些相关项目。广义的固定资产审计范围应包括这些相关项目。

（一）固定资产的审计目标

固定资产审计目标如表12-5所示。

表12-5 管理当局的认定与对应的固定资产的审计目标

管理当局对期末账户余额的认定	固定资产的审计目标
存在	A.确定资产负债表中记录固定资产在资产负债表日是否确实存在（审计重点）。
完整性	B.确定所有应当记录的固定资产是否均已记录。
权利和义务	C.确定记录的固定资产是否由被审计单位拥有或控制。
计价和分摊	D.确定固定资产是否以恰当金额包括在财务报表中，与之相关的计价或分摊已恰当记录。

续表

管理当局对期末账户余额的认定	固定资产的审计目标
列报	E. 确定固定资产原价、累计折旧及固定资产减值准备是否已按照企业会计准则的规定在财务报表中作出恰当的列报。

（二）固定资产的实质性程序

（1）获取或编制固定资产和累计折旧分类汇总表（见表12-6），检查固定资产的分类是否正确，与总账数和明细账合计数核对是否相符，并结合累计折旧、固定资产减值准备账户与报表数核对是否相符。

表12-6 固定资产和累计折旧分类汇总表

被审计单位： 编制人： 日期： 复核人： 日期：

固定资产类别	固定资产				累计折旧					
	期初余额	本期增加额	本期减少额	期末余额	折旧方法	折旧率	期初余额	本期增加额	本期减少额	期末余额
合计										

固定资产和累计折旧分类汇总表与其他报表项目明细表的主要区别是多出了累计折旧部分，表中所列项目，基本与其他报表项目明细表的项目相同，都是期初余额、本期增加额、本期减少额和期末余额。对固定财产期初余额的审计应分以下三种情况：在连续常年审计的情况下，应注意本期期初余额与上期审计工作底稿中的固定资产和累计折旧的期末余额审定数核对相符；在被审计单位变更委托的会计师事务所时，后任注册会计师应查阅前任注册会计师有关工作底稿；如果被审计单位以往未经注册会计师审计，即在初次审计情况下，注册会计师应对期初余额进行较全面的审计，尤其是当被审计单位的固定资产数量多、价值大、占资产总额比重较高时。最理想的方法是彻底审计自设立起至本期期初的“固定资产”和“累计折旧”账户中的所有重要的借贷记录。

（2）实施实质性分析程序。

①分类计算本期计提折旧额与固定资产原值的比率，并与上期实际比率

进行比较；

②计算固定资产修理及维护费用与固定资产原值的比率，并进行本期各月间、本期与上期实际比率进行比较。

（3）实地检查固定资产。实地检查固定资产的目的，主要是确定固定资产是否存在，关注是否存在已报废但仍未核销的固定资产。

实地检查的顺序及达到的目的，以固定资产明细分类账为起点，实地追查至固定资产实物，以证明会计记录中所列固定资产确实存在（存在认定），并了解其目前的使用状况；也可以考虑以实地固定资产为起点，追查至固定资产明细分类账，以获取实际存在的固定资产均已入账的证据（完整性认定）。

实地检查的重点是本年新增加的重要固定资产。有时检查范围会扩展到以前期间增加的重要固定资产。检查范围根据被审计单位内部控制的强弱、固定资产的重要性和注册会计师的经验来判断，如首次接受委托，则应适当扩大检查范围。

（4）检查固定资产的所有权或控制权。证实被审计单位对固定资产拥有所有权或控制权的审计证据，一般是被审计单位取得固定资产或持有固定资产时的原始凭证。对外购的机器设备等固定资产，通常经审核采购发票、购货合同等予以确定；对于房地产类固定资产，需查阅有关的合同、产权证明、财产税单、抵押借款的还款凭据、保险单等书面文件；对融资租入的固定资产，应验证有关融资租赁合同，证实非经营租赁；对汽车等运输设备应验证发票、有关运营证件等；对受留置权限制的固定资产，除审计取得或持有固定资产时的原始凭证外，通常还需要审核被审计单位的有关负债项目等予以证实。

（5）检查本期固定资产的增加。是固定资产实质性程序中的重要内容，如果被审计单位固定资产的增加核算不正确，将对资产负债表和利润表产生长期的影响。审计中应注意：询问管理层当年固定资产的增加情况，并与获取或编制的固定资产分类汇总表进行核对；检查本年增加固定资产手续是否齐全；审计购入、自制自建、投资者投入、更新改造增加、债务人抵债、接受捐赠等增加固定资产的计价和会计处理是否正确。

（6）检查本期固定资产的减少。检查本期固定资产的减少的主要目的是

查明已减少的固定资产是否已作适当的会计处理，防止固定资产账存实亡，固定资产存在认定出现问题。检查本期固定资产的减少的审计要点是检查授权批准文件，是否经过授权批准；固定资产减少的会计处理是否正确。

（7）检查固定资产的后续支出，确定固定资产有关的后续支出是否满足资产确认条件，如果满足条件是否将后续支出计入固定资产价值；如不满足，该后续支出是否在其发生时记入当期损益。

（8）检查固定资产的租赁。注意经营性租赁与融资性租赁的区别。

经营性租赁应查明：是否签订合同，合同内容是否符合规定，是否经相关管理部门批准；租入的是否是企业必需的，租金是否合理，是否在备查簿上反映，有无浪费现象，改良支出的核算是否符合规定；租出的是否是企业多余不用的，租金是否合理，有无长期不收租金变相馈赠转让现象，是否在账上反映并照提折旧。

融资性租赁应查明：是否签订合同，合同内容是否符合规定，是否经相关管理部门批准；计价是否正确，结合长期应付款，未确认融资费用等会计账户检查会计处理是否正确。

（9）调查暂时闲置的固定资产，获取相关证明并观察其实际状况，检查是否已按规定计提折旧，相关会计处理是否正确；获取已提满折旧仍在用的固定资产的相关证明并做记录；检查待售固定资产净残值和会计处理是否正确。

（10）借款费用资本化的方法、金额及会计处理是否正确。

（11）检查关联方的固定资产购售情况，是否经适当授权，交易价格是否公允，是否披露。

（12）结合银行借款检查固定资产的抵押、担保情况。结合对银行借款等的检查，了解固定资产是否存在重大的抵押、担保情况，如果存在，应取证并做相应的记录，同时提请被审计单位作恰当披露。

（13）检查固定资产是否已经按照企业会计准则的规定在财务报表中恰当列报。

总结固定资产实质性程序达到的审计目标如表 12-7 所示。

表 12-7 固定资产实质性程序及该程序达到的审计目标

固定资产实质性程序	该程序达到的审计目标
1. 获取或编制固定资产和累计折旧分类汇总表	D
2. 实质性分析程序	ABD
3. 实地检查固定资产	AB
4. 检查固定资产的所有权或控制权	C
5. 检查本期固定资产的增加	ABCD
6. 检查本期固定资产的减少	ABD
7. 检查固定资产的后续支出	AB
8. 检查固定资产的租赁	C
9. 检查固定资产折旧	D
10. 借款费用资本化	D
11. 检查关联方的固定资产购售情况	ABCD
12. 结合银行借款检查固定资产的抵押、担保情况	CE
13. 检查固定资产是否已经按照企业会计准则的规定在财务报表中恰当列报	E

（三）累计折旧的实质性程序

（1）获取或编制固定资产及累计折旧分类汇总表，复核加计是否正确，并与总账数和明细账合计数核对是否相符。

（2）检查被审计单位制定的折旧政策和方法是否符合相关会计准则的规定，确定其所采用的折旧方法能否在固定资产预计使用寿命内合理分摊其成本，前后期是否一致，预计使用寿命和预计净残值是否合理。

（3）复核本期折旧费用的计提和分配。

（4）将“累计折旧”账户贷方的本期计提折旧额与相应的成本费用中的折旧费用明细账户的借方相比较，以查明所计提折旧金额是否已全部摊入本期产品成本费用。若存在差异，应追查原因，并考虑是否应建议作适当调整。

（5）检查累计折旧的减少是否合理、会计处理是否正确。

（6）确定累计折旧的披露是否恰当。如果被审计单位是上市公司，应在财务报表附注中按固定资产类别分项列示累计折旧的期初余额、本期计提额、本期减少额和期末余额。

（四）固定资产减值准备的实质性程序

固定资产的可收回金额低于其账面价值称为固定资产减值。可收回金额是指固定资产的公允价值减去处置费用后的净额与资产预计未来现金流量现值两者之间的较高者确定。

（1）获取或编制固定资产减值准备明细表，复核加计是否正确，并与总账数和明细账合计数核对是否相符，结合固定资产、累计折旧与报表数核对是否相符。

（2）实施实质性分析程序，计算本期末固定资产减值准备占期末固定资产原值的比率，并与期初该比率比较，分析固定资产的质量状况。

（3）获取闲置的固定资产清单并观察其实际状况，识别是否存在减值状况。

（4）检查被审计单位计提固定资产减值准备的依据是否充分及会计处理是否正确。

（5）检查被审计单位处置固定资产时原计提的减值准备是否同时结转，会计处理是否正确。

（6）检查是否存在转回固定资产减值准备的情况，按照会计准则的规定，固定资产减值准备一经确认，在以后持有的会计期间不得转回。

（7）确定固定资产减值准备的披露是否恰当。如果企业计提了固定资产减值准备，根据企业会计准则的规定，企业应当在财务报表附注中披露：①当期确认的固定资产减值损失金额。②企业计提的固定资产减值准备累计金额。如果发生重大固定资产减值损失的，还应当披露导致重大固定资产减值损失的原因和当期确认的重大固定资产减值损失的金额。如果被审计单位是上市公司，应在财务报表附注中分项列示固定资产减值准备金额、增减变动情况以及计提的原因。

三、管理费用的审计

管理费用是企业为组织或管理生产、经营活动而发生的各项费用。管理费用发生在企业生产经营的每个循环中，不仅与本循环有关，还与其他循环有关。

本书在此以管理费用为例阐述费用类项目的审计，费用类项目与收入类项目的审计目标在字面上完全相同，不同的是收入类项目审计目标的审计重点一般是发生认定对应的审计目标，费用类项目审计目标的审计重点一般是完整性认定对应的审计目标。

（一）管理费用的审计目标

管理费用的审计目标如表 12-8 所示。

表 12-8　管理当局的认定与对应的一般费用的审计目标

管理当局对审计期间交易和事项的认定	管理费用的审计目标
发生	A. 确定利润表中记录的管理费用是否已发生，且与被审单位有关
完整性	B. 确定所有应当记录的管理费用是否均已记录
准确性	C. 确定与管理费用相关的金额及其他数据是否恰当记录
截止	D. 确定管理费用是否记录于正确的会计期间
分类	E. 确定管理费用是否记录于恰当的会计账户
列报	F. 确定管理费用是否已按照企业会计准则的规定在财务报表中作出恰当的列报

（二）管理费用的实质性程序

（1）获取管理费用明细表，复核其加计数是否正确，并与总账和明细账合计数核对是否正确。

（2）实质性分析程序。管理费用绝对数的比较：本期实际数与上期实际数，本期实际数与本期预算数，本期各月间实际数进行比较；管理费用相对数（比率）的比较：计算出管理费用与其他项目（如主营业务收入，利润总额等）的比率，用本期实际比率与上期实际比率，本期实际比率与本期预算比率，本期各月间实际比率进行比较，如果存在重大差异，进一步调查，获取适当的审计证据。

（3）检查管理费用项目的核算内容与范围是否符合规定，有无将不应计入的费用计入管理费用，将无法列支的费用计入管理费用。

（4）将管理费用中列支的职工薪酬、固定资产折旧费用、无形资产摊销费用、研究费用等管理费用中较为固定的项目与相关科目进行交叉勾稽，并做出相应记录。选择管理费用中数额较大，以及本期与上期比较变化异常的项

目追查至原始凭证，对本期发生的管理费用选取样本，检查其支持性文件，确定原始凭证是否齐全，记账凭证与原始凭证是否相符以及账务处理是否正确。

（5）抽取资产负债表日前后的凭证，实施截止测试，评价管理费用是否被记录于正确的会计期间。

（6）检查管理费用是否已按照企业会计准则的规定在财务报表中作出恰当的列报和披露。

总结管理费用实质性程序及达到的审计目标如表 12-9 所示。

表 12-9　管理费用实质性程序及该程序达到的审计目标

管理费用实质性程序	该程序达到的审计目标
1. 获取或编制管理费用明细表	D
2. 实质性分析程序	ABD
3. 检查管理费用项目的核算内容与范围是否符合规定	AB
4. 检查管理费用中大额项目	ABD
5. 截止测试	E
6. 检查管理费用是否已按照企业会计准则的规定在财务报表中作出恰当的列报和披露	F

◆ 课后练习◆

一、本章复习思考题

1. 资产类项目和负债类项目审计目标之间的相同点和不同点分别是什么？

2. 收入类项目和费用类项目审计目标之间的相同点和不同点分别是什么？

3. 如何查找未入账的应付账款？

4. 证实固定资产存在和所有的实质性程序分别是什么？

二、本章练习题

（一）单项选择题

1. 验收单事先均经连续编号并已登记入账这一内部控制，能达到的控制目标是（　）。

A. 发生　　B. 完整性　　C. 准确性　　D. 分类

2. 从被审计单位的验收单追查至相应的采购明细账，是为了证实采购交易（　）的认定。

A. 发生　　B. 完整性　　C. 计价和分摊　D. 列报

3. 以下审计程序中，注册会计师最有可能证实已记录应付账款存在的是（　）。

A. 检查采购文件以确定是否采用预先编号的采购单

B. 从应付账款明细账追查至购货合同、购货发票等凭证

C. 抽取购货合同、购货发票和入库单等凭证，追查至应付账款明细账

D. 向供应商函证零余额的应付账款

4. 下列审计程序中，与查找未入账应付账款无关的有（　）。

A. 审核期后现金支出的主要凭证

B. 审核期后未付账单的主要凭证

C. 追查年终前签发的验收单至相关明细账

D. 审核应付账款账簿记录

5. 在查找已提前报废但尚未作出会计处理的固定资产时，以下审计程序中最恰当是（　）。

A. 将固定资产本期余额与上期余额进行比较

B. 分析固定资产折旧费用

C. 以检查固定资产明细账为起点，检查固定资产

D. 以检查固定资产实物为起点，检查固定资产的明细账

6. 注册会计师向银行函证，最有可能获取审计证据的是（　）。

A. 固定资产的使用情况　　B. 固定资产的抵押情况

C. 固定资产的入账价值　　D. 固定资产折旧的计提情况

7. 审查固定资产减少的目的是（　）。

A. 本年新增固定资产是否真实　　B. 有无未入账的固定资产

C. 固定资产有无高估　　D. 固定资产出租情况

8. 为证实会计记录中所列固定资产是否归被审计单位所有，下列程序中最有效的是（　）。

A. 实地检查固定资产　　B. 检查固定资产取得时的原始凭证

C. 取得固定资产分类汇总表　　D. 计算固定资产折旧与原值的比例

（二）多项选择题

1. 注册会计师可以选择以下方法对应付账款执行实质性分析程序的有

（　）。

A. 将期末应付账款余额与期初余额进行比较，分析波动原因

B. 检查与应付账款有关的供应商发票、验收报告或入库单到明细账

C. 计算应付账款与存货的比率，并与以前年度此比率对比分析

D. 分析长期挂账的应付账款，判断被审计单位是否缺乏偿债能力或利用应付账款隐瞒利润

2. 需要函证应付账款的情形包括（　）。

A. 应付账款的控制风险较高　　B. 应付账款的固有风险较高

C. 某应付账款账户金额较大　　D. 某应付账款账户金额较小

3. 函证应付账款正确的有（　）。

A. 因为函证不能保证查出未入账的应付账款，所以应付账款函证不是必须的

B. 在应付账款控制风险较低的情况下，应选择应付账款进行函证

C. 应付账款最好采用消极式函证

D. 对于应付账款未回函的，注册会计师应考虑是否再次函证

4. 以下各项审计程序中能查找未入账的应付账款有（　）。

A. 结合存货监盘，检查资产负债表日是否存在有材料入库凭证但未收到购货发票的业务

B. 抽查本期应付账款明细账贷方发生额的相应的购货发票，确认其入账时间是否正确

C. 检查收到的购货发票，确认其是否入账

D. 检查资产负债表日后若干天的付款项目，检查银行对账单和付款凭证

5. 下列能证实应付账款完整性的审计程序有（　）。

A. 从验收单等原始凭证追查到应付账款明细账

B. 从应付账款明细账选取大额的应付账款进行函证

C. 检查资产负债表日后应付账款明细账贷方发生额的相应凭证，确认其入账时间是否正确

D. 检查发票的日期确认其入账时间是否正确

6. 下列程序中可以检查应付账款是否存在未入账的应付账款的有（　）。

A. 获取被审计单位与其供应商之间的对账单，并将对账单和被审计单位

财务记录之间的差异进行调节

B. 检查债务形成的相关原始凭证，如供应商发票、验收报告或入库单等

C. 针对资产负债表日后付款项目，检查银行对账单及有关付款凭证，询问被审计单位内部或外部的知情人员

D. 检查资产负债表日后应付账款明细账贷方发生额的相应凭证，关注其购货发票的日期

7. 下列检查固定资产的说法中，正确的是（　）。

A. 实地检查的重点是本期新增的固定资产

B. 首次接受审计的情况下，检查范围应适当扩大

C. 必须对现有的固定资产全面检查

D. 以实地为起点追查到固定资产明细账，可以获得完整性认定的相关证据

8. 注册会计师对固定资产进行实地检查（　）。

A. 可以固定资产明细分类账为起点

B. 可以固定资产实物为起点

C. 重点观察本期新增加的重要固定资产

D. 能证明固定资产的所有权

（三）简答题

1.ABC 会计师事务所 A 注册会计师审计了甲公司 2017 年财务报表，甲公司是大型工业企业，A 注册会计师对其采购业务的内部控制进行了了解，下表给出了 A 注册会计师了解到的关键内部控制，要求：请根据题中给出的关键内部控制，写出对应的内部控制的目标和控制测试程序，并选择相应的实质性程序。

内部控制目标	关键内部控制	控制测试	实质性程序
	根据订购单、验收单、卖方发票登记入账		
	订购单、验收单、付款凭单均经事先连续编号并根据其登记采购明细账		
	对采购计算准确性进行内部核查		
	要求收到商品或接受劳务后及时记账		
	采用适当的会计科目表		

实质性程序：

A. 将采购明细账中记录的交易同购货发票、验收单和其他证明文件比较。

B. 根据购货发票反映的内容，比较会计科目表上的分类。

C. 从购货发票追查至采购明细账。

D. 从验收单追查至采购明细账。

E. 将验收单和购货发票上日期与采购明细账中的日期进行比较。

F. 检查购货发票、验收单、订货单和请购单的合理性和真实性。

G. 复算卖方发票填写金额的正确性。

2. ABC 会计师事务所 A 注册会计师审计了乙公司 2017 年财务报表，发现下列事项：

（1）为查找未入账的应付账款，A 注册会计师检查了资产负债表日后应付账款明细账贷方发生额的相关凭证，结果满意。

（2）乙公司有一笔账龄三年以上的 850 万元的应付账款，因为本期未发生变动，A 注册会计师未实施进一步审计程序。

（3）注册会计师对乙公司的应付账款进行审计时，决定对下列应付账款应选择两家公司进行函证，该公司应付账款年末余额和全年购货总额分别如下：

公司名称	应付账款年末余额	全年购货总额
X 公司	497 000 元	668 200 元
Y 公司	0 元	5 611 530 元
Z 公司	128 000 元	112 000 元
M 公司	1 011 000 元	1 987 000 元

要求：

针对资料（1）和（2），你认为注册会计师的处理是否正确？为什么？

针对资料（3），你认为应选择哪两家公司进行函证？请说明原因。

第十三章 生产与存货循环的审计

学习目的

通过本章学习，使学生了解生产与存货循环的主要业务活动、主要凭证与会计记录；熟悉生产与存货循环的重大错报风险、内部控制和控制测试；掌握存货的审计目标和实质性程序，重点掌握存货监盘（见表13-1）。

表13-1 生产与存货循环涉及的主要会计报表项目

资产负债表项目	利润表
存货，应付职工薪酬	营业成本（主营业务成本，其他业务成本）

第一节 生产与存货循环的主要业务活动

本节包括两部分内容：一是生产与存货循环主要业务活动，二是生产与存货循环涉及的主要凭证与会计记录。

一、生产与存货循环的主要业务活动

（一）计划和安排生产

生产计划部门根据客户订购单或者销售部门对销售预测和产品需求的分析来决定生产授权。如决定授权生产，即签发预先顺序编号的生产通知单和材料需求报告给生产部门。

生产通知单又称生产指令或生产任务通知单，是生产计划部门下达制造产品等生产任务的书面文件，用以通知供应部门组织材料发放，生产车间组

织产品制造，会计部门组织成本计算的凭证。

（二）领取原材料

生产部门根据生产通知单填制领料单，本部门批准后到仓库领料。

领料单是生产部门领取原材料的凭证，列示所需的材料数量和种类，以及领料部门的名称。

领料单是重要的原始凭证，事先连续编号一式多联，一联交领料部门（生产部门存根联），一联留在仓库登记材料明细账（仓库联），一联交会计部门进行材料收发核算和成本核算（财务联）。

除领料单外，领料凭证还有材料发出汇总表、限额领料单、领料登记簿和退料单等。

（三）生产产品

生产部门领取原材料后，将生产任务分解到每一个生产工人，执行生产任务。生产工人完成本阶段生产任务后将产品移交下一部门进一步加工或验收入库。生产部门填制产量和工时记录。

产量和工时记录是登记工人或生产班组在出勤日内完成的产品数量、质量和生产这些产品所耗费工时数量的原始记录。

（四）产成品入库及储存

生产部门将完成的产成品交检验员验收并办理产品入库手续，仓库对验收部门的工作进行验证并点验和检查后签收后存放并填制标签，将实际入库数量通知会计部门。入库单是产品生产完成并经检验合格后从生产部门转入仓库的凭证。

（五）发出产成品

发出产成品时必须根据经有关部门核准的销售单编制出库单。产成品的发出须由独立的发运部门进行。出库单一般一式四联，一联交仓库，一联由发运部门留存，一联送交客户，一联作为开具发票的依据。出库单是根据经批准的销售单填制的发出产成品的凭证。

（六）核算产品成本

根据生产过程中的各种记录包括生产通知单、领料单、产量和工时记录、入库单等凭证汇集到会计部门，进行成本核算。编制工薪汇总表及工薪费用分配表，材料费用分配表、制造费用分配汇总表和成本计算单。

工薪汇总表是为了反映企业全部工薪的结算情况，并据以进行工薪总分类核算和汇总整个企业工薪费用而编制的，它是企业进行工薪费用分配的依据。工薪费用分配表反映了各生产车间各产品应负担的生产工人工薪及福利费。材料费用分配表是用来汇总反映各生产车间各产品所耗费的材料费用的原始记录。制造费用分配汇总表是用来汇总反映各生产车间各产品所应负担的制造费用的原始记录。成本计算单是用来归集某一成本计算对象所应承担的生产费用，计算该成本计算对象的总成本和单位成本的记录。

（七）存货盘点

管理人员编制盘点指令，安排适当人员对存货实物（包括原材料、在产品和产成品等所有存货类别）进行定期盘点，将盘点结果与存货账面数量进行核对，调查差异并进行适当调整。一般制造型企业通常会定期对存货实物进行盘点，将实物盘点数量与账面数量进行核对，对差异进行分析调查，必要时作账务调整，以确保账实相符。在实施存货盘点之前，管理人员通常编制存货盘点指令，对存货盘点的时间、人员、流程及后续处理等方面作出安排。在盘点过程中，通常会使用盘点表记录盘点结果，使用盘点标签对已盘点存货及数量做出标识。

存货盘点表：存货盘点结果的记录表。

（八）计提存货跌价准备

财务部门根据存货货龄分析表信息及相关部门提供的有关存货状况的信息，结合存货盘点过程中对存货状况的检查结果，对出现损毁、滞销、跌价等降低存货价值的情况进行分析计算，计提存货跌价准备。

存货货龄分析表：企业编制的反映存货存放时间，据此识别流动较慢或滞销的存货，并根据市场情况和经营预测，确定是否需要计提存货跌价准备。

二、存货与生产循环涉及的主要凭证与会计记录

存货与生产循环涉及的主要凭证与会计记录包括生产通知单、领料单、产量和工时记录、入库单、出库单、工薪汇总表、工薪费用分配表、材料费用分配表、制造费用分配汇总表、成本计算单、存货盘点表、存货货龄分析表。其中大部分是重要原始凭证。

第二节　生产与存货循环的重大错报风险、内部控制和控制测试

一、生产与存货循环的重大错报风险

以一般制造类企业为例，影响生产与存货循环交易和余额的风险因素可能包括：

（1）生产与存货的业务复杂且数量庞大，增加了错误和舞弊的风险。

（2）存货的数量难以确定。由于存货的多元化，其计量方法也多样，例如，计量煤堆、谷物或糖，黄金或贵重宝石、化工品和药剂产品的计量的方法都可能不一样；存货存放地点很多，并且可以在不同的地点之间配送存货，这将增加商品途中毁损或遗失的风险，或者导致存货在两个地点被重复列示；可能存在寄存的存货，有时候存货实物和其所有权未能保持一致，也增加了其存货计量的复杂性。

（3）存货计价复杂。存货的成本核算的复杂性，制造类企业的成本核算比较复杂，虽然原材料和直接人工等直接成本的归集和分配比较简单，但间接费用的分配可能较为复杂；同时原材料计价方法的多样也增加其计价难度；某些存货项目的可变现净值难以确定。例如，价格受全球经济供求关系影响的存货，由于其可变现净值难以确定，会影响存货采购价格和销售价格的确定，并将影响注册会计师对与存货计价和分摊认定有关的风险进行的评估。特殊存货的计价可能要求聘请专家来验证其状况或价值。

由于存货与企业各项经营活动的紧密联系，存货的重大错报风险往往与财务报表其他项目的重大错报风险紧密相关。例如，存货的错报风险可能与

收入确认的错报风险、采购交易的错报风险共存；存货成本核算的错报风险与营业成本的错报风险共存等。

综上所述，一般制造型企业的存货的重大错报风险通常包括（表 13–2）：

表 13–2 销售与收款循环的重大错报风险、相关会计报表项目及认定

序号	重大错报风险描述	相关会计报表项目及认定
1	存货实物可能不存在	存货：存在
2	属于被审计单位的存货可能未在账面上反映	存货：完整性
3	存货的所有权可能不属于被审计单位	存货：权利和义务
4	存货的单位成本可能存在计算错误	存货：计价和分摊，营业成本，准确性
5	已销售产品的成本可能没有准确结转至营业成本	存货：计价和分摊，营业成本，准确性
6	存货的账面价值可能无法实现，即跌价损失准备的计提可能不充分	存货：计价和分摊

二、内部控制和控制测试

表 13–3 列示了生产与存货循环内部控制目标、关键内部控制和注册会计师常用的控制测试、实质性程序。

表 13–3 生产与存货循环内部控制目标、关键内部控制和常用的控制测试、实质性程序

内部控制目标	关键内部控制	常用的控制测试	常用的实质性程序
生产业务是根据管理当局一般或特定的授权进行的；记录的成本为实际发生而非虚构（发生）	1.生产指令通知单、领料单和工薪经过授权审批 2. 成本的核算以经审核的生产通知单、领料单、产量和工时记录、工薪费用分配表、材料费用分配表、制造费用分配表为依据的	1. 检查三个关键点是否恰当审批 2. 检查成本记账凭证后是否附有生产通知单、领料单、产量和工时记录、工薪费用分配表、材料费用分配表、制造费用分配表	1. 对成本进行分析程序 2. 将成本明细账与生产通知单、领发料凭证、产量和工时记录、工薪费用分配表、材料费用分配表、制造费用分配表相核对（逆查法）

续表

内部控制目标	关键内部控制	常用的控制测试	常用的实质性程序
所有的耗费均已反映在成本中（完整性）	生产通知单、领料单、产量和工时记录、工薪费用分配表、材料费用分配表、制造费用分配表均经事先编号并已经登记入账	检查生产通知单、领料单、产量和工时记录、工薪费用分配表、材料费用分配表、制造费用分配表连续编号的完整性	1. 对成本进行分析程序 2. 将生产通知单、领料单、产量和工时记录、工薪费用分配表、材料费用分配表、制造费用分配表与成本明细账相核对（顺查法）
成本以正确的金额，在恰当的会计期间及时记录于适当的账户（计价和分摊、准确性、截止、分类）	1. 采用适当的成本核算方法和费用分配方法，并且前后各期一致 2. 采用适当的成本核算流程和账务处理流程 3. 内部核查	1. 选取样本测试各种费用的归集和分配以及成本的计算 2. 测试是否按照规定的成本核算流程和账务处理流程进行核算和账务处理	1. 对成本进行分析程序 2. 抽查成本计算单，检查各种费用的归集和分配以及成本的计算是否正确 3. 对重大在产品项目进行计价测试
对存货实施保护措施，保管人员与记录、批准人员相互独立（存在、完整性）	存货保管人员与记录、保管人员职务相分离	询问、观察存货和记录的接触以及相应的批准程序	
账面存货与实际存货定期核对相符（存在、完整性、计价和分摊）	定期盘点	询问和观察存货盘点	对存货实施监盘

（一）内部控制目标

表 13–3 第一列列示了企业设立生产与存货循环内部控制的目标，也是注册会计师实施相应控制测试和实质性程序所要达到的审计目标即发生、完整性、准确性（计价和分摊）、截止和分类。

（二）关键内部控制

表 13–3 第二列列示了与内部控制目标相对应的一项或者数项企业主要的

内部控制。被审计单位对本企业内部控制的建立健全和有效实施负责。在内部控制的设置方面，本循环和第十一章销售与收款循环的审计、第十二章采购与付款循环的审计基本相同，特别是重要的原始凭证生产通知单、领料单、产量工时记录、工薪费用分配表、材料费用分配表、制造费用分配表均经事先编号并根据其登记入账达到完整性目标这一内部控制。

（三）注册会计师常用的控制测试

在注册会计师常用的控制测试，生产与存货循环审计和前两章销售与收款循环审计、采购与付款循环审计的控制测试基本相同，不同的是注册会计师在本循环中除用检查、观察外还用了询问和重新执行两种控制测试方法。

（四）注册会计师常用的实质性程序

在注册会计师常用的实质性程序，生产与存货循环审计和前两章销售与收款循环审计、采购与付款审计的基本相同，不同的是对成本进行分析程序的广泛应用，本循环特有的。

需要说明的是，表 13-3 列示的是内部控制的目标、关键内部控制、注册会计师常用的控制测试和实质性程序，没有包括存货与生产循环的所有的内部控制、控制测试和实质性程序，也不意味着审计实务中一定按此顺序进行。因此，在审计实务工作中，注册会计师从实际出发，设计适合被审计单位具体情况的实用高效的审计程序。

第三节　生产与存货循环的实质性程序

一、存货的审计目标

（一）存货的定义

企业日常活动中持有的为生产过程或劳务过程准备耗用的材料或物料、处在生产过程的在产品、准备出售的产成品或商品等（包括的账户有：材料采购或在途材料，原材料，材料成本差异，周转材料，委托加工材料；生产

成本，劳务成本，制造费用；库存商品，发出商品，商品进销差价，委托代销商品等）。

（二）存货审计的特点

存货审计尤其是对年末存货余额的测试，通常是审计中最复杂也最费时的部分。对存货存在和存货价值的评估常常十分困难。导致存货审计复杂的主要原因包括：

（1）存货为资产负债表中的一个主要项目，通常是构成营运成本最大项目，影响资产负债表和利润表，影响广泛。

（2）存货存放地点多，项目多样性，使存货实物控制和盘点都很困难，存货数量确定困难。

（3）存货计价方法多样性、存货本身的陈旧以及存货成本的分配使得存货的计价存在困难。由于存货对于企业的重要性、存货问题的复杂性以及存货与其他项目密切的关联度，要求注册会计师对存货项目的审计应当予以特别的关注。相应地，要求实施存货项目审计的注册会计师应具备较高的专业素质和相关业务知识，分配较多的审计工时，运用多种有针对性的审计程序。

存货审计涉及数量和单价两个方面。针对存货数量的实质性程序是存货监盘。针对存货单价的实质性程序包括对购买和生产成本的审计程序及对存货可变现净值的审计程序。

（三）存货（作为部分资产项目）的审计目标

存货的审计目标如表 13-4 所示。

表 13-4　管理当局的认定和存货的审计目标

管理当局对期末账户余额的认定	存货的审计目标
存在	A. 确定账面记录存货余额对应的实物是否真实存在
完整性	B. 确定属于被审计单位的存货是否均已入账
权利	C. 确定存货是否属于被审计单位
计价和分摊	D. 确定记录的存货单位成本的计量是否准确、存货的账面价值是否可以实现、期末余额是否正确
列报	E. 确定存货是否按照企业会计准则的规定在财务报表上恰当列报

二、存货的一般审计程序

（1）获取存货余额明细表，复核单项存货金额的计算（单位成本 × 数量）和明细表的加总计算是否准确。

（2）实施实质性分析程。

①将本年末存货余额与上年末存货余额进行比较；

②对本年存货实际周转天数与预期周转天数、同行业本年实际周转天数等进行比较。

如有重大差异，审计其是否存在重大错报风险，是否需要设计恰当的细节测试程序以识别和应对重大错报风险。

三、存货监盘

（一）存货监盘的决策和目的

1. 存货监盘决策

如果存货对财务报表是重要的，注册会计师应当实施存货监盘。

2. 存货监盘的运用和责任

存货监盘可以用作控制测试或实质性程序，其具体在哪里运用，由注册会计师根据风险评估结果、审计方案和实施的特定程序作出判断。

实施盘点存货，每年至少进行一次实物盘点，作为编制财务报表的基础，是被审计单位管理层的责任；实施存货监盘，获取有关期末存货数量和状况的充分、适当的审计证据是注册会计师的责任。注册会计师对存货的监盘责任不能取代被审计单位管理层定期盘点存货的责任。

3. 存货监盘的目的

注册会计师存货监盘的目的在于获取有关存货数量和状况的审计证据。因此，存货监盘针对的主要是存货的存在认定，对存货的完整性认定、权利和义务认定、计价和分摊认定，也能提供部分审计证据，但需要其他证据予以支持。如表 13–5 所示。

表 13-5　存货的审计程序及能证明的认定

审计程序	能证明的认定
存货监盘	存在、完整性、权利和义务、计价和分摊（其中完整性、权利和义务、计价和分摊需要其他证据予以支持）
存货的计价测试	计价和分摊

（二）存货监盘计划的制订

1. 制订存货监盘计划的基本要求

注册会计师应当编制存货监盘计划，对存货监盘作出合理安排。存货监盘计划是根据被审计单位存货的特点、盘存制度和存货内部控制的有效性等情况，在评价被审计单位管理层制定的存货盘点程序的基础上做出的。注册会计师编制的存货监盘计划应与被审计单位的存货盘点计划相协调，为了避免误解并有助于有效地实施存货监盘，注册会计师通常需要与被审计单位就存货监盘等问题达成一致意见。

2. 制订存货监盘计划应考虑的相关事项

在编制存货监盘计划时，注册会计师需要考虑以下事项：

（1）存货相关的重大错报风险。存货的重大错报风险通常较高，影响重大错报风险的因素很多，成本计价方法的多样性，成本归集的难易程度、具有固定价格合约的存货都使存货成本具有不确定性；存货的数量和种类的众多，具有高科技含量技术进步可能导致某些存货迅速过时，鲜活、易腐易损坏的存货，单位价值高昂、容易被盗窃的存货，都会产生重大错报风险，从而增加审计的复杂性与风险。

（2）与存货相关的内部控制的性质。在制订存货监盘计划时，注册会计师应当了解被审计单位与存货相关的内部控制，并根据内部控制的完善程度确定进一步审计程序的性质、时间和范围。与存货相关的内部控制涉及被审计单位供、产、销各个环节，包括采购、验收、仓储、领用、加工、装运出库等方面。与存货内部控制相关的措施有很多，其有效程度也存在差异。

采购、验收、仓储、领用、加工、装运、出库等方面的内部控制总体目标是所有交易都已获得适当的授权与批准。使用重要的原始凭证是一项基本的内部控制措施，其中购货订购单、验收单、领料单、产量工时记录、入库单、出库单等重要的原始凭证应当预先连续编号，定期清点重要的原始凭证，作为记账的基础。被审计单位与存货实地盘点相关的内部控制通常包括：制订合理的存货盘点计划，确定合理的存货盘点程序，配备相应的监督人员，对存货进行独立的内部验证，将盘点结果与永续存货记录进行独立的调节，对盘点表和盘点标签进行充分控制。

（3）注册会计师与管理层讨论存货盘点程序。注册会计师一般需要复核或与管理层讨论其存货盘点程序，如果认为被审计单位的存货盘点程序存在缺陷，注册会计师应当提请被审计单位调整。在复核或与管理层讨论其存货盘点程序时，注册会计师应当考虑下列主要因素，以评价其能否合理地确定存货的数量和状况：盘点的时间安排；存货盘点范围和场所的确定；盘点人员的分工及胜任能力；盘点前的会议及任务布置；存货的整理和排列，对毁损、陈旧、过时、残次及所有权不属于被审计单位的存货的区分；存货的计量工具和计量方法；在产品完工程度的确定方法；存放在外单位的存货的盘点安排；存货收发截止的控制；盘点期间存货移动的控制；盘点表单的设计、使用与控制；盘点结果的汇总以及盘盈或盘亏的分析、调查与处理。

（4）管理层存货盘点程序对注册会计师制订存货监盘计划的影响：

①存货盘点的时间安排。如果存货盘点在财务报表日以外的其他日期进行，注册会计师除实施存货监盘外，还应当实施其他审计程序，以获取审计证据，确定存货盘点日与财务报表日之间的存货变动是否已得到恰当的记录。

②被审计单位是否一贯采用永续盘存制。存货数量的盘存制度一般分为实地盘存制和永续盘存制。存货盘存制度不同，注册会计师需要作出的存货监盘安排也不同。

③存货的存放地点（包括不同存放地点的存货的重要性和重大错报风险），以确定适当的监盘地点。如果被审计单位的存货存放在多个地点，注册会计师可以要求被审计单位提供一份完整的存货存放地点清单（包括期末库存量为零的仓库、租赁的仓库，以及第三方代被审计单位保管存货的仓库），并考虑其完整性。在获取完整的存货存放地点清单的基础上，注册会计师可以根据不同地点所存放存货的重要性以及对各个地点与存货相关的重大错报风险的评估结果，选择适当的地点进行监盘，并记录选择这些地点的原因。如果识别出由于舞弊导致的影响存货数量的重大错报风险，注册会计

师在检查被审计单位存货记录的基础上，可能决定在不预先通知的情况下对特定存放地点的存货实施监盘，或在同一天对所有存放地点的存货实施监盘。在连续审计中，注册会计师可以考虑在不同期间的审计中变更所选择实施监盘的地点。

④存货的性质，以确定是否需要专家协助。注册会计师可能不具备其他专业领域的专长与技能。在确定资产数量或资产实物状况（如矿石堆），或在收集特殊类别存货（如艺术品、稀有玉石、房地产、电子器件、工程设计等）的审计证据时，注册会计师可以考虑利用专家的工作。当在产品存货金额较大时，可能面临如何评估在产品完工程度的问题。注册会计师可以了解被审计单位的盘点程序，如果有关在产品的完工程度未被明确列出，注册会计师应当考虑采用其他有助于确定完工程度的措施，如获取零部件明细清单、标准成本表以及作业成本表，与工厂的有关人员讨论等，并运用职业判断，注册会计师也可以根据存货生产过程的复杂程度考虑利用专家的工作。

（三）存货监盘计划的内容

存货监盘计划应当包括以下主要内容：

1. 存货监盘的目标、范围及时间安排

存货监盘的目标：主要包括获取被审计单位资产负债表日有关存货数量和状况以及有关管理层存货盘点程序可靠性的审计证据，检查存货的数量是否真实完整，是否归属被审计单位，存货有无毁损、陈旧、过时、残次和短缺等状况。

存货监盘的范围：注册会计师对存货监盘范围的大小取决于存货的内容、性质以及与存货相关的内部控制的完善程度和重大错报风险的评估结果；被审计单位对存货的盘点范围按存货的所有权划分，凡归被审计单位所有的存货都在盘点范围内，凡不归被审计单位所有的存货都不在盘点范围内；注册会计师检查存货的范围，应当根据被审计单位存货盘点情况和对被审计单位内部控制的评价结果确定检查存货的范围。注册会计师实施观察程序后，如果认为被审计单位存货盘点组织良好，内部控制设计良好且得到有效实施，可以相应缩小实施检查程序的范围。反之，应扩大实施检查程序的范围。

存货监盘的时间：应当与被审计单位实施存货盘点的时间相协调，包括

实地察看盘点现场的时间、观察存货盘点的时间和对已盘点存货实施检查的时间等。

2. 存货监盘的要点及关注事项

存货监盘的要点主要包括注册会计师实施存货监盘程序的方法、步骤，各个环节应注意的问题以及所要解决的问题。注册会计师需要重点关注的事项包括盘点期间的存货移动、存货的状况、存货的截止确认、存货的各个存放地点及金额等。

3. 存货监盘人员的分工

根据被审计单位参加存货盘点人员分工、分组情况、存货监盘工作量的大小和人员素质情况，注册会计师确定与盘点计划人员配合的参加存货监盘的人员组成，各组成人员的职责和具体的分工情况，并加强督导。

4. 检查存货的范围

注册会计师检查存货的范围，根据被审计单位存货盘点情况和对被审计单位内部控制的评价结果确定检查存货的范围。

（四）存货监盘程序

在存货盘点现场实施监盘时，注册会计师应当实施下列审计程序：

1. 评价管理层用以记录和控制存货盘点结果的指令和程序

注册会计师需要考虑这些指令和程序是否包括下列方面：适当控制活动的运用；准确认定在产品的完工程度，流动缓慢（呆滞）、过时或毁损的存货项目，以及第三方拥有的存货（如寄存货物）；在适用的情况下用于估计存货数量的方法；对存货在不同存放地点之间的移动以及截止日前后期间出入库的控制。在实施存货监盘程序时，注册会计师需要观察被审计单位有关存货移动的控制程序是否得到执行。注册会计师可以向管理层索取盘点期间存货移动相关的书面记录以及出库、入库资料作为执行截止测试的资料，作为监盘结束的后续工作提供证据。

2. 观察管理层盘点程序的执行情况

这有助于注册会计师获取有关管理层指令和程序是否得到适当设计和执行的审计证据。尽管盘点存货时最好能保持存货不发生移动，但在某些情况下存货的移动是难以避免的。如果在盘点过程中被审计单位的生产经营仍将

持续进行，注册会计师应通过实施必要的检查程序，确定被审计单位是否已经对此设置了相应的控制程序，确保在适当的期间内对存货做出了准确记录。

注册会计师一般应当获取盘点日前后存货收发及移动的凭证，检查库存记录与会计记录期末截止是否正确。注册会计师在对期末存货进行截止测试时，通常应当关注：被审计单位存货盘点范围按存货的所有权划分，所有在截止日以前入库的存货项目，已反映在截止日以前的会计记录中，均应包括在盘点范围内；任何在截止日期以后入库的存货项目，未反映在截止日以前的会计记录中，均未包括在盘点范围内；所有已记录为购货但尚未入库的存货，应反映在会计记录中，均应包括在盘点范围内。所有在截止日以前装运出库的存货项目，未包括在截止日的存货账面余额中，均未包括在盘点范围内；任何在截止日期以后装运出库的存货项目，应包括在截止日的存货账面余额中，均应包括在盘点范围内；所有已确认为销售但尚未装运出库的商品，未包括在截止日的存货账面余额中，均应不包括在盘点范围内。被审计单位在途存货和直接向顾客发运的存货均已得到了适当的会计处理。

注册会计师通常可观察存货的验收入库地点和装运出库地点以执行截止测试。在存货入库和装运过程中采用连续编号的凭证时，注册会计师应当关注截止日期前的最后编号。如果被审计单位没有使用连续编号的凭证，注册会计师应当列出截止日期以前的最后几笔装运和入库记录。如果被审计单位使用运货车厢或拖车进行存储、运输或验收入库，注册会计师应当详细列出存货场地上满载和空载的车厢或拖车，并记录各自的存货状况。

3. 检查存货

在存货监盘过程中检查存货，虽然不一定能确定存货的所有权，但有助于确定存货的存在，以及识别过时、毁损或陈旧的存货。注册会计师应当把所有过时、毁损或陈旧存货的详细情况记录下来，既便于进一步追查这些存货的处置情况，也能为测试被审计单位存货跌价准备计提的准确性提供证据。

4. 执行抽盘

在对存货盘点结果进行测试时，注册会计师可以从存货盘点记录中选取项目追查至存货实物，以获取有关盘点记录正确性的审计证据；从存货实物中选取项目追查至盘点记录，以获取有关盘点记录完整性的审计证据。需要说明的是，注册会计师应避免让被审计单位事先了解将抽盘的存货项目。注册会计师获取管理层完成的存货盘点记录的复印件，记录对存货盘点结果进行的测试情况，以确定被审计单位的期末存货记录是否准确地反映了存货的实际盘点结果。注册会计师在实施抽盘程序时发现差异，很可能表明被审计单位的存货盘点在准确性或完整性方面存在错误。由于检查的内容通常仅仅是已盘点存货中的一部分，所以，在检查中发现的错误很可能意味着被审计单位的存货盘点还存在着其他错误。首先，注册会计师应当查明原因，并及时提请被审计单位更正；其次，注册会计师应当考虑错误的潜在范围和重大程度，在可能的情况下，扩大检查范围以减少错误的发生，严重的情况下注册会计师还可要求被审计单位重新盘点，重新盘点的范围可限于某一特殊领域的存货或特定盘点小组。

5. 需要特别关注的情况

（1）存货盘点范围。被审计单位存货盘点范围按所有权划分，归被审计单位所有的存货，都在盘点范围内。在被审计单位盘点存货前，注册会计师应当观察盘点现场，确定应纳入盘点范围的存货是否已经适当整理和排列，并附有盘点标识，防止遗漏或重复盘点。对所有权不属于被审计单位的存货，被审计单位不应纳入盘点范围，注册会计师应根据取得的所有权不属于被审计单位的存货的有关资料，观察这些存货是否单独存放，确保其未被纳入盘点范围。即使在被审计单位声明不存在受托代存存货的情形下，注册会计师在存货监盘时，也应当关注是否存在某些存货不属于被审计单位的迹象，以避免盘点范围不当。

（2）对特殊类型存货的监盘。对某些特殊类型的存货而言，被审计单位通常使用的盘点方法和控制程序并不完全适用。这些存货通常或没有标签，或其数量难以估计，或其质量难以确定，或盘点人员无法对其移动实施控制。在这些情况下，注册会计师需要运用职业判断，根据存货的实际情况，设计恰当的审计程序，对存货的数量和状况获取审计证据。

表 13-6 列举了被审计单位特殊存货的类型、通常采用的盘点方法与存在的潜在问题，以及可供注册会计师实施的监盘程序。注册会计师在审计实务中，应当根据被审计单位所处行业的特点、存货的类别和特点以及内部控制等具体情况，并在通用的存货监盘程序基础上，设计关于特殊类型存货监盘的具体审计程序。

表 13-6 特殊类型存货的监盘程序

存货类型	盘点方法与潜在问题	可供实施的审计程序
木材、钢筋盘条、管子	通常无标签，但在盘点时会做上标记或用粉笔标识。 难以确定存货的数量或等级	检查标记或标识。 利用专家或被审计单位内部有经验人员的工作
堆积型存货（如糖、煤、钢废料）	通常既无标签也不做标记。 在估计存货数量时存在困难	运用工程估测、几何计算、高空勘测，并依赖详细的存货记录。 如果堆场中的存货堆不高，可进行实地监盘，或通过旋转存货堆加以估计
使用度量（磅秤，尺子等）计量的存货	在估计存货数量时存在困难	在监盘前和监盘过程中均应检查度量的精准度。 将检查和重新度量程序相结合。 检查度量的换算问题
散装物品（如贮窖存货，使用桶、箱、罐、槽等容器储存的液体、气体、谷类粮食、流体存货等）	在盘点时通常难以识别和确定。 在估计存货数量时存在困难。 在确定存货质量时存在困难	使用容器进行监盘时先数清容量的个数，再适当地打开容器进行抽查，或通过预先编号的清单列表加以确定。 使用浸蘸、测量棒、工程报告以及依赖永续存货记录。 选择样品进行化验与分析，或利用专家的工作
贵金属、石器、艺术品与收藏品	在存货辨认与质量确定方面存在困难	选择样品进行化验与分析，或利用专家的工作
生产纸浆用木材、牲畜	在存货辨认与数量确定方面存在困难。可能无法对此类存货的移动实施控制	通过高空摄影以确定其存在，对不同时点的数量进行比较，并依赖永续存货记录

6. 存货监盘结束时的工作

在被审计单位存货盘点结束前，注册会计师应当：

（1）再次观察盘点现场，以确定所有应纳入盘点范围的存货是否均已盘点。

（2）取得并检查已填用、作废及未使用盘点表单的号码记录，确定其是否连续编号，查明已发放的表单是否均已收回，并与存货盘点的汇总记录进行核对。注册会计师应当根据自己在存货监盘过程中获取的信息对被审计单位最终的存货盘点结果汇总记录进行复核，并评估其是否正确地反映了实际盘点结果。

（3）如果存货盘点日不是资产负债表日，注册会计师应当实施适当的审计程序，确定盘点日与资产负债表日之间存货的变动是否已得到恰当的记录。在实务中，注册会计师可以结合盘点日至财务报表日之间间隔期的长短、相关内部控制的有效性等因素进行风险评估，设计和执行适当的审计程序。

（五）特殊情况的处理

1. 在存货盘点现场实施存货监盘不可行

在存货盘点现场实施存货监盘不可行的原因，只能是存货造成的，如存货的性质和存放地点等因素，如存货存放在对注册会计师的安全有威胁的地点等。不能是注册会计师自身的因素造成的，如审计中的困难、时间或成本等注册会计师的原因，都不能成为在存货盘点现场实施存货监盘不可行的正当理由。在存货盘点现场实施存货监盘不可行时，注册会计师应当实施替代审计程序，即检查盘点日之前取得或购买的、盘点日后出售的存货的文件记录（如购货发票、验收单、销售发票等），以获取有关存货的存在和状况的充分、适当的审计证据。

如果不能实施替代审计程序，或者实施替代审计程序可能无法获取有关存货的存在和状况的充分、适当的审计证据，存货对财务报表是重要的时，注册会计师需要按照中国注册会计师审计准则的规定发表非无保留意见，即审计范围受限，注册会计师发表保留意见或无法表示意见的审计报告。

2. 因不可预见的情况导致无法在存货盘点日现场实施监盘

注册会计师应当另择日期实施监盘，并对间隔期内发生的交易实施审计程序。

有时由于不可预见情况而可能导致无法在预定日期实施存货监盘，两种比较典型的情况包括：一是注册会计师无法亲临现场，即由于不可抗力导致其无法到达存货存放地实施存货监盘；二是气候因素，即由于恶劣的天气导致注册会计师无法实施存货监盘程序，或由于恶劣的天气无法观察存货，如木材被积雪覆盖。

3. 由第三方保管或控制的存货

如果由第三方保管或控制的存货对财务报表是重要的，注册会计师应当

实施下列一项或两项审计程序，以获取有关该存货存在和状况的充分、适当的审计证据：

（1）向持有被审计单位存货的第三方函证存货的数量和状况。

（2）实施检查或其他适合具体情况的审计程序。根据具体情况（如获取的信息使注册会计师对第三方的诚信和客观性产生疑虑），注册会计师可能认为实施其他审计程序是适当的。其他审计程序可以作为函证的替代程序，也可以作为追加的审计程序。其他审计程序的示例包括：①实施或安排其他注册会计师实施对第三方的存货监盘（如可行）；②获取其他注册会计师或服务机构注册会计师针对用以保证存货得到恰当盘点和保管的内部控制的适当性而出具的报告；③检查与第三方持有的存货相关的文件记录，如仓储单；④当存货被作为抵押品时，要求其他机构或人员进行确认。

考虑到第三方仅在特定时点执行存货盘点工作，在实务中，注册会计师可以事先考虑实施函证的可行性。如果预期不能通过函证获取相关审计证据，可以事先计划和安排存货监盘等工作。此外，注册会计师可以考虑由第三方保管存货的商业理由的合理性，以进行存货相关风险（包括舞弊风险）的评估，并计划和实施适当的审计程序，例如，检查被审计单位和第三方所签署的存货保管协议的相关条款、复核被审计单位调查及评价第三方工作的程序等。

四、存货计价测试

存货监盘程序主要是对存货的数量进行测试。为验证财务报表上存货余额的真实性，应当对存货的计价进行审计。存货计价测试包括两个方面：一是被审计单位所使用的存货单位成本是否正确；二是是否恰当计提了存货跌价损失准备。

（一）存货单位成本测试

在对存货的计价实施细节测试之前，注册会计师通常先要了解被审计单位本年度存货计价方法与以前年度是否一致。在审计中，如果某项业务有多种会计核算方法如固定资产的多种折旧方法，存货的多种计价方法等，首先应审计该会计核算方法在不同的会计期间是否保持一贯性，如果发生改变，变化是否合法合理，是否经过适当的审批，其变化对会计报表的影响是否在会计报表附注中加以说明。

1. 原材料单位成本

注册会计师通常基于企业的原材料计价方法（如先进先出法，加权平均法等），结合原材料的历史购买成本，测试其账面成本是否准确，测试程序包括核对原材料采购的相关凭证（主要是与价格相关的凭证，如合同、采购订单、发票等）以验证原材料计价方法的运用是否正确。

2. 产成品和在产品的单位成本

注册会计师需要对成本核算过程实施测试，包括直接材料成本测试、直接人工成本测试、制造费用测试和生产成本在当期完工产品与在产品之间分配的测试四项内容，具体如下：

（1）直接材料成本测试。对采用定额单耗的企业，可选择某一成本报告期若干种具有代表性的产品成本计算单，获取样本的生产指令或产量统计记录及其直接材料单位消耗定额，根据材料明细账或采购业务测试工作底稿中各该直接材料的单位实际成本，计算直接材料的总消耗量和总成本，与该样本成本计算单中的直接材料成本核对。对未采用定额单耗的企业，可获取材料费用分配汇总表、材料发出汇总表（或领料单）、材料明细账（或采购业务测试工作底稿）中各该直接材料的单位成本，作如下检查：成本计算单中直接材料成本与材料费用分配汇总表中该产品负担的直接材料费用是否相符，分配标准是否合理；将抽取的材料发出汇总表或领料单中若干种直接材料的发出总量和各该种材料的实际单位成本之积，与材料费用分配汇总表中各该种材料费用进行比较等。对采用标准成本法的企业，获取样本的生产指令或产量统计记录、直接材料单位标准用量、直接材料标准单价及发出材料汇总表或领料单，检查下列事项：根据生产量、直接材料单位标准用量和标准单价计算的标准成本与成本计算单中的直接材料成本核对是否相符；直接材料成本差异的计算与账务处理是否正确。

（2）直接人工成本测试。对采用计时工资制的企业，获取样本的实际工时统计记录、员工分类表和员工工薪手册（工资率）及人工费用分配汇总表，作如下检查：成本计算单中直接人工成本与人工费用分配汇总表中该样本的直接人工费用核对是否相符；样本的实际工时统计记录与人工费用分配汇总表中该样本的实际工时核对是否相符；抽取生产部门若干天的工时台账与实

际工时统计记录核对是否相符；当没有实际工时统计记录时，则可根据员工分类表及员工工薪手册中的工资率，计算复核人工费用分配汇总表中该样本的直接人工费用是否合理。对采用计件工资制的企业，获取样本的产量统计报告、个人（小组）产量记录和经批准的单位工薪标准或计件工资制度，检查下列事项：根据样本的统计产量和单位工薪标准计算的人工费用与成本计算单中直接人工成本核对是否相符；抽取若干个直接人工（小组）的产量记录，检查是否被汇总计入产量统计报告。对采用标准成本法的企业，获取样本的生产指令或产量统计报告、工时统计报告和经批准的单位标准工时、标准工时工资率、直接人工的工薪汇总表等资料，检查下列事项：根据产量和单位标准工时计算的标准工时总量与标准工时工资率之积同成本计算单中直接人工成本核对是否相符；直接人工成本差异的计算与账务处理是否正确，并注意直接人工的标准成本在当年内有无重大变更。

（3）制造费用测试。获取样本的制造费用分配汇总表、按项目分列的制造费用明细账、与制造费用分配标准有关的统计报告及其相关原始记录，作如下检查：制造费用分配汇总表中，样本分担的制造费用与成本计算单中的制造费用核对是否相符；制造费用分配汇总表中的合计数与样本所属成本报告期的制造费用明细账总计数核对是否相符；制造费用分配汇总表选择的分配标准（机器工时数、直接人工工资、直接人工工时数、产量等）与相关的统计报告或原始记录核对是否相符，并对费用分配标准的合理性作出评估；如果企业采用预计费用分配率分配制造费用，则应针对制造费用分配过多或过少的差额，检查其是否作了适当的账务处理；如果企业采用标准成本法，则应检查样本中标准制造费用的确定是否合理，计入成本计算单的数额是否正确，制造费用差异的计算与账务处理是否正确，并注意标准制造费用在当年度内有无重大变更。

（4）生产成本在当期完工产品与在产品之间分配的测试。检查成本计算单中在产品数量与生产统计报告或在产品盘存表中的数量是否一致，检查在产品约当产量计算或其他分配标准是否合理，计算复核样本的总成本和单位成本。

（二）存货跌价损失准备的测试

注册会计师在测试存货跌价损失准备时，需要从以下两个方面进行测试：

1. 识别需要计提跌价损失准备的存货项目

注册会计师可以通过询问管理层和相关部门（生产、仓储、财务、销售等）员工，了解被审计单位如何收集有关滞销、过时、陈旧、毁损、残次存货的信息并为之计提必要的跌价损失准备，如被审计单位编制存货货龄分析表，则可以通过审阅分析表识别滞销或陈旧的存货。此外，注册会计师还要结合存货监盘过程中检查存货状况而获取的信息，以判断被审计单位的存货跌价损失准备计算表是否有遗漏。

2. 检查可变现净值的计量是否合理

在存货计价审计中，由于被审计单位对期末存货采用成本与可变现净值孰低的方法计价，所以，注册会计师应充分关注其对存货可变现净值的确定及存货跌价准备的计提。可变现净值是指企业在日常活动中，存货的估计售价减去至完工时估计将要发生的成本、估计的销售费用以及相关税费后的金额。企业确定存货的可变现净值，应当以取得的确凿证据为基础，并且考虑持有存货的目的以及资产负债表日后事项的影响等因素。如果存货不再具有价值时，是否全额计提减值准备。

◆ 课后练习◆

一、本章复习思考题

1. 存货审计的特点、目标、重点分别是什么？

2. 试述存货监盘的作用、存货监盘计划的内容、存货监盘程序和存货监盘过程中特殊情况的处理。

二、本章练习题

（一）单项选择题

1. 被审计单位存货盘点计划的制订人是（　　）。

A. 会计师事务所　　B. 注册会计师

C. 被审计单位存货保管员　　D. 被审计单位管理层

2. 注册会计师通过存货监盘，不能达到的认定有（　　）。

A. 存在　　B. 完整性　　C. 权利和义务　　D. 分类

3. 以下有关期末存货监盘程序中，与测试存货盘点记录的完整性不相关的是（　）。

A. 从存货盘点记录中选取项目追查至存货实物

B. 从存货实物中选取项目追查至存货盘点记录

C. 在存货盘点过程中关注存货的移动情况

D. 在存货盘点结束前，再次观察盘点现场

4. 通过存货监盘发现被审计单位存货账面记录与经监盘确认的存货发生重大差异，注册会计师采用的程序可能无效的是（　）。

A. 提请被审计单位对已确认的差异进行调整

B. 进一步执行审计程序，查明差异原因

C. 如果被审计单位不采纳注册会计师的调整意见，应根据其重要程序确定是否在审计报告中予以反映

D. 对存货进行分析程序，确认差异的真实性

5. 注册会计师在检查甲公司存货时，注意到某些存货项目实际盘点的数量大于永续盘存记录中的数量。假定不考虑其他因素，以下各项中，最可能导致这种情况的是（　）。

A. 供应商向甲公司提供购货折扣

B. 甲公司向客户提供销货折扣

C. 甲公司已将购买的存货退给供应商

D. 客户已将购买的存货退给甲公司

6. 对存货实施监盘程序时，注册会计师不应该选择的是（　）。

A. 对于已作质押的存货，向债权人函证与被质押存货相关的内容

B. 对于代管的存货，实施向存货保管权人函证等审计程序

C. 对于因性质特殊而无法监盘的存货，可以采取检查原始凭证等审计程序

D. 监盘前将抽盘范围告知被审计单位，以便其做好相关准备

7. 如果由第三方保管或控制的存货是重要的，注册会计师实施的审计程序中不包括（　）。

A. 向持有存货的第三方函证存货的数量和状况

B. 利用被审计单位内部审计部门对该存货的监盘结果

C. 实施或安排其他注册会计师实施对第三方的存货监盘

D. 检查与第三方持有的存货相关的文件记录

8. 下列有关存货计价测试的说法中错误的是（　）。

A. 注册会计师除应了解掌握被审计单位的存货计价方法外，还应对该计价方法的合理性和一贯性予以关注

B. 存货成本的计价测试包括对直接材料成本、直接人工成本的和制造费用的审计

C. 在测试时，如果发现被审计单位是为执行销售合同而持有的存货，对于超过销售合同约定部分的存货，注册会计师仍然应该以合同价格为基础计算存货的可变现净值

D. 在进行计价测试时，注册会计师应尽量排除被审计单位已有计算程序和结果的影响，对相关存货进行独立测试

（二）多项选择题

1. 注册会计师在制订存货监盘计划时应考虑（　）。

A. 存货相关的重大错报风险

B. 与存货相关的内部控制的性质

C. 被审计单位存货盘点的时间安排

D. 被审计单位存货盘点的人员分工

2. 注册会计师制订的存货监盘计划的内容，包括（　）。

A. 存货监盘的目标、范围及时间安排

B. 存货监盘的要点及关注事项

C. 检查存货的范围　　　　D. 参加存货监盘人员的分工

3. 注册会计师在对期末存货进行截止测试时，下列应当关注的内容，正确的有（　）。

A. 所有在截止日以前入库的存货项目是否均未包括在截止日的存货账面余额中，未包括在盘点范围内

B. 所有在截止日以前装运出库的存货项目是否均未包括在截止日的存货账面余额中，未包括在盘点范围内

C. 在途存货和被审计单位直接向顾客发运的存货是否均未得到适当的会计处理

D. 所有已记录为购货但尚未入库的存货是否均包括在盘点范围内

4. 下列属于注册会计师对被审计单位存货监盘时，应特别关注的问题有（　）。

A. 存货的状况，观察被审计单位是否已经恰当地区分了所有毁损、陈旧、过时及残次的存货

B. 获取盘点日前后存货收发及移动的凭证，检查库存记录与会计记录期末截止日期是否正确

C. 存货的移动情况，防止遗漏或重复盘点

D. 获取存货验收入库、装运出库以及内部转移截止等信息

5. 注册会计师在审计甲公司会计报表中的存货项目时，能够根据“计价和分摊”认定推论得出的审计目标有（　）。

A. 存货账面数量与实物数量相符，金额的计算正确

B. 当存货项目按历史成本计价

C. 存货项目余额与其各相关总账余额合计数一致

D. 年末采购、销售截止是恰当的

（三）简答题

1. ABC 会计师事务所接受审计 2017 年财务报表，A 注册会计师经过审计调查，将存货项目确定为重点审计领域，确定了存货项目的具体审计目标，并准备选择相应的具体审计程序以保证审计目标的实现。

要求：根据下列表格中的审计目标选择对应的管理层认定和最恰当的实质性程序。（对下表中列示的管理层认定及实质性程序的空格只填一项，对每项管理层认定和实质性程序，可以选择一次、多次或不选）

管理层认定	审计目标	审计程序
	记录的存货都在库存	
	公司对存货归公司所有	
	记录的存货数量包括了公司所有的在库存货	
	已按成本与可变现净值孰低法调整期末存货的价值	
	存货成本计算准确	
	存货的主要类别和计价基础已在财务报表中披露	

管理层认定：

（1）存在（2）完整性（3）权利和义务（4）计价和分摊（5）列报

实质性程序：

（6）检查财务报表及其附注

（7）在监盘存货时，选择一定样本量存货实物，确定其是否包括在盘点表内

（8）选择一定样本量的存货会计记录，检查支持记录的购货合同和发票

（9）检查原材料现行销售价格

（10）在监盘存货时，选择盘点表内一定样本量的存货记录检查到存货实物

（11）测试制造费用的汇总与分配情况

2. ABC 会计师事务所接受委托对甲公司 2017 年度财务报表进行审计，甲公司为玻璃制造企业，2017 年年末存货余额占资产总额比重重大。存货包括玻璃、煤炭、烧碱、石英砂和外单位存放在甲公司的水泥，其中 80% 的玻璃存放在外地公用仓库。甲公司对存货核算采用永续盘存制，与存货相关的内部控制比较薄弱。以下是注册会计师编制的存货监盘工作底稿的部分内容。

要求：请判断存货监盘工作底稿中的部分内容是否恰当，若不恰当，请改正。

存货监盘工作底稿部分内容	答案
1. 存货监盘的目的是对存货的数量进行检查	
2. 存货监盘范围：被审计单位库存的所有存货，包括玻璃、煤炭、烧碱、石英砂和水泥	
3. 存货监盘的时间：存货的观察和检查时间均为 2017 年 11 月 27 日 –29 日	
4. 注册会计师与被审计单位管理层讨论存货监盘计划	
5. 在甲公司开始盘点存货前，监盘人员在拟检查的存货项目上作出标识	
6. 观察甲公司盘点人员是否按盘点计划盘点，并适当记录	
7. 对甲公司盘点过的存货，注册会计师均应进行检查	
8. 在检查已盘点存货时，注册会计师从存货实物追查至存货盘点记录，以测试存货盘点记录的准确性	
9. 在存货监盘过程中，监盘人员除关注存货的数量外，还需要特别关注存货是否出现毁损、陈旧、过时及残次等情况	

续表

存货监盘工作底稿部分内容	答案
10. 检查相关凭证以证实盘点截止日前所有已确认为销售，但尚未出库的存货均已纳入盘点范围	
11. 对存货监盘过程中收到的存货，要求甲公司单独码放，不纳入存货监盘的范围	
12. 对存放在外地公用仓库的玻璃，主要实施检查原始凭证等替代程序	
13. 对于烧碱、煤炭和石英砂等堆积型存货，采用观察的方式确定其数量，并依赖详细的存货记录	
14. 对以标准规格包装箱包装的玻璃存货，监盘人员根据包装箱的数量及每箱的标准容量，直接计算确定存货的数量	
15. 在抽盘过程中，A 注册会计师发现 1 个样本项目存在盘点错误，要求甲公司在盘点记录中更正了该项错误。A 注册会计师认为该错误在数量和金额方面均不重要，因此得出抽盘结果满意的结论，不再实施其他审计程序	
16. 盘点结束后，注册会计师对出现盘盈或盘亏的存货，由仓库保管员将存货实物数量和仓库存货记录调节相符	
17. 在存货监盘结束时，监盘人员将除作废的盘点表单以外的所有盘点表单的号码记录于监盘工作底稿	
18. 注册会计师根据存货监盘日的盘点结果直接推断出资产负债表日存货监盘结果，期间存货变动不用审计	

3. ABC 会计师事务所接受委托对乙公司 2017 年度财务报表进行审计，乙公司为家电生产和销售企业，家电产品更新换代率很高，以下是注册会计师编制的存货审计工作底稿的部分内容。

（1）注册会计师经过评估认为乙公司内部控制可靠，准备信赖与存货有关内部控制运行的有效性，而且乙公司存货品种不多，注册会计师将存货层次的重大错报风险评估为低水平。

（2）乙公司存货品种不多，注册会计师决定将存货监盘仅用于实质性程序。

（3）乙公司部分存货已全额计提存货跌价准备，因此，乙公司未将这部分存货纳入盘点范围，注册会计师检查了以前年度的审计工作底稿，认可了乙公司的做法。

（4）乙公司同一产品分放在三个不同的地方，由于人手有限，分别在三

个不同的时间进行盘点，注册会计师考虑到乙公司的具体情况，未对其提出异议。

（5）由于乙公司存货盘点人员不够，注册会计师接受乙公司管理层的委托，于2017年12月31日代乙公司盘点第一仓库的存货，并做好了盘点记录，该盘点记录既是乙公司存货盘点表，又作为审计项目组的存货监盘表使用。

（6）乙公司2017年12月31日货到发票未到的存货占整个存货的15%，乙公司均将其以暂估价入账，并纳入存货盘点范围，注册会计师对此进行了截止测试，均未发现差错，注册会计师因此认为暂估的存货记录正确。

要求：请判断存货审计工作底稿中的部分内容是否恰当，若不恰当，请改正。

第十四章 货币资金的审计

学习目的

通过本章学习，使学生了解货币资金项目的主要业务活动、主要单据与会计记录；熟悉货币资金项目的重大错报风险；掌握货币资金项目内部控制及控制测试；掌握库存现金和银行存款的审计目标和实质性程序，重点掌握库存现金监盘和银行存款函证（见表 14-1）。

表 14-1 货币资金项目涉及的主要会计账户

资产负债表项目	利润表项目
货币资金（库存现金、银行存款、其他货币资金）	

第一节 货币资金概述

货币资金是企业资产的重要组成部分，是企业资产中流动性最强的资产。拥有一定数额的货币资金是任何企业生产经营活动的基本条件。根据货币资金存放地点及用途的不同，货币资金分为库存现金、银行存款及其他货币资金。

一、货币资金与业务循环

货币资金与企业的各个业务循环都紧密联系，销售与收款循环、筹资与投资循环中的筹资是收到货币资金，采购与付款循环、生产与存货循环、筹资与投资循环中的投资是支出货币资金，货币资金与各业务循环均直接关联。货币资金会计核算并不复杂，但由于货币资金高度的流动性、与各业务循环

的广泛联系、收支业务活动的频繁，很容易出现差错和舞弊，所以应特别重视货币资金的审计。

二、货币资金的主要业务活动

（一）现金管理

1. 出纳员对现金的管理

出纳员办理现金收支业务、保管现金，登记现金日记账，每日登记现金收入、支出并结出现金余额。每日对库存现金自行盘点并与实际库存额进行核对，如有差异及时查明原因并调整账务记录。

2. 现金管理的检查

会计主管不定期对现金管理进行检查。

每月末会计主管指定出纳员以外的会计人员对库存现金进行盘点，编制库存现金盘点表，将盘点金额与现金日记账余额进行核对。对冲抵库存现金的借条、未提现支票、未做报销的原始票证，在库存现金盘点报告表中予以注明。会计主管复核库存现金盘点表，如果盘点金额与现金日记账余额存在差异，需查明原因并报经财务经理批准后进行账务处理。

（二）银行存款管理

1. 出纳员对银行存款的管理

出纳员办理银行存款收支业务，登记银行存款日记账，每日登记银行存款的收入、支出并结出银行存款余额。

2. 银行存款管理的检查

会计主管指定出纳员以外的会计人员定期核对银行存款日记账和银行对账单，编制银行存款余额调节表，使银行存款账面余额与银行对账单调节相符，如调节不符应查明原因。会计主管复核银行存款余额调节表，对需要调整的项目及时处理。

3. 银行账户的管理

企业银行账户的开立、变更或注销须经财务经理审核，报总经理审批。

4. 票据管理

财务部门设置银行票据登记簿，防止票据遗失或盗用。出纳员登记银行

票据的购买、领用、背书转让及注销等事项。空白票据存放在保险柜中。每月末，会计主管指定出纳员以外的人员对空白票据、未办理收款和承兑的票据进行盘点，编制银行票据盘点表，并与银行票据登记簿进行核对。会计主管复核库存银行票据盘点表，如果存在差异，需查明原因。

5. 印章管理

企业的财务专用章由财务经理保管，办理相关业务中使用的个人名章由出纳员保管。

三、货币资金的主要单据和会计记录

货币资金审计涉及的单据和会计记录主要有：①现金盘点表；②银行对账单；③银行存款余额调节表；④收付款记账凭证；⑤库存现金、银行存款日记账和总账等有关会计账簿。

第二节 货币资金的重大错报风险、内部控制和控制测试

一、货币资金的重大错报风险

（一）货币资金的重大错报风险的识别

货币资金是企业流动性最强的资产，尽管其在资产总额中的比重不大，但企业发生的舞弊事件大多与货币资金有关，其存在重大错报风险。以一般制造业为例，货币资金存在的重大错报风险通常包括（表14-2）：

表14-2 货币资金的重大错报风险、相关会计报表项目及认定

序号	重大错报风险描述	相关会计报表项目及认定
1	被审计单位存在虚假的货币资金余额或交易，货币资金余额的存在性或交易的发生存在重大错报风险	库存现金：存在 银行存款：存在
2	所有应当记录的货币资金项目收支业务未得到完整记录，存在遗漏	库存现金：完整性 银行存款：完整性
3	现金收款通过舞弊手段被侵	库存现金：完整性

续表

序号	重大错报风险描述	相关会计报表项目及认定
4	记录的货币资金项目不归被审计单位拥有或控制	库存现金：权利和义务 银行存款：权利和义务
5	存在大额的外币交易和余额，可能存在外币交易或余额未被准确记录的风险	库存现金：计价和分摊 银行存款：计价和分摊
6	未按照企业会计准则的规定在财务报表中作出恰当列报	库存现金：列报 银行存款：列报

（二）货币资金可能存在重大错报风险的事项或情形

（1）在实施货币资金审计的过程中，如果存在以下事项或情形，被审计单位货币资金可能存在重大错报风险：

①现金：被审计单位的现金交易比例较高，并与其所在的行业常用的结算模式不同；库存现金规模明显超过业务周转所需资金。

②银行存款：在没有经营业务的地区开立银行账户，账户开立数量与企业实际的业务规模不匹配，企业资金存放于管理层或员工个人账户，不能提供银行对账单或银行存款余额调节表，存在长期或大量银行未达账项，银行存款日记账存在非正常转账的“一借一贷”金额相等。

③资金：货币资金收支金额与现金流量表不匹配；违反货币资金存放和使用规定（如上市公司未经批准开立账户转移募集资金、未经许可将募集资金转作其他用途等）；存在大额外币收付记录，而被审计单位并不涉足外贸业务。

④被审计单位以各种理由不配合注册会计师实施银行存款函证。

（2）在实施其他财务报表项目审计的过程中，如果存在以下事项或情形，被审计单位货币资金可能存在重大错报风险：

存在没有具体业务支持或与交易不相匹配的大额资金往来；长期挂账的大额预付款项；存在大额自有资金的同时，向银行高额举债；付款方账户名称与销售客户名称不一致、收款方账户名称与供应商名称不一致；开具的银行承兑汇票没有银行承兑协议支持；银行承兑票据保证金余额与应付票据余额比例不合理。

二、货币资金的内部控制

（一）货币资金一般内部控制

由于货币资金是企业流动性最强的资产，其重大错报风险很高，企业必须建立良好的货币资金内部控制，以确保货币资金的安全。一般而言，货币资金内部控制应包括以下部分：

1. 适当的职责分离

企业应当建立货币资金业务的岗位责任制，确保办理货币资金业务的不相容岗位相互分离、制约和监督。

（1）企业管理货币资金的岗位是出纳岗，一般企业出纳的工作是办理货币资金的收入支出，登记现金日记账和银行存款日记账；出纳与记账岗位要严格分离，出纳人员不得兼任稽核、会计档案保管、收入、支出、费用、债权、债务明细账和所有总账的登记工作。

（2）企业不得由一人办理货币资金业务的全过程。

（3）严禁未经授权的机构或人员办理货币资金业务或直接接触货币资金。

2. 正确的授权审批

（1）企业应当对货币资金业务建立严格的授权审批制度，明确审批人对货币资金业务的授权批准方式、权限、程序、责任和相关控制措施，审批人应当根据货币资金授权批准制度的规定，在授权范围内进行审批，不得超越审批权限。对于审批人超越授权范围审批的货币资金业务，经办人员有权拒绝办理，并及时向审批人的上级授权部门报告。企业对于重要货币资金支付业务，应当实行集体决策和审批，并建立责任追究制度，防范贪污、侵占、挪用货币资金等行为。规定经办人办理货币资金业务的职责范围和工作要求，经办人应当在职责范围内按照审批人的批准意见办理货币资金业务。

（2）按照规定的程序办理货币资金支付业务：

①支付申请。企业有关部门或个人用款时，应当提前向审批人提交货币资金支付申请，注明款项的用途、金额、预算、支付方式等内容，并附有效经济合同或相关证明。

②支付审批。审批人根据其职责、权限和相应程序对支付申请进行审批，审核付款业务的真实性、付款金额的准确性，以及申请人提交票据或者证明

的合法性，严格监督资金支付。对不符合规定的货币资金支付申请，审批人应当拒绝批准。

③支付复核。财务部门收到经审批人审批签字的相关凭证或证明后，应再次复核业务的真实性、金额的准确性，以及相关票据的齐备性，相关手续的合法性和完整性，并签字认可。复核无误后，交由出纳人员办理支付手续。

④办理支付。出纳人员应当根据复核无误的支付申请，按规定办理货币资金支付手续，及时登记库存现金和银行存款日记账。

3. 充分的凭证和记录

货币资金收支要有合理、合法的凭据。

4. 经济业务发生后及时充分记录

全部收支及时准确入账，并且资金支付应严格履行审批、复核制度。

5. 定期核对制度

对现金和银行存款进行核对。定期或不定期盘点库存现金，并编制库存现金盘点表；定期核对银行存款，编制银行存款余额调节表，如果账实不符应及时查清原因进行处理，做到账实相符。

6. 内部核查程序

由企业内部审计人员对货币资金进行审计，并在内部审计报告上签字。

（二）货币资金特有的内部控制

除上述各循环共有的内部控制外，库存现金和银行存款特有的内部控制还包括以下部分：

1. 库存现金的内部控制

（1）库存现金限额管理。企业应当加强现金库存限额的管理，超过库存限额的现金应及时存入银行。

（2）严格库存现金开支范围。企业必须根据《现金管理暂行条例》的规定，结合本企业的实际情况，确定本企业现金的开支范围。不属于现金开支范围的业务应当通过银行办理转账结算。

（3）不得坐支现金。企业现金收入应当及时存入银行，不得从企业的现金收入中直接支付（即坐支）。因特殊情况需坐支现金的，应事先报经开户银行审查批准，由开户银行核定坐支范围和限额。

（4）现金收入及时入账。企业取得的现金收入必须及时入账，不得私设“小金库”，不得设账外账，严禁收款不入账。

（5）账实核对。企业应当定期或不定期地进行现金盘点，确保现金账面余额与实际库存相符。若发现不符，及时查明原因并作出处理。

2. 银行存款的内部控制

（1）加强银行账户管理。企业应当严格按照《支付结算办法》等国家有关规定，严格按照规定开立账户，办理存款、取款和结算。银行账户的开立应当符合企业经营管理实际需要，不得随意开立多个账户，禁止企业内设管理部门自行开立银行账户。企业应当定期检查、清理银行账户的开立及使用情况，发现问题应及时处理。

（2）严格遵守银行结算纪律。企业不准签发没有资金保证的票据或远期支票，套取银行信用；不准签发、取得和转让没有真实交易和债权债务的票据，套取银行和他人资金；不准违反规定开立和使用银行账户。

（3）定期核对银行账户。企业应当指定专人核对银行账户（每月至少核对一次），编制银行存款余额调节表，使银行存款账面余额与银行对账单调节相符。如调节不符，应查明原因，及时处理。出纳员一般不得同时从事银行对账单的获取、银行存款余额调节表的编制工作。确需出纳人员办理上述工作的，应当指定其他人员定期进行审核、监督。

（4）票据的管理。企业应当加强与货币资金相关的票据的管理，明确各种票据的购买、保管、领用、背书转让、注销等环节的职责权限和程序，并专设登记簿进行记录，防止空白票据的遗失和被盗用。企业因填写、开具失误或者其他原因导致作废的法定票据，应当按规定予以保存，不得随意处置或销毁。对超过法定保管期限、可以销毁的票据，在履行审核手续后进行销毁，但应当建立销毁清册并由授权人员监销。

（5）印章的管理。企业应当加强银行预留印鉴的管理。财务专用章应由专人保管，个人名章必须由本人或其授权人员保管。严禁一人保管支付款项所需的全部印章。按规定需要有关负责人签字或盖章的经济业务，必须严格履行签字或盖章手续。

3. 监督检查

企业应当建立对货币资金业务的监督检查制度，明确监督检查机构或人员的职责权限，定期或不定期地进行检查；货币资金监督检查的内容主要包括：货币资金业务相关岗位及人员的设置情况；货币资金授权批准制度的执行情况；库存现金和银行存款的管理情况；票据的保管情况；支付款项印章的保管情况；对监督检查过程中发现的货币资金内部控制中的薄弱环节，应当及时采取措施，加以纠正和完善。

三、货币资金的控制测试

注册会计师对货币资金的控制测试常用方法还是检查、观察、询问和重新执行，以下举例说明几种常见的控制测试。

（一）库存现金的控制测试

若以前年度审计时已经编制了现金内部控制流程图，注册会计师可根据本年了解的情况对以前年度的内部控制流程图加以更新，以供本年度审计之用。在已识别的重大错报风险的基础上，注册会计师选取拟测试的控制并实施控制测试。

1. 现金付款的审批和复核

针对该内部控制，注册会计师可以在选取适当样本的基础上实施以下控制测试程序：①询问相关业务部门的部门经理和财务经理在日常现金付款业务中执行的内部控制，确定是否与被审计单位内部控制政策要求保持一致；②观察财务经理复核付款申请的过程，是否核对了付款申请的用途、金额及后附相关凭据，以及在核对无误后是否进行了签字确认；③检查核对经审批及复核的付款申请及其相关凭据是否签字确认。

2. 现金盘点

注册会计师针对被审计单位的现金盘点实施的控制测试可能有：①检查库存现金以确定是否定期盘点；②观察执行现金盘点的人员对盘点计划的遵循情况，以及用于记录和控制现金盘点结果的程序的实施情况；③获取有关被审计单位库存现金盘点程序可靠性的审计证据。注册会计师可以将现金监盘同时用作控制测试和实质性程序。

（二）银行存款的控制测试

银行存款是企业存放在银行或其他金融机构的各项款项。按国家有关规

定，独立核算的企业都必须在当地银行开设账户。企业在银行开设账户后，除按规定限额保留库存现金外，超过限额的现金必须存入银行；除了在规定范围内可以用现金直接支付款项外，在经营活动中所发生的一切货币收支业务，都必须通过银行存款账户进行结算。

1. 银行账户的开立、变更和注销

注册会计师可以实施以下控制测试程序：①询问会计主管被审计单位本年开户、变更、撤销的整体情况；②取得本年度账户开立、变更、撤销申请项目清单，检查清单的完整性，并在选取适当样本的基础上检查账户的开立、变更、撤销项目是否已经财务经理和总经理审批。

2. 银行付款的审批和复核

注册会计师可以在选取适当样本的基础上实施以下控制测试程序：①询问相关业务部门的部门经理和财务经理在日常银行付款业务中执行的内部控制，以确定其是否与被审计单位内部控制政策要求保持一致；②观察财务经理复核付款申请的过程，是否核对了付款申请的用途、金额及后附相关凭据，以及在核对无误后是否进行了签字确认；③检查重新核对经审批及复核的付款申请及其相关凭据是否经签字确认。

3. 编制银行存款余额调节表

注册会计师可以实施以下控制测试程序：①询问应收账款会计和会计主管，以确定其执行的内部控制是否与被审计单位内部控制政策要求保持一致，特别是针对未达账项的编制及审批流程；②检查银行存款余额调节表，针对选取的样本，查看调节表中记录的企业银行存款日记账余额是否与银行存款日记账余额保持一致、调节表中记录的银行对账单余额是否与被审计单位提供的银行对账单中的余额保持一致；③针对调节项目，检查是否经会计主管的签字复核。

第三节 货币资金的实质性程序

如果注册会计师实施了本章第二节所述的控制测试，应根据控制测试的结果（即控制运行是否有效），进一步确定实质性程序的性质、时间安排和范围是否恰当，是否需要进一步调整。如果控制测试的结果表明内部控制未能有效运行，注册会计师需要从实质性程序中获取更多的相关审计证据，注册会计师应该计划阶段确定的实质性程序，如修改实质性程序的性质，采用细节测试而非实质性分析程序、获取更多的外部证据等，或修改实质性审计程序的范围，如扩大样本规模等。如果根据注册会计师的判断，注册会计师未实施控制测试，而直接对货币资金采取实质性审计方案，注册会计师需要确定其实施的实质牲程序的性质、时间安排和范围是否能够提供充分适当的审计证据。

一、货币资金的审计目标

货币资金的审计目标如表 14-3 所示。

表 14-3　管理当局的认定及货币资金的审计目标

管理当局对期末余额的认定	货币资金的审计目标
存在	A. 确定资产负债表中记录的货币资金在资产负债表日是否存在。（审计重点）
完整性	B. 确定所有应当记录的货币资金是否均已记录。
权利和义务	C. 确定记录的货币资金是否由被审单位拥有或控制。
计价和分摊	D. 确定货币资金是否以恰当金额包括在报表中，与之相关的计价和分摊已恰当记录。
列报	E. 确定货币资金是否按照企业会计准则的规定在财务报表中作出恰当列报。

二、库存现金的实质性程序

（一）库存现金日记账与总账核对

核对库存现金日记账与总账的金额是否相符，如果不相符，应查明原因，必要时应建议作适当调整。检查非记账本位币库存现金的折算汇率及折算金额是否正确。

（二）库存现金监盘

库存现金监盘在审计中是控制测试还是实质性程序，取决于注册会计师

的具体判断。

库存现金监盘的步骤与方法主要有：

1. 注册会计师制订库存现金监盘计划

（1）库存现金监盘的目的：是证实资产负债表中货币资金项目下所列库存现金是否存在的一项重要审计程序，同时也是证实记录的库存现金是否完整、是否归被审计单位所有、所记录的金额是否正确的审计程序。

（2）库存现金监盘范围：包括被审计单位各部门经管的全部现金，通常包括对已收到但未存入银行的现金、零用金、找换金等的监盘；如果被审计单位库存现金有两处或两处以上的，应同时进行监盘，如果人手不够可以先部分封存。

（3）库存现金的监盘方式采用突击性检查，即事先不通知被审计单位，防止被审计单位在监盘前采取措施掩盖弊端。

（4）库存现金监盘时间最好选在上午上班前或下午下班后。

（5）库存现金监盘人员有注册会计师和被审计单位的出纳员、会计主管人员。

2. 库存现金监盘程序

（1）检查库存现金日记账。出纳员把已办妥现金收付手续的收付款凭证登入库存现金日记账，并结出现金日记账余额。注册会计师审阅库存现金日记账并与现金收付凭证相核对。一方面，检查库存现金日记账的记录与凭证的内容金额是否相符；另一方面，了解凭证日期与库存现金日记账日期是否相符或接近。

（2）清点库存现金实有数。在进行现金盘点前，出纳员将现金集中起来存入保险柜，必要时可加以封存。出纳在会计主管人员和注册会计师在场的情况下清点现金，会计主管人员和注册会计师在旁观察监督。

（3）账实核对。将监盘金额与库存现金日记账余额核对，由注册会计师编制“库存现金监盘表”如表 14–4 所示，注册会计师、出纳和会计主管应在“库存现金监盘表”上共同签字，作为重要的审计工作底稿。若有冲抵库存现金的借条、未提现支票、未作报销的原始凭证等，应在“库存现金监盘表”中注明必要时提请被审计单位调整。如果账实存在差异，应要求被审计单位查明原因，作出记录并适当调整；如无法查明原因，应要求被审计单位按管

理权限批准后作出调整。

（4）在非资产负债表日进行监盘时（通常在资产负债表日后进行盘点和监盘），应倒推出资产负债表日的库存现金金额。资产负债表日库存现金金额 = 盘点日现金金额 + 资产负债表日至盘点日现金支出数 – 资产负债表日至盘点日现金收入数，然后再对资产负债表日的库存现金进行账实核对。对资产负债表日后至盘点日发生的现金变动情况实施审计程序。

表 14–4　库存现金监盘表

被审计单位名称：　　　　索引号：　　　　财务报表截止日 / 期间：
编制：　　　　复核：　　　　项目：
日期：　　　　人民币单位：元

<table>
<tr><th colspan="2">检查盘点记录</th><th colspan="3">实有库存现金盘点记录</th></tr>
<tr><th>项目</th><th>金额</th><th>面额</th><th>张</th><th>金额</th></tr>
<tr><td>盘点日现金账面余额
加：已收款未入账的收款凭证
减：已付款未入账的付款凭证
盘点日账面应有金额</td><td></td><td>100 元币
50 元币
10 元币
元角分币合计</td><td></td><td></td></tr>
<tr><td>盘点日应有金额与实有金额差异</td><td colspan="4"></td></tr>
<tr><td>差异原因分析：
1. 白条抵库</td><td colspan="4"></td></tr>
</table>

出纳员：　　　　会计主管：　　　　监盘人：　　　　检查日期：

（三）抽查大额库存现金收支

查看大额现金收支，并检查原始凭证是否齐全、原始凭证内容是否完整、有无授权批准、记账凭证与原始凭证是否相符、账务处理是否正确、是否记录于恰当的会计期间等项内容。

（四）对库存现金实施截止测试

注册会计师抽查资产负债表日前后若干天一定金额以上的现金收支凭证实施截止测试，以确定是否存在跨期事项，是否应考虑提出调整建议。

（五）检查库存现金是否在财务报表中作出恰当列报

库存现金在资产负债表的“货币资金”项目中反映，注册会计师应在实

施上述审计程序后，确定库存现金账户的期末余额是否恰当，确定库存现金是否在资产负债表中恰当披露。

总结库存现金实质性程序及达到的审计目标如表 14-5 所示。

表 14-5　库存现金的实质性程序及该程序达到的审计目标

库存现金的实质性程序	该审计程序达到的审计目标
1. 库存现金日记账与总账核对	D
2. 库存现金监盘	ABCD
3. 抽查大额库存现金收支	ABD
4. 对库存现金实施截止测试	AB
5. 检查库存现金是否在财务报表中作出恰当列报	E

三、银行存款的实质性程序

（一）获取银行存款余额明细表

获取银行存款余额明细表，复核加计是否正确，并与总账余额和日记账余额核对是否相符；如果不相符，应查明原因，必要时应建议适当调整。检查非记账本位币银行存款的折算汇率及折算金额是否正确。

（二）实施实质性分析程序

计算银行存款累计余额应收利息收入，与实际利息收入进行比较，其差异是否恰当，评估利息收入的合理性，检查是否存在高息资金拆借，确认银行存款余额是否存在，利息收入是否已经完整记录。

（三）检查银行存单，编制银行存单检查表

检查是否与账面记录金额相一致，是否被质押或限制使用，存单是否为被审计单位所有。

（四）取得并检查银行对账单和银行存款余额调节表

取得并检查银行对账单和银行存款余额调节表是证实资产负债表中所列银行存款是否存在的重要程序。银行存款余额调节表通常应由被审计单位根据不同的银行账户及货币种类分别编制。注册会计师是取得还是亲自编制银行存款余额调节表，取决于被审计单位内部控制的可信赖程度，如果被审计

单位银行存款内部控制可以信赖，注册会计师可以直接从被审计单位取得银行存款余额调节表进行审计，否则，注册会计师要亲自编制银行存款余额调节表。具体程序通常包括：

1. 取得并检查银行对账单

（1）取得被审计单位加盖银行印章的银行对账单，注册会计师应对银行对账单的真实性保持警觉，如果对被审计单位银行对账单的真实性存有疑虑，注册会计师可以在被审计单位的协助下亲自到银行获取银行对账单。在获取银行对账单时，注册会计师要全程关注银行对账单的打印过程。

（2）将被审计单位资产负债表日的银行对账单与银行询证函回函核对，确认是否一致。

（3）将获取的银行对账单与银行日记账逐笔进行核对，对一收一支金额相等或分次转出相同金额等而一方遗漏记账的情况，应特别注意，检查如果存在差异是否记入银行存款余额调节表。

2. 取得并检查银行存款余额调节表

（1）检查调节表中加计数是否正确，调节后银行存款日记账余额与银行对账单余额是否一致。

（2）检查调节表中的未达账是否存在，对于企业已收付、银行尚未入账的事项，检查相关收付款凭证，并取得期后银行对账单，确认未达账项是否存在，银行是否已于期后入账。对于银行已收付、企业尚未入账的事项，检查期后企业入账的收付款凭证，确认未达账项是否存在。

（3）如果企业的银行存款余额调节表存在大额或较长时间的未达账项，注册会计师应查明原因并确定是否需要提请被审计单位进行调整，查看是否存在挪用资金等事项。

（4）特别关注银行已付企业未付、企业已付银行未付中异常的付款事项，包括没有载明收款人、签字不全等支付事项，确认是否存在舞弊。

（五）函证银行存款

函证银行存款是注册会计师以被审计单位名义向银行发函询证，以验证被审计单位的银行存款是否真实、合法、完整的审计程序。

（1）函证银行存款是必需的审计程序，除非有充分证据表明某一银行存

款、银行借款及与金融机构往来的其他重要信息对财务报表不重要且与之相关的重大错报风险很低。如果不对这些项目实施函证程序，注册会计师应当在审计工作底稿中说明理由。

（2）函证银行存款的目的是证实资产负债表所列银行存款是否存在，同时还能证明银行存款是否完整地予以记录，银行存款是否归被审计单位拥有，银行存款的期末余额是否正确；函证银行存款能证明所记录的银行借款是否存在，是否完整地予以记录；函证银行存款能证明所记录的或有负债是否存在，是否完整地予以记录。

（3）函证银行存款的范围很广，注册会计师应当对本期内存过款的所有银行发函，包括零余额账户和在本期内注销的账户。

（4）注册会计师应当对函证银行存款审计程序进行控制，由注册会计师亲自寄出和回收询证函，采用积极式函证方式，询证函的内容包括银行存款、银行借款、委托存款、委托贷款、担保、其他货币资金等项目内容（询证函的具体格式略）。根据《关于进一步规范银行函证及回函工作的通知》（财会〔2016〕13 号），各银行应该对询证函列示的全部项目作出回应，并在收到询证函之日起 10 个工作日内，将回函直接寄往会计师事务所，可根据国家有关规定收取询证费用。注册会计师检查银行询证函的回函，编制银行存款函证结果汇总表，当被审计单位记录的会计信息与银行回函结果不符时，注册会计师应当调查不符事项，以确定是否表明存在错报。

（六）对银行存款完整性的审计

如果对被审计单位银行账户的完整性存有疑虑，被审计单位可能存在账外账或资金体外循环时，注册会计师可以考虑额外实施以下实质性程序：注册会计师亲自到中国人民银行或基本存款账户开户行查询并打印《已开立银行结算账户清单》，以确认被审计单位账面记录的银行人民币结算账户是否完整；结合其他相关细节测试，关注原始单据中被审计单位的收（付）款银行账户是否包含在注册会计师已获取的开立银行账户清单内。

（七）检查银行存款账户存款人是否为被审计单位

若存款人非被审计单位，应获取该账户户主和被审计单位的书面声明，确认资产负债表日是否需要提请被审计单位进行调整。

（八）关注是否存在质押、冻结等对变现有限制或存在境外的款项

如果存在，是否已提请被审计单位作必要的调整和披露。对不符合现金及现金等价物条件的银行存款在审计工作底稿中予以列明，以考虑对现金流量表的影响。

（九）抽查大额银行存款收支的原始凭证

检查原始凭证是否齐全、记账凭证与原始凭证是否相符、账务处理是否正确、是否记录于恰当的会计期间等项内容。检查是否存在非营业目的的大额货币资金转移，并核对相关账户的进账情况；如有与被审计单位生产经营无关的收支事项，应查明原因并做相应的记录。

（十）检查银行存款收支的截止是否正确

选取资产负债表日前后若干天，一定金额以上的原始凭证日期与账簿日期进行核对，实施截止测试，如有跨期收支事项，应考虑是否提请被审计单位进行调整。

（十一）检查银行存款是否在财务报表中作出恰当列报

根据会计准则规定，企业的银行存款在资产负债表的“货币资金”项目中反映，注册会计师应在实施上述审计程序后，确定银行存款账户的期末余额是否恰当，进而确定银行存款是否在资产负债表中恰当披露。此外，如果企业的银行存款存在抵押、冻结等使用限制情况或者潜在回收风险，注册会计师应关注企业是否已经恰当披露有关情况。

总结银行存款实质性程序及达到的审计目标如表 14–6 所示。

表 14–6　银行存款的实质性程序及该程序达到的审计目标

银行存款的实质性程序	该审计程序达到的审计目标
1. 获取银行存款余额明细表	D
2. 实施实质性分析程序	ABD
3. 检查银行存单，编制银行存单检查表	AC
4. 取得并检查银行对账单和银行存款余额调节表	AC
5. 函证银行存款	ABCD
6. 对银行存款完整性的审计	B

续表

银行存款的实质性程序	该审计程序达到的审计目标
7. 检查银行存款账户存款人是否为被审计单位	C
8. 关注是否存在质押、冻结等对变现有限制或存在境外的款项	CE
9. 抽查大额银行存款收支的原始凭证	ABD
10. 检查银行存款收支的截止是否正确	AB
11. 检查银行存款是否在财务报表中作出恰当列报	E

◆ 课后练习◆

一、本章复习思考题

1. 简述货币资金内部控制的内容。

2. 试述库存现金监盘。

3. 简述银行存款余额调节表的审计要点。

4. 试述银行存款的函证。简述银行存款函证与应收账款函证的区别。

二、本章练习题

（一）单项选择题

1. 下列情形中，符合货币资金职责分离内部控制的是（ ）。

A. 由出纳人员兼任收入总账和明细账的登记工作

B. 由出纳人员兼任会计档案保管工作

C. 由出纳人员兼任固定资产明细账的登记工作

D. 由出纳人员保管签发支票所需全部印章

2. 下列与现金业务有关的职责可以由一人兼任的是（ ）。

A. 现金支付的审批与执行　　B. 现金保管与现金日记账的记录

C. 现金的会计记录与审计监督　　D. 现金保管与现金总分类账的记录

3. 下列货币资金内部控制中不恰当的是（ ）。

A. 财务专用章由专人保管，个人名章由本人或其授权人员保管

B. 对重要货币资金支付业务实行集体决策

C. 特殊情况下，经单位主管领导审查批准方可坐支现金

D. 指定专人定期核对银行账户并编制银行存款余额调节表

4. 下列货币资金内部控制中存在缺陷的是（　）。

A. 每日及时记录现金收入并定期向顾客寄送对账单

B. 担任登记现金日记账及总账职责的人员与担任现金出纳职责的人员分开

C. 现金折扣需经过适当审批

D. 每日盘点现金并与账面余额核对

5. 注册会计师实施的下列程序中，属于控制测试的是（　）。

A. 取得银行存款余额调节表并检查未达账项的真实性

B. 检查银行存款收支的正确截止

C. 检查是否定期取得银行对账单并编制银行存款余额调节表

D. 函证银行存款余额

6. 库存现金监盘不能实现的目标是（　）。

A. 确定库存现金中资产负债表日是否确实存在

B. 确定应当记录的是否均已记录

C. 确定库存现金是否归被审计单位所有

D. 确定库存现金在财务报表上的披露是否恰当

7. 被审计单位必须参加库存现金监盘的人员是（　）。

A. 会计主管人员和内部审计人员　B. 出纳员和会计主管人员

C. 现金出纳员和银行出纳员　　　D. 出纳员和内部审计人员

8. 下列库存现金监盘项目中，恰当的是（　）。

A. 被审计单位会计主管要回避

B. 不同存放地点的现金同时进行监盘

C. 监盘时间安排在当日现金收付业务进行过程中

D. 注册会计师帮助出纳员进行现金清点

9. 2018 年 3 月 5 日对甲公司全部现金进行监盘后，确认库存现金实有数为 1000 元。甲公司 2018 年 1 月 1 日至 3 月 5 日现金收入总额为 245 200 元、现金支出总额为 245 500 元，推断 2017 年 12 月 31 日库存现金实有数为（　）元。

A.1300　　B.2300　　C.700　　D.2700

10. 如果甲公司某银行账户的银行对账单余额与银行存款日记账余额不符，最有效的审计程序是（　）。

A. 重新测试相关的内部控制

B. 检查银行存款日记账中记录的资产负债表日前后的收付情况

C. 检查银行对账单中记录的资产负债表日前后的收付情况

D. 检查该银行账户银行存款余额调节表

11. 如果注册会计师要证实甲公司在临近 2017 年 12 月 31 日签发的支票是否已登记入账，最有效的审计程序是（　）。

A. 函证 2017 年 12 月 31 日的银行存款余额

B. 检查 2017 年 12 月 31 日的银行对账单

C. 检查 2017 年 12 月 31 日的银行存款余额调节表

D. 检查 2017 年 12 月的支票存根和银行存款日记账

12. 向开户银行函证，可以证实若干项目标，其中最基本的目标是（　）。

A. 是否有漏列的负债　　B. 银行存款的存在

C. 是否有充作抵押担保的存货　　D. 是否有欠银行的债务

（二）多项选择题

1. 以下货币资金内部控制中不恰当的是（　）。

A. 现金日记账必须每天登记　　B. 出纳负责登记应收账款明细账

C. 现金收入送存银行

D. 出纳定期核对银行账户，每月核对一次，编制银行存款余额调节表

2. 以下货币资金内部控制中存在缺陷的有（　）。

A. 现金收入必须及时存入银行，不得直接用于支出

B. 出纳人员应及时登记现金、银行存款日记账和相关费用明细账

C. 指定负责固定资产核算的会计人员每月核对一次银行存款账户

D. 期末核对银行存款日记账余额和银行对账单余额，对余额核对相符的银行存款账户，无须编制银行存款余额调节表

3. 以下程序中属于实质性程序的是（　）。

A. 检查银行预留印鉴的保管情况

B. 检查银行存款余额调节表中未达账项在资产负债表日后是否已达

C. 检查现金交易中是否存在应通过银行办理转账支付的项目

D. 检查外币银行存款年末余额是否按年末汇率折合为记账本位币金额

4. 函证银行存款可实现的目标是（　）。

A. 银行存款的真实性　　B. 是否欠银行的债务

C. 是否少计银行债务　　D. 是否存在抵押担保

5. 应当函证银行存款的账户包括（　）。

A. 本期内存过款的银行账户　　B. 余额为零的银行账户

C. 本期注销的银行账户　　D. 余额较小的银行账户

6. 甲公司 2017 年 12 月末银行存款余额调节表中包括甲公司已付而银行未付的材料采购款 80 万元，以下审计程序中，可能为该材料采购款未达账项的真实性提供审计证据的有（　）。

A. 检查 2018 年 1 月的银行对账单

B. 检查相关的采购合同、供应商销售发票和付款审批手续

C. 就 2017 年 12 月末银行存款余额向银行寄发银行询证函

D. 向相关的原材料供应商寄发询证函

7. 注册会计师拟对甲公司银行存款余额实施函证程序，以下做法中正确的有（　）。

A. 根据甲公司资料填写银行询证函

B. 以甲公司的名义寄发银行询证函

C. 交由注册会计师直接发出并回收

D. 本期核销的银行账户不用函证

8. 下列说法中错误的有（　）。

A. 出纳人员可以获取银行对账单并编制银行存款余额调节表

B. 如果现金盘点不是在资产负债表日进行的，注册会计师应将资产负债表日至盘点日的收付金额调整至盘点日金额

C. 银行存款函证能证明银行借款的存在

D. 要对全部有余额的银行存款寄发询证函

9. 注册会计师寄发的银行询证函（　）。

A. 要求银行直接回函至会计师事务所

B. 是以被审计单位的名义发往开户银行

C. 可以证实银行存款但不能证实银行借款

D. 属于积极式有偿询证函

10. 证实银行存款存在的审计程序有（　）。

A. 取得并检查银行对账单和银行存款余额调节表

B. 函证银行存款

C. 对银行存款完整性的审计

D. 检查银行存单

（三）简答题

1. ABC 会计师事务所接受委托对甲公司 2017 年度财务报表进行审计，A 注册会计师负责审计货币资金项目，甲公司在总部和营业部均设有出纳部门。审计要点如下：

（1）为顺利监盘库存现金，A 注册会计师在监盘前一天通知甲公司会计主管人员做好库存现金监盘准备。

（2）对总部和营业部库存现金的监盘时间分别在上午 9 点和下午 4 点进行。

（3）监盘时，出纳把现金放入保险柜，并将已办妥现金收付手续的业务在现金日记账上进行登记，其中包括两张已付款未经领导签字批准的借款单，并结出现金日记账余额。

（4）A 注册会计师当场盘点现金。

（5）A 注册会计师在与现金日记账核对后填写“库存现金监盘表”，并在签字后形成审计工作底稿。

（6）盘点日是 2018 年 1 月 3 日，A 注册会计师认为没有必要追溯调整至 2017 年 12 月 31 日的库存现金实有数，因为监盘未发现差错，因此就得出库存现金账实相符的结论。

要求：请指出上述库存现金监盘工作中有哪些不当之处，并提出改进建议。

2. 2018 年 2 月 11 日下午 5 点 30 分，注册会计师参加对乙公司库存现金的清查盘点工作。清查结果如下：

（1）实点库存现金（人民币）结存数：100 元币 120 张，50 元币 80 张，10 元币 220 张，5 元币 84 张，2 元币 175 张，1 元币 220 张，角分币共计 36.06 元。

（2）查明现金日记账截止 2 月 11 日的账面余额为 21 679.24 元。

（3）查出已经办理收款手续尚未入账的收款凭证3张，金额合计为4372.31元。

（4）查出已经办理付款手续尚未入账的付款凭证2张，金额合计为4126.14元。

（5）发现现金日记账中有未经批准的借款单，是职工借药费2560元。

（6）发现保险柜中有2月1日收到销售产品的转账支票1张，计价7500元。

（7）银行核定库存现金限额10 000元。

要求：

（1）根据清查结果，编制库存现金监盘表。

（2）指出该企业现金管理中存在的主要问题，并提出审计意见。

3. ABC会计师事务所的审计项目组对丙公司2017年12月31日的银行存款进行审查，与银行存款相关的审计工作底稿部分内容摘录如下：

（1）审计项目组对丙公司银行账户的完整性存有疑虑，审计项目组亲自到当地中国人民银行查询并打印《已开立银行结算账户清单》，结果满意。

（2）因对丙公司银行对账单的真实性存有疑虑，审计项目组要求被审计单位管理层重新取得银行存款对账单，审计项目组对新银行对账单审计后未发现异常，对此无异议。

（3）银行从丙公司银行借款账户中扣除借款利息3600元，丙公司未入账，审计项目组检查了银行对账单后对该账予以了确认。

（4）企业12月29日开出转账支票一张120 000元，银行未入账，审计项目组检查了丙公司的支票存根和对应的记账凭证，认为该记录没有问题。

（5）银行对账单12月20日和12月27日收入和支出支票各一张，金额都是200 000元，丙公司银行存款日记账对此均无记录，审计项目组对此进行询问，出纳员解释说是客户退货所致，审计项目组认为理由合理，未进一步审计。

要求：指出上述审计工作底稿中审计项目组的处理是否合理，如果不合理，应该如何进一步审查？上述审计事项中，哪些可能是正常的未达账，如何进一步审查未达账是否已达？

4. ABC会计师事务所的A注册会计师对丁公司实施了银行存款函证程序

（金额单位：万元），相关审计工作底稿的部分内容摘录如下：

编号	是否回函（是/否）	账面余额	回函金额	差异	审计说明
事项1					（1）
事项2	是	3500	3470	30	（2）
事项3	是	35	35	0	（3）

审计说明：

（1）A注册会计师以ABC会计师事务所的名义对丁公司2017年12月31日有余额的银行存款账户实施函证程序。

（2）ABC会计师事务所收到回函后，发现银行回函与银行存款日记账金额存在差异30万元，由于差异金额较小，未采取进一步的审计程序。

（3）由于该银行存款余额金额较小，A注册会计师认为没有必要采用发询证函的方式进行函证，而是直接打电话给该银行取得证据，证据表明双方银行余额不存在差异。

要求：

针对上述审计说明第（1）至（3）项，逐项指出A注册会计师的做法是否恰当，如不恰当，简要说明理由。

针对事项（2）询证函回函所表现的差异，分析产生该差异可能的原因有哪些。

请指出与函证银行存款最相关的三个财务报表项目（或会计账户）及与三个财务报表项目（或会计账户）最相关的认定分别是什么。

第十五章 其他特殊项目的审计

学习目的

通过本章学习，使学生了解特殊项目的构成内容，熟悉会计估计、关联方交易、持续经营假设、期初余额审计的含义、审计目标，掌握会计估计、关联方交易、持续经营假设、期初余额审计的审计程序。

第一节 会计估计的审计

一、会计估计的概念

会计估计，是指在缺乏精确计量手段的情况下，采用的某项金额的近似值，会计估计一般包括存在估计不确定性时以公允价值计量的金额，以及其他需要估计的金额。

二、对会计估计审计的总体要求

会计估计是被审计单位在不确定情况下作出的，其准确程度取决于被审计单位对不确定事项或交易的结果作出的主观判断。会计估计有很强的主观性、复杂性和不确定性，因此，会计估计发生重大错报的可能性非常大，注册会计师要按照审计准则的规定确定会计估计的重大错报风险是否属于特别风险，识别和评估与会计估计相关的舞弊行为导致的重大错报风险，并对该风险设计和实施进一步审计程序。同时需要考虑的是，会计估计的结果与财务报表中原来已确认或披露的金额存在差异，并不必然表明财务报表存在错

报。这对于公允价值会计而言尤其如此，因为任何已观察到的结果都不可避免的受到作出会计估计的时点后所发生事项或情况的影响。

三、针对会计估计的风险评估程序和相关活动

（一）了解相关会计准则和相关会计制度中对会计估计的要求

了解适用的财务报告编制基础的相关事项，有助于注册会计师确定该编制基础是否：规定了会计估计的确认条件或计量方法，是否明确了某些被允许或要求采用公允价值计量的条件（如遇管理层执行与某项资产或负债相关的特定措施的意图挂钩），以及是否明确了要求作出或允许作出的披露。

（二）了解管理层如何识别是否需要作出会计估计

在进行了解时，注册会计师应当向管理层询问可能导致新的或需要修改现有的会计估计的环境变化。

（1）询问企业是否存在需要作出会计估计的新型交易。

（2）需要作出会计估计的交易条款是否已经改变。

（3）适用的会计准则和相关的会计制度中有关会计估计的要求是否已经发生变化。

（4）法规或管理层无法控制的其他变化是否要求管理层修订原有的会计估计作出新的会计估计。

（5）是否出现新的需要作出会计估计的情况或事项。

（三）了解管理层如何作出会计估计

1. 管理层作出会计估计的方法和依据

管理层作出会计估计的方法和依据包括：①用以作出会计估计的方法，包括模型（如适用）；②相关控制；③管理层是否利用专家的工作；④会计估计所依据的假设；⑤用以作出会计估计的方法是否已经发生或应当发生不同于上期的变化，以及变化的原因；⑥管理层是否评估以及如何评估估计不确定性的影响。

2. 复核前期财务报表中作出的会计估计的结果，或对其重新估计

注册会计师应当复核上期财务报表中会计估计的结果，或者复核管理层

在本期财务报表中对上期会计估计作出的后续重新估计（如适用）。

在确定复核的性质和范围时，注册会计师应当考虑会计估计的性质，以及复核时获取的信息是否可能与识别和评估本期财务报表中会计估计的重大错报风险相关。但是，注册会计师复核的目的不是质疑上期依据当时可获得的信息而作出的判断。

四、识别和评估重大错报风险

注册会计师当按照审计准则的规定识别和评估重大错报风险时，注册会计师应当评价与会计估计相关的估计不确定性的程度。注册会计师应当根据职业判断确定识别出的具有高度估计不确定性的会计估计是否会导致特别风险。

五、应对评估的重大错报风险

（一）基于评估的重大错报风险，注册会计师应当确定

（1）管理层是否恰当运用与会计估计相关的适用的财务报告编制基础的规定；

（2）作出会计估计的方法是否恰当，并得到一贯运用，以及会计估计或作出会计估计的方法不同于上期的变化是否适合于具体情况。

（二）考虑会计估计的性质

当按照审计准则的规定应对评估的重大错报风险时，注册会计师应当考虑会计估计的性质，并实施下列一项或多项程序：

（1）确定截至审计报告日发生的事项是否提供有关会计估计的审计证据；

（2）测试管理层如何作出会计估计以及会计估计所依据的数据；在进行测试时，注册会计师应当评价采用的计量方法在具体情况下是否恰当，以及根据适用的财务报告编制基础确定的计量目标，管理层使用的假设是否合理；

（3）测试与管理层如何作出会计估计相关的控制的运行有效性，并实施恰当的实质性程序；

（4）作出注册会计师的点估计或区间估计，以评价管理层的点估计。在执行本项的规定时，注册会计师应当针对下列两种情况分别予以处理：

①如果使用有别于管理层的假设或方法，注册会计师应当充分了解管理层的假设或方法，以确定注册会计师在作出点估计或区间估计时已考虑了相关变量，并评价与管理层的点估计存在的任何重大差异；

②如果认为使用区间估计是恰当的，注册会计师应当基于可获得的审计证据来缩小区间估计，直至该区间估计范围内的所有结果均可被视为合理。

在应对评估的重大错报风险时，注册会计师应当考虑是否需要具备与会计估计的一个或多个方面相关的专门技能或知识，以获取充分、适当的审计证据。

六、实施进一步实质性程序以应对特别风险

（1）对导致特别风险的会计估计，除实施审计准则规定的其他实质性程序外，注册会计师还应当：

①评价管理层如何考虑替代性的假设或结果，以及拒绝采纳的原因，或者在管理层没有考虑替代性的假设或结果的情况下，评价管理层在作出会计估计时如何处理估计不确定性；

②评价管理层使用的重大假设是否合理；

③当管理层实施特定措施的意图和能力与其使用的重大假设的合理性或对适用的财务报告编制基础的恰当应用相关时，评价这些意图和能力。

（2）如果根据职业判断认为管理层没有适当处理估计不确定性对导致特别风险的会计估计的影响，注册会计师应当在必要时作出用于评价会计估计合理性的区间估计。

（3）对导致特别风险的会计估计，注册会计师应当获取充分、适当的审计证据，以确定下列方面是否符合适用的财务报告编制基础的规定：

①管理层对会计估计在财务报表中予以确认或不予确认的决策；

②作出会计估计所选择的计量基础。

七、评价会计估计的合理性并确定错报

注册会计师应当根据获取的审计证据，评价财务报表中的会计估计在适用的财务报告编制基础下是合理的还是存在误导。根据获取的审计证据，注册会计师可能认为这些证据指向与管理层的点估计不同的会计估计。当审计

证据支持点估计时，注册会计师的点估计与管理层的点估计之间的差异构成错报。当注册会计师认为使用区间估计能够获取充分、适当的审计证据时，则在注册会计师区间估计之外的管理层的点估计得不到审计证据的支持。在这种情况下，错报不小于管理层的点估计与注册会计师区间估计之间的最小差异。

八、其他相关审计程序

关注与会计估计相关的披露；识别可能存在管理层偏向的迹象；获取书面声明等。

（一）关注与会计估计相关的披露

注册会计师应当获取充分、适当的审计证据，以确定与会计估计相关的财务报表披露是否符合适用的财务报告编制基础的规定。对导致特别风险的会计估计，注册会计师还应当评价在适用的财务报告编制基础下，财务报表中对估计不确定性的披露的充分性。

（二）识别可能存在管理层偏向的迹象

注册会计师应当复核管理层在作出会计估计时的判断和决策，以识别是否可能存在管理层偏向的迹象。在得出某项会计估计是否合理的结论时，可能存在管理层偏向的迹象本身并不构成错报。

（三）获取书面声明

注册会计师应当向管理层和治理层（如适用）获取书面声明，以确定其是否认为在作出会计估计时使用的重要假设是合理的。

（四）形成审计工作底稿

注册会计师应当就下列事项形成审计工作底稿：对导致特别风险的会计估计的合理性及其披露的充分性，注册会计师得出结论的基础；可能存在管理层偏向的迹象。

第二节　关联方交易的审计

许多关联方交易是在正常经营过程中发生的，与类似的非关联方交易相比，这些关联方交易可能并不具有更高的财务报表重大错报风险。但是，在某些情况下，关联方关系及其交易的性质可能导致关联方交易比非关联方交易具有更高的财务报表重大错报风险。例如，关联方可能通过广泛而复杂的关系和组织结构进行运作，相应增加关联方交易的复杂程度；信息系统可能无法有效识别或汇总被审计单位与关联方之间的交易和未结算项目的金额；关联方交易可能未按照正常的市场交易条款和条件进行，某些关联方交易可能没有相应的对价等。

由于关联方之间彼此并不独立，为使财务报表使用者了解关联方关系及其交易的性质，以及关联方关系及其交易对财务报表实际或潜在的影响，许多财务报告编制基础对关联方关系及其交易的会计处理和披露作出了规定。在适用的财务报告编制基础作出这些规定的情况下，注册会计师有责任实施审计程序，以识别、评估和应对被审计单位未能按照适用的财务报告编制基础对关联方关系及其交易进行恰当会计处理或披露导致的重大错报风险。即使适用的财务报告编制基础对关联方作出很少的规定或没有作出规定，注册会计师仍然需要了解被审计单位的关联方关系及其交易，以足以确定财务报表（就其受到关联方关系及其交易的影响而言）是否实现公允反映。

关联方之间更容易发生舞弊，因此，注册会计师了解被审计单位的关联方关系及其交易，与其按照审计准则的规定评价是否存在一项或多项舞弊风险因素相关。

由于审计的固有限制，即使注册会计师按照审计准则的规定恰当计划和实施了审计工作，也不可避免地存在财务报表中的某些重大错报未被发现的风险。就关联方而言，由于下列原因，审计的固有限制对注册会计师发现重大错报能力的潜在影响会加大：①管理层可能未能识别出所有关联方关系及其交易，特别是在适用的财务报告编制基础没有对关联方作出规定时；②关联方关系可能为管理层的串通舞弊、隐瞒或操纵行为提供更多机会。

存在未披露关联方关系及其交易的可能性，注册会计师按照审计准则的规定，在计划和实施与关联方关系及其交易有关的审计工作时，保持职业怀疑态度尤为重要。

一、关联方及其交易的概念

关联方是指在企业财务和经营决策中，如果一方有能力直接或间接控制、共同控制另一方或对另一方施加重大影响，视其为关联方；如果两方或多方受一方控制、共同控制或重大影响的，也视其为关联方。例如，合营企业，联营企业，主要投资者个人、关键管理人员或与其关系密切的家庭成员；受主要投资者个人、关键管理人员或与其关系密切的家庭成员直接控制的其他企业。

关联方交易是指关联方之间转移资源、劳务或义务的行为，而不论是否收取价款，如购买或销售商品，提供或接受劳务，代理，租赁，提供资金，担保或抵押，研究与开发项目的转移等。

二、注册会计师审计关联方的目标

（1）无论适用的财务报告编制基础是否对关联方作出规定，充分了解关联方关系及其交易，以便能够确认由此产生的、与识别和评估由于舞弊导致的重大错报风险相关的舞弊风险因素（如有）；根据获取的审计证据，就财务报表受到关联方关系及其交易的影响而言，确定财务报表是否实现公允反映。

（2）如果适用的财务报告编制基础对关联方作出规定，获取充分、适当的审计证据，确定关联方关系及其交易是否已按照适用的财务报告编制基础得到恰当识别、会计处理和披露。

三、风险评估程序的相关工作

（一）了解关联方关系及其交易

1. 询问管理层

注册会计师应当向管理层询问下列事项：

（1）关联方的名称和特征，包括关联方自上期以来发生的变化；

（2）被审计单位和关联方之间关系的性质；

（3）被审计单位在本期是否与关联方发生交易，如发生，交易的类型、定价策略和目的。

2. 了解与关联方关系及其交易相关的控制

如果管理层建立了下列与关联方关系及其交易相关的控制，注册会计师应当询问管理层和被审计单位内部其他人员，实施其他适当的风险评估程序，以获取对相关控制的了解：

（1）按照适用的财务报告编制基础，对关联方关系及其交易进行识别、会计处理和披露；

（2）授权和批准重大关联方交易和安排；

（3）授权和批准超出正常经营过程的重大交易和安排。

3. 项目组内部的讨论

项目组按照审计准则的规定进行内部讨论时，应当特别考虑由于关联方关系及其交易导致的舞弊或错误使得财务报表存在重大错报的可能性。

项目组内部讨论的内容可能包括：

（1）关联方关系及其交易的性质和范围；

（2）强调在整个审计过程中对关联方关系及其交易导致的潜在重大错报风险保持职业怀疑的重要性；

（3）可能显示管理层以前未识别或未向注册会计师披露的关联方关系或关联方交易的情形或状况；

（4）可能显示存在关联方关系或关联方交易的记录；

（5）管理层和治理层对关联方关系及其交易进行识别、恰当会计处理和披露的重视程度，以及管理层凌驾于控制之上的风险。

在对舞弊进行讨论时项目组内部讨论的内容还可能包括对关联方可能如何参与舞弊的特殊考虑。

（二）检查记录和文件，对关联方信息保持警觉

某些安排或其他信息可能显示管理层以前未识别或未向注册会计师披露的关联方关系或关联方交易，在审计过程中检查记录或文件时，注册会计师应当对这些安排或其他信息保持警觉。

注册会计师应当检查下列记录或文件，以确定是否存在管理层以前未识

别或未向注册会计师披露的关联方关系或关联方交易：

（1）注册会计师实施审计程序时获取的银行和律师的询证函回函；

（2）股东会和治理层会议的纪要；

（3）注册会计师认为必要的其他记录或文件。例如，所得税纳税申报表、被审计单位提供给监管机构的信息、管理层和治理层的利益冲突说明、内审人员的报告等。

在实施审计程序或其他审计程序时，如果识别出被审计单位超出正常经营过程的重大交易，注册会计师应当向管理层询问这些交易的性质以及是否涉及关联方。

四、识别和评估重大错报风险

注册会计师应当按照审计准则的规定，识别和评估关联方关系及其交易导致的重大错报风险，并确定这些风险是否为特别风险。在确定时，注册会计师应当将识别出的、超出被审计单位正常经营过程的重大关联方交易导致的风险确定为特别风险。如果在实施与关联方有关的风险评估程序和相关工作中识别出舞弊风险因素，包括与能够对被审计单位或管理层施加支配性影响的关联方有关的情形，注册会计师应当按照审计准则的规定，在识别和评估由于舞弊导致的重大错报风险时考虑这些信息。

五、针对重大错报风险的应对措施

注册会计师应当按照审计准则的规定，针对评估的与关联方关系及其交易相关的重大错报风险，设计和实施进一步审计程序，以获取充分、适当的审计证据。

（1）如果识别出可能表明存在管理层以前未识别或未向注册会计师披露的关联方关系或关联方交易的安排或信息，注册会计师应当确定相关情况是否能够证实关联方关系或关联方交易的存在。

（2）如果识别出管理层以前未识别出或未向注册会计师披露的关联方关系或重大关联方交易，注册会计师应当：

①立即将相关信息向项目组其他成员通报。

②在适用的财务报告编制基础对关联方作出规定的情况下，要求管理层

识别与新识别出的关联方之间发生的所有交易，以便注册会计师作出进一步评价；询问与关联方关系及其交易相关的控制为何未能识别或披露关联方关系或交易。

③对新识别出的关联方或重大关联方交易实施恰当的实质性审计程序。

④重新考虑可能存在管理层以前未识别出或未向注册会计师披露的其他关联方或重大关联方交易的风险，如有必要，实施追加的审计程序。

⑤如果管理层不披露关联方关系或交易看似是有意的，因而显示可能存在由于舞弊导致的重大错报风险，评价这一情况对审计的影响。

（3）对于识别出的超出正常经营过程的重大关联方交易，注册会计师应当：

①检查相关合同或协议（如有）；如果检查相关合同或协议，注册会计师应当评价：交易的商业理由（或缺乏商业理由）是否表明被审计单位从事交易的目的可能是对财务信息作出虚假报告或隐瞒侵占资产的行为；交易条款是否与管理层的解释一致；关联方交易是否已按照适用的财务报告编制基础得到恰当会计处理和披露。

②获取交易已经恰当授权和批准的审计证据。

（4）如果管理层在财务报表中作出认定，声明关联方交易是按照等同于公平交易中通行的条款执行的，注册会计师应当就该项认定获取充分、适当的审计证据。

六、评价会计处理和披露

当按照审计准则的规定对财务报表形成审计意见时，注册会计师应当评价：①识别出的关联方关系及其交易是否已按照适用的财务报告编制基础得到恰当会计处理和披露；②关联方关系及其交易是否导致财务报表未实现公允反映。

七、其他相关审计程序

（一）获取书面说明

如果适用的财务报告编制基础对关联方作出规定，注册会计师应当向管理层和治理层（如适用）获取下列书面声明：已经向注册会计师披露了全部

已知的关联方名称和特征、关联方关系及其交易；已经按照适用的财务报告编制基础的规定，对关联方关系及其交易进行了恰当的会计处理和披露。

（二）与治理层沟通

除非治理层全部成员参与管理被审计单位，注册会计师应当与治理层沟通审计工作中发现的与关联方相关的重大事项。

第三节 考虑持续经营假设

持续经营假设是指被审计单位在编制财务报表时，假定其经营活动在可预见的将来会继续下去，不拟也不必终止经营或者破产清算，可以在正常的经营过程中变现资产、清偿债务。

一、管理层的责任和注册会计师的责任

（一）管理层的责任

持续经营假设是编制财务报表的基本原则。管理层应当根据会计准则和相关会计制度的规定，对持续经营假设能力作出评估，考虑运用持续经营假设编制财务报表的合理性。如果管理层认为以持续经营假设为基础编制财务报表不再合理时，应当采用其他基础编制，如清算基础。

（二）注册会计师的责任

注册会计师的责任是就管理层运用持续经营假设的适当性获取充分适当的审计证据，并就持续经营能力是否存在重大不确定性得出结论。需要注意的是，注册会计师在执行财务报表审计业务时，不得对被审计单位是否具有持续经营能力和管理层作出应对计划的可实现程度作出保证。

二、风险评估程序和相关活动

在按照审计准则的规定实施风险评估程序时，注册会计师应当考虑是否存在可能导致对被审计单位持续经营能力产生重大疑虑的事项或情况。在进行考虑时，注册会计师应当确定管理层是否已对被审计单位持续经营能力作

出初步评估。

如果管理层已对持续经营能力作出初步评估，注册会计师应当与管理层进行讨论，并确定管理层是否已识别出单独或汇总起来可能导致对被审计单位持续经营能力产生重大疑虑的事项或情况。如果管理层已识别出这些事项或情况，注册会计师应当与其讨论应对计划。

如果管理层未对持续经营能力作出初步评估，注册会计师应当与管理层讨论其拟运用持续经营假设的基础，询问管理层是否存在单独或汇总起来可能导致对被审计单位持续经营能力产生重大疑虑的事项或情况。针对有关可能导致对被审计单位持续经营能力产生重大疑虑的事项或情况的审计证据，注册会计师应当在整个审计过程中保持警觉。

（一）识别财务方面的重大疑虑或事项

被审计单位在财务方面存在可能导致对持续经营假设产生重大疑虑的事项或情况主要包括：

（1）净资产为负或营运资金出现负数；

（2）定期借款即将到期，逾期不能展期或偿还；或过度依赖短期借款为长期资产筹资；

（3）存在债权人撤销财务支持的迹象；

（4）历史或预期性财务报表表明经营活动的现金流量净额为负数；

（5）关键财务比率不佳；

（6）发生重大经营亏损或用以产生现金流量的资产价值出现大量下跌；

（7）拖欠或停止发放股利；

（8）在到期日无法偿还债务；

（9）无法履行借款合同的条款；

（10）与供应商有赊购变为到期付款；

（11）无法获得开发必要的新产品或进行其他必要的投资所需的资金。

（二）识别经营方面重大疑虑的事项或情况

被审计单位在经营方面存在可能导致对持续经营假设产生重大疑虑的事项或情况包括：

（1）管理层计划清算被审计单位或终止经营；

（2）关键管理人员离职且无人替代；出现用工困难；

（3）失去主要市场、关键客户特许权、执照、主导产品不符合国家产业政策；

（4）失去主要供应商重要供应短缺；

（5）出现非常成功的竞争者等。

（三）识别其他方面重大疑虑的事项或情况

被审计单位在其他方面存在可能导致对持续经营假设产生重大疑虑的事项或情况包括：

（1）严重违反有关法律法规或者政策、异常原因导致停工或者停产；

（2）未决诉讼或监管程序，可能导致无法支付索赔金额；

（3）有关法律法规或者政策的变化可能造成重大不利影响；

（4）对发生的灾害未购买保险或保额不足。

三、评价管理层对持续经营能力作出的评估

管理层对持续经营能力的评估是注册会计师考虑持续经营假设的一个重要组成部分。注册会计师应当评价管理层对被审计单位持续经营能力作出的评估。在评价管理层作出的评估时，注册会计师应当考虑该评估是否已包括注册会计师在审计过程中注意到的所有相关信息。

（一）管理层评估涵盖的期间

在评价管理层对被审计单位持续经营能力作出的评估时，注册会计师的评价期间应当与管理层按照适用的财务报告编制基础或法律法规（如果法律法规要求的期间更长）的规定作出评估的涵盖期间相同。

持续经营假设被审计单位在编制财务报表时，假定其经营活动在可预见的将来会继续下去，而可预见的将来通常是指财务报表日后 12 个月。管理层对持续经营能力的合理评估期间应是自财务报表日起的下一个会计期间。如果管理层评估持续经营能力涵盖的期间短于自财务报表日起的 12 个月，注册会计师应当提请管理层将其至少延长至自财务报表日起的 12 个月。

（二）管理层的评估、支持性分析和注册会计师的评价

（1）纠正管理层缺乏分析的错误不是注册会计师的责任：

①在某些情况下，管理层缺乏详细分析以支持其评估，可能不妨碍注册会计师确定管理层运用持续经营假设是否适合具体情况。

②在其他情况下，注册会计师评价管理层对被审计单位持续经营能力所作的评估，可能包括评价管理层作出评估时遵循的程序、评估依据的假设、管理层未来的应对计划以及管理层的计划在当前情况下是否可行。

（2）注册会计师应当考虑管理层作出的评估是否考虑所有相关信息，其中包括注册会计师实施审计程序获取的信息。

（3）特别关注的假设。注册会计师在考虑管理层作出评估所依据的假设时，注册会计师需要考虑管理层对相关事项或情况结果的预测所依据的假设是否合理，特别关注具有以下特征的假设：

①对预测性信息具有重大影响的假设；

②特别敏感或容易发生变动的假设；

③与历史趋势不一致的假设。

四、超出管理层评估期间的事项或情况

注册会计师应当询问管理层是否知悉超出评估期间的、可能导致对持续经营能力产生重大疑虑的事项或情况。超出管理层评估期间发生的事项或情况，可能导致注册会计师对管理层编制财务报表时运用持续经营假设的适当性产生怀疑。除询问管理层外，注册会计师没有责任实施其他任何审计程序，以识别超出管理层评估期间的并可能导致对被审计单位持续经营能力产生重大疑虑的事项或情况。

五、识别出事项或情况时实施追加的审计程序

如果识别出可能导致对持续经营能力产生重大疑虑的事项或情况，注册会计师应当通过实施追加的审计程序（包括考虑缓解因素），获取充分、适当的审计证据，以确定是否存在重大不确定性。

这些程序应当包括：

（1）如果管理层尚未对被审计单位持续经营能力作出评估，提请其进行评估；

（2）评价管理层与持续经营评估相关的未来应对计划，这些计划的结果

是否可能改善目前的状况，以及管理层的计划对于具体情况是否可行；

（3）如果被审计单位已编制现金流量预测，且对预测的分析是评价管理层未来应对计划时所考虑的事项或情况的未来结果的重要因素，评价用于编制预测的基础数据的可靠性，并确定预测所基于的假设是否具有充分的支持；

（4）考虑自管理层作出评估后是否存在其他可获得的事实或信息；

（5）要求管理层和治理层（如适用）提供有关未来应对计划及其可行性的书面声明。

六、审计结论

注册会计师应当根据获取的审计证据，运用职业判断，确定是否存在与事项或情况相关的重大不确定性，且这些事项或情况单独或汇总起来可能导致对被审计单位持续经营能力产生重大疑虑。

如果注册会计师根据职业判断认为，鉴于不确定性潜在影响的重要程度和发生的可能性，为了使财务报表实现公允反映，有必要适当披露该不确定性的性质和影响，则表明存在重大不确定性。如果认为运用持续经营假设适合具体情况，但存在重大不确定性，注册会计师应当确定：财务报表是否已充分描述可能导致对持续经营能力产生重大疑虑的主要事项或情况，以及管理层针对这些事项或情况的应对计划；财务报表是否已清楚披露可能导致对持续经营能力产生重大疑虑的事项或情况存在重大不确定性，并由此导致被审计单位可能无法在正常的经营过程中变现资产和清偿债务。

如果已识别出可能导致被审计单位持续经营能力产生重大疑虑的事项或情况，但根据获取的审计证据，注册会计师认为不存在重大不确定性，则注册会计师应当根据适当的财务报告编制基础的规定，评价财务报表是否对这些事项或情况作出充分披露。

七、对审计报告的影响

（一）被审计单位运用持续经营假设是适当的，但存在重大不确定性（存在重大疑虑或事项）

1. 出具无保留审计意见的情形

如果财务报表已经作出充分披露，注册会计师应当出具无保留意见的审

计报告，并在审计报告中增加以“与持续经营相关的重大不确定性”为标题的单独部分，强调可能导致对持续经营能力产生重大疑虑的事项或者情况存在重大不确定性的事实，并提醒财务报表使用者注意财务报表附注中对有关事项的披露。

2. 出具无法表示意见审计报告的情形

在极少数情况下，当存在多项对财务报表整体具有重要影响的重大不确定性时，注册会计师可能认为发表无法表示意见而非增加以“与持续经营相关的重大不确定性”为标题的单独部分是适当的。

3. 出具保留意见或否定意见的情形

如果财务报表未能作出充分披露，注册会计师应当出具保留意见或者否定意见的审计报告。在审计报告中应当具体提及可能导致对持续经营能力产生重大疑虑的事项或者情况存在重大不确定性的事实，并指明财务报表未对该事实作出披露。

（二）运用持续经营假设不适当（被审计单位不能按照持续经营假设经营）

1. 出具否定意见审计报告的情形

如果被审计单位将不能持续经营，但财务报表仍然按照持续经营假设编制，注册会计师应当出具否定意见的审计报告。

2. 采用替代基础编制财务报表发表无保留意见

（1）如果在具体情况下运用持续经营假设不适当，但管理层被要求或自愿选择编制财务报表，则可以采用替代基础（如清算基础）编制财务报表；

（2）注册会计师可以对财务报表进行审计，前提是注册会计师确定替代基础在具体情况下是可接受的编制基础；

（3）如果财务报表对此作出了充分披露，注册会计师可以发表无保留意见，但也可能认为在审计报告中增加强调事项段是适当或必要的，以提醒财务报表使用者注意替代基础以及使用理由。

（三）管理层严重拖延对财务报表的批准

如果管理层或治理层在财务报表日后严重拖延对财务报表的批准，注册会计师应当询问拖延的原因。如拖延涉及持续经营相关，注册会计师应当追加审计程序，并考虑对审计结论的影响。

对持续经营能力作出适当评估是管理层的责任，管理层对持续经营能力的评估是注册会计师考虑持续经营假设的一个重要组成部分。如果管理层拒绝注册会计师的要求，应当判断审计范围受限制的程度，并考虑出具审计报告的意见类型，如保留意见或者无法表示意见。

第四节　首次接受委托对期初余额的审计

首次接受委托包括两种情形：一是指会计师事务所在被审计单位财务报表首次接受审计的情况下接受的审计委托；二是指被审计单位更换会计师事务所对其本期财务报表进行审计。

一、期初余额的含义

期初余额指期初存在的账户余额。期初余额以上期期末余额为基础，反映了以前期间的交易和事项以及上期采用的会计政策的结果。期初余额也包括期初存在的需要披露的事项，如或有事项和承诺事项等。正确理解期初余额，需要把握以下要点：

1. 期初余额是期初已经存在的余额

期初已经存在的余额是由上期结转至本期的金额，或者是上期期末余额调整后的余额。审计准则规定，对于会计政策变更，企业应当采用追溯调整法处理，将会计政策变更的累计影响数调整列报期初留存收益，其他相关项目的期初余额、披露的其他比较数据也应当一并调整。类似的还有前期会计差错的更正事项。

2. 期初余额反映了以前期间的交易和事项以及上期采用的会计政策的结果

是被审计单位按照上期采用的会计政策对以前会计期间发生的交易和事项处理的结果。

3. 期初余额与注册会计师首次接受委托相联系

所谓首次审计业务，是指在上期财务报表未经审计，或上期财务报表由前任注册会计师审计的情况下承接的业务。

总之，注册会计师对财务报表的审计，是对被审计单位所审期间财务报表发表审计意见，一般无须专门对期初余额发表审计意见，但是因为期初余额是本期财务报表的基础，所以要对期初余额实施适当的审计程序。

二、期初余额的审计目标

注册会计师对期初余额的审计目标是获取充分、适当的审计证据，以确定以下事项。

（一）确定期初余额是否含有对本期财务报表产生重大影响的错报

（1）要确定期初余额是否含有对本期财务报表产生重大影响的错报，主要是判断期初余额的错报对本期财务报表使用者进行决策的影响程度，是否足以改变或者影响其判断。

（2）如果期初余额存在对本期财务报表产生重大影响的错报，则注册会计师在审计中必须对此提出恰当的审计调整或者披露建议。如上期财务报表中对某项新增固定资产的初始计量存在重大差错，这一差错不仅会影响本期期末资产负债表中固定资产项目和资产总额项目的正确列报，同时还会因此影响本期损益核算的正确性，进而可能使得本期财务报表使用者在决策时作出错误的判断。

（3）如果期初余额不存在对本期财务报表产生重大影响的错报，则注册会计师无须对此予以特别关注。

（二）确定期初余额反映的恰当会计政策是否在本期财务报表中得到一贯运用，或会计政策的变更是否已按照适用的财务报告编制基础作出恰当的会计处理和充分的列报与披露

按照会计准则规定，企业采用的会计政策，在每一个会计期间和前后期应当保持一致，不得随意变更。但是，满足下列条件之一的情形下，可以变更会计政策：

（1）法律、行政法规或者国家统一的会计制度等要求变更会计政策；

（2）会计政策变更能够提供更可靠、更相关的会计信息。发生的会计政策变更，企业应当采用追溯调整法处理，将会计政策变更的累计影响数调整列报前期期初留存收益，其他相关项目的期初余额、披露的其他比较数据也

应当一并调整。

注册会计师需要按照《企业会计准则——会计政策、会计估计变更和差错更正》准则的要求，判断被审计单位是否一贯运用恰当的会计政策，是否对会计政策的变更作了正确的会计处理和恰当的披露。否则，注册会计师必须对此提出恰当的审计调整或者披露建议。

三、期初余额的审计程序

注册会计师应当阅读最近期间的财务报表和前任注册会计师出具的审计报告（如有），获取与期初余额相关的信息，包括披露。

（一）确定上期期末余额是否已正确结转至本期，或在适当情况下已作出重新表述

1. 确定期初余额是否已正确结转至本期

（1）上期账户余额计算正确；

（2）上期总账余额＝各明细账日记账余额合计数；

（3）上期期末余额已经分别过入本期的总账、明细账和日记账。

2. 确定期初余额是否已经作出重新表述

按照《企业会计准则——会计政策、会计估计变更和差错更正》准则的要求，采用追溯调整法进行更正后的重新表述。

（二）确定期初余额是否反映对恰当会计政策的运用

（1）确定被审计单位选用的会计政策是否恰当；

（2）确定会计政策是否在前后期得到一贯的执行；

（3）确定发生会计政策变更的理由是否合理、会计处理和披露是否恰当和充分，会计政策变更能否提供更可靠、更相关的会计信息；

（4）如果被审计单位上期使用的会计政策不恰当或与本期不一致，注册会计师在实施期初余额审计时应提请被审计单位进行调整或予以披露。

（三）实施一项或多项审计程序

（1）如果财务报表已经审计，查阅前任注册会计师审计工作底稿，以获取有关期初余额的审计证据。涉及与前任注册会计师的沟通，需要按照审计

准则的规定执行。

①查阅前任注册会计师的审计工作底稿中的所有重要审计领域；考虑前任注册会计师是否已实施审计程序，收集充分适当的审计证据，以支持资产负债表中药账户期初余额；复核前任注册会计师建议的调整分录和未更正错报汇总表，并评价其对当前审计的影响。

②考虑前任注册会计师的独立性和胜任能力。如果认为前任不具有独立性，或者不具有应有的专业胜任能力，则无法通过查阅审计工作底稿获取有关期初余额的充分、适当的审计证据。

③与前任注册会计师沟通时的考虑。注册会计师无论在接受委托前、后，还是在审计过程中发现前任注册会计师审计的财务报表可能存在重大错报时，均应当采取相应的措施。

（2）评价本期实施的审计程序是否提供了有关期初余额的审计证据。

（3）实施其他专门的审计程序，以获取有关期初余额的审计证据。

（四）实施专门的审计程序

1. 对流动资产和流动负债的审计程序

注册会计师通常通过本期实施的审计程序，有时可以印证期初流动资产和流动负债的存在和金额，举例如下：

（1）本期应收账款的收回、应付账款的支付为其期初的存在、完整性、权利和义务、完整性和计价提供部分审计证据。

（2）注册会计师未能对上期期末的存货实施监盘，本期审计几乎无法提供期初存货的证据，下列审计程序提供了有关期初余额的审计证据：

①监盘当前存货数量并调节至期初存货数量；

②对期初存货项目的计价实施审计程序；

③对存货截止实施审计程序。

2. 对非流动资产和非流动负债的审计程序

因非流动资产和非流动负债比较稳定，变动较少，通常实施下列审计程序：

（1）注册会计师通常检查形成期初余额的会计记录和其他信息；

（2）在某些情况下，注册会计师可向第三方函证（例如，针对固定资产、长期借款和长期股权投资）期初余额。

四、审计结论和审计报告

（一）对财务报表发表保留意见或无法表示意见的情形

如果不能获取有关期初余额的充分、适当的审计证据，注册会计师应当按照审计准则的规定，对财务报表发表保留意见或无法表示意见。

（二）对财务报表发表保留意见或否定意见的情形

1. 如果认为期初余额存在对本期财务报表产生重大影响的错报，且错报的影响未能得到恰当的会计处理或适当的列报与披露，注册会计师应当按照《中国注册会计师审计准则第 1502 号——在审计报告中发表非无保留意见》的规定，对财务报表发表保留意见或否定意见。

2. 如果认为按照适用的财务报告框架，与期初余额相关的会计政策未能在本期得到一贯运用，或者会计政策的变更未能得到恰当的会计处理或适当的列报与披露，注册会计师应当按照《中国注册会计师审计准则第 1502 号——在审计报告中发表非无保留意见》的规定，对财务报表发表保留意见或否定意见。

（三）对财务报表发表非无保留意见的情形

如果前任注册会计师对上期财务报表发表了非无保留意见，并且导致发表非无保留意见的事项对本期财务报表仍然相关和重大，注册会计师应当按照审计准则的规定，对本期财务报表发表非无保留意见。

◆课后练习◆

一、本章复习思考题

1. 对会计估计实施的审计程序有哪些？

2. 对关联方交易审计的总体要求及审计程序分别是什么？

3. 简述被审计单位在财务、经营及其他方面可能存在哪些影响持续经营能力的事项。

4. 如何确定持续经营能力对审计报告的影响？

5. 简述期初余额含义及特征。

6. 简述期初余额的审计目标和审计程序。

7. 试述期初余额对审计结论和报告的影响。

二、本章练习题

（一）单项选择题

1. 针对会计估计的进一步审计程序包括（　）。

A. 复核和测试管理层作出会计估计的过程

B. 了解管理层如何识别是否需要作出会计估计

C. 了解管理层作出会计估计的过程

D. 复核前期财务报表中作出的会计估计的结果，或对其重新估计

2. 下列关于会计估计性质的理解中，不正确的是（　）。

A. 作出会计估计的难易程度取决于会计估计对象的性质

B. 被审计单位管理层应当对其作出的包括在财务报表中的会计估计负责

C. 获取充分适当的审计证据，评价被审计单位作出的会计估计是否合理、披露是否充分是注册会计师的责任

D. 会计估计的结果与财务报表中原来已确认或披露的金额存在差异，必然表明财务报表存在错报

3. 如果注册会计师识别出超出正常经营过程的重大关联方交易导致的舞弊风险，下列程序中通常能够有效应对该风险的是（　）。

A. 评价交易是否有合理的商业理由

B. 检查交易是否按照适用的财务报告编制基础进行会计处理和披露

C. 就交易事项向关联方披露

D. 检查交易是否经适当的管理层审批

4. 在询问关联方关系时，下列组织或人员中，注册会计师的询问对象通常不包括（　）。

A. 内部审计人员　　B. 内部法律顾问

C. 董事会成员　　D. 中小股东

5. 被审计单位在财务方面存在可能导致对持续经营假设产生重大疑虑的事项或情况不包括（　）。

A. 债务违约、无法继续履行重大借款合同中的有关条款

B. 累计经营性亏损数额巨大、资不抵债

C. 现金流量困难与供应商由赊购变为货到付款

D. 失去主要市场或者主要供应商

6. 下列属于注册会计师应关注的被审计单位在财务方面存在持续经营假设不再合理的迹象是（　　）。

A. 存在大量不良资产且长期未作处理

B. 未达到预期经营目标

C. 关键管理人员离职且无人替代

D. 生产公司的主要产品的主要原材料已严重短缺

7. 如果判断被审计单位不能持续经营，但财务报表仍然按照持续经营假设编制，注册会计师应当出具（　　）审计报告。

A. 否定意见　　B. 保留意见

C. 无保留意见　　D. 无法表示意见

8. 下列关于期初余额审计的叙述不正确的是（　　）。

A. 如果实施相关审计程序后无法获取有关期初余额的充分、适当的审计证据，注册会计师应当出具保留意见或无法表示意见的审计报告

B. 如果期初余额存在对本期财务报表产生重大影响的错报，注册会计师应当告知管理层

C. 如果错报的影响未能得到正确的会计处理和恰当的列报，注册会计师应当出具保留意见或否定意见的审计报告

D. 如果前任注册会计师对上期财务报表出具了非标准审计报告，注册会计师应当考虑不接受委托

（二）多项选择题

1. 在识别、评估与会计估计相关的重大错报风险时，下列各项中，注册会计师认为应当了解的有（　　）。

A. 了解相关会计准则和相关会计制度中有关会计估计的要求

B. 了解管理层如何识别是否需要作出会计估计

C. 了解管理层作出会计估计的过程

D. 复核前期财务报表中作出的会计估计的结果，或对其重新估计

2. 评价会计估计的不确定性时，下列会计估计中注册会计师通常认为高

度不确定性的是（　）。

A. 高度依赖判断的会计估计

B. 采用高度专业化的、由被审计单位自己开发的模型作出的公允价值会计估计

C. 存在公开活跃市场情况下作出的公允价值会计估计

D. 上期财务报表中确认的金额与实际结果存在差异的会计估计

3. 对关联方及其交易的风险评估程序和相关工作包括（　）。

A. 了解关联方关系及其交易

B. 检查记录和文件，对关联方信息保持警觉

C. 获取书面说明　　D. 与治理层的沟通

4. 以下对期初余额理解恰当的有（　）。

A. 期初余额是期初已存在的账户余额

B. 反映了以前期间的交易和上期采用的会计政策的结果

C. 期初余额与注册会计师首次接受委托相联系

D. 期初余额从金额上等于上期期末余额

5. 如果上期财务报表由前任注册会计师审计情况下的注册会计师对期初余额应当实施以下审计程序（　）。

A. 查阅前任注册会计师的工作底稿

B. 考虑前任注册会计师的独立性和专业胜任能力

C. 与前任注册会计师沟通时的考虑

D. 对流动资产和流动负债追加审计程序

第十六章　完成审计工作和出具审计报告

学习目的

通过本章学习，使学生熟悉完成审计阶段的有关工作；掌握审计报告的定义、类型和要素；掌握沟通关键审计事项的选择和表达形式；重点掌握审计报告的种类和提出条件，掌握不同意见审计报告的内容和编制方法，学会根据被审计单位的具体情况，编制不同类型的审计报告。

第一节　完成审计工作

完成审计工作是财务报表审计的最后一个阶段。注册会计师按业务循环完成各财务报表项目的审计并完成特殊项目的审计后，在审计完成阶段汇总审计结果，进行更具综合性的审计工作，确定应出具的审计报告的意见类型，编制审计报告，终结审计工作。

一、审计完成阶段的工作

（一）评价审计中的重大发现

在审计完成阶段，项目合伙人和审计项目组应考虑审计中的重大发现，对实施审计程序的结果进行评价。

（二）评价审计过程中发现的错报

1. 错报的沟通和更正

注册会计师及时与适当层级的管理层沟通重大错报事项，使管理层评价

这些事项是否为错报，并采取必要行动，管理层如有异议应告知注册会计师。管理层更正所有错报，能够保持会计账簿和记录的准确性，降低由于与本期相关的、非重大的且尚未更正的错报的累积影响而导致未来期间财务报表出现重大错报的风险。

2. 评价未更正错报的影响

未更正错报，是指注册会计师在审计过程中发现的、被审计单位未予更正的错报。

在评价未更正错报的影响之前，注册会计师可能有必要依据实际的财务结果对重要性作出修改。如果注册会计师对重要性进行的重新评价，得出的重要性是比计划阶段确定的重要性更低金额的，则应重新考虑实际执行的重要性和进一步审计程序的性质、时间安排和范围的适当性，以获取充分、适当的审计证据，作为发表审计意见的基础。注册会计师需要考虑每一单项错报或汇总错报，以评价其对相关类别的交易、账户余额或披露的影响。

3. 书面声明

注册会计师应当要求管理层和治理层提供书面声明，说明其认为未更正错报单独或汇总起来对财务报表整体的影响不重大。

（三）复核财务报表和审计工作底稿

1. 对财务报表总体合理性进行总体复核

在审计结束或临近结束时，注册会计师需要运用分析程序确定经审计调整后的财务报表整体是否与对被审计单位的了解一致，是否具有合理性。注册会计师在运用分析程序进行总体复核时，如果识别出以前未识别的重大错报风险，注册会计师应当重新考虑对全部或部分各类别的交易、账户余额、披露评估的风险是否恰当，并在此基础上重新评价之前计划的审计程序是否充分，是否有必要追加审计程序。

2. 复核审计工作底稿

（1）项目组内部复核。

①一般要求。

复核人员：会计师事务所在安排项目组内部复核时，应当由项目组内部经验较多的人员复核。对一些较为复杂、审计风险较高的领域，需要指派经验丰富的项目组成员执行复核，必要时可以由项目合伙人执行复核。

复核范围：所有的审计工作底稿都要经过一级复核。

复核项目：审计工作是否已按照职业准则和适用的法律法规的规定执行；重大事项是否已提请进一步考虑；相关事项是否已进行适当咨询，由此形成的结论是否已得到记录和执行；是否需要修改已执行审计工作的性质、时间安排和范围；已执行的审计工作是否支持形成的结论，并已得到适当记录；已获取的审计证据是否充分、适当；审计程序的目标是否已实现。

复核时间：审计项目复核贯穿审计全过程，随着审计工作的开展，复核人员在审计计划阶段、执行阶段和完成阶段及时复核相应的工作底稿。

②项目合伙人复核的特殊要求。项目合伙人应当对会计师事务所分派的每项审计业务的总体质量负责；项目合伙人应当对项目组按照会计师事务所复核政策和程序实施的复核负责。项目合伙人复核的内容包括：对关键领域所作的判断，尤其是执行业务过程中识别出的疑难问题或争议事项；特别风险；项目合伙人认为重要的其他领域。项目合伙人无须复核所有审计工作底稿。

在审计报告日或审计报告日之前，项目合伙人应当通过复核审计工作底稿与项目组讨论，确信已获取充分、适当的审计证据，支持得出的结论和拟出具的审计报告。

（2）项目质量控制复核（外部复核）。会计师事务所应当制定政策和程序，以明确项目质量控制复核的性质、时间安排和范围。

项目质量控制复核人员：具备履行职责需要的技术资格，包括必要的经验和权限；在不损害其客观性的前提下，项目质量控制复核人员能够提供业务咨询的程度。

项目质量控制复核项目：与项目合伙人讨论重大事项；复核财务报表和拟出具的审计报告；复核选取的与项目组作出的重大判断和得出的结论相关的审计工作底稿；评价在编制审计报告时得出的结论，并考虑拟出具审计报告的恰当性。于上市实体财务报表审计，项目质量控制复核人员在实施项目质量控制复核时，还应当考虑：项目组就具体审计业务对会计师事务所独立性作出的评价；项目组是否已就涉及意见分歧的事项，或者其他疑难问题或争议事项进行适当咨询，以及咨询得出的结论；选取的用于复核的审计工作

底稿，是否反映了项目组针对重大判断执行的工作，以及是否支持得出的结论。

项目质量控制复核时间：只有完成了项目质量控制复核，才能签署审计报告。

项目质量控制复核人员在业务过程中的适当阶段及时实施项目质量控制复核，有助于重大事项在审计报告日之前得到迅速、满意的解决。

二、期后事项

期后事项是指财务报表日至审计报告日之间发生的事项，以及注册会计师在审计报告日后知悉的事实。

期后事项可能会影响本期财务报表和审计报告，审计时应予关注。

（一）期后事项的种类

按该事项在财务报表日是否存在，是否需要调整本期财务报表，期后事项分为期后调整事项和期后非调整事项两种（表 16-1）。

表 16-1　期后事项的种类

名称	期后调整事项	期后非调整事项
定义	财务报表日已存在，财务报表日后为其提供新的或进一步证据的事项	财务报表日不存在，财务报表日后发生的重大事项
账务处理	影响本期财务报表金额，如果金额较大，需提请被审计单位管理层调整本期财务报表及与之相关的披露信息	不影响本期财务报表金额，不需要调整本期财务报表，但可能影响对本期财务报表的正确理解，需提请被审计单位管理层在本期财务报表附注中作适当披露

续表

名称	期后调整事项	期后非调整事项
具体项目	（1）财务报表日已存在，财务报表日后结案，判决支付赔款； （2）财务报表日某项资产已发生减值，财务报表日后取得了其减值的确凿证据； （3）财务报表日前已购入资产或售出资产，财务报表日后进一步确定了其成本或收入； （4）财务报表日前财务报表已发生舞弊或差错，财务报表日后发现了其舞弊或差错。	（1）财务报表日后发生重大诉讼、仲裁、承诺； （2）财务报表日后资产价格、税收政策、外汇汇率发生重大变化； （3）财务报表日后因自然灾害导致资产发生重大损失； （4）财务报表日后发行股票和债券以及其他巨额举债； （5）财务报表日后资本公积转增资本； （6）财务报表日后发生巨额亏损； （7）财务报表日后发生企业合并或处置子公司； （8）财务报表日后企业利润分配方案中拟分配的以及经审议批准宣告发放的股利或利润。

1. 期后调整事项举例

例如，财务报表日某项诉讼案件正在诉讼中，财务报表日后该诉讼案件结案，法院判决证实了企业在财务报表日已经存在现时义务，需要调整原先确认的与该诉讼案件相关的预计负债，或确认一项新负债。被审计单位由于某种原因在财务报表日前被起诉，法院于财务报表日后判决被审计单位应赔偿对方损失。因这一负债实际上在财务报表日之前就已存在，所以，如果赔偿数额比较大，注册会计师应考虑提请被审计单位调整或增加财务报表有关负债项目的金额，并加以说明。又如，财务报表日被审计单位认为可以收回的大额应收款项，因财务报表日后债务人突然破产而无法收回。在这种情况下，债务人财务状况显然早已恶化，所以，注册会计师应考虑提请被审计单位计提坏账准备或增加计提坏账准备，调整财务报表有关项目的金额。

2. 期后非调整事项举例

期后非调整事项在本年度财务报表日不存在，是下年度发生的事项，所以，不影响本年度财务报表金额，不需要调整本年度财务报表，但由于事项重大，影响财务报表使用者对本年度财务报表的正确理解，需提请被审计单位管理层在本年度财务报表附注中作适当披露。例如，财务报表日后被审计单位发生水灾，使被审计单位固定资产和存货损失严重，这种情况就应提请被审计单位管理层在本期财务报表附注中作适当披露，将这一情况告知财务

报表使用者。

（二）注册会计师对期后事项的审计

期后事项中相关日期分别有：

财务报表日是指财务报表涵盖的最近期间的截止日期，也称资产负债表日，是12月31日；

审计报告日是指审计报告上标明的日期；

财务报表批准日是指构成整套财务报表的所有报表（包括相关附注）已编制完成，并且被审计单位的董事会、管理层或类似机构已经认可其对财务报表负责的日期；

在审计实务中，审计报告日＝财务报表批准日。

财务报表报出日又称财务报表公布日，是指审计报告和已审计财务报表提供给第三方的日期。

表16–2列出了各时段期后事项中注册会计师的责任、采取的措施及处理。

表16–2　各时段期后事项注册会计师的责任和处理

<table>
<tr><th>时段</th><th>注册会计师的责任</th><th colspan="3">注册会计师针对被审计单位是否接受调整建议采取的措施及处理</th></tr>
<tr><td>财务报表日—审计报告日</td><td>主动识别</td><td colspan="3">应当设计专门的审计程序来识别这些期后事项
如果没有得到恰当的处理，出具保留或否定意见</td></tr>
<tr><td rowspan="3">审计报告日—财务报表报出日</td><td rowspan="3">被动识别</td><td>若同意修改</td><td colspan="2">实施必要的审计程序，对修改后的报表出具新审计报告</td></tr>
<tr><td rowspan="2">若拒绝修改</td><td>报告尚未提交</td><td>出具保留或否定意见审计报告</td></tr>
<tr><td>报告已提交</td><td>阻止报出；如仍报出，采取措施防止报表使用者信赖报告</td></tr>
<tr><td rowspan="2">财务报表报出日后</td><td rowspan="2">没义务识别</td><td>若同意修改</td><td colspan="2">实施审计程序；延伸实施审计程序，并出具新的审计报告；复核管理层采取措施是否确保收到原财务报表和审计报告的人士了解这一情况</td></tr>
<tr><td>若拒绝修改</td><td colspan="2">应当通知管理层和治理层，采取措施防止报表使用者信赖报告</td></tr>
</table>

1. 财务报表日至审计报告日之间发生的期后事项的审计

（1）注册会计师负有主动识别的义务。财务报表日至审计报告日之间发生的期后事项，注册会计师负有主动识别的义务，应当设计专门的审计程序来识别这些期后事项，并根据这些事项的性质判断其对财务报表的影响，确定提请被审计单位调整还是披露。

（2）用以识别期后事项的审计程序。注册会计师应当按照审计准则的规定实施审计程序，使审计程序能够涵盖财务报表日至审计报告日（或尽可能接近审计报告日）之间的期间。识别这一时段期后事项的审计程序通常包括：了解管理层为确保识别期后事项而建立的程序；询问管理层和治理层，确定是否已发生可能影响财务报表的期后事项；查阅被审计单位的所有者、管理层和治理层在财务报表日后举行会议的纪要，在不能获取会议纪要的情况下，询问此类会议讨论的事项；查阅被审计单位最近的中期财务报表等。

（3）知悉对财务报表有重大影响的期后事项时的考虑。在实施上述审计程序后，如果注册会计师识别出对财务报表有重大影响的期后事项，应当确定这些事项是否按照适用的财务报告编制基础的规定在财务报表中得到恰当反映。如果所知悉的期后事项属于调整事项，注册会计师应当考虑被审计单位是否已对财务报表作出适当的调整，如果所知悉的期后事项属于非调整事项，注册会计师应当考虑被审计单位是否在财务报表附注中予以充分披露。

2. 审计报告日后至财务报表报出日知悉的事实

（1）注册会计师负有被动识别的义务。在审计报告日后，注册会计师没有义务针对财务报表实施任何审计程序。注册会计师针对被审计单位的审计业务已经结束，要识别可能存在的期后事项比较困难，因而无法承担主动识别审计责任。在这一阶段被审计单位的财务报表并未报出，管理层有责任将发现的可能影响财务报表的事实告知注册会计师，注册会计师还可能从媒体报道、举报信或者证券监管部门告知等途径获悉影响财务报表的期后事项。

（2）知悉审计报告日后至财务报表报出日期后事项的考虑。在审计报告日后至财务报表报出日，如果知悉了某事实，且若在审计报告日知悉可能导致修改审计报告，注册会计师应当与管理层和治理层讨论该事项；确定财务报表是否需要修改；如果需要修改，询问管理层将如何在财务报表中处理该事项。

①如果管理层修改财务报表，注册会计师应当根据具体情况对有关修改实施必要的审计程序；注册会计师应当将用以识别期后事项的上述审计程序

延伸至新的审计报告日，并针对修改后的财务报表出具新的审计报告。

②管理层不修改财务报表且审计报告未提交时的处理。如果认为管理层应当修改财务报表而没有修改，并且审计报告尚未提交给被审计单位，注册会计师应当按规定发表非无保留意见，然后再提交审计报告。

③管理层不修改财务报表且审计报告已提交时的处理。如果认为管理层应当修改财务报表而没有修改，并且审计报告已经提交给被审计单位，注册会计师应当通知管理层和治理层在财务报表作出必要修改前不要向第三方报出。如果财务报表在未经必要修改的情况下仍被报出，注册会计师应当采取适当措施，设法防止财务报表使用者信赖该审计报告。如针对上市公司，注册会计师可以利用证券传媒等刊登必要的声明，防止使用者信赖审计报告。

3. 注册会计师在财务报表报出后知悉的事实

（1）注册会计师没有义务识别。财务报表报出日后注册会计师没有义务针对财务报表实施任何审计程序。但并不排除注册会计师通过媒体等其他途径获悉可能对财务报表产生重大影响的期后事项的可能性。

（2）知悉财务报表报出后期后事项的考虑。在财务报表报出后，如果知悉了某事实，且若在审计报告日知悉可能导致修改审计报告，注册会计师应当与管理层和治理层讨论该事项，确定财务报表是否需要修改，如果需要修改，询问管理层将如何在财务报表中处理该事项。

①管理层修改财务报表时的处理。根据具体情况对有关修改实施必要的审计程序；复核管理层采取的措施能否确保所有收到原财务报表和审计报告的人士了解这一情况。在修改了财务报表的情况下，管理层应当采取恰当措施，如上市公司可以在证券类报纸、网站刊登公告，重新公布财务报表和审计报告，让所有收到原财务报表和审计报告的人士了解这一情况。注册会计师需要对这些措施进行复核，判断它们是否能达到这样的目标。延伸实施审计程序，并针对修改后的财务报表出具新的审计报告。

②管理层未采取任何行动时的处理。如果管理层没有采取必要措施确保所有收到原财务报表的人士了解这一情况，也没有在注册会计师认为需要修改的情况下修改财务报表，注册会计师应当通知管理层和治理层，注册会计师将设法防止财务报表使用者信赖该审计报告。

三、管理层书面声明

管理层书面声明，是指管理层向注册会计师提供的书面陈述，用以确认某些事项或支持其他审计证据。管理层书面声明是注册会计师在财务报表审计中需要获取的必要信息，是审计证据的重要来源。管理层书面声明提供了必要的审计证据，但其不为任何事项提供审计证据，也不影响注册会计师就管理层责任履行情况或具体认定获取的其他审计证据的性质和范围。

（一）针对管理层责任的书面声明

针对财务报表的编制，注册会计师应当要求管理层提供书面声明，确认其根据审计业务约定条款，履行了按照适用的财务报告编制基础编制财务报表并使其实现公允反映的责任。

针对提供的信息和交易的完整性，注册会计师应当要求管理层就下列事项提供书面声明：①按照审计业务约定条款，已向注册会计师提供所有相关信息，并允许注册会计师不受限制地接触所有相关信息以及被审计单位内部人员和其他相关人员；②所有交易均已记录并反映在财务报表中。

（二）其他书面声明

除以上的书面声明外，如果注册会计师认为有必要获取一项或多项其他书面声明，包括关于财务报表的额外书面声明、与向注册会计师提供信息有关的额外书面声明和关于特定认定的书面声明。其他书面声明可能包括针对下列事项作出的声明：会计政策的选择和运用是否适当；是否按照适用的财务报告编制基础对相关事项进行了确认、计量、列报或披露。注册会计师可能认为有必要要求管理层提供书面声明，确认其已将注意到的所有内部控制缺陷向注册会计师通报。注册会计师可能认为有必要要求管理层提供有关财务报表特定认定的书面声明，尤其是支持注册会计师就管理层的判断或意图或者完整性认定从其他审计证据中获取的了解。

（三）书面声明的日期和涵盖的期间

书面声明的日期应当尽量接近对财务报表出具审计报告的日期，但不得在审计报告日后。书面声明应当涵盖审计报告针对的所有财务报表和期间。由于书面声明是必要的审计证据，在管理层签署书面声明前，注册会计师不

能发表审计意见，不能签署审计报告。而且由于注册会计师关注截至审计报告日发生的、可能需要在财务报表中作出相应调整或披露的事项，书面声明的日期应当尽量接近对财务报表出具审计报告的日期，但不得在其之后。

（四）管理层书面声明的形式

管理层书面声明应当以声明书的形式致送注册会计师。

参考格式 16-1 列示了管理层书面声明书的范例。

参考格式 16-1：管理层书面声明书

管理层书面声明书

（致注册会计师）：

本声明书是针对你们审计 XYZ 公司截至 2017 年 12 月 31 日的年度财务报表而提供的。审计的目的是对财务报表发表意见，以确定财务报表是否在所有重大方面已按照企业会计准则的规定编制，并实现公允反映。

尽我们所知，并在作出了必要的查询和了解后，我们确认：

一、财务报表

1. 我们已履行（插入日期）签署的审计业务约定书中提及的责任，即根据企业会计准则的规定编制财务报表，并对财务报表进行公允反映；

2. 在作出会计估计时使用的重大假设（包括与公允价值计量相关的假设）是合理的；

3. 已按照企业会计准则的规定对关联方关系及其交易作出了恰当的会计处理和披露；

4. 根据企业会计准则的规定，所有需要调整或披露的资产负债表日后事项都已得到调整或披露；

5. 未更正错报，无论是单独还是汇总起来，对财务报表整体的影响均不重大。未更正错报汇总表附在本声明书后；

6.（注册会计师可能认为适当的其他任何事项）。

二、提供的信息

7. 我们已向你们提供下列工作条件：

（1）允许接触我们注意到的、与财务报表编制相关的所有信息（如记录、文件和其他事项）。

（2）提供你们基于审计目的要求我们提供的其他信息。

（3）允许在获取审计证据时不受限制地接触你们认为必要的本公司内部人员和其他相关人员。

8. 所有交易均已记录并反映在财务报表中。

9. 我们已向你们披露了由于舞弊可能导致的财务报表重大错报风险的评估结果。

10. 我们已向你们披露了我们注意到的、可能影响本公司的与舞弊或舞弊嫌疑相关的所有信息，这些信息涉及本公司的：

（1）管理层；

（2）在内部控制中承担重要职责的员工；

（3）其他人员（在舞弊行为导致财务报表重大错报的情况下）。

11. 我们已向你们披露了从现任和前任员工、分析师、监管机构等方面获知的、影响财务报表的舞弊指控或舞弊嫌疑的所有信息。

12. 我们已向你们披露了所有已知的、在编制财务报表时应当考虑其影响的违反或涉嫌违反法律法规的行为。

13. 我们已向你们披露了我们注意到的关联方的名称和特征、所有关联方关系及其交易。

14.（插入注册会计师可能认为必要的其他任何事项）。

附：未更正错报汇总表

XYZ 公司

（盖章）

中国 ×× 市 XYZ 公司管理层

（签名并盖章）

二〇一八年 × 月 × 日

（五）对管理层书面声明可靠性的疑虑以及管理层不提供要求的书面声明

1. 对管理层书面声明可靠性的疑虑，书面声明与其他审计证据不一致

如果对管理层的胜任能力、诚信、道德价值观或勤勉尽责存在疑虑，或者对管理层在这些方面的承诺或贯彻执行存在疑虑，注册会计师应当确定这些疑虑对书面或口头声明和审计证据总体的可靠性可能产生的影响。注册会计师如果认为管理层在财务报表中作出不实陈述的风险很大，除非治理层应采取适当的纠正措施，否则，注册会计师可能需要考虑解除业务约定或发表非无保留意见审计报告。

如果书面声明与其他审计证据不一致，注册会计师应当实施审计程序以设法解决这些问题。注册会计师可能需要考虑风险评估结果是否适当。如果认为不适当，注册会计师需要修正风险评估结果，并确定进一步审计程序的性质、时间安排和范围，以应对评估的风险。如果问题仍未解决，注册会计师应当重新考虑对管理层的胜任能力、诚信、道德价值观或勤勉尽责的评估，或者重新考虑对管理层在这些方面的承诺或贯彻执行的评估，并确定书面声明与其他审计证据的不一致对书面或口头声明和审计证据总体的可靠性可能产生的影响。如果认为书面声明不可靠，注册会计师应当采取适当措施，包括确定其对审计意见可能产生的影响。

2. 管理层不提供要求的书面声明

如果管理层不提供要求的一项或多项书面声明，注册会计师应当与管理层讨论该事项；重新评价管理层的诚信，并评价该事项对书面或口头声明和审计证据总体的可靠性可能产生的影响；采取适当措施，包括确定该事项对审计意见可能产生的影响。如果注册会计师认为有关这些事项的书面声明不可靠，或者管理层不提供有关这些事项的书面声明，则注册会计师无法获取充分、适当的审计证据，这对财务报表的影响可能是广泛的，并不局限于财务报表的特定要素、账户或项目。在这种情况下，注册会计师需要按照审计准则的规定，对财务报表发表无法表示意见的审计报告。

第二节 审计报告的含义、类型和要素

一、审计报告的含义

审计报告是指注册会计师根据审计准则的规定，在执行审计工作的基础上，对财务报表发表审计意见的书面文件。

审计报告是注册会计师对财务报表的合法性和公允性发表的书面意见。注册会计师一旦在审计报告上签名并盖章，就对出具的审计报告负责。审计报告主要具有鉴证、保护和证明作用。注册会计师以独立的第三方身份发表意见，得到了政府、投资者和其他利益相关者的普遍认可，具有鉴证作用；通过对被审计单位财务报表出具不同类型审计意见的审计报告，提高财务报表使用者对财务报表的信赖程度，对被审计单位的股东、债权人和企业利益相关者的利益起到保护作用；审计报告是注册会计师审计结果的总结，对审计工作质量和注册会计师的审计责任起到证明作用。

二、审计报告的类型

审计报告按审计意见的不同，分为无保留意见、保留意见、否定意见和无法表示意见四种意见的审计报告。其中保留意见、否定意见和无法表示意见审计报告为非无保留意见审计报告。

三、审计报告的要素

审计报告的要素如表 16-3 所示。

表 16-3 审计报告的要素

序号	要素
1	标题
2	收件人
3	审计意见
4	形成审计意见的基础

续表

序号	要素
5	强调事项或其他事项段（如适用）
6	关键审计事项（如适用）
7	管理层和治理层对财务报表的责任
8	注册会计师对财务报表的责任
9	按照相关法律法规的要求报告的事项（如适用）
10	注册会计师的签名和盖章
11	会计师事务所名称、地址及盖章
12	报告日期

（一）标题

统一规范为“审计报告”。

（二）收件人

收件人是指注册会计师按照业务约定书要求致送审计报告的对象；一般是指审计业务的委托人；审计报告应当按照审计业务的约定载明收件人的全称。审计报告致送对象通常为被审计单位的股东或治理层，如 XYZ 股份有限公司全体股东。

（三）审计意见

标题为“审计意见”（无保留意见时），如果为非无保留意见，按审计意见的不同，标题分别为“保留意见”、“否定意见”、“无法表示意见”。

具体包括两部分：

第一部分一般称为引言段，指出已审计被审计单位名称、具体期间（日期）财务报表，包括下列方面：①指出被审计单位的名称；②说明财务报表已经审计；③指出构成整套财务报表的每一财务报表的名称；④提及财务报表附注；⑤指明构成整套财务报表的每一财务报表的日期或涵盖的期间。

第二部分应当说明注册会计师发表的审计意见，是注册会计师对财务报表的合法性、公允性发表的意见，是审计报告最重要的部分。

如果对财务报表发表无保留意见，审计意见应当使用“我们认为，后附

的财务报表在所有重大方面按照适用的财务报告编制基础（如企业会计准则等）的规定编制（合法性），公允反映了……（公允性）”的措辞。

（四）形成审计意见的基础

标题为“形成审计意见的基础”（无保留意见时），如果为非无保留意见，按审计意见的不同标题分别为“形成保留意见的基础”或“形成否定意见的基础”或“形成无法表示意见的基础”。该部分提供关于审计意见的重要背景，该部分紧接在审计意见部分之后，包括下列两部分：

第一部分只有在非无保留意见审计报告中才有，一般称为说明段，其主要内容是说明持非无保留意见的原因。

第二部分是说明出具审计意见的背景，包括：说明注册会计师按照审计准则的规定执行了审计工作；提及审计报告中用于描述审计准则规定的注册会计师责任的部分；声明注册会计师按照与审计相关的职业道德要求独立于被审计单位，并履行了职业道德方面的其他责任；说明注册会计师是否相信获取的审计证据是充分、适当的，为发表审计意见提供了基础。

（五）强调事项或其他事项（如适用）

标题为“强调事项”或“其他事项”，如果有强调事项或其他事项，在此加一段内容描述强调事项或其他事项。如果没有强调事项或其他事项就没有此段内容。

（六）关键审计事项（如适用）

标题为“关键审计事项”。包括关键审计事项部分的引言段和使用恰当的子标题逐项描述关键审计事项。

（七）管理层和治理层对财务报表的责任

标题为“管理层和治理层对财务报表的责任”，应当说明管理层负责下列方面：

（1）按照适用的财务报告编制基础的规定编制财务报表，使其实现公允反映，并设计、执行和维护必要的内部控制，以使财务报表不存在由于舞弊或错误导致的重大错报；

（2）评估被审计单位的持续经营能力和使用持续经营假设是否适当，并

披露与持续经营相关的事项（如适用）。对管理层评估责任的说明应当包括描述在何种情况下使用持续经营假设是适当的。

（3）应当说明治理层负责：治理层负责监督XYZ公司的财务报告过程。

（八）注册会计师对财务报表审计的责任

标题为“注册会计师对财务报表审计的责任”，包括下列三大部分：

第一部分包括：说明注册会计师的目标是对财务报表整体是否不存在由于舞弊或错误导致的重大错报获取合理保证，并出具包含审计意见的审计报告；说明合理保证是高水平的保证，但并不能保证按照审计准则执行的审计在某一重大错报存在时总能发现；说明错报可能由于舞弊或错误导致，在说明错报可能由于舞弊或错误导致时，注册会计师应当从下列两种做法中选取一种：描述如果合理预期错报单独或汇总起来可能影响财务报表使用者依据财务报表作出的经济决策，则通常认为错报是重大的；或根据适用的财务报告编制基础，提供关于重要性的定义或描述。

第二部分包括：说明在按照审计准则执行审计工作的过程中，注册会计师运用职业判断，并保持职业怀疑。通过说明注册会计师的责任，对审计工作进行描述。这些责任包括：①识别和评估由于舞弊或错误导致的财务报表重大错报风险，设计和实施审计程序以应对这些风险，并获取充分、适当的审计证据，作为发表审计意见的基础。由于舞弊可能涉及串通、伪造、故意遗漏、虚假陈述或凌驾于内部控制之上，未能发现由于舞弊导致的重大错报的风险高于未能发现由于错误导致的重大错报的风险。②了解与审计相关的内部控制，以设计恰当的审计程序，但目的并非对内部控制的有效性发表意见。当注册会计师有责任在财务报表审计的同时对内部控制的有效性发表意见时，应当略去上述“目的并非对内部控制的有效性发表意见”的表述。③评价管理层选用会计政策的恰当性和作出会计估计及相关披露的合理性。④对管理层使用持续经营假设的恰当性得出结论。同时，根据获取的审计证据，就可能导致对被审计单位持续经营能力产生重大疑虑的事项或情况是否存在重大不确定性得出结论。如果注册会计师得出结论认为存在重大不确定性，审计准则要求注册会计师在审计报告中提请报表使用者关注财务报表中的相关披露；如果披露不充分，注册会计师应当发表非无保留意见。注册会计师的结论基于截至审计报告日可获得的信息。然而，未来的事项或情况可能导致被审计单位不能持续经营。⑤评价财务报表的总体列报、结构和内容（包括披露），并评价财务报表是否公允反映相关交易和事项。

第三部分包括：说明注册会计师与治理层就计划的审计范围、时间安排和重大审计发现等事项进行沟通，包括沟通注册会计师在审计中识别的值得关注的内部控制缺陷；对于上市实体财务报表审计，指出注册会计师就已遵守与独立性相关的职业道德要求向治理层提供声明，并与治理层沟通可能被合理认为影响注册会计师独立性的所有关系和其他事项，以及相关的防范措施（如适用）；对于上市实体财务报表审计，说明注册会计师从与治理层沟通过的事项中确定哪些事项对本期财务报表审计最为重要，因而构成关键审计事项。注册会计师应当在审计报告中描述这些事项，除非法律法规禁止公开披露这些事项，或在极少数情形下，注册会计师合理预期在审计报告中沟通某事项造成的负面后果超过在公众利益方面产生的益处，因而确定不应在审计报告中沟通该事项。

（九）按照相关法律法规的要求报告的事项（如适用）

除审计准则规定的注册会计师责任外，如果注册会计师在对财务报表出具的审计报告中履行其他报告责任，应当在审计报告中将其单独作为一部分，并以“按照相关法律法规的要求报告的事项”为标题，或使用适合于该部分内容的其他标题，除非其他报告责任涉及的事项与审计准则规定的报告责任涉及的事项相同。如果涉及相同的事项，其他报告责任可以在审计准则规定的同一报告要素部分列示。如果没有该事项，就没有此段内容。

（十）注册会计师签名和盖章

审计报告应当由项目合伙人和另一名负责该项目的注册会计师签名和盖章。在审计报告中指明项目合伙人有助于进一步增强对审计报告使用者的透明度，有助于增强项目合伙人的个人责任感。因此，注册会计师应当在财务报表出具的审计报告中注明项目合伙人。

（十一）会计师事务所名称、地址及盖章

审计报告应当载明会计师事务所的名称和地址，并加盖会计师事务所

公章。

根据《中华人民共和国注册会计师法》的规定，注册会计师不能以其个人名义承接业务，必须由其所在的会计师事务所统一受理并与委托人签订委托合同，因此，审计报告除了应由注册会计师签名和盖章外，还应载明会计师事务所的名称、地址及盖章名称、地址，并加盖会计师事务所公章。

注册会计师在审计报告中载明会计师事务所地址时，标明会计师事务所所在城市即可。在实务中，审计报告通常载于会计师事务所统一印刷的、标有该所详细通信地址的信笺上，因此，无须在审计报告中注明会计师事务所的详细地址。

（十二）报告日期

审计报告应当注明报告日期。审计报告日不应早于注册会计师获取充分、适当的审计证据（包括管理层认可对财务报表的责任且已批准财务报表的证据），并在此基础上对财务报表形成审计意见的日期。在确定审计报告日时，注册会计师应当确信已获取下列两方面的审计证据：①构成整套财务报表的所有报表（包括相关附注）已编制完成；②已经被审计单位的董事会、管理层或类似机构认可其对财务报表负责。

审计报告的日期向审计报告使用者表明，注册会计师已考虑其知悉的、截止审计报告日发生的交易和事项的影响。注册会计师对审计报告日后发生的交易和事项的责任，在期后事项审计准则中作出了规定，注册会计师对不同时段的财务报表日后事项承担不同的责任，而审计报告的日期是划分时段的关键时点，所以，审计报告的日期非常重要，是注册会计师审计责任的划分点。在审计实务中，注册会计师在正式签署审计报告前，通常把审计报告草稿和已审计财务报表草稿一同提交给管理层。如果管理层批准并签署已审计财务报表，注册会计师即可签署审计报告。注册会计师签署审计报告的日期通常与管理层签署已审计财务报表的日期为同一天，或晚于管理层签署已审计财务报表的日期。

下面的参考格式 16-2 列示了对上市实体财务报表出具的无保留意见的审计报告。

参考格式 16-2：对上市实体财务报表出具的无保留意见的审计报告

背景信息：

1. 对上市实体整套财务报表进行审计。该审计不属于集团审计（即不适用《中国注册会计师审计准则第 1401 号——对集团财务报表审计的特殊考虑》）；

2. 管理层按照企业会计准则编制财务报表；

3. 审计业务约定条款体现了《中国注册会计师审计准则第 1111 号——就审计业务约定条款达成一致意见》中关于管理层对财务报表责任的描述；

4. 基于获取的审计证据，注册会计师认为发表无保留意见是恰当的；

5. 适用的相关职业道德要求为中国注册会计师职业道德守则；

6. 基于获取的审计证据，根据《中国注册会计师审计准则第 1324 号——持续经营》，注册会计师认为可能导致对被审计单位持续经营能力产生重大疑虑的事项或情况不存在重大不确定性；

7. 已按照《中国注册会计师审计准则第 1504 号——在审计报告中沟通关键审计事项》的规定沟通了关键审计事项；

8. 注册会计师在审计报告日前已获取所有其他信息，且未识别出信息存在重大错报；

9. 负责监督财务报表的人员与负责编制财务报表的人员不同；

10. 除财务报表审计外，注册会计师还承担法律法规要求的其他报告责任，且注册会计师决定在审计报告中履行其他报告责任。

审计报告

XYZ 股份有限公司全体股东：

一、对财务报表出具的审计报告 1

（一）审计意见

我们审计了 XYZ 股份有限公司（以下简称 XYZ 公司）财务报表，包括 2017 年 12 月 31 日的资产负债表，2017 年度的利润表、现金流量表、股东权益变动表以及相关财务报表附注。

我们认为，后附的财务报表在所有重大方面按照企业会计准则的规定编制，公允反映了 XYZ 公司 2017 年 12 月 31 日的财务状况以及 2017 年度的经

营成果和现金流量。

（二）形成审计意见的基础

我们按照中国注册会计师审计准则的规定执行了审计工作。审计报告的“注册会计师对财务报表审计的责任”部分进一步阐述了我们在这些准则下的责任。按照中国注册会计师职业道德守则，我们独立于XYZ公司，并履行了职业道德方面的其他责任。我们相信，我们获取的审计证据是充分、适当的，为发表审计意见提供了基础。

（三）关键审计事项

关键审计事项是我们根据职业判断，认为对本期财务报表审计最为重要的事项。这些事项的应对以对财务报表整体进行审计并形成审计意见为背景，我们不对这些事项单独发表意见。

（按照《中国注册会计师审计准则第1504号——在审计报告中沟通关键审计事项》的规定描述每一关键审计事项）

（四）管理层和治理层对财务报表的责任

XYZ公司管理层（以下简称管理层）负责按照企业会计准则的规定编制财务报表，使其实现公允反映，并设计、执行和维护必要的内部控制，以使财务报表不存在由于舞弊或错误导致的重大错报。

在编制财务报表时，管理层负责评估XYZ公司的持续经营能力，披露与持续经营相关的事项（如适用），并运用持续经营假设，除非管理层计划清算XYZ公司、终止运营或别无其他现实的选择。

治理层负责监督XYZ公司的财务报告过程。

（五）注册会计师对财务报表审计的责任

我们的目标是对财务报表整体是否不存在由于舞弊或错误导致的重大错报获取合理保证，并出具包含审计意见的审计报告。合理保证是高水平的保证，但并不能保证按照审计准则执行的审计在某一重大错报存在时总能发现。错报可能由于舞弊或错误导致，如果合理预期错报单独或汇总起来可能影响财务报表使用者依据财务报表作出的经济决策，则通常认为错报是重大的。

在按照审计准则执行审计工作的过程中，我们运用职业判断，并保持职业怀疑。同时，我们也执行以下工作：

（1）识别和评估由于舞弊或错误导致的财务报表重大错报风险，设计和实施审计程序以应对这些风险，并获取充分、适当的审计证据，作为发表审计意见的基础。由于舞弊可能涉及串通、伪造、故意遗漏、虚假陈述或凌驾于内部控制之上，未能发现由于舞弊导致的重大错报的风险高于未能发现由于错误导致的重大错报的风险。

（2）了解与审计相关的内部控制，以设计恰当的审计程序，但目的并非对内部控制的有效性发表意见。

（3）评价管理层选用会计政策的恰当性和作出会计估计及相关披露的合理性。

（4）对管理层使用持续经营假设的恰当性得出结论。同时，根据获取的审计证据，就可能导致对XYZ公司持续经营能力产生重大疑虑的事项或情况是否存在重大不确定性得出结论。如果我们得出结论认为存在重大不确定性，审计准则要求我们在审计报告中提请报表使用者注意财务报表中的相关披露；如果披露不充分，我们应当发表非无保留意见。我们的结论基于截至审计报告日可获得的信息。然而，未来的事项或情况可能导致XYZ公司不能持续经营。

（5）评价财务报表的总体列报、结构和内容（包括披露），并评价财务报表是否公允反映相关交易和事项。

我们与治理层就计划的审计范围、时间安排和重大审计发现等事项进行沟通，包括沟通我们在审计中识别出的值得关注的内部控制缺陷。

我们还就已遵守与独立性相关的职业道德要求向治理层提供声明，并与治理层沟通可能被合理认为影响我们独立性的所有关系和其他事项，以及相关的防范措施（如适用）。

从与治理层沟通过的事项中，我们确定哪些事项对本期财务报表审计最为重要，因而构成关键审计事项。我们在审计报告中描述这些事项，除非法律法规禁止公开披露这些事项，或在极少数情形下，如果合理预期在审计报告中沟通某事项造成的负面后果超过在公众利益方面产生的益处，我们确定不应在审计报告中沟通该事项。

二、按照相关法律法规的要求报告的事项

本部分的格式和内容取决于法律法规对其他报告责任性质的规定。本部分应当说明相关法律法规规定的事项（其他报告责任），除非其他报告责任

涉及的事项与审计准则规定的报告责任涉及的事项相同。如果涉及相同的事项，其他报告责任可以在审计准则规定的同一报告要素部分列示。当其他报告责任和审计准则规定的报告责任涉及同一事项，并且审计报告中的措辞能够将其他报告责任与审计准则规定的责任（如存在差异）予以清楚地区分时，可以将两者合并列示（即包含在“对财务报表出具的审计报告”部分中，并使用适当的副标题）。

××会计师事务所　中国注册会计师：×××（项目合伙人）（签名并盖章）
（盖章）　　中国注册会计师：×××　　（签名并盖章）
中国××市

二〇一八年×月×日

下标 1. 如果审计报告中不包含“按照相关法律法规的要求报告的事项”部分，则不需要加入此标题。

下标 2. 如果注册会计师结合财务报表审计对内部控制的有效性发表意见，应当删除“但目的并非对内部控制的有效性发表意见”的措辞。

第三节　在审计报告中沟通关键审计事项

自 2018 年 1 月 1 日起，在我国上市公司执行《中国注册会计师审计准则第 1504 号——在审计报告中沟通关键审计事项》，要求注册会计师在上市公司实体整套通用目的的财务报表审计报告中增加关键审计事项部分，用于沟通关键审计事项。根据《中国注册会计师审计准则第 1502 号——在审计报告中发表非无保留意见》的规定，注册会计师在对财务报表发表无法表示意见时，不得在审计报告中沟通关键审计事项，除非法律法规要求沟通。

关键审计事项，是指注册会计师根据职业判断认为对本期财务报表审计最为重要的事项。

沟通关键审计事项的作用有：

（1）通过提高已执行审计工作的透明度，从而提高增加审计报告决策的相关性和有用性；

（2）能够为财务报表预期使用者提供额外的信息，以帮助其了解注册会计师根据职业判断认为对本期财务报表审计最为重要的事项；

（3）能够帮助财务报表预期使用者了解被审计单位，以及已审计财务报表中涉及重大管理层判断的领域；

（4）能够为财务报表预期使用者就与被审计单位、已审计财务报表或已执行审计工作相关的事项进一步与管理层和治理层沟通提供基础。

本节内容包括注册会计师如何确定关键审计事项，在审计报告中沟通关键审计事项，包括沟通的形式和内容。

一、确定关键审计事项的决策框架

注册会计师确定关键审计事项的决策过程，旨在从与治理层沟通过的事项中筛选出较少数量的事项，这基于注册会计师就哪些事项对本期财务报表审计最为重要作出的判断。

注册会计师确定关键审计事项时，需要遵循的决策框架是：与治理层沟通的事项→在执行审计工作时重点关注过的事项→关键审计事项（最为重要的事项）。

（一）以“与治理层沟通的事项”为起点选择关键审计事项

中国注册会计师审计要求注册会计师应当从与被审计单位治理层沟通审计中发现下列事项：①注册会计师对被审计单位会计实务（包括会计政策、会计估计和财务报表披露）重大方面质量的看法；②审计工作中遇到的重大困难；③已与管理层讨论或需要书面沟通的审计中出现的重大事项，以及注册会计师要求提供的书面声明；④影响审计报告形式和内容的情形（如有）；⑤审计中出现的、根据职业判断认为与监督财务报告过程相关的所有其他重大事项，以便管理层履行其监督财务报告过程的职责。对财务报表和审计报告使用者信息需求的调查结果表明，使用者对这些事项感兴趣，并且呼吁增加这些沟通的透明度，因此，注册会计师应从与治理层沟通事项中选取关键审计事项。

（二）从“与治理层沟通的事项”中选取“在执行审计工作时重点关注过的事项”

重点关注的概念基于这样的认识：审计是风险导向的，注重识别和评估财务报表重大错报风险，设计和实施应对这些风险的审计程序，获取充分、适当的审计证据，以作为形成审计意见的基础。对于特定账户余额、交易类别或披露，评估的认定层次重大错报风险越高，在计划和实施审计程序并评价审计程序的结果时通常涉及的判断就越多。在设计进一步审计程序时，注册会计师评估的风险越高，就需要获取越有说服力的审计证据。当由于评估的风险较高而需要获取更具说服力的审计证据时，注册会计师可能需要增加所需审计证据的数量，或者获取更具相关性或可靠性的证据，如更多地从第三方获取证据或从多个独立渠道获取互相印证的证据。因此，对注册会计师获取充分、适当的审计证据或对财务报表形成审计意见构成挑战的事项可能与注册会计师确定关键审计事项尤其相关。

注册会计师重点关注过的领域通常与财务报表中复杂、重大的管理层判断领域相关，因而通常涉及困难或复杂的注册会计师职业判断。相应地，重点关注过的事项通常影响注册会计师的总体审计策略以及与这些事项相关的审计资源分配和审计工作力度。这些影响的例子可能包括较高级别的审计项目组成员参与审计业务的程度，或者注册会计师的专家或在会计、审计的专业领域具有专长的人员（这些人员由会计师事务所聘请或雇用）对这些领域的参与等。

注册会计师在确定哪些事项属于重点关注过的事项时，应当特别考虑下列方面：

1. 评估的重大错报风险较高的领域或识别出的特别风险

《中国注册会计师审计准则第 1151 号——与治理层沟通》要求注册会计师评估的重大错报风险较高的领域或识别出的特别风险，注册会计师审计准则将特别风险定义为注册会计师识别和评估的、根据判断认为需要特别考虑的重大错报风险。管理层判断重大领域和重大非常规交易通常可能被识别为存在特别风险。对评估的重大错报风险较高的领域或识别出的特别风险，通常要求注册会计师在审计中投放更多的审计资源予以应对，因此，注册会计师在确定重点关注过的事项时需要特别考虑该方面。

2. 与财务报表中涉及重大管理层判断的领域相关的重大审计判断

按照注册会计师审计准则的规定被识别为具有高度估计不确定性的会计估计可能未被确定为存在特别风险，然而财务报表使用者对这些会计估计很感兴趣。这些估计高度依赖管理层判断，通常是财务报表中最为复杂的领域，并且可能同时需要管理层的专家和注册会计师专家的参与。对财务报表具有重大影响的会计政策（以及这些政策的重大变化）对财务报表使用者理解财务报表特别相关，因此，注册会计师在确定重点关注过的事项时需要特别考虑该方面。

3. 本期重大交易或事项对审计的影响

对财务报表或审计工作具有重大影响的事项或交易可能属于重点关注领域，并可能被识别为特别风险。例如，在审计过程中的各个阶段，注册会计师可能已与管理层和治理层就重大关联方交易或超出被审计单位正常经营过程的重大交易，或在其他方面显得异常的交易对财务报表的影响进行了大量讨论。管理层可能已就这些交易的确认、计量、列报或披露作出困难或复杂的判断，这些判断可能已对注册会计师的总体审计策略产生重大影响。那些影响管理层假设或判断的经济、会计、法规、行业或其他方面的重大变化也可能影响注册会计师的总体审计方案，由此成为需要注册会计师重点关注的事项。

（三）从"在执行审计工作时重点关注过的事项"中选出"最为重要的事项"从而构成关键审计事项

注册会计师可能已就需要重点关注的事项与治理层进行了较多的互动。就这些事项与治理层进行沟通的性质和范围，通常能够表明哪些事项对审计而言最为重要。例如，对于较为困难和复杂的事项，注册会计师与治理层的互动可能更加深入、频繁或充分，这些事项（如重大会计政策的运用）构成重大的注册会计师判断或管理层判断的对象。

在确定某一与治理层沟通过的事项的相对重要程度以及该事项是否构成关键审计事项时，下列考虑也可能是相关的：

（1）该事项对预期使用者理解财务报表整体的重要程度，尤其是对财务报表的重要性。

（2）与该事项相关的会计政策的性质或者与同行业其他实体相比，管理层在选择适当的会计政策时涉及的复杂程度或主观程度。

（3）从定性和定量方面考虑，与该事项相关的由于舞弊或错误导致的已更正错报和累积未更正错报（如有）的性质和重要程度。

（4）为应对该事项所需要付出的审计努力的性质和程度，包括：①为应对该事项而实施审计程序或评价这些审计程序的结果（如有）在多大程度上需要特殊的知识或技能；②就该事项在项目组之外进行咨询的性质。

（5）在实施审计程序、评价实施审计程序的结果、获取相关和可靠的审计证据以作为发表审计意见的基础时，注册会计师遇到的困难的性质和严重程度，尤其是当注册会计师的判断变得更加主观时。

（6）识别出的与该事项相关的控制缺陷的严重程度。

（7）该事项是否涉及多项可区分但又相互关联的审计考虑。例如，长期合同可能在收入确认、诉讼或其他或有事项等方面需要重点关注，并且可能影响其他会计估计。

从需要重点关注的事项中，确定哪些事项以及多少事项对本期财务报表审计最为重要属于职业判断。“最为重要的事项”并不意味着只有一项。需要在审计报告中包含的关键审计事项的数量可能受被审计单位规模和复杂程度、业务和经营环境的性质，以及审计业务具体事实和情况的影响。一般而言，最初确定为关键审计事项的事项越多，注册会计师越需要重新考虑每一事项是否符合关键审计事项的定义。罗列大量关键审计事项可能与这些事项是审计中最为重要的事项这一概念相抵触。

二、在审计报告中沟通关键审计事项

（一）在审计报告中单设关键审计事项部分

为达到突出关键审计事项的目的，注册会计师应当在审计报告中单设一部分，以“关键审计事项”为标题，并在该部分使用恰当的子标题逐项描述关键审计事项。关键审计事项部分的引言应当同时说明下列事项：

（1）关键审计事项是注册会计师根据职业判断，认为对本期财务报表审计最为重要的事项；

（2）关键审计事项的应对以对财务报表整体进行审计并形成审计意见为

背景，注册会计师不对关键审计事项单独发表意见。

需要强调指出的是，导致非无保留意见的事项、可能导致对被审计单位持续经营能力产生最大疑虑的事项或情况存在重大不确定性等，虽然符合关键审计事项的定义，但这些事项在审计报告中专门部分披露，不在关键审计事项部分披露。进一步说，在关键审计事项部分披露的关键审计事项必须是已经得到满意解决的事项，即不存在审计范围受到限制，也不存在注册会计师与被审计单位管理层意见分歧的情况。

（二）描述单一关键审计事项

为帮助财务报表使用者了解注册会计师确定的关键审计事项，注册会计师应该在审计报告中逐项描述每一关键审计事项，同时说明下列方面：

（1）该事项被认定为审计中最为重要的事项之一，因而被确定为关键审计事项的原因；

（2）该审计事项在审计中如何应对的，注册会计师可以描述下列要素：审计应对措施或审计方案中，与该事项最为相关或对评估的重大错报风险最有针对性的方面；对已实施审计程序的简要概述；实施审计程序的结果；对该事项的主要看法。

在描述关键审计事项时，注册会计师应当分别索引至财务报表的相关披露（如有），以使财务报表预期使用者能够进一步了解管理层在编制财务报表时如何应对这些事项。

为使预期使用者能够理解在对财务报表整体进行审计的背景下关键审计事项的重要程度，以及关键审计事项和审计报告其他要素（包括审计意见）之间的关系，注册会计师可能需要注意用于描述关键审计事项的语言，使之：不暗示注册会计师在对财务报表形成审计意见时尚未恰当解决该事项；将该事项直接联系到被审计单位的具体情况，避免使用一般化或标准化的语言；能够体现出对该事项在相关财务报表披露（如有）中如何应对的考虑；不对财务报表单一要素单独发表意见，也不暗示对财务报表单一要素单独发表意见。

特别需要强调的是，对某项关键审计事项的描述是否充分属于职业判断问题。对关键审计事项进行描述的目的在于提供一种简明、不偏颇的解释，

以使财务报表预期使用者能够了解该事项为何成为对审计最重要的事项之一，以及注册会计师如何在审计中对这些事项加以应对。限制使用高度技术化的审计学术语也能够帮助那些不具备适当审计知识的财务报表预期使用者了解注册会计师在审计过程中关注特定事项的原因。注册会计师提供信息的性质和范围需要在相关方各自责任的背景下作出权衡（即注册会计师以一种简明且可理解的形式提供有用的信息，而不应成为被审计单位原始信息的提供者）。原始信息是指与被审计单位相关的、尚未由被审计单位公布（例如，未包含在财务报表中、未包含在审计报告日可获取的其他信息或管理层或治理层的其他口头或书面沟通中，如财务信息的初步公告或投资者简报）的信息，这些信息是被审计单位管理层和治理层的责任。

在描述关键审计事项时，注册会计师需要避免不恰当地提供与被审计单位相关的原始信息。对关键审计事项的描述通常不构成有关被审计单位的原始信息，这是由于关键审计事项是在审计背景下描述的。然而，注册会计师仍可能认为提供进一步信息用于解释为何该事项被认为对审计最为重要因而被确定为关键审计事项，以及这些事项在审计中加以应对是有必要的，除非法律法规禁止披露这些信息。如果确定这些信息是必要的，注册会计师可以鼓励管理层或治理层披露进一步的信息，而不是在审计报告中提供原始信息。

对较为复杂、涉及判断的审计领域，注册会计师通常采用高度概括而非详细描述已实施的特定程序。描述对某项被认为具有高度估计不确定性的会计估计（如复杂金融工具的估价）采用的审计方案时，注册会计师可能希望强调其雇用或聘请了专家，提及利用专家的工作并不减轻注册会计师对财务报表发表审计意见的责任。

三、不在审计报告中沟通关键审计事项的情形

不在审计报告中沟通某项关键审计事项属于极少数情形。这是因为，为预期使用者提高审计的透明度通常被认为符合公众利益。因此，仅当合理预期在审计报告中沟通某关键审计事项对被审计单位或公众造成的负面后果非常严重以至于超过在公众利益方面产生的益处时，不沟通该事项的判断才是适当的。在某些情况下，法律法规可能禁止管理层或注册会计师公开披露某一被确定为关键审计事项的事项。例如，法律法规可能明确禁止任何可能损

害相关机构对某项违法行为或疑似违法行为（如与洗钱相关或疑似与洗钱相关的行为）进行调查的公开披露。

因此，不在审计报告中沟通关键审计事项的情形有：合理预期在审计报告中沟通某关键审计事项造成的负面超过产生的公众利益方面的益处，法律法规禁止披露某事项。

四、就关键审计事项与治理层的沟通

治理层在监督财务报告过程中担任重要角色。与治理层的沟通确认了治理层在监督财务报告过程中的重要作用，同时为治理层提供了了解注册会计师如何确定关键审计事项以及将如何在审计报告中描述这些事项的机会。这也能够使治理层考虑鉴于这些事项将在审计报告中进行沟通，作出新的披露或提高披露质量是否有用。因此，注册会计师应当就下列事项与治理层沟通：

（1）注册会计师确定的关键审计事项；

（2）根据被审计单位和审计业务的具体事实和情况，注册会计师确定不存在需要在审计报告中沟通的关键审计事项（如适用）。

五、不存在关键审计事项

（一）不存在关键事项的情形

确定关键审计事项涉及对需要重点关注的事项的相对重要程度作出判断。在某些情况下（如经营业务非常有限），注册会计师可能确定与治理层沟通过的事项中不存在任何一项需要在审计报告中描述的关键审计事项，这较为少见，注册会计师可能确定不存在需要重点关注的事项，因此，不存在关键审计事项，具体包括下列三种情形：

（1）确定不存在关键审计事项。

（2）除前三所述的确定不在审计报告中沟通某一关键审计事项外，即除合理预期在审计报告中沟通某关键审计事项造成的负面超过产生的公众利益方面的益处或法律法规禁止披露某事项外，不存在其他关键审计事项。

（3）仅有的关键审计事项是导致非无保留意见的事项或者可能导致对被审计单位持续经营能力产生重大疑虑的事项或情况存在重大不确定性，这些事项就其性质而言都属于关键审计事项，但这些事项在审计报告其他部分描

述，不在审计报告中关键审计事项部分进行详细描述。

（二）不存在关键审计事项时在审计报告中的表述

1. 关键审计事项

除形成保留（或否定）意见的基础部分或与持续经营相关的重大不确定性部分所描述的事项外，我们确定不存在其他需要在审计报告中沟通的关键审计事项。

2. 或者是关键审计事项

我们确定不存在需要在审计报告中沟通的关键审计事项。

参考格式 16-3 和参考格式 16-4 列示了审计报告中关键审计事项的具体写法。

参考格式 16-3：关键审计事项——商誉的减值测试

相关信息披露详见财务报表附注 ××

（一）事项描述

截至 2017 年 12 月 31 日，集团因收购甲公司而确认了 ××× 万元的商誉。集团公司管理层于每年年末对商誉进行减值测试。本年度甲公司产生了经营损失，该商誉出现减值迹象。

报告期末，集团管理层对甲公司的商誉进行了减值测试，以评价该项商誉是否存在减值。管理层采用现金流预测模型来计算商誉的可收回金额，并将其与商誉的账面价值相比较。该模型所使用的折现率、预计现金流，特别是未来收入增长率等关键指标需要作出重大的管理层判断。通过测试，管理层得出商誉没有减值的结论。

（二）实施的审计程序

我们针对管理层减值测试所实施的审计程序包括：

1. 对管理层的估值方法予以了评估；

2. 基于我们对相关行业的了解，我们质疑了管理层假设的合理性，如收入增长率、折现率等；

3. 检查录入数据与支持证据的一致性，如已批准的预算以及考虑这些预算的合理性。

（三）实施审计程序的结果

我们认为，基于目前所获取的信息，管理层在对商誉减值测试所使用的假设是合理的，相关信息在财务报表附注 × 中所作出的披露是适当的。

参考格式 16-4：关键审计事项

（一）以公允价值计价的消耗性生物资产

1. 事项描述

截至 2017 年 12 月 31 日，XYZ 公司合并财务报表附注 × 所示以公允价值计价的消耗性生物资产余额 12 600 万元，属于 XYZ 公司的特殊资产，且金额较大，为此我们确定消耗性生物资产的计量为关键审计事项。

根据公司的会计政策，消耗性生物资产在形成蓄积量以前按照成本进行初始计量，形成蓄积量以后按公允价值计量，公允价值变动计入当期损益。由于 XYZ 公司的消耗性生物资产没有活跃的市场可参考价格，所以 XYZ 公司采用估值技术确定已形成蓄积量的消耗性生物资产（下称“该类生物资产”）的公允价值（详见附注 ×“存货”所述）。

2. 审计应对

针对该类生物资产的公允价值计量问题，我们实施的审计程序主要包括：

（1）对 XYZ 公司与确定该类生物资产相关的控制进行了评估；

（2）对该类生物资产的估值方法进行了了解和评价，并与估值专家讨论了估值方法的具体运用；

（3）对在估值过程中运用的估值参数和折现率进行了考虑和评价。

3. 实施审计程序的结果

基于获取的审计证据，我们得出审计结论，管理层对以公允价值计价的消耗性生物资产计量是合理的，相关信息在财务报表附注 ×“存货”所述中所作出的披露是适当的。

（二）固定资产减值准备计提

1. 事项描述

截至 2017 年 12 月 31 日，XYZ 公司附注列示固定资产减值准备 18 616 万元，在计提固定资产减值准备时，XYZ 公司考虑固定资产处置时

的市场价值及快速变现因素，并聘请专家对固定资产运用估值技术核定固定资产的减值。

2. 审计应对

在审计固定资产减值准备的过程中，我们实施的审计程序主要包括：

（1）实地勘察了相关固定资产，取得了相关资产资料；

（2）评估了 XYZ 公司的估值方法，并与估值专家讨论了估值方法运用的适当性。

3. 实施审计程序的结果

基于获取的审计证据，我们得出审计结论，管理层对固定资产减值准备的计提是合理的，相关信息在财务报表附注 ×“固定资产”及附注 ×“资产减值准备明细”中所作出的披露是适当的。

第四节　形成审计意见并出具审计报告

一、形成审计意见

在形成审计意见得出审计结论时，注册会计师应当考虑下列两个方面：

（一）获取充分、适当的审计证据后，注册会计师认为错报单独或汇总起来对财务报表有影响

（1）错报的影响不重大且审计范围受到限制的影响不重大，出具无保留意见。

（2）错报的影响重大但不具有广泛性，出具保留意见。

（3）错报的影响重大且具有广泛性，出具否定意见。

（二）审计范围受到（主观或客观）限制，注册会计师无法获取充分、适当的审计证据，认为未发现的错报（如存在）对财务报表可能产生的影响

（1）受到限制可能产生的影响不重大且错报的影响不重大，出具无保留意见。

（2）受到限制可能产生的影响重大但不具有广泛性，出具保留意见。

（3）受到限制可能产生的影响重大且具有广泛性，出具无法表示意见。

错报是指某一财务报表项目的金额、分类、列报或披露，与按照适用的财务报告编制基础应当列示的金额、分类、列报或披露之间存在的差异。财务报表的重大错报可能源于：①选择的会计政策的恰当性；②对所选择的会计政策的运用；③财务报表披露的恰当性或充分性。

广泛性是描述错报影响的术语，用以说明错报对财务报表的影响，或者由于无法获取充分、适当的审计证据而未发现的错报（如存在）可能产生的影响。对财务报表影响具有广泛性的情形包括：①不限于对财务报表的特定要素、账户或项目产生影响；②虽然仅对财务报表的特定要素、账户或项目产生影响，但这些要素、账户或项目可能是财务报表的主要组成部分；③当与披露相关时，产生的影响对财务报表使用者理解财务报表至关重要。

审计意见的提出条件如表16-4所示。

表16-4　审计意见提出条件

导致发表审计意见的事项	这些事项对财务报表产生或可能产生的影响		
	不重大（二个条件同时符合）	重大但不具有广泛性（符合条件之一）	重大且具有广泛性
财务报表存在错报	无保留意见	保留意见	否定意见
无法获取充分、适当的审计证据		保留意见	无法表示意见

二、无保留意见审计报告

（一）定义

无保留意见是指当注册会计师认为财务报表在所有重大方面按照适用的财务报告编制基础编制，并实现公允反映时发表的审计意见，即注册会计师对所审计的财务报表无保留地表示满意。

（此处删除了一段，原来的（二）种类部分）

（二）提出条件

无保留意见审计报告提出条件：（1）、（2）全符合。

（1）财务报表在所有重大方面已经按照适用的会计准则编制，公允反映了被审计单位的财务状况、经营成果和现金流量；

（2）注册会计师已经按照审计准则的规定计划和实施审计工作，在审计过程中未受到重大限制。

（三）写法

不同意见审计报告的写法大部分相同，本书在审计报告的写法部分只对该意见审计报告特殊部分加以说明（下同）。无保留意见审计报告写法的特殊部分是意见部分：

（1）标题：（一）审计意见。

（2）内容：以“我们认为”开头，使用“在所有重大方面”、合法、公允等术语。

无保留意见审计报告的具体内容参见参考格式16-2对上市公司财务报表出具的标准审计报告。

三、保留意见的审计报告

（一）定义

保留意见是指注册会计师对所审计的财务报表持保留意见地表示满意。

（此处删除了一段，原来的（二）种类部分）

（二）提出条件

保留意见审计报告提出条件：存在下列情形之一时：

（1）获取充分、适当的审计证据后，注册会计师认为错报单独或汇总起来对财务报表影响重大，但不具有广泛性。

（2）审计范围受到（主观或客观）限制，注册会计师无法获取充分、适当的审计证据，认为未发现的错报（如存在）对财务报表可能产生的影响重大，但不具有广泛性。

（三）写法

1. 审计意见部分

（1）标题改为（一）保留意见。

（2）保留意见具体内容为：我们认为，除“形成保留意见的基础”部分所述事项（可能）产生的影响外，在所有重大方面合法、公允等术语。

2. 形成审计意见的基础

（1）标题改为（二）形成保留意见的基础。

（2）具体内容分为二部分，第一部分说明持保留意见的原因。

①错报对财务报表影响重大而导致保留意见的写法：错报金额（定量），错误的会计处理，这不符合企业会计准则的规定；如果按正确会计处理，对财务报表的影响程度（量化影响）。

②未能获得充分、适当审计证据，对财务报表可能产生的影响重大而导致保留意见的写法：审计范围受限的金额和比例；未实施审计程序，无法取得充分、适当的审计证据，也无法确定是否有必要对这些金额进行调整。

（3）第二部分写明意见类型：……为发表保留审计提供了基础。

参考格式 16-5 列示了由于财务报表存在重大错报而发表保留意见的审计报告。

参考格式 16-6 列示了由于无法获取充分、适当的审计证据而发表保留意见的审计报告。

参考格式16-5：由于财务报表存在重大错报而发表保留意见的审计报告

背景信息：略

审计报告

XYZ 股份有限公司全体股东：

一、对财务报表出具的审计报告

（一）保留意见

我们审计了 XYZ 股份有限公司（以下简称 XYZ 公司）财务报表，包括 2017 年 12 月 31 日的资产负债表，2017 年度的利润表、现金流量表、股东权益变动表以及相关财务报表附注。

我们认为，除“形成保留意见的基础”部分所述事项产生的影响外，后附的财务报表在所有重大方面按照企业会计准则的规定编制，公允反映了 XYZ 公司 2017 年 12 月 31 日的财务状况以及 2017 年度的经营成果和现金

流量。

（二）形成保留意见的基础

XYZ公司2017年12月31日的资产负债表中存货的列示金额为×元，管理层根据成本对存货进行计量，而没有根据成本与可变现净值孰低的原则进行计量，这不符合企业会计准则的规定。如果管理层以成本与可变现净值孰低来计量存货，存货列示金额将减少×元，相应地，资产减值损失将增加×元，所得税、净利润和股东权益将分别减少×元、×元和×元。

我们按照中国注册会计师审计准则的规定执行了审计工作。审计报告的“注册会计师对财务报表审计的责任”部分进一步阐述了我们在这些准则下的责任。按照中国注册会计师职业道德守则，我们独立于XYZ公司，并履行了职业道德方面的其他责任。我们相信，我们获取的审计证据是充分、适当的，为发表保留意见提供了基础。

（三）关键审计事项（同无保留意见审计报告部分，略）

（四）管理层和治理层对财务报表的责任（同无保留意见审计报告部分，略）

（五）注册会计师对财务报表审计的责任（同无保留意见审计报告部分，略）

二、按照相关法律法规的要求报告的事项（同无保留意见审计报告部分，略）

××会计师事务所　中国注册会计师：×××（项目合伙人）　（签名并盖章）
（盖章）　　　　中国注册会计师：×××　　　　　　　　（签名并盖章）
中国××市

二〇一八年×月×日

参考格式16-6：由于无法获取充分、适当的审计证据而发表保留意见的审计报告

背景信息：略

审计报告

XYZ 股份有限公司全体股东：

一、对财务报表出具的审计报告

（一）保留审计

我们审计了 XYZ 股份有限公司（以下简称 XYZ 公司）财务报表，包括 2017 年 12 月 31 日的资产负债表，2017 年度的利润表、现金流量表、股东权益变动表以及相关财务报表附注。

我们认为，除“形成保留意见的基础”部分所述事项可能产生的影响外，后附的财务报表在所有重大方面按照企业会计准则的规定编制，公允反映了 XYZ 公司 2017 年 12 月 31 日的财务状况以及 2017 年度的经营成果和现金流量。

（二）形成保留意见的基础

如财务报表附注 × 所述，XYZ 公司于 2017 年取得了甲公司 30% 的股权，因此，能够对甲公司施加重大影响，故采用权益法核算该项股权投资，于 2017 年度确认对甲公司的投资收益 × 元，截至 2017 年 12 月 31 日该项股权投资的账面价值为 × 元。由于我们未被允许接触甲公司的财务信息、管理层和执行甲公司审计的注册会计师，我们无法就该项股权投资的账面价值以及 XYZ 公司确认的 2017 年度对甲公司的投资收益获取充分、适当的审计证据，也无法确定是否有必要对这些金额进行调整。

我们按照中国注册会计师审计准则的规定执行了审计工作。审计报告的“注册会计师对财务报表审计的责任”部分进一步阐述了我们在这些准则下的责任。按照中国注册会计师职业道德守则，我们独立于 XYZ 公司，并履行了职业道德方面的其他责任。我们相信，我们获取的审计证据是充分、适当的，为发表保留意见提供了基础。

（三）关键审计事项（同无保留意见审计报告部分，略）

（四）管理层和治理层对财务报表的责任（同无保留意见审计报告部分，略）

（五）注册会计师对财务报表审计的责任（同无保留意见审计报告部分，略）

二、按照相关法律法规的要求报告的事项（同无保留意见审计报告部分，略）

××会计师事务所 中国注册会计师：×××（项目合伙人） （签名并盖章）
（盖章） 中国注册会计师：××× （签名并盖章）
中国××市

二〇一八年×月×日

四、否定意见的审计报告

（一）定义

注册会计师对所审计财务报表持否定意见的审计报告。

（二）提出条件

获取充分、适当的审计证据后，注册会计师认为错报单独或汇总起来对财务报表影响重大且具有广泛性。

（三）写法

1. 审计意见部分

（1）标题改为：（一）否定意见。

（2）否定意见具体内容为：我们认为，由于“形成否定意见的基础”部分所述事项的重要性，后附的XYZ公司财务报表没有在所有重大方面按照企业会计准则的规定编制，未能公允反映XYZ公司2017年12月31日的财务状况以及2017年度的经营成果和现金流量。

2. 形成审计意见的基础部分

（1）标题改为：（二）形成否定意见的基础。

（2）具体内容分为两部分，第一部分持否定意见原因。错报金额（定量），错误的会计处理，这不符合企业会计准则的规定；如果按正确会计处理，对报表的影响程度（量化影响）。

（3）第二部分写明：我们获取的审计证据是充分、适当的，为发表否定

审计提供了基础。

参考格式 16–7 列示了由于财务报表存在重大错报而发表否定意见的审计报告。

参考格式 16–7：由于财务报表存在重大错报而发表否定意见的审计报告

背景信息：略

审计报告

XYZ 股份有限公司全体股东：

一、对财务报表出具的审计报告

（一）否定意见

我们审计了 XYZ 股份有限公司（以下简称“XYZ 公司”）财务报表，包括 2017 年 12 月 31 日的资产负债表，2017 年度的利润表、现金流量表、股东权益变动表以及相关财务报表附注。

我们认为，由于“形成否定意见的基础”部分所述事项的重要性，后附的 XYZ 公司财务报表没有在所有重大方面按照企业会计准则的规定编制，未能公允反映 XYZ 公司 2017 年 12 月 31 日的财务状况以及 2017 年度的经营成果和现金流量。

（二）形成否定意见的基础

如财务报表附注 × 所述，XYZ 公司的长期股权投资占甲公司 50% 的股权，但 XYZ 公司按成本法核算对甲公司的股权投资，这不符合企业会计准则的规定。如果管理层对甲公司的股权投资按权益法核算，XYZ 公司的长期投资账面价值将减少 × 万元，净利润将减少 × 万元，从而导致 XYZ 公司由盈利 × 万元变为亏损 × 万元。

我们按照中国注册会计师审计准则的规定执行了审计工作。审计报告的“注册会计师对财务报表审计的责任”部分进一步阐述了我们在这些准则下的责任。按照中国注册会计师职业道德守则，我们独立于 XYZ 公司，并履行了职业道德方面的其他责任。我们相信，我们获取的审计证据是充分、适当的，为发表否定意见提供了基础。

（三）关键审计事项（同无保留意见审计报告部分，略）

（四）管理层和治理层对财务报表的责任（同无保留意见审计报告部分，略）

（五）注册会计师对财务报表审计的责任（同无保留意见审计报告部分，略）

二、按照相关法律法规的要求报告的事项（同无保留意见审计报告部分，略）

××会计师事务所　中国注册会计师：×××（项目合伙人）（签名并盖章）
（盖章）　　　中国注册会计师：×××　　　　　（签名并盖章）
中国××市
二〇一八年×月×日

五、无法表示意见的审计报告

（一）定义

注册会计师不能对所审计的财务报表发表审计意见的审计报告。

（二）提出条件

审计范围受到（主观或客观）限制，注册会计师无法获得充分、适当的审计证据，认为未发现的错报（如存在）对财务报表可能产生的影响重大且具有广泛性。

（三）写法

1. 审计意见部分

（1）标题改为：（一）无法表示意见。

（2）意见段开头加上“我们接受委托”。

（3）无法表示意见具体内容为：我们不对后附的XYZ公司财务报表发表审计意见。由于“形成无法表示意见的基础”部分所述事项的重要性，我们无法获取充分、适当的审计证据，以作为对财务报表发表审计意见的基础。

2. 形成无法表示意见的基础

（1）标题改为：（二）形成无法表示意见的基础。

（2）第一部分说明持无法表示意见原因。审计范围受限的金额和比例；未实施审计程序，无法取得充分、适当的审计证据，也无法确定是否有必要对这些金额进行调整。

（3）去掉“形成无法表示意见的基础”的第二部分。

3. 关键审计事项段

去掉关键审计事项段内容。

4. 注册会计师责任段

简写，具体内容改为：

（四）注册会计师对财务报表审计的责任

我们的责任是按照中国注册会计师审计准则的规定，对 XYZ 公司的财务报表执行审计工作，以出具审计报告。但由于“形成无法表示意见的基础”部分所述的事项，我们无法获取充分、适当的审计证据以作为发表审计意见提供基础。

按照中国注册会计师职业道德守则，我们独立于 XYZ 公司，并履行了职业道德方面的其他责任。

参考格式 16-8 列示了由于无法获取充分、适当的审计证据而发表无法表示意见的审计报告。

参考格式 16-8：由于无法获取充分、适当的审计证据而发表无法表示意见的审计报告

背景信息：略

审计报告

XYZ 股份有限公司全体股东：

一、对财务报表出具的审计报告

（一）无法表示意见

我们接受委托，审计了 XYZ 股份有限公司（以下简称 XYZ 公司）财务

报表，包括 2017 年 12 月 31 日的资产负债表，2017 年度的利润表、现金流量表、股东权益变动表以及相关财务报表附注。

我们不对后附的 XYZ 公司财务报表发表审计意见。由于“形成无法表示意见的基础”部分所述事项的重要性，我们无法获取充分、适当的审计证据以作为对财务报表发表审计意见的基础。

（二）形成无法表示意见的基础

我们于 2018 年 1 月接受 XYZ 公司的审计委托，因而未能对 XYZ 公司 2017 年年初金额为 × 元的存货和年末金额为 × 元的存货实施监盘程序。此外，我们也无法实施替代审计程序获取充分、适当的审计证据。并且，XYZ 公司于 2017 年 9 月采用新的应收账款电算化系统，由于存在系统缺陷导致应收账款出现大量错误。截至审计报告日，管理层仍在纠正系统缺陷并更正错误，我们也无法实施替代审计程序，以对截至 2017 年 12 月 31 日的应收账款总额 × 元获取充分、适当的审计证据。因此，我们无法确定是否有必要对存货、应收账款以及财务报表其他项目作出调整，也无法确定应调整的金额。

（三）管理层和治理层对财务报表的责任（同无保留意见审计报告部分，略）

（四）注册会计师对财务报表审计的责任

我们的责任是按照中国注册会计师审计准则的规定，对 XYZ 公司的财务报表执行审计工作，以出具审计报告。但由于“形成无法表示意见的基础”部分所述的事项，我们无法获取充分、适当的审计证据以作为发表审计意见的基础。

按照中国注册会计师职业道德守则，我们独立于 XYZ 公司，并履行了职业道德方面的其他责任。

二、按照相关法律法规的要求报告的事项（同无保留意见审计报告部分，略）

×× 会计师事务所　中国注册会计师：×××（项目合伙人）（签名并盖章）

（盖章）　　中国注册会计师：×××　　（签名并盖章）

中国 ×× 市

二〇一八年 × 月 × 日

六、在审计报告中增加强调事项段

（一）强调事项段的含义

审计报告的强调事项段是指审计报告中含有的一个段落，该段落提及的事项已在财务报表中恰当列报或披露，根据注册会计师职业判断，该事项对财务报表使用者理解财务报表至关重要。

强调事项段提及的事项在财务报表中已经列示了，因为注册会计师认为其对财务报表使用者是重要的，就在审计报告中再叙述一次，在此起强调作用。强调事项段只在无保留意见和保留意见审计报告中出现。

（二）增加强调事项段的情形

（1）增加强调事项段的条件。如果认为有必要提醒财务报表使用者关注已在财务报表中列报或披露，且根据职业判断认为对财务报表使用者理解财务报表至关重要的事项，在同时满足下列条件时，注册会计师应当在审计报告中增加强调事项段：

①按照注册会计师审计准则的规定，该事项不会导致注册会计师发表非无保留意见；

②该事项未被确定为在审计报告中沟通的关键审计事项。

（2）某些审计准则在审计报告中增加强调事项段提出具体要求。这些情形包括：

①法律法规规定的财务报告编制基础是不可接受，但其是基于法律法规作出的规定；

②提醒财务报表使用者关注财务报表按照特殊目的编制基础编制；

③注册会计师在审计报告日后知悉了某些事实（即期后事项），并且出具了新的或经修改的审计报告。

（3）特定情况下，注册会计师认为需要增加强调事项段的情形举例如下：

①异常诉讼或监管行动的未来结果存在不确定性；

②在允许的情况下，提前应用对财务报表有重大影响的新会计准则；

③存在已经或持续对被审计单位财务状况产生重大影响的特大灾难。

强调事项段的过多使用会降低注册会计师沟通所强调事项的有效性。此

外，与财务报表中的列报和披露相比，在强调事项段中包括过多的信息，可能隐含着这些事项未被恰当列报或披露。因此，强调事项段应当仅提及已在财务报表中列报或披露的信息。

（三）增加强调事项段时审计报告的写法

如果在审计报告中增加强调事项段，注册会计师应采取下列措施：

1. 将强调事项段作为单独的一部分置于审计报告中。

2. 强调事项段的标题为“强调事项”，也可以在“强调事项”标题中增加进一步的背景信息，例如，“强调事项——期后事项”，以将强调事项段和关键审计事项部分描述的每个事项予以区分。

3. 强调事项段在审计报告中的位置。强调事项段在审计报告中一般在（1）当强调事项段与适用的财务报告编制基础相关时，包括当注册会计师确定法律法规规定的财务报告编制基础不可接受时，注册会计师可能认为有必要将强调事项段紧接在“形成审计意见的基础”部分之后，以为审计意见提供合适的背景信息；（2）当审计报告中包含关键审计事项部分时，基于注册会计师对强调事项段中信息的相对重要程度的判断，强调事项段可以紧接在关键审计事项部分之前或之后。

4. 强调事项段的具体内容包括：（1）我们提醒财务报表使用者关注（强调事项段的作用）；（2）明确提及被强调事项以及相关披露的位置，以便能够在财务报表中找到对该事项的详细描述；（3）本段内容不影响已发表的审计意见。

（四）在审计报告中包含强调事项段不能代替下列情形

（1）根据审计业务的具体情况，按照审计准则的规定发表非无保留意见；

（2）适用的财务报告编制基础要求管理层在财务报表中作出的披露，或为实现公允列报所需的其他披露；

（3）按照审计准则的规定，当可能导致对被审计单位持续经营能力产生重大疑虑的事项或情况存在重大不确定性时作出的报告。

参考格式 16-9 列示了由于偏离适用的财务报告编制基础的规定导致的带强调事项段的保留意见审计报告。

参考格式 16-9：由于偏离适用的财务报告编制基础的规定导致的带强调事项段的保留意见审计报告

背景信息：略

审计报告

XYZ 股份有限公司全体股东：

一、对财务报表出具的审计报告

（一）保留意见

我们审计了 XYZ 股份有限公司（以下简称“XYZ 公司”）财务报表，包括 2017 年 12 月 31 日的资产负债表，2017 年度的利润表、现金流量表、股东权益变动表以及相关财务报表附注。

我们认为，除“形成保留意见的基础”部分所述事项产生的影响外，后附的财务报表在所有重大方面按照企业会计准则的规定编制，公允反映了 XYZ 公司 2017 年 12 月 31 日的财务状况以及 2017 年度的经营成果和现金流量。

（二）形成保留意见的基础

XYZ 公司 2017 年 12 月 31 日资产负债表中列示的以公允价值计量且其变动计入当期损益的金融资产为 × 元，管理层对这些金融资产未按照公允价值进行后续计量，而是按照其历史成本进行计量，这不符合企业会计准则的规定。如果按照公允价值进行后续计量，XYZ 公司 2017 年度利润表中公允价值变动损益将减少 × 元，2017 年 12 月 31 日资产负债表中以公允价值计量且其变动计入当期损益的金融资产将减少 × 元。相应地，所得税、净利润和股东权益将分别减少 × 元、× 元和 × 元。

我们按照中国注册会计师审计准则的规定执行了审计工作。审计报告的“注册会计师对财务报表审计的责任”部分进一步阐述了我们在这些准则下的责任。按照中国注册会计师职业道德守则，我们独立于 XYZ 公司，并履行了职业道德方面的其他责任。我们相信，我们获取的审计证据是充分、适当的，为发表保留意见提供了基础。

（三）强调事项——火灾的影响

我们提醒财务报表使用者关注，财务报表附注 × 描述了火灾对 XYZ 公

司的生产设备造成的影响。本段内容不影响已发表的审计意见。

（四）审计关键事项（同无保留意见审计报告部分，略）

（五）管理层和治理层对财务报表的责任（同无保留意见审计报告部分，略）

（六）注册会计师对财务报表审计的责任（同无保留意见审计报告部分，略）

二、按照相关法律法规的要求报告的事项（同无保留意见审计报告部分，略）

××会计师事务所　中国注册会计师：×××（项目合伙人）（签名并盖章）
（盖章）　　　　中国注册会计师：×××　　　　　　　　（签名并盖章）
中国××市

二〇一八年×月×日

七、其他事项段

（一）其他事项段的含义

其他事项段是指审计报告中含有的一个段落，该段落提及的事项未在财务报表中列报或披露，根据注册会计师职业判断，该事项与财务报表使用者理解审计工作、注册会计师的责任或审计报告相关。

（二）增加其他事项段的情形

1. 与使用者理解审计工作相关的情形

在极其特殊的情况下，由于管理层对审计范围施加的限制导致无法获取充分、适当的审计证据可能产生的影响具有广泛性，注册会计师也不能解除业务约定。在这种情况下，注册会计师可能认为有必要在审计报告中增加其他事项段，解释为何不能解除业务约定。

2. 与使用者理解注册会计师的责任或审计报告相关情形

法律法规或得到广泛认可的惯例可能要求或允许注册会计师详细说明某些事项，以进一步解释在注册会计师报表审计中的责任或审计报告。在这种情况下，注册会计师可以使用一个或多个子标题来描述其他事项段的内容。

增加其他事项段不涉及以下两种情形：①除根据审计准则的规定有责任对财务报表出具审计报告外，注册会计师还有其他报告责任；②可能被要求实施额外规定程序并予以报告，或对特定事项发表意见。

3. 对两套以上财务报表出具审计报告的情形

被审计单位可能按照通用目的编制基础（如 × 国财务报告编制基础和国际财务报告准则）编制两套财务报表，并委托注册会计师同时对两套财务报表出具审计报告。如果注册会计师已确定两个财务报告编制基础在各自情形下是可接受的，可以在审计报告中增加其他事项段，说明该被审计单位根据另一个通用目的编制基础（如国际财务报告准则）编制了另一套财务报表以及注册会计师对这些财务报表出具了审计报告。

4. 限制审计报告分发或使用的情形

由于审计报告旨在提供给特定使用者，注册会计师可能认为在这种情况下需要增加其他事项段，说明审计报告只是提供给财务报表预期使用者，不应被分发给其他机构或人员或者被其他机构或人员使用。

如果在审计报告中包含其他事项段，注册会计师应当将该段落作为单独的一部分，并使用“其他事项”或其他适当标题。

（三）与治理层的沟通

与治理层的沟通能使治理层了解注册会计师拟在审计报告中所强调的特定事项的性质，并在必要时为治理层提供向注册会计师作出进一步澄清的机会。当审计报告中针对某一特定事项增加其他事项段在连续审计业务中重复出现时，注册会计师可能认为没有必要在每次审计业务中重复沟通。

◆ 课后练习◆

一、本章复习思考题

1. 试述审计完成阶段的工作。
2. 简述审计报告的概念和种类。
3. 简述审计报告的要素。
4. 影响审计意见的因素有哪些？如何提出审计意见？

二、本章练习题

（一）多项选择题

1. 关于评价审计过程中的重大错报，下列说法正确的是（　）。

A. 在评价未更正错报的影响之前，注册会计师可能有必要依据实际的财务结果对重要性作出修改

B. 注册会计师应及时与适当层级的管理层沟通重大错报事项

C. 注册会计师应当要求管理层和治理层提供错报对财务报表整体影响不重大的书面声明

D. 注册会计师获取了管理层和治理层对未更正错报的声明，就无须对未更正错报的影响形成审计结论

2. 注册会计师有可能针对期后事项实施的审计程序有（　）。

A. 检查财务报表日后发生企业合并的情况

B. 重新计算财务报表日后售出固定资产的处置损益

C. 检查财务报表日后诉讼案件的结案情况

D. 检查财务报表日后资本公积转增资本的情况

3. 以下关于注册会计师对期后事项责任的表述中，正确的有（　）。

A. 注册会计师应当实施必要的审计程序，获取充分、适当的审计证据，以确定截至审计报告日发生的、需要在财务报表中调整或披露的事项是否均已得到识别

B. 在审计报告报出后，注册会计师没有责任针对期后事项实施审计程序

C. 在审计报告日至财务报表公布日之间获知可能影响财务报表的期后事项，注册会计师应当及时与被审计单位讨论，必要时实施适当的审计程序

D. 在财务报表公布后，注册会计师没有义务专门对财务报表进行查询

4. 注册会计师出具审计报告的日期为 2018 年 3 月 15 日，财务报表报出日为 2018 年 3 月 20 日。对截至 2018 年 3 月 15 日发生的期后事项，注册会计师做法正确的有（　）。

A. 设计专门的审计程序识别这些期后事项

B. 尽量在接近资产负债表日时实施针对期后事项的专门审计程序

C. 尽量在接近审计报告日时实施针对期后事项的专门审计程序

D. 不专门设计审计程序识别这些期后事项

5. 注册会计师应提请被审计单位对本期财务报表及相关账户金额进行调整的期后事项有（　）。

A. 被审计单位由于某种原因在资产负债表日前被起诉，法院于资产负债表日后判决被审计单位应赔偿对方损失

B. 资产负债表日后不久的销售情况显示库存商品在资产负债表日已发生了减值

C. 资产负债表日后发生火灾导致甲产品仓库烧毁

D. 资产负债表日后企业合并

6. 下列属于需要在财务报表上披露而非调整的事项通常包括（　）。

A. 资产负债表日后资产价格、税收政策、外汇汇率发生重大变化

B. 资产负债表日后因自然灾害导致资产发生重大损失

C. 资产负债表日后发现财务报表存在舞弊

D. 资产负债表日后发生企业合并或处置子公司

7. 某公司 2017 年财务会计报告批准报出日为 2018 年 3 月 15 日。下列事项中属于期后非调整事项的是（　）。

A. 2018 年 3 月 15 日公司在一起历时半年的诉讼中败诉，支付巨额赔偿金

B. 2018 年 3 月 5 日因遭受水灾，存货发生大额毁损

C. 2018 年 2 月 8 日公司董事会决定出上年度利润分配方案

D. 2018 年 3 月 8 日公司支付 2017 年度财务报表审计费

8. 注册会计师认为下列文件中，不能作为书面声明的是（　）。

A. 会计资料

B. 财务报表副本内部法律顾问出具的法律意见书

C. 注册会计师列示管理层负责并经过被审计单位管理层确认的信函

D. 董事会会议记录

9. 获取的审计证据中，错报单独或汇总起来对财务报表有影响时，注册会计师可能发表（　）的审计报告。

A. 无保留意见　　B. 保留意见

C. 否定意见　　D. 无法表示意见

10. 审计范围受到限制，注册会计师无法获取充分、适当的审计证据，认为未发现的错报对财务报表可能产生的影响时，注册会计师可能发表（　）

的审计报告。

A. 无保留意见　　B. 保留意见

C. 否定意见　　D. 无法表示意见

（二）简答题

1. A 注册会计师审计甲公司 2017 年度财务报表，审计报告日为 2018 年 3 月 15 日，财务报表公布日为 3 月 20 日。甲公司在资产负债表日后有如下事项：

（1）甲公司应收 A 公司一笔金额较大的货款，在 2017 年 12 月 31 日，A 公司经营状况良好，财务正常。应收 B 公司一笔金额较大的货款，在 2017 年 12 月 31 日，B 公司经营状况恶化，财务困难。在 2018 年 3 月 10 日，A 公司发生火灾，无力偿还甲公司的货款，B 公司破产，无力偿还甲公司的货款。

（2）甲公司内部审计人员于 3 月 21 日发现 2017 年度已审计财务报表存在重大错报，已向公司最高管理层作了汇报。

要求：

（1）A 注册会计师在 2018 年 3 月 11 日获知 A 公司火灾和 B 公司破产，应当提请甲公司如何处理？注册会计师应该如何审计？

（2）A 注册会计师在 2018 年 3 月 25 日获知 A 公司 2017 年的财务报表中存在的重大错报，假定甲公司管理层已经修改了该财务报表或者未采取任何行动，注册会计师如何处理？

2. 天津市 ABC 会计师事务所接受了乙公司委托，对 2017 年度财务报表进行审计。注册会计师与治理层对以下事项进行了充分的沟通，注册会计师在审计过程中对此重点关注，相关资料如下：

截至 2017 年 12 月 31 日，如乙公司财务报表附注六、7“存货”及附注七、21“资产减值准备明细表”所述，存货余额 58 124 260 元，存货跌价准备金额 4 175 550 元，2017 年乙公司计提的存货跌价准备价值高，存货跌价准备的增加对财务报表影响重大。乙公司的主要产品的主要原材料是基础化学原料，受原油价格波动传导的影响较为明显。尽管原材料价格的波动可以向下游转移，但如果出现原材料价格持续大幅波动，产品存在跌价的可能性较大，在计提存货跌价准备时，乙公司考虑了存货处置时的市场价值及快速变现因素。

由于存货跌价准备计提金额较高，注册会计师在审计中实施了下列审计程序：对存货相关内部控制的设计和执行进行了评估；对存货进行了监盘，检查了存货的数量和状况等；取得了存货年末库存清单，结合产品的状况，对库龄较长的存货进行了实质性分析程序，分析存货跌价准备计提是否合理；获取存货跌价准备计算表，执行跌价准备测试；检查以前计提的存货跌价在本期的变化情况，分析存货跌价计提是否充分；对于 2017 年 12 月 31 日以后销售的部分存货，进行了抽样，将样本实际售价与预计售价进行了比较；通过分析历史同期存货的计量，对管理层估计的合理性进行评估。最后注册会计师获取的审计证据支持管理层在确定可变现净值时作出的判断。

要求：请说明以上事项对审计报告有何影响，应如何在审计报告中表达。请编制与之相关的审计报告部分。

3. 天津市 ABC 会计师事务所接受了丙股份有限公司委托，对其 2017 年度的财务报表进行审计。相关资料如下：因主导产品不符合国家环保要求，政府部门于 2017 年 12 月要求丙公司在 2018 年 9 月 30 日前停止生产和销售该类产品。进行审计的 A 注册会计师复核了管理层对持续经营能力作出的评估和拟采取的应对措施，认为在编制财务报表时运用持续经营假设是适当的，但监管行为未来结果存在重大不确定性。丙公司对此事已在财务报表附注中作出充分披露。

要求：请说明以上事项对审计报告有何影响，应如何在审计报告中表达。请编制与之相关的审计报告部分。

4. ABC 会计师事务所接受多家单位委托，对其 2017 年财务报表进行审计，A 注册会计师担任这些被审计单位的项目合伙人。在审计过程中遇到下列审计事项：

（1）上市公司 A 公司 2017 年在其控股股东 × 公司处，以成本加成价格（公允价格）购入原材料 4000 万元，以市场价格销售产成品 6000 万元，A 公司对此关联方交易已在财务报表附注中进行了充分披露。

（2）2017 年 10 月，上市公司 B 公司因涉嫌信息披露违规被证券监管机构立案稽查。截至审计报告日，尚无稽查结论。管理层在财务报表附注中披露了上述事项。

（3）上市公司 C 公司于 2017 年年末更换了大股东并成立了新的董事

会，继任法人代表以刚上任，不了解以前情况为由，拒绝签署2017年度已审计财务报表和提供管理层建议书。原法人代表又以不再履行职责为由，也拒绝签署2017年度已审计财务报表和提供管理层建议书。

（4）D公司于2017年8月起停止经营活动，董事会拟于2018年年内清算D公司。2017年12月31日，D公司账面资产主要为货币资金，其他应收款，办公家具固定资产，账面负债主要为其他应付款和应付职工工资。管理层认为目前情况下继续采用持续经营假设编制基础编制财务报表，对公司资产和负债的计量并无重大影响，因此，仍以持续经营假设基础编制2017年度的财务报表，并在财务报表附注中披露了清算计划。

（5）E公司管理层在财务报表附注中披露了某项重大会计估计存在重大不确定性，审计项目组认为该项披露不够充分，被审计单位管理层拒绝进一步披露。

（6）F公司管理层对公司存货计提了重大跌价减值准备，按照未来现金流量现值与存货账面净值的差额确认了重大存货减值损失。管理层无法提供相关信息以支持现金流量预测中假设的未来三年营业收入，审计项目组也无法作出合理估计。

要求：针对上述第（1）至（6）项，假定均为独立事项，不考虑其他条件，请指出注册会计师应当分别出具何种意见的审计报告，并简要说明理由。

（三）综合题

1. 天津市ABC会计师事务所接受了甲股份有限公司委托，对其2017年度财务报表进行审计。该公司2017年12月31日未经审计的资产总额为20 000万元。ABC会计师事务所委派注册会计师A、B执行甲公司的审计业务。在计划阶段确定的重要性水平为200万元，在复核审计工作底稿时，发现除以下事项外，甲公司其他部分均符合出具无保留意见审计报告的要求，财务报表经董事会于2018年3月15日批准公布。

（1）甲公司2017年1月购入管理用设备一台并投入使用，该设备成本200万元，预计使用5年，无净残值，采用使用平均年限法折旧，甲公司未对其计提折旧，并拒绝补提折旧。

（2）甲公司在国外一家联营企业内据称有800万元的投资，当年取得投资收益为220万元，这些金额已列入2017年的净收益中，但A、B注册会计师未能取得联营企业经审计的财务报表及函证回函。此外，由于甲公司拒绝提供与此项投资相关的协议、合同以及会计记录，A、B 注册会计师也未能采取其他程序查明此项投资和投资收益的真实性。

（3）甲公司全部存货总额为 4000 万元，放置于邻近单位仓库内。由于仓库倒塌，尚未清理完毕，不仅无法估计损失，也无法实施监盘程序。

（4）由于甲公司存货使用受到仓库倒塌的限制，正常业务受到严重影响，因而无力支付 2018 年 3 月 10 日即将到期的 500 万元债务，也没有预付下年度的 200 万元广告费。这些情况未在财务报表附注中进行了充分、适当的披露。

（5）2017 年 10 月，甲公司被控侵犯 × 公司的专利权，× 公司要求收取甲公司专利权费。2018 年 3 月 5 日，经法院终审判决，甲公司向 × 公司赔偿 2000 万元，甲公司拒绝就此调整其 2017 年度财务报表。

要求：

（1）如果不考虑审计重要性水平，针对以上事项，请分别回答 A 和 B 注册会计师是否需要及如何提出审计处理建议。

（2）如果考虑审计重要性水平，假定甲公司分别只存在资料二的 5 个事项中的 1 个事项，甲公司只接受注册会计师对事项（4）提出的审计处理建议，对其他处理建议都拒绝接受（如果有），请指出 A 和 B 注册会计师针对该 5 个独立存在的事项，分别出具何种意见类型的审计报告，并简要说明理由。

（3）如果考虑审计重要性水平，假定甲公司只存在资料二中的事项（2）和（4），并且接受对事项（4）提出的审计处理建议（如果有），请代编写除管理层和治理层对财务报表的责任段、注册会计师对财务报表责任段以外的其他部分的审计报告。

2. 天津市 ABC 会计师事务所于 2018 年 2 月 5 日接受了乙股份有限公司委托，对其 2017 年度财务报表进行审计。确定财务报表层次的重要性水平为 200 万元。乙公司 2017 年财务报告于 2018 年 3 月 15 日获董事会批准，并于同日报送证券交易所。其他相关资料如下：

资料一：公司未经审计的 2017 年度财务报表部分项目年末余额或年度发生额如下：

项目	金额（万元）
资产总额	40 000
股本	15 000
营业收入	36 000
利润总额	600

资料二：在对乙公司审计过程中，A 和 B 注册会计师注意以下事项：

（1）乙公司会计政策规定，对应收款项采用账龄分析法计提坏账准备。确定的坏账准备计提比例分别为：账龄 1 年以内的（含 1 年，以下类推），按其余额的 20% 计提；账龄 1~2 年的，按其余额的 40% 计提；账龄 2~3 年的，按其余额的 60% 计提；账龄 3 年以上的，按其余额的 80% 计提。乙公司 2017 年 12 月 31 日未经审计的预收账款账面余额为 24 700 000 元，明细情况如下：

客户名称	1 年以内	1~2 年	2~3 年	3 年以上
预收账款 –a 公司	100 200 000			
预收账款 –b 公司		4 200 000		
预收账款 –c 公司	700 000		20 000	
预收账款 –d 公司	–80 500 000			
预收账款 –e 公司				80 000
小计	20 400 000	4 200 000	20 000	80 000

（2）自 2017 年 1 月起，乙公司开始研发 × 产品专利技术。截至 2017 年 10 月 31 日，共发生研发支出 540 万元，其中：科技成果应用研究费用 180 万元，生产前的模型设计和测试费用 360 万元。2017 年 11 月 1 日，该专利技术达到预定用途，乙公司将其确认为无形资产，并作如下会计处理：借记“无形资产”540 万元，贷记“研发支出—资本化支出”540 万元；该无形资产的估计使用寿命为 5 年，净残值为零，乙公司按直线法摊销，并作如下会计处理：借记“管理费用”18 万元，贷记“累计摊销”18 万元。

（3）乙公司根据企业会计准则的规定，按照“成本与可变现净值孰低”对期末存货进行计价。2017 年 11 月末，乙公司持有的 100 公斤 M 产品的账面成本总额为 1800 万元，由于市场价格下跌，预计可变现净值为 1760 万元，由此计提了存货跌价准备 40 万元。2017 年 12 月，M 产品的数量未发生增减变动，但乙公司与丁公司于 2017 年 12 月 5 日签订了购销合同，约定于 2018 年 1 月以每公斤 14 万元的价格（不含增值税，下同）向丁公司销售 M 产品 100 公斤。对此，乙公司未作任何会计处理，仍保留 40 万元的存货跌价准备。

（4）乙公司与顾客就产品质量问题发生纠纷，对方于 2017 年 12 月 1 日提起诉讼，要求公司进行巨额赔偿，法院已受理此案。直至审计工作结束日，该诉讼案尚未判决。由于此案情况复杂，还不能可靠地估计赔偿金额，因此乙公司未予以反映。

（5）2017 年 12 月，乙公司购入 500 万元汽车电子仪表。2018 年 1 月 7 日，乙公司遭受水灾，导致该批仪表全部报废。乙公司对 2017 年度财务报表作如下调整：借记“资产减值损失”500 万元，贷记“存货—存货跌价准备”500 万元。

要求：

（1）如果不考虑审计重要性水平，针对资料二中事项，请分别回答 A 和 B 注册会计师是否需要及如何提出审计处理建议。

（2）如果考虑审计重要性水平，假定乙公司分别只存在资料二的 5 个事项中的 1 个事项，乙公司只接受注册会计师对事项（4）提出的审计处理建议，对其他处理建议都拒绝接受（如果有），请指出 A 和 B 注册会计师针对该 5 个独立存在的事项，分别出具何种意见类型的审计报告，并简要说明理由。

（3）如果考虑审计重要性水平，假定乙公司只存在资料二中的事项（3）和（4），并且接受对事项（4）提出的审计处理建议（如果有），请代编写除管理层和治理层对财务报表的责任段、注册会计师对财务报表责任段以外的其他部分的审计报告。

第十七章　企业内部控制审计

学习目的

通过本章学习，使学生掌握企业内部控制审计的概念和范围；掌握企业内部控制审计过程中计划、实施、评价和完成阶段的主要工作；重点掌握内部控制审计报告的种类和提出条件，掌握不同意见内部控制审计报告的内容和编制方法，学会根据被审计单位的具体情况，编制不同类型的内部控制审计报告。

第一节　企业内部控制审计的概念和范围

2010 年我国财政部会同证监会、审计署、银监会和保监会五部门联合发布了《企业内部控制应用指引》《企业内部控制评价指引》和《企业内部控制审计指引》。要求执行企业内部控制规范体系的企业，对本企业内部控制的有效性进行自我评价，披露年度自我评价报告，同时聘请具有证券期货业务资格的会计师事务所对其财务报告内部控制的有效性进行审计，出具审计报告。上述要求自 2012 年 1 月 1 日起在主板上市公司施行，择机在中小板和创业板上市公司施行，鼓励非上市大中型企业提前执行。

一、内部控制审计的概念

企业内部控制是为了合理保证企业经营管理合法合规、保护资产的安全、财务报告及相关信息真实完整，提高经营效率和效果，促进企业实现发展战略，由企业董事会、监事会、经理层和全体员工设计和实施的政策和程序。

企业内部控制审计：是指会计师事务所接受委托，对特定基准日被审计单位内部控制设计与运行的有效性进行的审计。

对内部控制特定基准日的审计不是只测试基准日这一天的内部控制，也不是测试财务报表涵盖的整个期间的内部控制，而是需要考察足够长一段时间内部控制设计和运行的情况，对控制有效性测试涵盖的期间越长，提供的控制有效性的审计证据越多。单就内部控制审计业务而言，注册会计师应当获取内部控制在基准日之前一段足够长的期间内有效运行的审计证据。在整合审计中，控制测试所涵盖的期间应当尽量与财务报表审计中拟信赖内部控制的期间保持一致。

二、内部控制审计的范围

从国外审计规定和实践看或从我国的相关规定看，注册会计师执行的企业内部控制审计的范围都严格限定在财务报告内部控制审计。从注册会计师的专业胜任能力、审计成本效益的约束，以及投资者对财务信息质量的需求看，财务报告内部控制审计是内部控制审计的核心。企业内部控制审计的范围是：对财务报告内部控制，注册会计师对其有效性进行审计并发表审计意见；对非财务报告内部控制，注册会计师不对其专门审计，但对财务报告内部控制审计过程中注意到的非财务报告内部控制的重大缺陷，在内部控制审计报告中增加“非财务报告内部控制重大缺陷描述段”予以披露。内部控制的划分及注册会计师的处理见表 17-1。

表 17-1　内部控制的划分及注册会计师的处理

内部控制目标	名称	注册会计师的处理	内部控制审计报告
（1）合理保证财务报告及相关信息真实完整 （2）资产的安全	财务报告内部控制	审计	专门进行审计，对财务报告内部控制的有效性发表审计意见
（3）经营管理合法合规 （4）提高经营的效率和效果 （5）促进企业实现发展战略	非财务报告内部控制	关注	不专门进行审计但予以关注，对注意到的非财务报告内部控制的重大缺陷，在内部控制审计报告中增加一段予以披露

财务报告内部控制是为了合理保证财务报告及相关信息真实、完整，保

护资产安全，由企业董事会、监事会、经理层和全体员工设计和实施的政策和程序。

从注册会计师审计的角度，财务报告内部控制包括两个层面的内部控制，主要内容如下：

1. 企业层面的内部控制

（1）与控制环境相关的控制（如对诚信和道德价值沟通和落实、对胜任能力的重视、治理层的参与程度、管理层的理念和经营风格、组织结构、职权与责任的分配、人力资源政策与实务）；

（2）针对董事会、经理层凌驾于控制之上的风险而设计的控制（如针对重大非常规交易的控制、针对关联方交易的控制）；

（3）企业的风险评估过程；

（4）对内部信息传递和财务报告流程的控制（如与会计政策选择和运用的程序、编制财务报表）；

（5）对控制有效性的内部监督（即监督其他控制的控制）和自我评价。

2. 业务层面的内部控制

（1）授权（包括一般授权和特殊授权）；

（2）信息处理（包括应用控制和信息技术一般控制）；

（3）实物控制（如保护资产的实物安全、定期盘点）；

（4）职责分离（将交易授权、记录交易等职责分配给不同的员工）。

三、内部控制审计与财务报表审计的整合审计

（一）整合审计的定义

内部控制审计与财务报表审计的整合审计（简称整合审计）是指一家会计师事务所同时承接一家企业的内部控制审计和财务报表审计。

注册会计师可以单独进行内部控制审计，也可以将内部控制审计与财务报表审计整合进行。在整合审计中，同时实现两个目标：获取证据，支持内部控制审计中对内部控制有效性发表的意见；获取证据，支持财务报表审计中对控制风险的评估结果。

（二）财务报告内部控制审计与财务报表审计比较

如表 17–2 所示。

表 17–2　内部控制审计与财务报表审计比较

比较项目	内部控制审计	财务报表审计
审计目的	（1）对财务报告内部控制的有效性发表审计意见； （2）对非财务报告内部控制的重大缺陷，予以披露	对财务报表的合法性、公允性发表意见
了解和测试内部控制的目的	了解和测试内部控制的直接目的是对内部控制的设计和运行的有效性发表意见	（1）了解内部控制是为了评估重大错报风险； （2）测试内部控制是为了进一步证明了解内部控制时得出的初步结论； （3）了解和测试内部控制的最终目的服务于对财务报表发表审计意见的目的
测试范围	范围大，对所有重要账户、各类交易和列报的相关认定，都要了解和测试相关的内部控制	只有在以下两种情况下才强制要求对内部控制进行测试： （1）在评估认定层次重大错报风险时，预期控制运行是有效的； （2）或者仅实施实质性程序并不能够提供认定层次充分、适当的审计证据
测试时间	对特定基准日内部控制有效性发表意见，不需要测试整个会计期间，但要测试足够长的期间（短于 1 年）	一旦确定需要测试，则需测试内部控制在整个拟信赖期间的运行有效性
测试样本量	对结论可靠性的要求高，测试的样本量大	只有在两种情况下才强制要求对内部控制进行测试；样本量大小取决于注册会计师信赖度
结果报告	1. 对外披露； 2. 以正面、积极的方式对内部控制是否有效发表审计意见	1. 通常不对外披露内部控制的情况，除非是内部控制影响到对财务报表发表的审计意见； 2. 以管理建议书的方式向管理层或治理层报告财务报表审计过程中发现的内部控制重大缺陷，但注册会计师没有义务专门实施审计程序，以发现和报告内部控制重大缺陷

内部控制审计与财务报表审计，二者具有相通性，可利用性，可以进行

整合审计。

第二节　企业内部控制审计的计划

企业内部控制审计程序包括计划、实施、评价和完成四个阶段。本节介绍企业内部控制审计计划阶段的工作，后面三节分别介绍企业内部控制审计实施、评价和完成阶段的工作。

一、总体要求

（1）注册会计师计划内部控制审计工作，并对助理人员进行适当的分工、指导、监督和复核。

（2）在计划审计工作时，注册会计师需要评价下列事项是否对财务报告内部控制、财务报表及审计工作有重要影响。

①与企业相关的风险。注册会计师通过询问被审计单位的高级管理人员、考虑宏观形势对企业的影响并结合以往的审计经验，了解企业在经营活动中面临的各种风险，并重点关注那些对财务报表可能产生重要影响的风险以及这些风险当年的变化。

②相关法律法规和行业概况。注册会计师应当了解与被审计单位业务相关的法律法规。注册会计师应当重点关注可能直接影响财务报表金额与披露的法律法规，如税法、高度监管行业的监管法规（如适用）等。同时注册会计师应关注被审计单位的违法违规情况，考虑违法违规行为可能导致的罚款、诉讼及其他可能对企业财务报表产生重大影响的事件，并初步判断是否可能造成非财务报告内部控制的重大缺陷。注册会计师还应了解行业因素以确定其对被审计单位经营环境的影响。

③企业组织结构、经营特点和资本结构等相关重要事项。注册会计师应当了解被审计单位的股权结构、企业的实际控制人及关联方；企业的子公司、合营公司、联营公司以及财务报表合并范围；企业的组织机构、治理结构；业务及区域的分部设置和管理架构；企业的负债结构和主要条款，包括资产负债表外的筹资安排和租赁安排等。注册会计师通过了解企业的这些情况，

评价企业是否存在重大的、可能引起重大错报的非常规业务和关联交易，是否构成重大错报风险，相关内部控制是否可能存在重大缺陷。

④企业内部控制最近发生变化的程度。注册会计师应当了解被审计单位本期内部控制发生的变化以及变化的程度，从而相应地调整审计计划。这些变化包括新增的业务流程、原有业务流程的更新、内部控制执行人的变更等。企业内部控制的变化将会直接影响到注册会计师内部控制审计程序的性质、时间安排和范围。

⑤与企业沟通过的内部控制缺陷。注册会计师应当了解被审计单位对以前年度审计中发现的内部控制缺陷所采取的改进措施及改进结果，并相应适当地调整本年的内部控制审计计划。如果以前年度发现的内部控制缺陷未得到有效整改，注册会计师需要评价这些缺陷对当年内部控制审计意见的影响。

注册会计师应当阅读企业当期的内部审计报告，评价内部审计报告中发现的控制缺陷是否与内部控制审计相关且对内部控制审计程序和审计意见的影响。对在内部审计报告中提及的可能导致财务报表发生重大错报的内部控制缺陷，注册会计师应当记录在内部控制缺陷汇总中，关注企业相应的整改计划和实施情况，并评价其对内部控制审计意见的影响。

⑥重要性、风险等与确定内部控制重大缺陷相关的因素。注册会计师应当对与确定内部控制重大缺陷相关的重要性、风险及其他因素进行初步判断。对于已识别的风险，注册会计师应当评价其对财务报表和内部控制的影响程度。注册会计师应当更多地关注内部控制审计的高风险领域，能导致财务报表重大错报的控制。

⑦对内部控制有效性的初步判断。注册会计师综合上述考虑以及借鉴以前年度的审计经验，形成对企业内部控制有效性的初步判断。对于内部控制可能存在重大缺陷的领域，注册会计师应给予充分的关注，表现在：对相关的内部控制亲自进行测试而非利用他人工作；在接近内部控制评价基准日的时间测试内部控制；选择更多的子公司或业务部门进行测试；增加相关内部控制的控制测试量等。

⑧可获取的、与内部控制有效性相关的证据的类型和范围。注册会计师应当了解可获取的、与内部控制有效性相关的证据的类型和范围。内部控制的特定领域存在重大缺陷的风险越高，注册会计师所需获取的审计证据客观

性、可靠性越强。

二、制订总体审计策略

企业内部控制审计计划分为总体审计策略和具体审计计划两个层次。

总体审计策略用以总结计划阶段的成果，确定审计的范围、时间和方向，并指导具体审计计划的制订。制定总体审计策略的过程有助于注册会计师结合风险评估程序的结果确定下列事项：向具体审计领域分配资源的类别和数量，包括向高风险领域分派经验丰富的项目组成员，向高风险领域分配的审计时间预算等；何时分配这些资源，包括是在期中审计阶段还是在关键日期调配资源等；如何管理、指导和监督这些资源，包括预期何时召开项目组预备会和总结会，预期项目合伙人和经理如何进行复核，是否需要实施项目质量控制复核等。

注册会计师应当在总体审计策略中体现下列内容：

（1）确定审计业务的特征，界定审计范围；

（2）明确审计业务的报告目标，以计划审计的时间安排和所需沟通的性质；

（3）根据职业判断，考虑用以指导项目组工作方向的重要因素。注册会计师通常需要考虑：财务报表整体的重要性和实际执行的重要性；初步识别的可能存在较高重大错报风险的领域；评估的财务报表层次的重大错报风险对指导、监督和复核的影响；被审计单位经营活动或内部控制最近发生变化的程度；与被审计单位沟通过的内部控制缺陷；有关管理层对设计、执行和维护健全的内部控制重视程度的证据；可获取的、与内部控制有效性相关的证据的类型和范围；与评价财务报表发生重大错报的可能性和内部控制有效性相关的公开信息；

（4）考虑初步业务活动的结果，并考虑对被审计单位执行其他业务时获得的经验是否与内部控制审计业务相关；

（5）确定执行业务所需资源的性质、时间安排和范围。

三、制订具体审计计划

具体审计计划比总体审计策略更加详细，内容包括项目组成员拟实施的审计程序的性质、时间安排和范围。这些具体审计计划贯穿于审计的整个过程。具体审计计划中包括下列内容：

（1）内部控制了解和识别程序的性质、时间安排和范围；

（2）内部控制设计有效性测试程序的性质、时间安排和范围；

（3）内部控制运行有效性测试程序的性质、时间安排和范围。

第三节　企业内部控制审计的实施

一、选择拟测试的内部控制

在企业内部控制审计中，注册会计师应当运用自上而下的方法选择拟测试的内部控制。

自上而下的测试方法的步骤是：①初步了解内部控制整体风险；②识别、了解和测试企业层面的内部控制；③识别重要账户、列报及其相关认定；④了解潜在错报的来源并识别相应业务层面的内部控制；⑤选择拟测试的内部控制。下面详细介绍。

（一）初步了解内部控制整体风险

内部控制分为企业层面内部控制和业务层面内部控制。

企业层面内部控制是为应对企业财务报表整体层面风险而设计，或作为其他内部控制运行的“基础设施”，通常在比业务层面内部控制更高的层面上乃至整个企业范围内运行。企业层面内部控制对业务层面内部控制有重大影响，企业层面内部控制较差可能使最好的业务层面内部控制失效。业务层面内部控制包括业务流程、应用系统或交易层面的内部控制，是为了应对交易和账户余额认定的重大错报风险而设计的，通常在业务流程内的交易或账户余额认定层面上运行，其作用通常能应对具体某类交易和账户余额的具体认定。业务层面的内部控制主要针对交易的生成、记录、处理和报告等环节，内部控制中的“控制活动”要素中绝大部分内容都是业务层面的内部控制。

（二）识别、了解和测试企业层面内部控制

注册会计师应当识别、了解和测试对评价内部控制有效性有重要影响的企业层面内部控制。企业层面控制的内容包括与控制环境相关的控制；针对管理层凌驾于内部控制之上的风险而设计的控制；企业的风险评估过程；集中化的处理和控制，包括共享的服务环境；监控经营成果的控制；监督其他控制的控制，包括内部审计职能、审计委员会活动及内部控制自我评价；对期末财务报告流程的控制；针对重大经营控制及风险管理实务的政策。

注册会计师应考虑企业层面内部控制对其他内部控制及其测试的影响；某些企业层面内部控制能够监督其他内部控制的有效性，当这些内部控制运行有效时，注册会计师可以减少原本拟对其他内部控制有效性进行的测试；某些企业层面内部控制本身能精确到足以及时防止或发现一个或多个相关认定中存在的重大错报，如果一项企业层面内部控制足以应对已评估的重大错报风险，注册会计师可能可以不必测试与该风险相关的其他内部控制。

注册会计师对企业层面内部控制的评价，可能增加或减少本应对其他内部控制所进行的测试。对企业层面内部控制的评价结果将影响注册会计师测试其他内部控制的性质、时间安排及范围，所以，注册会计师可以考虑在执行业务的早期阶段对企业层面内部控制进行测试。在完成对企业层面内部控制测试后，注册会计师可以根据测试结果评价被审计单位的企业层面内部控制是否有效，并且计划需要测试的其他内部控制及对其他内部控制所执行程序的性质、时间安排和范围。

（三）识别重要账户、列报及其相关认定

注册会计师在确定重要性水平之后，应当识别重要账户、列报及其相关认定。

如果某账户或列报可能存在一个错报，该错报单独或连同其他错报将导致财务报表发生重大错报，则该账户或列报为重要账户或列报。如果某财务报表认定可能存在一个或多个错报，这个或这些错报将导致财务报表发生重大错报，则该认定为相关认定。

在识别重要账户、列报及其相关认定时，注册会计师应当从定量和定性两个方面作出评价，包括考虑舞弊的影响。从定量上看，超过财务报表整体

重要性金额的账户，无论是在内部控制审计还是财务报表审计中，通常情况下被认定为重要账户；从定性上看，注册会计师可能因为某账户或列报受固有风险或舞弊风险的影响而将其确定为重要账户或列报，即使该账户或列报从金额上看没有超过财务报表整体重要性金额并不重大，但这些固有风险或舞弊风险很有可能导致重大错报，是重要的。

在识别重要账户、列报及其相关认定时，注册会计师不应考虑内部控制的影响。

在内部控制审计中，注册会计师在识别重要账户、列报及其相关认定时应当评价的风险因素，与财务报表审计中考虑的因素相同。整合审计中识别的重要账户、列报及其相关认定应当相同。

（四）了解潜在错报的来源并识别相应业务层面的内部控制

1. 了解潜在错报的来源

注册会计师应当了解与相关认定有关的交易的处理流程，这些交易如何生成、批准、处理及记录；识别出的业务流程中可能发生重大错报（包括由于舞弊导致的错报）的环节；针对可能出现错报的环节识别被审计单位是否设计并执行相应的内部控制。

2. 实施穿行测试，识别业务层面的内部控制

穿行测试是指追踪某笔交易从发生到最终被反映在财务报表中的整个处理过程。注册会计师会在下列情况下实施穿行测试：存在较高固有风险的复杂领域；以前年度审计中识别出的缺陷（需要考虑缺陷的严重程度）；由于引入新的人员、新的系统、收购和采取新的会计政策而导致流程发生重大变化；如注册会计师首次接受委托执行内部控制审计，通常会对重要流程实施穿行测试。

一般而言，对每个重要流程，选取一笔交易或事项实施穿行测试即可。注册会计师在实施穿行测试时往往综合运用询问、观察、检查相关文件记录和重新执行。在实施穿行测试时，对于每个发生重要处理程序或内部控制的节点，注册会计师询问这些重要处有无设计相应的内部控制，并确定相关人员是否根据其设计的原意执行这些内部控制。注册会计师应当关注那些不符合内部控制规定的例外事项，还应提出更深入的问题，以便识别无效控制或舞弊迹象。

（五）选择拟测试的内部控制

1. 选择拟测试控制的基本要求

注册会计师应当针对每一相关认定获取内部控制有效性的审计证据，以便对内部控制整体的有效性发表意见，但没有责任对单项内部控制的有效性发表意见。注册会计师应当对被审计单位的内部控制是否足以应对评估的每个相关认定的错报风险形成结论，对形成这一评价结论具有重要影响的内部控制进行测试。对特定的相关认定而言，可能有多项内部控制用以应对评估的错报风险；反之，一项内部控制也可能应对评估的多项相关认定的错报风险。注册会计师没有必要测试与某项相关认定有关的所有内部控制。

2. 选择拟测试内部控制的考虑因素

注册会计师在选取拟测试的内部控制时，通常不会选取整个流程中的所有内部控制，而是选择关键内部控制，即能够为一个或多个重要账户或列报的一个或多个相关认定提供最有效果或最有效率的证据的内部控制。每个重要账户、认定或重大错报风险至少应当有一个对应的关键内部控制。在选择关键内部控制时，注册会计师要考虑：哪些内部控制是不可缺少的？哪些内部控制直接针对相关认定？哪些内部控制可以应对错误或舞弊导致的重大错报风险？内部控制的运行是否足够精确？选取关键内部控制需要注册会计师作出职业判断。

二、测试内部控制设计和运行的有效性

注册会计师应当控制是否评估的相关认定并选择其中对形成评价结论具有控制进行测试。

（一）测试控制的有效性

1. 测试控制设计的有效性和运行

注册会计师应当测试内部控制设计的有效性，如果某项控制由拥有有效执行控制所需的授权和专业胜任能力的人员按规定执行，能够实现内部控制目标，从而有效地防止或发现可能导致财务报表发生重大错报的错误或舞弊，则表明内部控制的设计是有效的。

注册会计师应当测试内部控制运行的有效性，如果控制正在按照设计运

行、执行人员拥有有效执行控制所需的授权和专业胜任能力，则表明内部控制的运行是有效的。

2. 测试内部控制有效性的审计程序

包括询问适当人员；观察企业经营活动；检查相关文件和重新执行内部控制。

3. 内部控制测试的时间安排

内部控制发生变化时的处理，如果新控制实现了相关内部控制目标，且运行足够长的时间，注册会计师能够通过对内部控制进行测试评价其设计和运行的有效性，则无须测试被取代的控制；如果被取代控制的运行有效性对控制风险的评估有重大影响，注册会计师应当测试被取代控制的设计和运行的有效性。如果发现控制偏差，注册会计师应当确定其对与所测试控制相关的风险评估、需要获取的证据以及控制运行有效性结论的影响。

4. 内部控制测试的范围

注册会计师在测试控制的运行有效性时，应当在考虑与控制相关风险的基础上，确定测试的范围（样本规模）。注册会计师确定的测试范围，应当足以使其能够获取充分、适当的审计证据，为基准日内部控制是否不存在重大缺陷提供合理保证。表 17-3 举例说明了人工内部控制测试的范围。

表 17-3　测试人工控制的最小样本规模区间

控制运行频率	测试运行的总次数	测试的最小样本规模区间
每年 1 次	1	1
每季 1 次	4	2
每月 1 次	12	2~5
每周 1 次	52	5~15
每天 1 次	大于 250 次	25~60

（二）内部控制的测试方法

注册会计师对内部控制的测试应当采用自上而下的方法。

先对企业层面各项内部控制的设计和执行情况进行测试；再对业务层面各项内部控制的设计和执行情况进行测试。

对企业层面各项内部控制的设计和执行情况进行测试，是分别对与控制

环境相关的内部控制、针对管理层和治理层凌驾于控制之上的风险而设计的内部控制、被审计单位的风险评估过程、对内部信息传递和期末财务报告流程的内部控制、对控制有效性的内部监督（即监督其他控制的控制）和内部控制评价、集中化地处理和控制（包括共享的服务环境）、监督经营成果的内部控制和针对重大经营控制及风险管理实务政策的内部控制的设计和执行的有效性进行测试。

对业务层面各项内部控制的设计和执行情况进行测试步骤包括：了解企业经营活动和业务流程，在实务中可以将被审计单位的整个经营活动划分为几个重要的业务循环（又称“业务流程”），有助于注册会计师更有效地了解和评估重要业务流程及相关控制。对制造业企业，可以划分为销售与收款循环、采购与付款循环、存货与生产循环、筹资与投资循环等；识别可能发生错报的环节，注册会计师需要了解和确认被审计单位应在哪些环节设置内部控制，以防止或发现并纠正各重要业务流程可能发生的错报；识别和了解被审计单位的相关内部控制；记录相关内部控制；对被审计单位业务层面的内部控制的设计和执行情况进行测试。

第四节　企业内部控制缺陷的评价

一、企业内部控制缺陷分类

（一）企业内部控制存在的缺陷，按成因分为设计缺陷和运行缺陷

设计缺陷是指缺少为实现控制目标所必需的控制，或现有控制设计不适当、即使正常运行也难以实现预期的控制目标。运行缺陷是指现存设计适当的控制没有按设计意图运行，或执行人员没有获得必要授权或缺乏胜任能力，无法有效地实施内部控制。

（二）企业内部控制存在的缺陷，按其影响程度分为重大缺陷、重要缺陷和一般缺陷

重大缺陷是内部控制中存在的、可能导致不能及时防止或发现并纠正财

务报表出现重大错报的一项控制缺陷或多项控制缺陷的组合。重要缺陷是内部控制中存在的、其严重程度不如重大缺陷但足以引起负责监督被审计单位财务报告的人员（如审计委员会或类似机构）关注的一项控制缺陷或多项控制缺陷的组合。一般缺陷是内部控制中存在的、除重大缺陷和重要缺陷之外的控制缺陷。

二、企业内部控制存在重大缺陷的迹象

（1）注册会计师发现董事、监事和高级管理人员舞弊；

（2）企业更正已经公布的财务报表；

（3）注册会计师发现当期财务报表存在重大错报，而内部控制在运行过程中未能发现该错报；

（4）企业审计委员会和内部审计机构对内部控制的监督无效。

三、评价企业内部控制缺陷的严重程度

注册会计师应当评价其识别的各项内部控制缺陷的严重程度，以确定这些缺陷单独或组合起来，是否构成内部控制的重大缺陷。但是，在计划和实施审计工作时，不要求注册会计师寻找单独或组合起来不构成重大缺陷的内部控制缺陷。内部控制缺陷的严重程度取决于：内部控制不能防止或发现并纠正账户或列报发生错报的可能性的大小；因一项或多项内部控制缺陷导致的潜在错报的金额大小。内部控制缺陷的严重程度与错报是否发生无关，而取决于内部控制不能防止或发现并纠正错报的可能性的大小。

在评价一项内部控制缺陷或多项内部控制缺陷的组合是否可能导致账户或列报发生错报时，注册会计师应当考虑的风险因素包括：所涉及的账户、列报及其相关认定的性质；相关资产或负债易于发生损失或舞弊的可能性；确定相关金额时所需判断的主观程度、复杂程度和范围；该项内部控制与其他内部控制的相互作用或关系；内部控制缺陷之间的相互作用；内部控制缺陷在未来可能产生的影响。评价内部控制缺陷是否可能导致错报时，注册会计师无须将错报发生的概率量化为某特定的百分比或区间。

如果多项内部控制缺陷影响财务报表的同一账户或列报，错报发生的概率会增加。在存在多项内部控制缺陷时，即使这些缺陷从单项看不重要，但

组合起来也可能构成重大缺陷。因此，注册会计师应当确定，对同一重要账户、列报及其相关认定或内部控制要素产生影响的各项内部控制缺陷，组合起来是否构成重大缺陷。

在评价因一项或多项控制缺陷导致的潜在错报的金额大小时，注册会计师应当考虑的因素包括：受内部控制缺陷影响的财务报表金额或交易总额；在本期或预计的未来期间受内部控制缺陷影响的账户余额或各类交易涉及的交易量。在评价潜在错报的金额大小时，账户余额或交易总额的最大多报金额通常是已记录的金额，但其最大少报金额可能超过已记录的金额。通常，小金额错报比大金额错报发生的概率更高。在确定一项控制缺陷或多项控制缺陷的组合是否构成重大缺陷时，注册会计师应当评价补偿性控制的影响。在评价补偿性控制是否能够弥补控制缺陷时，注册会计师应当考虑补偿性控制是否有足够的精确度以防止或发现并纠正可能发生的重大错报。

下面举例说明企业内部控制缺陷评价的步骤。

A 注册会计师执行甲公司内部控制审计，财务报表整体重要性确定为1000 万元，实际执行的重要性水平为 500 万元。在对付款授权进行内部控制测试时，其中一项程序是检查付款发票是否有适当的审批且有相关的文件对其进行支持这一关键内部控制，这项控制活动与 800 万元的发票交易相关，选择 25 笔付款并测试它们是否经过了适当的审批，理想状态下应没有异常。但测试结果表明有 1 笔付款（与维修维护相关）未经过授权。

步骤一：发现的缺陷是否与一个或多个财务报表认定直接相关？由于该缺陷涉及支出，直接影响财务报表认定。

步骤二：该项缺陷是否可能不能防止或发现财务报表错报？是，付款没有得到审批，有可能导致错报。

步骤三：该项缺陷可能导致财务报表潜在错报的金额大小？涉及支出问题的总金额是 800 万元，大于 500 万元的实际执行的重要性水平。

步骤四：是否存在补偿性控制，并有效运行，足以防止或发现财务报表重大错报？经了解和测试，维修与维护服务环节存在下列补偿性控制：维修与维护服务环节的采购定单审批和发票审批流程中存在权限分离机制，因此，采购定单审批和付款发票审批需要多人合作进行（已测试且该控制有效）。对采购定单的审批与政策保持一致（已测试且该控制有效）。每月进行成本中心和盈亏状况审阅，即将实际开销与成本及上季度数据进行对比。对于误差，差异容忍度为50万元，对于差异大于500万元的情况会进行调查（已测试且控制有效）。

步骤五：该缺陷的重要程度是否足以引起负责监督企业财务报告的相关人员的关注？否。因此，该缺陷为一般缺陷。本案例步骤到此结束。如果回答为“是”，继续下一步骤。

步骤六：一个足够知情、有胜任能力并且客观的管理人员是否会认为此缺陷（或缺陷组合）为重大缺陷？回答“否”为重要缺陷；回答“是”为重大缺陷。

四、企业内部控制缺陷整改

如果被审计单位在基准日前对存在缺陷的控制进行了整改，整改后的控制需要运行足够长的时间，才能使注册会计师得出其是否有效的审计结论。注册会计师应当根据控制的性质和与控制相关的风险，合理运用职业判断，确定整改后控制运行的最短期间（或整改后控制的最少运行次数）以及最少测试数量。整改后控制运行的最短期间（或最少运行次数）和最少测试数量参见表17-4。

表17-4 整改后控制运行的最短期间（或最少运行次数）和最少测试数量

控制运行频率	整改后控制运行的最短期间或最少运行次数	最少测试数量
每季1次	2个季度	2
每月1次	2个月	2
每周1次	5周	5
每天1次	20天	20
每天多次	25次（分布于涵盖多天的期间，通常不少于15天）	25

如果被审计单位在基准日前对存在重大缺陷的内部控制进行了整改，但新控制尚没有运行足够长的时间，注册会计师应当将其视为内部控制在基准日存在重大缺陷。

第五节 出具审计报告

一、完成企业内部控制审计工作

（一）形成审计意见

注册会计师应当对获取的证据进行评价，形成对内部控制有效性的意见。注册会计师应当评价从各种来源获取的审计证据，包括对控制的测试结果、财务报表审计中发现的错报以及已识别的所有控制缺陷，形成对内部控制有效性的意见。在评价审计证据时，注册会计师应当查阅本年度涉及内部控制的内部审计报告或类似报告，并评价这些报告中指出的控制缺陷。如果范围受到限制，注册会计师需要解除业务约定或出具无法表示意见的内部控制审计报告。

（二）获取管理层书面声明

注册会计师应当取得经企业签署的书面声明。书面声明内容：

（1）企业董事会认可其对建立健全和有效实施内部控制负责；

（2）企业已对内部控制的有效性作出自我评价，并说明评价时采用的标准以及得出的结论；

（3）企业没有利用注册会计师执行的审计程序及其结果作为自我评价的基础；

（4）企业已向注册会计师披露识别出的内部控制所有缺陷，并单独披露其中的重大缺陷和重要缺陷；

（5）对于注册会计师在以前年度审计中识别的、已与审计委员会沟通的重大缺陷和重要缺陷，企业是否已采取措施予以解决；

（6）在企业内部控制自我评价基准日后，内部控制是否发生重大变化，或者存在对内部控制具有重要影响的其他因素；

（7）导致财务报表重大错报的所有舞弊，以及不会导致财务报表重大错报，但涉及管理层和其他在内部控制中具有重要作用的员工的所有舞弊。

被审计单位拒绝提供书面声明时的考虑：将其视为审计范围受到限制，解除业务约定或出具无法表示意见的内部控制审计报告；注册会计师需要评价被审计单位拒绝提供书面声明对其他声明（包括在财务报表审计中获取的声明）可靠性产生的影响。

（三）沟通相关事项

注册会计师应当与企业沟通审计过程中识别的所有控制缺陷。对于其中的重大缺陷和重要缺陷，应当以书面形式与董事会和经理层沟通。注册会计师认为审计委员会和内部审计机构对内部控制的监督无效的，应当就此以书面形式直接与董事会和经理层沟通。书面沟通应当在注册会计师出具内部控制审计报告之前进行。

二、企业内部控制审计报告的种类及要素

注册会计师在完成企业内部控制审计工作后，应当出具内部控制审计报告。注册会计师需要在审计报告中清楚地表达对财务报告内部控制有效性的意见，并对出具的审计报告负责。在整合审计中，注册会计师在完成内部控制审计和财务报表审计后，应当分别对内部控制和财务报表出具审计报告，并签署相同的日期。

（一）企业内部控制审计报告的种类

内部控制审计报告，按审计意见的不同分为无保留意见（分为不带强调段和带强调段两种）、否定意见和无法表示意见三种意见的内部控制审计报告。

（二）企业内部控制审计报告的要素

如表 17–5 所示。

表 17–5 企业内部控制审计报告的要素

序号	要素	具体内容
1	标题	内部控制审计报告
2	收件人	要求致送内部控制审计报告的对象，一般是指审计业务委托人；要求载明收件人全称
3	引言段	说明企业的名称和内部控制已经过审计

续表

序号	要素	具体内容
4	企业对内部控制的责任段	建立健全和有效实施内部控制，并评价其有效性是企业董事会的责任
5	注册会计师的责任段	对财务报告内部控制的有效性发表审计意见；对注意到的非财务报告内部控制的重大缺陷进行披露
6	内部控制固有局限性的说明段	内部控制具有固有局限性；由于情况的变化可能导致内部控制变得不恰当
7	说明导致否定或无法表示意见的事项段（如适用）	否定意见或无法表示意见的审计报告中才有此段，说明持否定意见或无法表示意见的原因
8	财务报告内部控制审计意见段	说明企业是否按照《企业内部控制基本规范》和相关规定在所有重大方面保持了有效的财务报告内部控制
9	非财务报告内部控制重大缺陷描述段（如适用）	注意到非财务报告内部控制存在重大缺陷时才有此段
10	强调事项（如适用）	无保留意见有强调事项时才有此段
11	注册会计师签名和盖章	
12	会计师事务所名称、地址及盖章	
13	报告日期	

下面对内部控制审计报告中的部分内容加以说明。

1. 导致否定意见或无法表示意见的事项

只有在否定意见或无法表示意见审计报告中才有此段，说明持否定意见或无法表示意见的原因。

2. 非财务报告内部控制重大缺陷描述段

（1）提出条件：注册会计师在对财务报告内部控制审计过程中，注意到了非财务报告内部控制的重大缺陷，在内部控制审计报告中增加非财务报告内部控制重大缺陷描述段。

注册会计师对在审计过程中注意到的非财务报告内部控制缺陷，应当区别具体情况予以处理：注册会计师认为非财务报告内部控制缺陷为一般缺陷的，应当与企业进行沟通，提醒企业加以改进，但无须在内部控制审计报告中说明；注册会计师认为非财务报告内部控制缺陷为重要缺陷的，应当以书面形式与企业董事会和经理层沟通，提醒企业加以改进，但无须在内部控制审计报告中说明；注册会计师认为非财务报告内部控制缺陷为重大缺陷的，应当以书面形式与企业董事会和经理层沟通，提醒企业加以改进；同时应当在内部控制审计报告中增加非财务报告内部控制重大缺陷描述段，对重大缺陷的性质及其对实现相关控制目标的影响程度进行披露，提示内部控制审计报告使用者注意相关风险。

（2）如果在审计报告中增加非财务报告内部控制重大缺陷描述段，其写法是：

将其作为单独的一段置于审计报告中。

标题为“非财务报告内部控制重大缺陷”。

在审计报告中的位置：审计意见段的后面一段。

非财务报告内部控制重大缺陷段的写法是：在内部控制审计过程中，我们注意到 XYZ 公司的非财务报告内部控制存在重大缺陷（描述该缺陷的性质及其对实现相关控制目标的影响程度）；由于存在上述重大缺陷，我们提醒本报告使用者注意相关风险（该段的作用）；我们并不对 XYZ 公司的非财务报告内部控制发表意见或提供保证；本段内容不影响对财务报告内部控制有效性发表的审计意见。

非财务报告内部控制重大缺陷描述段的写法参见参考格式 17-1。

三、无保留意见内部控制审计报告

（一）定义

是指注册会计师认为被审计单位财务报告内部控制按照适用的内部控制标准的要求，在所有重大方面保持了有效的内部控制。即注册会计师对所审计的财务报告内部控制无保留地表示满意。

（二）种类

包括不带强调事项（标准内部控制审计报告）和带强调事项内部控制审计报告两种。

标准内部控制审计报告是指当注册会计师出具的无保留意见的内部控制审计报告中不附加说明段、强调事项段或任何修饰性用语时，该内部控制审

计报告称为标准内部控制审计报告。

（三）提出条件

无保留意见提出条件：（1）（2）全符合。

标准内部控制审计报告提出条件：（1）（2）（3）全符合。

（1）在基准日，被审计单位按照适用的内部控制标准的要求，在所有重大方面保持了有效的内部控制（内部控制无重大缺陷）；

（2）注册会计师已经按照《企业内部控制审计指引》的要求计划和实施审计工作，在审计过程中未受到限制（审计范围未受限）；

（3）不存在其他说明段、强调事项段或任何修饰性用语。

（四）写法

不同意见内部控制审计报告的写法大部分相同，本书在内部控制审计报告的写法部分只对该意见内部控制审计报告特殊部分加以说明（下同）。标准内部控制审计报告写法的特殊部分是意见段的写法，具体如下：

（1）标题：（四）财务报告内部控制审计意见。

（2）内容：以“我们认为”开头，使用“在所有重大方面”“保持了有效的内部控制”等术语。

标准内部控制审计报告的写法参见参考格式 17-1。

参考格式 17-1：

内部控制审计报告

XYZ 股份有限公司全体股东：

按照《企业内部控制审计指引》及中国注册会计师执业准则的相关要求，我们审计了 XYZ 股份有限公司（以下简称 XYZ 公司）2017 年 12 月 31 日的财务报告内部控制的有效性。

一、企业对内部控制的责任

按照《企业内部控制基本规范》《企业内部控制应用指引》《企业内部控制评价指引》的规定，建立健全和有效实施内部控制，并评价其有效性是 XYZ 公司董事会的责任。

二、注册会计师的责任

我们的责任是在实施审计工作的基础上，对财务报告内部控制的有效性发表审计意见，并对注意到的非财务报告内部控制的重大缺陷进行披露。

三、内部控制的固有局限性

内部控制具有固有局限性，存在不能防止和发现错报的可能性。此外，由于情况的变化可能导致内部控制变得不恰当，或对控制政策和程序遵循的程度降低，根据内部控制审计结果推测未来内部控制的有效性具有一定风险。

四、财务报告内部控制审计意见

我们认为，XYZ 公司于 2017 年 × 月 × 日按照《企业内部控制基本规范》和相关规定在所有重大方面保持了有效的财务报告内部控制。

五、非财务报告内部控制的重大缺陷

在内部控制审计过程中，我们注意到 XYZ 公司的非财务报告内部控制存在重大缺陷［描述该缺陷的性质及其对实现相关控制目标的影响程度］。由于存在上述重大缺陷，我们提醒本报告使用者注意相关风险。需要指出的是，我们并不对 XYZ 公司的非财务报告内部控制发表意见或提供保证。本段内容不影响对财务报告内部控制有效性发表的审计意见。

ABC 会计师事务所（盖章）　　　　中国注册会计师：A（签名并盖章）

中国天津市　　　　　　　　　　　中国注册会计师：B（签名并盖章）

二〇一八年三月十日

（五）带强调事项段无保留意见内部控制审计报告

1. 带强调事项段无保留意见内部控制审计报告的提出条件

符合提出无保留意见内部控制审计报告的条件，如果认为内部控制不存在重大缺陷，但仍有一项或者多项重大事项需要提请内部控制审计报告使用者注意，注册会计师应当在内部控制审计报告中增加强调事项段予以说明。

如果存在下列情况，注册会计师应当考虑在内部控制审计报告中增加强调事项段：（1）如果确定企业内部控制评价报告对要素的列报不完整或不恰当，注册会计师应当在内部控制审计报告中增加强调事项段，说明这一情况

并解释得出该结论的理由；（2）如果注册会计师知悉在基准日并不存在、但在期后期间发生的事项，且这类期后事项对内部控制有重大影响，注册会计师应当在内部控制审计报告中增加强调事项段，描述该事项及其影响，或提醒内部控制审计报告使用者关注企业内部控制评价报告中披露的该事项及其影响。

2. 带强调事项段无保留意见内部控制审计报告的写法

（1）将强调事项段作为单独的一段置于审计报告中。

（2）强调事项段的标题为“六、强调事项”。

（3）强调事项段的位置，是在审计报告的最后一段。

（4）强调事项段的具体写法是：我们提醒内部控制审计报告使用者关注（该段的作用）；描述强调事项的性质及其对内部控制的重大影响；本段内容不影响对财务报告内部控制发表的审计意见。

参考格式 17-2 带强调事项段无保留意见内部控制审计报告中列示了强调事项段的具体写法。

参考格式 17-2：带强调事项段无保留意见内部控制审计报告

内部控制审计报告

XYZ 股份有限公司全体股东：

引言段	（同标准内部控制审计报告，略）
一、企业对内部控制的责任	（同标准内部控制审计报告，略）
二、注册会计师的责任	（同标准内部控制审计报告，略）
三、内部控制的固有局限性	（同标准内部控制审计报告，略）
四、财务报告内部控制审计意见	（同标准内部控制审计报告，略）
五、非财务报告内部控制的重大缺陷	（同标准内部控制审计报告，略）

六、强调事项

我们提醒内部控制审计报告使用者关注，（描述强调事项的性质及其对内部控制的重大影响）。本段内容不影响已对财务报告内部控制发表的审计意见。

ABC 会计师事务所（盖章）　　中国注册会计师：A（签名并盖章）

中国天津市　　　　　　　　中国注册会计师：B （签名并盖章）

二〇一八年三月十日

四、否定意见的内部控制审计报告

（一）定义

注册会计师对所审计的财务报告内部控制持否定意见。

（二）提出条件

当财务报告内部控制存在一项或多项重大缺陷时，除非审计范围受到限制，注册会计师应该发表否定意见的内部控制审计报告。

如果重大缺陷尚未包含在企业内部控制评价报告中，注册会计师应当在内部控制审计报告中说明重大缺陷已经识别、但没有包含在企业内部控制评价报告中。如果企业内部控制评价报告中包含了重大缺陷，但注册会计师认为这些重大缺陷未在所有重大方面得到公允反映，注册会计师应当在内部控制审计报告中说明这一结论，并公允表达有关重大缺陷的必要信息。此外，注册会计师还应当就这些情况以书面形式与治理层沟通。

对内部控制的有效性发表了否定意见，在整合审计的财务报表审计中，注册会计师不应依赖存在重大缺陷的控制，需要实施实质性程序确定与该控制相关的账户是否存在重大错报。如果实施实质性程序的结果表明该账户不存在重大错报，注册会计师可以对财务报表发表无保留意见。在这种情况下，注册会计师应当确定该意见对财务报表审计意见的影响，并在内部控制审计报告中予以说明。如果对财务报表发表的审计意见未受影响，注册会计师应当在内部控制审计报告导致否定意见的事项段中增加以下类似说明："在××公司××年财务报表审计中，我们已经考虑了上述重大缺陷对审计程序的性质、时间安排和范围的影响。本报告并未对我们在××年×月×日对×公司××年财务报表出具的审计报告产生影响。"如果对财务报表发表的审计意见受到影响，注册会计师应当在内部控制审计报告导致否定意见的事项段中增加以下类似说明："在××公司××年财务报表审计中，我们已经考虑了上述重大缺陷对审计程序的性质、时间安排和范围的影响。"

（三）写法

1. 增加导致否定意见事项段

（1）将导致否定意见事项段即说明持否定意见的原因段作为单独一段置于审计报告中。

（2）标题为“导致否定意见事项”。

（3）在审计报告中的位置，在审计意见段前面一段。

（4）导致否定意见事项段的写法是：重大缺陷的定义；重大缺陷的性质及其对财务报告内部控制的影响程度。

2. 否定意见的意见段

写法是：“我们认为，由于存在上述重大缺陷及其对实现控制目标的影响，XYZ 公司于 2017 年 × 月 × 日未能按照《企业内部控制基本规范》和相关规定在所有重大方面保持有效的财务报告内部控制。”

参考格式 17-3 列示了否定意见内部控制审计报告。

参考格式 17-3：否定意见内部控制审计报告

内部控制审计报告

XYZ 股份有限公司全体股东：

引言段　　（同标准内部控制审计报告，略）

一、企业对内部控制的责任　　（同标准内部控制审计报告，略）

二、注册会计师的责任　　（同标准内部控制审计报告，略）

三、内部控制的固有局限性　　（同标准内部控制审计报告，略）

四、导致否定意见的事项

重大缺陷，是指一个或多个控制缺陷的组合，可能导致企业严重偏离控制目标。

（指出注册会计师已识别出的重大缺陷，并说明重大缺陷的性质及其对财务报告内部控制的影响程度）

有效的内部控制能够为财务报告及相关信息的真实完整提供合理保证，而上述重大缺陷使 XYZ 公司内部控制失去这一功能。

五、财务报告内部控制审计意见

我们认为，由于存在上述重大缺陷及其对实现控制目标的影响，XYZ 公司于 2017 年 × 月 × 日未能按照《企业内部控制基本规范》和相关规定在所有重大方面保持有效的财务报告内部控制。

六、非财务报告内部控制的重大缺陷（同标准内部控制审计报告，略）

ABC 会计师事务所（盖章）　　　　中国注册会计师：A（签名并盖章）

中国天津市　　　　　　　　　　　中国注册会计师：B（签名并盖章）

二○一八年三月十日

五、无法表示意见的内部控制审计报告

（一）定义

注册会计师无法对所审计的财务报告内部控制发表意见。

（二）提出条件

如果审计范围受到限制，注册会计师应当解除业务约定或出具无法表示意见的内部控制审计报告。注册会计师应该就审计范围受到限制的情况，以书面形式与董事会进行沟通，并在内部控制审计报告中指明审计范围受到限制，无法对内部控制的有效性发表意见。

注册会计师在已执行的有限程序中发现财务报告内部控制存在重大缺陷的，应当在内部控制审计报告中对发现财务报告内部控制存在重大缺陷作出详细说明。

如果法律法规的相关豁免规定允许被审计单位不将某些实体纳入内部控制的评价范围，注册会计师可以不将这些实体纳入内部控制审计的范围，这种情况不构成审计范围受到限制，但注册会计师应当在内部控制审计报告中增加强调事项段或者在注册会计师的责任段中，就这些实体未被纳入评价范围和内部控制审计范围这一情况，作出与被审计单位类似的恰当陈述。注册会计师应当评价相关豁免是否符合法律法规的规定，以及被审计单位针对该项豁免作出的陈述是否适当。如果认为被审计单位有关该项豁免的陈述不恰当，注册会计师应当提请其作出适当修改。如果被审计单位未作出恰当修改，注册会计师应当在内部控制审计报告的强调事项段中说明被审计单位的陈述

需要修改的理由。

（三）写法

（1）删除引言段中的审计依据，具体改为：“我们接受委托，对 XYZ 股份有限公司 2017 年 12 月 31 日的财务报告内部控制进行审计。”

（2）删除注册会计师责任段。

（3）增加导致无法表示意见的事项段（说明无法表示意见的原因）

①将导致无法表示意见事项段作为单独的一段置于审计报告中。

②标题为“导致无法表示意见事项”。

③在审计报告中的位置，是在审计意见段的前面一段。

④导致无法表示意见事项段的写法是：由于审计范围限制，未能获取充分、适当证据，我们无法对 ABC 公司财务报告内部控制的有效性发表意见。

（4）无法表示意见的意见段的写法是：“由于审计范围受到上述限制，我们未能实施必要的审计程序以获取发表意见所需的充分、适当证据，因此，我们无法对 XYZ 公司财务报告内部控制的有效性发表意见。”

（5）当注册会计师拟出具无法表示意见的审计报告时，如果已执行的有限程序使其认为财务报告内部控制存在重大缺陷，需要对其作出详细说明。内部控制审计报告还应当包括下列内容：重大缺陷的定义；尽管我们无法对 ABC 公司财务报告内部控制的有效性发表意见，但在我们实施的有限程序的过程中，发现了以下重大缺陷（指出注册会计师已识别出的重大缺陷，并说明重大缺陷的性质及其对财务报告内部控制的影响程度）；有效的内部控制能够为财务报告及相关信息的真实完整提供合理保证，而上述重大缺陷使 ABC 公司内部控制失去这一功能。

参考格式 17-4 列示了无法表示意见内部控制审计报告。

参考格式 17-4：无法表示意见内部控制审计报告

内部控制审计报告

XYZ 股份有限公司全体股东：

我们接受委托，对 XYZ 股份有限公司（以下简称 XYZ 公司）2017 年

12 月 31 日的财务报告内部控制进行审计。

一、企业对内部控制的责任（同标准内部控制审计报告，略）

二、内部控制固有限制段（同标准内部控制审计报告，略）

三、导致无法表示意见的事项

（描述审计范围受到限制的具体情况）

四、财务报告内部控制审计意见

由于审计范围受到上述限制，我们未能实施必要的审计程序以获取发表意见所需的充分、适当证据，因此，我们无法对 XYZ 公司财务报告内部控制的有效性发表意见。

五、识别的财务报告内部控制重大缺陷（如在审计范围受到限制前，执行有限程序未能识别出重大缺陷，则不应该有本段）

重大缺陷，是指一个或多个控制缺陷的组合，可能导致企业严重偏离控制目标。

尽管我们无法对 XYZ 公司财务报告内部控制的有效性发表意见，但在我们实施的有限程序的过程中，发现了以下重大缺陷（指出注册会计师已识别出的重大缺陷，并说明重大缺陷的性质及其对财务报告内部控制的影响程度）。

有效的内部控制能够为财务报告及相关信息的真实完整提供合理保证，而上述重大缺陷使 XYZ 公司内部控制失去这一功能。

六、非财务报告内部控制的重大缺陷（同标准内部控制审计报告，略）

ABC 会计师事务所（盖章）　　中国注册会计师：A（签名并盖章）

中国天津市　　中国注册会计师：B（签名并盖章）

二〇一八年三月十日

◆课后练习◆

一、本章复习思考题

1. 什么是内部控制审计？什么是财务报告内部控制审计？

2. 什么是整合审计？整合审计中财务报表审计与财务报告内部控制审计有什么区别？

3. 简述内部控制审计的过程。

4. 内部控制审计报告的意见有几种？提出条件分别是什么？

5. 试述各种意见内部控制审计报告的写法。

二、本章练习题

（一）多项选择题

1. 以下对企业内部控制审计的理解中，正确的是（　）。

A. 注册会计师对财务报告内部控制的有效性发表意见

B. 是对被审计单位资产负债表日的内部控制进行审计

C. 注册会计师对注意到的非财务报告内部控制的重大缺陷予以披露

D. 财务报告内部控制有效性包括设计的有效性与运行的有效性

2. 整合审计中，通过对被审计单位内部控制的审计，达到的目的包括（　）。

A. 支持对非财务报告内部控制的披露

B. 支持对财务报告内部控制有效性发表意见

C. 支持对财务报表审计中控制风险的评估结果

D. 对财务报表审计发表的意见

3. 针对企业内部控制审计，注册会计师应当在总体审计策略中体现的内容有（　）。

A. 明确审计业务的报告目标，以计划审计的时间安排和所需沟通的性质

B. 确定执行业务所需资源的性质、时间安排和范围

C. 计划审计的时间安排和所需沟通的性质确定审计业务的特征，界定审计范围

D. 根据职业判断，考虑用以指导项目组工作方向的重要因素

4. 下列属于企业内部控制审计中，具体审计计划内容的有（　）。

A. 内部控制了解和识别程序的性质、时间安排和范围

B. 内部控制设计有效性测试程序的性质、时间安排和范围

C. 内部控制运行有效性测试程序的性质、时间安排和范围

D. 签订内部控制审计业务约定书

5. 在内部控制审计中，注册会计师测试内部控制运行有效性时，用到的方法有（　）。

A. 询问适当人员　　　　B. 观察企业经营活动

C. 分析程序　　　　　　　　D. 重新执行

6. 企业内部控制存在的缺陷，按其影响程度分为（　）。

A. 重大缺陷　　B. 重要缺陷　　C. 设计缺陷　　D. 一般缺陷

7. 企业内部控制存在重大缺陷的迹象有（　）。

A. 注册会计师发现董事、监事和高级管理人员舞弊

B. 企业更正已经公布的财务报表

C. 注册会计师发现当期财务报表存在重大错报，而内部控制在运行过程中未能发现该错报

D. 企业审计委员会和内部审计机构对内部控制的监督无效

8. 在内部控制审计中，注册会计师完成审计工作后，应当从以下方面取得被审计单位管理层签署的书面声明。其中恰当的是（　）。

A. 企业董事会认可其对建立健全和有效实施内部控制负责

B. 企业已对内部控制的有效性作出自我评价，并说明评价时采用的标准以及得出的结论

C. 企业已向注册会计师披露识别出的内部控制所有缺陷，并单独披露其中的重大缺陷和重要缺陷

D. 企业内部控制执行的一贯性

9. 被审计单位拒绝提供书面声明时，注册会计师可能采取的措施是（　）。

A. 解除业务约定

B. 发表无法表示意见的内部控制审计报告

C. 发表否定意见的内部控制审计报告

D. 发表保留意见的内部控制审计报告

10. 注册会计师出具的内部控制审计报告，按其审计意见分，分别是（　）。

A. 无保留意见　　B. 保留意见　　C. 否定意见　　D. 无法表示意见

（二）简答题

1. 天津市 ABC 会计师事务所的 A 注册会计师担任多家公司 2017 年财务报表审计和内部控制审计的项目合伙人，遇到下列与内部控制审计有关的事项：

（1）A注册会计师认为A公司财务报告内部控制存在一项重要缺陷，且不属于审计范围受到限制，因此，对财务报告内部控制发表否定意见的内部控制审计报告。

（2）A注册会计师知悉B公司的期后事项，其对内部控制自我评价基准日内部控制有效性有重大负面影响，因此，对本年度财务报告内部控制发表否定意见。

（3）A注册会计师在审计过程中发现，内部控制对C公司经营管理合规性控制目标的实现有重大不利影响，因此，在内部控制审计报告增加强调事项段，提示内部控制审计报告使用者注意此相关风险。

（4）A注册会计师认为D公司财务报告内部控制不存在重大缺陷，但仍存在一项重大事项需要提请内部控制审计报告使用者予以关注，因此，在内部控制审计报告中增加关键事项段予以说明。

（5）由于审计范围受到限制，A注册会计师计划对E公司出具保留意见或无法表示意见的内部控制审计报告。

（6）A注册会计师审计F公司时，管理层拒绝提供内部控制的书面声明，对此A注册会计师出具了否定意见的内部控制审计报告。

要求：针对上述（1）至（6）项，假定均为独立事项，不考虑其他条件，逐项指出A注册会计师的意见是否恰当，如不恰当，简要说明理由。

参考文献

[1] 中华人民共和国审计法规编委会．中华人民共和国现行审计法规与审计准则及政策解读（2017 权威解读版）[M]. 上海：立信会计出版社，2017.

[2] 中国注册会计师协会．审计 [M]. 北京：中国财政经济出版社 ,2017.

[3] 秦荣生，卢春泉．审计学 [M]. 北京：中国人民大学出版社，2016.

[4] 蔡春，赵莎，等．现代风险导向审计论 [M]. 北京：中国时代经济出版社，2006.

[5] 李晓慧．审计学实务与案例 [M]. 北京：中国人民大学出版社，2011.

[6] 刘明辉．审计学 [M]. 大连：东北财经大学出版社，2012.

[7] 杨闻萍．审计 [M]. 北京：人民出版社，2017.

[8] 陈汉文．实证审计理论 [M]. 北京：中国人民大学出版社，2012.

[9] 刘圣妮 .2017 审计注册会计师考试应试指导及全真模拟测试 [M]. 北京：北京大学出版社，2017.

[10] 谢荣．高级审计理论与实务 [M]. 北京：经济科学出版社，2015.

[11] 杜方，王保军，姜泽清．审计原理与实务 [M]. 北京：中国经济出版社，2017.

[12] 杨志国．风险导向审计方法与案例 [M]. 北京：中国财政经济出版社，2017.